KB273547

한국인과 일본인의
언어행동과 문화의 차이

신혜경 지음

보고사

길고도 험난한 길이었지만 주의 인도로 그 동안의 연구를 이렇게 뒤늦게나마 단행본으로 묶어내게 됨을 감사드립니다. 석사, 박사 과정의 지도 교수님, 가족, 친구, 주위 여러분의 많은 도움과 협조가 없이는 오늘 여기까지 올 수 없었다고 생각합니다. 어둡고 긴 터널을 거쳐 드디어 빛이 보이는 곳에 다다른 이 순간, 많은 분들에 대한 감사한 마음으로 가득합니다.

먼저 석·박사과정을 통해 지도해 주신 요시다 겐사쿠(吉田研作) 선생님, 이케가미 요시히코(池上嘉彦) 선생님, 황적륜 선생님, 가사지마 준이치 선생님께 깊이 감사드립니다. 그밖에 조오치(上智)대학에서 언어학 연구의 길을 열어주신 Felix Lobo 신부님과, 사회언어학에 눈뜨게 해 주신 쓰다 아오이(津田葵) 선생님께 감사드립니다. Lobo 선생님께서는 석사논문을 비롯하여 수년간의 지도 속에서 학문에 대한 자세를 일깨워 주시고, 늘 따뜻한 말로 용기를 주셨습니다.

데이터를 수집하기 위한 실험과 인터뷰를 위해 한국과 일본에서 많은 분들이 협력해 주셨습니다. 서강대학교, 한양대학교, 일본 조오치대학의 학생들과, 양국의 주부와 LG, 동국제강, 제일은행의 임직원, 서강대학교 교수, 미쓰비시 상사(三菱商事), 소니(Sony), 히타치 금속, 도카이 은행, 가네보 여러분, 또한 설문조사와 인터뷰에 협력해 준 연세대학교, 아오야마 가쿠인(青山学院) 대학의 학생, 강남중앙침례교회 교인, 청와대 비서실, IBM(한국), Schwepps, 덴쓰(電通), 조오치대학 사무직원 여러분과 이밖에 도와주신 여러분께 감사드립니다. LG에서 앙케이트를 받아주시고, 인터뷰에 응해 주신 김선영 부장(당시)님과, 늘 인터뷰에 응해 주시고 정확한 의견을 말씀해 주신 미쓰비시의 도비사카 유조(飛坂有三) 씨, 주부들로부터 많은 앙케이트를 받아 준 Mrs. 도비사카, 친구 양옥, 김명신, 故 이해영, 1차 집계와 타이핑 등을 도와 준 이경하 씨에게 감사드립니다. 또한 한양대학교 조사에 협력해 주시고 논문을 위해 조언해 주신 홍연숙 선생님께 감사드립니다. 특히 수차에 걸쳐 필자의 논문을 읽고 귀중한 조언을 해 준 인생의 선배이자 학문의 길에서 늘 가까이 있어 준 친우 시바타 스미코(柴田純子) 씨, 학우 마쓰모토 요(松本曜) 씨, 번역초고와 교정을 도와준 후배 김혜숙, 엄필교, 윤효정 선생의 우정과 조력에 깊이 감사드립니다. 또한 여러 가지 사무적인 일로 도움을 준 유병수 사장께도 깊이 감사드립니다.

그밖에도 많은 분들이 도와주셨습니다. 힘들 때 언제나 도움의 손길을 뻗쳐 준 나카무라 도모타로(中村友太郎) 선생님 내외분, 기쁠 때 먼저 기뻐해 주시고 슬플 때도 먼저 눈물 흘려주신 故 Mary Nagashima 수녀님, 통계처리시 대형컴퓨터 사용법을 가르쳐 주신 이케우치(池內) 씨와 나카모토 마야(中本麻野) 씨, 조오치대학의 와타나베 아키코(渡部明子) 씨와 故 우메다 미치코(梅田道子) 씨, 귀중한 자료를 보내주신 조선일보 김윤곤 논설위원(당시), 이상 여러분들께 깊이 감사드립니다.

끝으로 필자를 공부 좋아하는 딸로 이 세상에 보내주시고 하늘나라로 먼저 가신 친정아버지, 언제나 도움의 손길을 뻗쳐 준 친정어머니 故 김기경 권사님, 늘 기도해 준 여동생 신유명 전도사와 그의 남편 이융지 목사님, 그리고 힘들 때 늘 위로와 의지가 되어 준 사랑하는 가족, 남편 申鉉雨와 두 아들 太湜과 斗湜에게 감사한 마음 가득합니다. 태식이가 초등학교 2학년, 두식이가 1학년일 때 대학원 과정 입시 준비를 하여 그 이듬해부터 석사과정 2년, 박사과정을 거쳐 본 논문이 완성할 때까지 긴 세월동안 두 아들을 훌륭한 청년으로 키워주시고 지금까지 지켜주신 하나님께 감사드립니다. 특히 남편의 이해와 관용으로 여기까지 온 것을 감사드립니다.

이 단행본은 일본 조오치대학 대학원에서 1988년에 일본어로 완성하고 1996년 同大學에서 박사학위를 받은 연구를 토대로 2002년 8월부터 시작한 저자의 새로운 한국어 번역과 수정, 보완, 그 후 집필한 새로운 논문 추가 등을 통해 4년만인

2006년 3월에 내어놓게 되었습니다. 이 책의 타이핑을 도와 준 서강대학교의 사랑하는 조교들 김용재, 박지영, 안세진과 서영신 자매에게 감사하며, 졸업 후에도 필자 옆에서 의지가 되어주고 함께 기도하던 유승희 자매의 고운 마음과 조력에 감사합니다. 이번 출판에 즈음하여 수차례의 교정을 도와주신 최은희, 송현아 선생님께 깊은 감사를 표하며, 긍정적인 태도로 임해주시고 친절하게 도와주신 보고사의 김흥국 사장님과 편집을 맡은 박현정 님과 여러분들께 깊은 감사를 드립니다.

2006년 3월

요지

Abstract

　　한국어는 문법구조상 일본어와 유사성이 많은 언어이다. 그 중에서도 복잡하고 발달된 경어체계를 지닌 점은 다른 언어와 비교하여, 양국언어 공통의 특징이라고 할 수 있다. 경어법(대우표현)의 체계적인 언어표현을 지닌 점에서 양국 언어는 유사하지만 구체적인 세부사항에서는 차이점도 많다. 예를 들어 한국의 경어는 절대경어이며, 일본의 경어는 상대경어라고 알려져 왔는데, 과연 그런가? 본 연구에서는 양 언어의 대우표현을 실험적 연구방법을 사용하여 비교 분석함으로써, 각 언어의 대우표현의 성격과 특징을 해명하고, 나아가서 사회·문화 및 사람들의 의식과 언어 행동간의 상호 관계에 대해 규명하고자 한다.

　　종래의 경어 연구는 문법 틀 속에서 靜的인 것으로 이해하고 연구해 왔다. 그러나 언어는 인간이 사용하는 것으로, 인간이 살고 있는 사회 상황, 그 사회가 갖고 있는 문화의 영향을 받는다. 또 시대와 사회의 변화에 따른 인간의 의식 변화에 따라 언어도 변화한다. 경어는 사회적, 문화적 기능을 담당하기 때문에, 이와 같은 변화에 가장 강하게 영향 받는다. 어떤 사회적, 문화적 요인이 경어에 영향을 끼치는가를 보기 위해서는, 언어행동, 사람들의 의식, 사회와 문화 규범, 이 세 요소의 관계를 면밀히 분석해 볼 필요가 있다. 따라서, 본 연구는 사회언어학적 방법을 사용하여 경어를 動的으로 다루고 있다. 경어를 적절하게 운용하기 위해서는 화자와 청자, 또 화자와 화제의 인물과의 상하·친소관계를 분별하고, 또 대화가 행해지는 장면과 상황을 정확하게 판단할 필요가 있다. 본 연구는 양국의 세 스피치 커뮤니티를 대상으로, 여덟 가지의 사회적 변수와 대우표현법과의 관계를 해명하고자 했다. 여덟 가지의 사회적 변수는 파일럿 테스트 결과, 호칭 선택에 가장 영향을 끼치는 것으로 판명된 요인이지만, 조사대상과 조사내용에 따라 부분적으로 다르다. 여덟 가지의 사회적 변수는 장면, 서열, 연령, 성별, 친소, 심정, 대화채널, 자녀의 출생 전/후이다.

데이터 수집을 위해, 참가자 관찰, 관찰, 인터뷰, 피험자 자신 또는 연구자가 기입하는 설문조사, 이상 네 가지 조사방법을 사용하여, 오늘날 한국과 일본 양국의 실제 장면에서 일어나는 사람들의 언어행동을 조사하고, 조사결과를 통계처리해서 얻어진 데이터를 토대로 하여, 양국 언어의 대우표현법을 체계적으로 비교·분석했다.

그 구체적 연구내용은 다음과 같다. 양국에서 세 스피치 커뮤니티를 조사대상으로 하여, 각 커뮤니티 구성원이 사용하는 호칭 및 스피치 레벨에 대해 조사하고, 그 결과를 토대로 하여 분석했다. 세 스피치 커뮤니티는 남녀 대학생, 주부, 직장 남성으로, 이 셋을 선택한 이유는 다음과 같다. 남녀 대학생을 조사함으로써 오늘날 양국의 젊은 세대의 언어행동을 살펴볼 수 있고, 주부와 직장 남성을 조사함으로써 10대 후반부터 70대에 걸쳐 광범위한 범위에서 남녀의 언어행동을 살펴볼 수 있다. 대학생과 다른 두 스피치 커뮤니티 사이에 차가 나타나면, 각 커뮤니티의 특징과 세대차가 드러나고, 그에 따라 사회전체에서 사람들이 사용하는 언어행동의 특징과 추이를 파악할 수 있고, 또한 앞으로를 예측할 수 있게 해 준다.

결과적으로 대학생, 주부, 직장 남성의 언어행동에서, 양국 언어의 절대경어와 상대경어의 성질이 명확히 나타났다. 대학생, 주부와 직장 남성이 사용하는 청자 경어와 제3자 경어의 판단기준의 차이에, 양국어의 대우표현의 차가 잘 나타나 있다. 한국은 청자 경어와 제3자 경어의 판단기준이, 청자 경어는 화자와 청자의 상하관계, 제3자 경어는 화자와 제3자(화제의 인물), 청자와 제3자 간의 상하관계의 인식이다. 일본의 경우, ウチ(uchi＝內)와 ソト(soto＝外) 사이에서는 uchisoto (안팎)의식이 판단기준이 되지만, uchi(속 : 집과 직장)에서는 1)제3자 경어와 청자 경어에 동일한 형태를 사용, 2)제3자 경어를 청자에 대한 공손한 표현으로 사용하는 두 가지 사용법이 많이 보인다. 한국은 화자와 청자, 화자와 화제의 인물, 각각의 관계가 독립되어 있다. 한편, 일본은 청자와 화제의 인물과의 관계에 대한

배려가 필요하며, 그 중에서도 청자의 존재가 특히 중요하다. 청자의 존재는 場의 성격을 만드는 가장 중요한 요인이며, 이런 의식이 場에 맞춘 경어법, 청자 중심의 경어법을 이끌어 낸 것이다. 상하관계는 고정적, 절대적이며, uchisoto관계는 조직의 성질, 구성목적, 구성원의 성격, 구성원 간의 관계, 場의 성격 등에 의해 변할 수 있는 것이다. 때문에 한국은 절대경어가 지속되고, 일본은 상대경어가 발달했다고 생각된다.

단지, 한국어에도 상대경어의 성격이, 일본어에도 절대경어의 성격이 부분적으로 보이고, 또 변화해 가고 있다고 말할 수 있다. 따라서 절대경어, 상대경어라는 표현보다는 절대경어적 성격이 강한 대우표현, 상대경어적 성격이 강한 대우표현이라고 하는 것이 적절할 것이다.

한국인의 언어행동에서 일관되게 보이는 것은, 연령을 포함한 상하관계에 대한 집착이며, 사람들의 의식이 언어사용법에 끼치는 영향을 나타내고 있다. 그 위에 호칭법의 어려움에 더욱 박차를 가하는 것은, 청자의 이름을 부르는 직접호칭이 일반적으로 받아들여지지 않는 사회구조와 직접호칭을 꺼리는 사람들의 의식이다. 이는 사회구조와 사람들의 의식이 언어사용법에 영향을 끼치고 있음을 나타낸다. 양국의 세 스피치 커뮤니티를 통해 나타난 것과 같이 폭넓은 범위에서 사용되는 일본의 「さん(san)」이 주는 사회생활에 대한 기여, 인간관계를 원활히 하기 위한 한국인의 간접호칭법, 양국 내에서 보이는 가치관과 의식변화에 따른 언어사용법의 변화에, 언어가 사회와 사람들의 언어생활에 끼치는 영향과 사회변화가 언어사용법에 끼치는 영향이 보인다.

목차
Table of Contents

Ⅲ. 대학생의 대우표현법

Ⅴ. 직장인 남성들의 대우표현법

Ⅵ. 양국어의 대우표현법의 특징 및 대우행동의 핵심

Ⅶ. 결론

I 서론

1 언어와 사회의 상호관계

인간은 사회 속에서 살고 있는 한, 사회 속의 다른 구성원간의 사이에 어떤 형태로든 관계를 지니게 된다. 그 관계는 지속적인 경우도 있고 일시적인 경우도 있으며, 개인 대 개인의 경우도 있고 개인 대 집단, 또는 집단 대 집단의 경우도 있다. 이러한 두 항목간의 관계는 늘 커뮤니케이션에 의해 달성된다. 따라서 커뮤니케이션에는 지속적인 것도 있고, 일시적인 것도 있으며 개인 대 개인, 개인 대 집단, 집단 대 집단의 경우가 있다. 또 집단에는 자연결합적 집단(Gemeinschaft)과 인위결합적 집단(Gesellschaft)이 있으며[1], 가정, 지역사회, 국가 등은 전자에, 학교, 기업, 단체 등은 후자에 해당된다. 커뮤니케이션에는 여러 가지 요인이 있지만, 특히 중요한 것은 커뮤니케이션에 관련되는 양자간의 성격(素性)과 사회적 관계, 커뮤니케이션이 행해지는 장면 및 상황과 채널, 사회와 문화규범, 또한 이 모두가 복합적으로 만들어 내는 '場'의 성격이다. 또한 커뮤니케이션을 행하는 양자의 모국어가 다른 경우는, 사회와 문화규범이 더욱 중요한 의미를 지닌다. 즉 다른 문화 사이에 행해지는 커뮤니케이션은 양자가 지닌 사회·문화적 규범에 많은 영향을

---

1) 中根(1967 : 164)에서는 일본사회에 있어서 집단이나 조직의 특징으로 자연결합적 집단(Gemein-schaft)的 성질을 들고 있다.

받는다. 다른 문화간의 커뮤니케이션은 우선 상대방과 자신의 문화가 다르다는 것을 인정하는 것으로 시작되며 자신의 문화를 인식하고 존중하는 것도 당연히 필요하지만, 동시에 상대방의 문화를 이해하고자 하는 노력이 커뮤니케이션을 원활히 하기 위해서는 매우 중요하다.

언어와 사회의 관계에 대한 사회언어학적 연구는 크게 나누어 두 종류로 분류할 수 있다. 하나는 언어변이형의 선택에 작용하는 사회적 요인의 연구로, 그 중에는 Labov(1966, 1972), Trudgill(1974) 등이 있다. 또 하나는 의사소통 능력(communicative competence)의 개념을 도입하여 언어와 사회의 관계를 연구하는 분야로, 그 중에는 Hymes(1962, 1964a/b, 1972), Saville-Troike(1982), Ervin-Tripp(1969, 1972) 등이 있다. 본 연구는 한국인과 일본인들이 행하는 대우표현과 그 사용법에 관계되는 사회적 요인과의 관계를 다룬 연구로, 후자의 연구분야에 속한다고 할 수 있다.

본 연구에서는 한국어와 일본어의 대우표현을 비교연구 함으로써 언어와 사회의 상관관계를 해명해 보고자 한다.

2 대우표현과 의사소통 능력(communicative competence)

앞서 언급한 바와 같이 사회적 요인과 언어의 상관관계를 다루는 사회언어학 연구에 의해, 의사소통 능력의 문제가 부각되었다. 언어를 적절히 운용하기 위해서는 문법능력만으로는 불충분하며 의사소통 능력이 필요하다. 전자는 과거 이론언어학에서 말하는 언어능력(linguistic competence)을 말하며 완전히 균질적인 스피치 커뮤니티에서 이상적인 화자와 청자를 대상으로 하여, 인간의 언어능력을 「문법성」이라는 개념으로 정의한 것이다. 즉 문법적 문장과 비문법적 문장을 구별할 수 있으며, 무수하게 많은 문법적 문장을 이해할 수 있고 만들 수 있는 능력을 가리킨다(Chomsky 1965). 후자는 사회언어학에서 말하는 상황(context)에 적합한 문장을 만들거나 이해할 수 있는 능력을 가리킨다. 다시 말해 언어표현의 사회적 의미

한국인과 일본인의 언어행동과 문화의 차이

와 기능을 파악하여 무엇을, 언제, 어디서, 누구에게, 어떤 목적으로, 어떻게 말할까를 적절히 표현할 수 있는 능력과 나아가서는 어떤 특정한 장면에서 일어나는 언어행동을 이해하고, 해석, 평가할 수 있는 사회적, 문화적 지식을 포함한 능력을 가리킨다(Hymes 1962, 1971, 1972, 1974, Savill-Troike 1982, Braun 1988 등).

한국어와 일본어에는 경어체계가 존재하며, 또한 상대국의 언어를 습득(acquisition)하기 위해서는 경어사용법을 습득하지 않으면 안 된다. 이때 경어형식만을 습득해도 어떤 장면에서, 누구에게, 어떤 경어형식을 사용할지를 모르고, 또 경어의 배경에 있는 상대국의 문화와 사회에 대한 깊은 이해 없이는 충분한 커뮤니케이션은 이루어질 수 없다. 따라서 다른 문화 사이에서 행해지는 언어행동은 상대국의 언어능력뿐 아니라, 그 배경에 있는 사회적, 문화적 규범, 사람들의 가치관 등을 파악할 수 있는 문화능력2)과, 상황에 적합하게 운용할 수 있는 의사소통 능력까지 갖추어서 행해야 한다는 것이다. 사회와 문화의 규칙이나 규범에 많은 영향을 받는 대우표현(경어)의 운용에 있어서는 특히 문화능력이나 의사소통 능력은 필요불가결하다. Braun(1988)은 외국어 습득에서 「공손함(politeness)」의 습득을 예로 들어, 상대국의 문화에 받아들여지기 위해서는 문법능력만으로는 불충분하고 의사소통 능력이 중요하다고 말하고 있다. 또 Holmes(1992)도 「공손함」을 습득하기 위해서는 그 커뮤니티의 언어뿐 아니라 사회적, 문화적 가치관까지도 이해해야 한다고 말하며 「문화능력」의 필요성을 주장하고 있다.

한국어와 일본어는 다른 언어에 비해 발달한 경어체계를 갖고 있다. 필자는 두 언어를 사용하여 생활하면서 경어의 역할은 무엇인가에 대해 자문할 때가 종종 있다. 마음이 동반되지 않은 공손어가 반드시 기분 좋게 받아들여진다고는 할 수 없다. 한편, 언어사용이 다소 거칠어도 상대방과의 사이에 신뢰관계가 전제된다면, 오히려 마음이 상하지 않는 경우도 있다. Braun(1988)에서도 Marin(1972)과 Ginneken(1934)3)의 스페인어와 독일어 인칭대명사 연구를 예로 들어 다음과 같이 서술하고 있다. 공손한 언어형식이 상대방에게 언제나 공손하게 받아들여지고, 공

---

2) Hymes(1972)에서는 「문화지식」과 「문화능력」을 같은 의미로 다루고 있다. Troike(1982)에서도 언어의 사용과 해석을 가능하게 해주는 지식으로서 사회와 문화에 대한 「문화지식」을 들고 있다.
3) Braun(1988)을 참조바람.

손하지 않은 언어형식이 언제나 불손하게 받아들여지는 것은 아니고, 그 반대의 사용법도 있다. 어떤 호칭이 공손하게 받아들여지기 위해서는 상황에 적합하고 화자와 청자의 관계에 적절하며 그 커뮤니티의 룰(rule)을 따라야 한다고 주장하고 있다. 그 역할에 대해 생각할 때는 사용하는 언어형식뿐 아니라 화자와 청자, 화제의 인물, 위 3자간의 상호관계 커뮤니케이션이 행해지는 장면과 상황, 화자와 청자의 배경에 있는 사회적, 문화적 규범, 또한 위의 모든 요인이 복합적으로 만들어내는 場의 성격도 포함해서 종합적으로 다루어야 한다고 생각한다.

언어의 기능에는 크게 정보전달 기능과 대인관계 조정기능이 있다. 대인관계 조정기능은 언어에 의해 화자와 청자 사이의 사회적 관계를 조정하는 기능이다. 지금까지 정보전달 쪽이 더 중요시되어 대인관계 조정기능은 소홀히 다루어져 왔으나, 사람들이 사회생활을 원활히 잘 해 나가기 위해서는 대인관계 조정기능 쪽이 더 중요하다고 생각된다. 한국어와 일본어에서는 대인관계에 있어서 경어가 담당하는 역할과 기능이 크고 중요하다. 또한 대인관계에 있어서는 정보전달에 비해 장면이나 참가자의 존재가 매우 중요하다. 경어의 사용에 있어서 장면이나 참가자의 사회적 요인에 대한 배려가 중요하기 때문에 경어의 연구에는 사회적 요인이나 문화는 고려하지 않고 언어형식만을 연구대상으로 하는 종래의 이론언어학 연구방법(生成文法)은 부적당하며, 사회와의 상관관계에서 사람들의 언어행동을 다루는 사회언어학적 연구방법이 적절하다고 생각한다.

특히 본 연구에서는 「場의 待遇性」이라고 하는 개념을 사용하여 양 언어의 대우표현의 성질을 밝히고자 한다. 이 연구에서 사용하고 있는 것과 같은 경어에 있어서의 '場'에 대한 고려는 종래의 연구에서는 볼 수 없다. 특히 본 연구에서는 구체적인 언어의 場을 예로 들면서 「場의 待遇性」을 만들어내는 복수의 사회적 변수의 영향에 대해 검증함으로써 양 언어의 대우표현의 특징을 밝혀보고자 한다.

한국인과 일본인의 언어행동과 문화의 차이

3 본 연구의 목적과 내용

3-1 연구 목적

한국어는 문법구조상 일본어와 많은 유사점을 가지고 있다. 그 중에서도 복잡하게 발달한 경어체계를 지닌 것은 다른 언어와 비교해 볼 때 두 언어 공통의 두드러진 특징이라고 말할 수 있다. 경어법의 언어표현을 체계적으로 지니고 있는 점에서는 유사하지만, 구체적인 내용에 있어서는 다른 점도 많다. 예를 들어 한국의 경어는 제3자 경어의 사용에 있어서 청자에 대한 배려가 없고 화자와 화제의 인물과의 관계만이 고려되는 절대경어이며, 일본의 경어는 청자에 대한 배려가 있으며 화제의 인물과 청자의 관계도 고려하는 상대경어라고 일컬어져 왔다(梅田 1983 : 33 참조).

예를 들어 대학생의 조사 결과 한국에서는 선생님 앞에서 아버지를 화제로 할 때 평소에 "아버지, ~했어요?"와 같은 정도의 청자 경어를 쓰던 학생이, 선생님 앞에서 아버지를 화제로 할 때, "아버님께서 ~가셨습니다"와 같이 제3자 경어에 높은 대우표현을 사용하고 있다. 이에 비해 일본에서는 가족 외의 청자에게 가족을 화제로 할 때, 부모님과 같은 윗분에 대해서도 비경어표현을 사용함으로써 청자에 대한 배려를 나타낸다.

얼핏 보아 위와 유사한 듯하지만 조금 다른 다음 예를 들기로 한다. 주부의 예로, 친구를 청자로 하여 남편을 화제로 할 때, "그 사람 없어" 하던 사람이, 남편의 상사를 청자로 하여, "~안 계세요"와 같이 남편을 평소보다 높이는 제3자 대우표현에서 나타나는 특징이다. 즉 청자가 높은 사람이거나 예의를 갖추어야 할 사람인 경우, 청자와 제3자(화제의 인물)와의 상하관계에 대한 고려로 남편에 대한 표현을 낮추는 것이 아니고, 오히려 제3자(여기서는 남편)에 대한 대우도를 더욱 높이는 것을 청자에 대한 높은 경어표현으로 판단한 대우행동이다. 이와 같은 대우표현은 한국인과 일본인의 대우표현의 특징을 대조적으로 나타내는 용법이며, Ⅲ, Ⅳ, Ⅴ에서 구체적인 조사결과를 가지고 자세히 설명하고자 한다.

양국언어의 유사성이나 각각 발달된 경어체계를 지니고 있는 공통점, 또 양국이 사회, 문화면에서 역사적으로 깊은 관계를 지녔음에도 불구하고 양국 언어의 경어법의 체계적인 비교연구는 아직까지 이루어지고 있지 않다.

본 연구에서는 양국 언어의 경어법을 비교 분석함으로써 각각의 경어의 성질을 밝혀보고자 한다. 양쪽의 경어가 각각 절대경어, 상대경어라고 일컬어져 왔는데 과연 그대로인가? 양국 언어의 대우표현(대인관계에 관한 모든 표현)의 특징을 밝히고, 또 본 연구를 통해 사회, 문화 및 사람들의 의식과 언어행동 간의 상호관계를 규명해 보고자 한다.

<u>3-2</u> 연구 내용

오늘날 한국과 일본 양국에서 실제장면에서 일어나는 사람들의 언어행동을 조사하여 통계처리하고 거기서 얻어진 데이터를 기초로, 조사결과에 대한 고찰과 분석을 함으로써 위와 같은 의문에 대해 면밀히 검토해 보고자 한다. 이러한 방법으로 양 언어의 대우표현법을 체계적으로 비교 분석하고자 한다.

그 구체적인 연구내용은 다음과 같다. 각 나라별로 세 개의 스피치 커뮤니티 (speech community)[4]를 조사대상으로 하여 각각의 커뮤니티(community)의 구성원이 사용하는 호칭 및 스피치 레벨(speech level)에 대해 조사하여 그 결과를 기초로 분석한다. 세 개의 스피치 커뮤니티는 남녀 대학생, 주부, 직장남성으로, 이 셋을 선택한 이유는 다음과 같다. 남녀 대학생을 조사함으로써 오늘날 양국의 젊은 세대의 언어행동을 파악할 수 있으며 주부와 직장남성을 대상으로 함으로써 10대 후반부터 70대에 걸쳐 광범위한 범위에서 여러 세대의 남녀의 언어행동을 폭 넓게 살펴볼 수 있다. 대학생과 다른 두 그룹이 차이를 보일 경우 각 커뮤니티의 특징과 그 중에서도 세대차가 부각되고 그에 따라 사회전체 사람들의 언어행동의 특징과 그 推移를 파악할 수 있다. 또한 나아가서는 앞으로의 변화에 대한 예측도

---

4) 대화법의 규칙(rule)과 해석을 공유하는 집단(Hymes 1972), 언어형식과 언어사용에 관한 태도 및 가치관을 공유하는 집단(Labov 1972).

한국인과 일본인의 언어행동과 문화의 차이

가능하게 해 줄 것이다. 또 주부를 대상으로 하면 자연공동체인 가족 간에 사용되는 언어행동의 성질을 파악할 수 있다. 다른 두 커뮤니티는 인위적 집단이라는 점에서는 공통점이 있으나 각각 지니고 있는 목적이 다르다. 대학은 비영리단체이고 직장은 영리단체이기 때문에 사람들의 대인관계 의식에 있어서도 많은 차이점이 예상된다.

젊은 세대 중에서도 대학생을 택한 것은 그 연령(소년기가 끝나고 청년기가 시작되는 20세 전후)이 되면 경어에 관한 의사소통 능력을 거의 습득하기 때문이다. 또한 동일 커뮤니티 속에 남녀가 공존하여 성별에 의한 차이를 알 수 있기 때문이다. 또 재수, 삼수 등으로 학년과 연령이 평행하지 않는 경우도 있어 그 두 변수의 서로 얽혀진 상하관계의 미묘함을 볼 수 있으며 그에 따라서 언어행동과 사회적 변수와의 상호관계가 밝혀질 수 있다. 또 한국에서는 고등학교까지는 아직 남녀공학이 대부분의 학교에서 이루어진다고는 볼 수 없고 학년과 연령도 거의 예외 없이 평행하기에, 성별의 차나 학년과 연령이 얽혔을 때의 미묘한 상호관계를 보기 위해서는 대학 쪽이 더 적절하다고 판단했기 때문이다. 주부를 택한 이유는 상하관계의 주요인이 되는 지위와 연령이 평행하지 않는 경우의 사용을 보기 위해서이며, 지위는 한국사회의 일반적 규범에 따라 남편 지위에 준해서 조사했다. 직장에서 남성만 다룬 것은, 이 조사를 한 시점(1987, 1988)에는 여성은 한국에서도 일본에서도 수적인 면에서나 지위면에서 남성과 동등하게 비교할 수 있을 정도까지는 이르지 못했다고 판단했기 때문이다. 또 동일 커뮤니티 속의 서열을 보기 위해서 자영업이나 자유업에 종사하는 사람들은 조사대상에서 제외하여 직장인으로 택했다. 또 직장에서도 서열과 연령이 얽혔을 때의 상호관계를 밝힐 수 있다. 세대차와 남녀차를 보기 위해서는 이상의 세 가지 스피치 커뮤니티의 선택이 적절하다고 생각된다.

본 연구에서 다루고 있는 다른 사회적 변수에 대해서는 다음 II장에서 각 커뮤니티 조사별로 상세히 설명하고자 한다. 사회구조 및 사람들의 의식과 언어행동과의 상호관계를 보기 위해 설정한 복수의 사회적 변수와의 상관관계를 통해 세세하게는 각 커뮤니티별 언어행동의 성질과 규칙, 넓게는 사회전체에 보이는 사람들의 언어행동의 성질과 규칙을 해명하고자 한다.

경어 중에서 호칭과 스피치 레벨을 선택한 이유는 호칭과 스피치 레벨이 대우표현의 핵심이며 화자와 청자 및 화제의 인물간의 관계의 인식과 표명뿐만 아니라 각각의 호칭법이 화자의 가치관이나 문화능력 및 가정교육을 포함한 **화자 자신**을 나타내는 것이라고 생각하기 때문이다. 한국인이 일상적으로 언어생활을 하면서 제일 어렵고 까다롭다고 느끼는 것은 화자와 청자 사이의 연령과 서열이 평행하지 않아 얽힐 경우의 대우표현법, 그 중에서도 특히 호칭법이다. 이와 같은 경우는 친족간의 서열과 연령에서도 나타나고, 가정 밖의 사회에서도 나타난다. 파일럿 테스트 결과 피험자(informant)들에게서도 이와 같은 문제의식이 나타났다.

이와 같은 두 개의 사회적 변수의 얽힘은 서구 쪽의 연구에서도 보인다. Holmes(1992)에서는, a) high status with high solidarity와 b) low status with low solidarity의 경우를 예로 들어 한 가지 무난한 해결책은 호칭회피이지만, 불가피하게 호칭을 사용하지 않으면 안 될 경우에는 FN(first name)을 선택한다고 하며, 20세기 후반 서구의 많은 커뮤니티에서「연대의식(solidarity)」이 큰 비중을 차지하게 된 점을 지적하고 있다. 이와 같이 사람들이 문제의식을 느끼는 사회적 요인도 문화에 따라 다르며 그 커뮤니티 구성원들의 언어생활에서 많은 갈등을 일으키는 요인이 가장 중요시되는 사회적 변수이다. 따라서 그 사회에서 일반적으로 사용되는 대우표현을 통해서 볼 수 있는 사회적 양상은 사회의 가치관이나 문화적 규범을 나타내는 것이며 그것을 통해 사람들의 의식과 사회구조가 보다 선명히 드러날 것이다.

4 경어와 대우표현

여기서는 본 연구에서 사용하는 용어에 대해 설명해 두고자 한다. 경어의 기원에 대해서 쓰지무라(辻村 1977, 1983, 1992)는 인지(人智), 인력(人力)을 초월한 자연이나 神에 대한 외경으로부터 비롯된 언어의 터부로부터 시작되었다고 주장한다.

한국인과 일본인의 언어행동과 문화의 차이

경어는 대개가 찬미, 또는 존경과 회피의 표현에서 시작되었다. 「お=大」는 찬미를 표현한 것으로 동작의 직접적 언급을 피해 어떤 상태에 이른다든가, 혹은 어떤 동작이 존재하는 것처럼 말하는 경우도 있다. 예를 들어 많은 인칭대명사는 방향이나 장소를 나타내는 표현을 함으로써 사람을 가리키며 「あなた(anata), そちら(sochira), あの方(ano kata), 殿(dono), お宅(otaku)」 등이 있다(쓰지무라 1992). 쓰지무라는 옛 문헌의 예를 들어 설명하고 있지만 현재 한국 호칭법에서 보이는 손위 사람에 대한 직접호칭 회피나, 손위 사람에 대한 경어형의 2인칭 대명사가 없다는 점 등도 같은 맥락에서 설명할 수 있을 것이다. 경어 본래의 역할은 상하의식의 표시였다고 생각된다. 그 근거로서는 상하의식이 뚜렷이 나타나는 문화와 그렇지 않은 문화에 있어서 청자에 대해 배려하는 방법이 다른 점을 들 수 있다. 경어나 공손함의 근저에 있는 것이 화자의 청자에 대한 배려라는 것은 구태여 말할 필요가 없을 것이다. 문제는 배려의 표현방법인데 상하의식이 강한 문화와 그렇지 않은 문화에서는 사용하는 수단이 다르다. 서열의식의 강한 문화를 지닌 한국이나 일본에서는 「경어」라고 하는 전용 언어표현이 체계적으로 존재한다.

이에 비해 다른 언어, 예를 들어 영어만 보더라도 「honorifics」라고 하는 용어는 있지만 경어표현 전용의 언어표현이 체계적으로 존재하는 것은 아니고, 사람에 대한 공손함을 나타내는 수단은 주로 다음과 같은 여러 가지 책략(strategy)이다. 상대방에 대한 관심을 표명하거나 칭찬함으로써 상대방에 대한 공감을 나타내는 방법, 친근감을 나타내는 방법, 직접표현을 피해 간접표현을 사용하는 방법, 단언을 피하는 방법, 상대방에 대해 이익이 되는 것은 가능한 행하고, 부담이 되는 것은 극력 피하는 방법, 반대로 자신에게 이익이 되는 것은 최소한으로 줄이고, 부담이 되는 것은 늘리는 방법으로, Brown & Levinson(1978), Lakoff(1975), Leech(1983) 등에서 예로 들고 있지만, 이와 같은 문화에서만 통용되는 것은 아니다. 위와 같은 책략(strategy)은 쓰지무라(1992)에서는 돌려서 말하는 등의 어법을 사용한 「경어적 표현」이라고 말해 한국어나 일본어의 「경어표현」과 구별짓고 있다. 언어나 문화는 다르지만 Holmes(1992)에서는 공손한 표현은 타인을 배려하고, 타인을 기분 좋게 하고, 화자와 청자 사이의 **사회적 거리**를 적절히 계산한 언어표현이며, **사회적 거리**는 커뮤니티에 따라 다르다고 서술하고 있는 것을 보면, 한국어와 일본어의 대우표현법과 같은 규칙에 의해 표현되고 기능 및 역할도 다르지 않음을 알 수 있다.

　이와 같은 언어행동에 공통되게 나타나는 것은, 화자가 상대방에게 나타내는 배려이며 그 배려는 양자간의 관계와 인식에 따른 화자의 분별에 기초하고 있다. 그 분별은 상하의식이 강한 문화에서는 下位者가 上位者에 대해 나타내는 '尊'이거나 '敬'인 까닭에 「경어」라고 하는 용어가 사용되었다고 생각된다. 그러나 사회변화와 더불어 사람들의 언어의식도 변화하여 친소의식이 종래의 尊卑나 敬讓 대신에 현대인의 경어의식의 많은 부분을 차지하게 되었다고 할 수 있다. 따라서 경어가 반드시 경의를 나타낸다고만은 할 수 없다. 이 점은 쓰지무라(1977), 와타나베(渡辺 1978)에서도 지적하고 있다. 이에 대해 쓰지무라는 다음과 같이 말하고 있다. "물론, 「경어」라고 하는 말이 처음 사용된 당시에는 글자 그대로 경의를 나타내는 말이라고 생각했음에 틀림이 없다"(쓰지무라 1977 : 48). 화자는 청자나 화제의 인물과의 상하, 친소 등의 사회적 관계를 가늠하여, 사회적 규범에 맞추어 대화의 場이 필요로 하는 대우도를 나타내는 경어를 사용하는 것이며 반드시 마음에서 우러난 경의를 지니고 있다고만은 할 수 없는 것이다. 쓰지무라는 이에 대해 표현 주체가 청자나 화제의 인물을 上位者나 우위자(優位者)로 인식하고 그 인식에 기초하여 경어를 사용하는 것은 그 사람을 인간적으로 존경하고 있는가 아닌가 하는 문제가 아니라 청자나 화제의 인물에 대해 표현주체가 갖는 상하관계의 인식에 기초한 것이라고 설명하는데, 이것은 상위대우의식(上位待遇意識)이라고 하여 다음과 같이 정의 내린다. "…경어가 경의를 나타내는 말이라고 할 경우의 경의란, …상대방이나 화제의 인물을 上位者, 優位者, 恩惠者, 疎遠者 등 경어적으로 上位로 간주하는 것을 의미하는 것이다"(쓰지무라 1977 : 49). 이와 같이 경어는 마음으로부터 경의를 지니고 있는가, 아닌가가 아니고 기능적으로 생각하는 편이 더 적절하고 현대인의 경어행동과 경어의식을 반영하고 있는 것으로 판단할 수 있다.

　또한 쓰지무라, 오오이시(大石 1977)에서는, 현대경어는 많은 부분 사교적 언어역할을 하고 있다고 서술한다. 따라서 「경어」 대신 반드시 +표현뿐만 아니라 -표현도 포함한 「대우표현(待遇表現)」을 사용해야만 한다는 의견이 많은 사람들에게서 나온 것은 주지의 사실이다. 그러나 용어는 그대로 두고 어떤 용어를 어떤 의미로 사용할 것인가를 연구자가 미리 정해두면 된다고도 생각할 수 있다.

한국인과 일본인의 언어행동과 문화의 차이

본 연구에서는 대우에 관련하여 +표현에만 국한되지 않고 −표현도 포함하여 대인관계에 관한 모든 표현으로서 「대우표현」을 사용한다. 마찬가지로 「경어」를 사용할 때도 +−양쪽의 표현을 모두 포함시킨다. 그 중에서 上方向표현인 종래의 존경표현은 「+경어표현」 또는 「경어형」[5]으로 사용하고, 종래의 존경표현을 제외한 모든 대우표현은 「−경어표현」 또는 「비경어형」으로 한다. 따라서 「−경어표현」이나 「비경어형」은 반드시 下方向의 표현만을 일컫는 것이 아니라 그 중에는 上方向도 아니고 下方向도 아닌 중립적인 표현이나, 또 의식적으로 상대방을 소외시킬 목적으로 사용되는 소외표현도 포함한다. 즉 대인관계에 관한 모든 표현을 대우표현으로 간주한다. 종래 한국어의 경어는 제3자 경어법에 있어서 청자에 대한 배려는 하지 않고 화자와 화제의 인물 간의 관계만이 고려되어 화제의 인물이 손위 사람인 경우 가족이라도 경어를 사용하며 손아래 사람이면 화자보다 손위 청자의 가족이라도 경어를 사용하지 않는 점을 근거로 「절대경어」라고 일컬어져 왔다(梅田 1987 참조). 결과적으로 청자 경어와 제3자 경어에 동일한 표현을 사용하는 점에서 「절대경어」라고 불려왔다. 이때 동일 표현은 上方向의 「+경어표현」이다. 다음 일본 사전에서 설명하고 있는 「절대경어」의 개념을 살펴보기로 하자.

> 学研国語大辞典 : 동일한 인물에 관한 경어의 사용법이 인칭이나 장면에 관계없이 항상 일정한 경우에 그 경어의 용법을 말함.(필자 번역)
>
> 大辞林 : 어떤 사람에 대해서는 그 사람을 포함한 어떤 사람으로부터도, 어떤 장면에서도, 항상 일정한 경어를 사용하여 표현하는 것. 신, 천황이 자신에 관해 경어를 사용한 나라(奈良) 시대에 이러한 경향이 보임.(필자 번역)

이상 두 사전에서 설명하고 있는 「경어」도 「+경어표현」을 가리키는 것이다. 그러나 제3자 경어법 사용시, 제3자와 청자와의 관계를 고려하지 않고 청자 경어

---

5) 「+경어표현」을 가와무라(川村 1996 : 131)에서는 「공손표현(丁寧表現)」 A타입과 B타입으로 분류하고 있다. A에는 한국어나 일본어에서 보이는 경칭, 존경어, 겸양어, 공손어를 설정하고 B에는 1)의문형이나 가정법 등 본래는 인간관계, 수사의 기능을 지니지 않은 언어형식에 의해 공손함을 표현하는 것과 2)상대방에게 호의적 관심을 보이거나 폐 끼친 것을 사과하는 등, 대화내용에 의해 공손함을 표현하는 것을 설정하고 있다.

와 제3자 경어에 동일표현을 사용하는 것을 「절대경어」라고 규정하고 동일 표현
을 「+경어형」이나 「-경어형」 양쪽 모두 적용시킨다면 청자 경어와 제3자 경어
에 비경어형의 동일 표현을 사용하는 것도 「절대경어」라고 간주할 수 있다. 본 연
구에서는 「경어」나 「경어표현」을 +와 -에 모두 적용시켜 그 성질을 규명해 보
고자 한다. 「+경어표현」의 「절대경어」는 上方向의 「절대경어」로 보고, 「-경어
표현」의 「절대경어」는 下方向의 「절대경어」로 간주하기로 한다. 종래는 제3자 경
어에서만 절대경어가 논해졌지만 연구결과 제3자 경어뿐만 아니라 청자 경어에서
도 절대경어가 보이므로 이 연구에서는 청자 경어도 포함하여 다루기로 한다.

　「상대경어」에 대해서 우메다(1987 : 33)는 일본어가 상대경어로 일컬어진 근거로
서 "청자에 대한 배려로 화제의 인물이 화자나 청자의 가족인가 아닌가에 따라
경어의 사용법이 달라진다"는 점을 들고 있다. 본 연구에서는 동일인물에 관한 경
어의 사용법이 인칭, 장면, 청자, 대화 내용, 화자와 제3자 간의 관계 등 사회적
요인에 의해 달라질 경우에 그 경어용법을 가리키는 것으로 사용한다. 예를 들어
일본 직장에서 직장 밖의 사람을 청자로 하여 직장 내 사람에 관한 제3자 경어는
+경어표현을 삼간다. 이때 만약 청자가 화제의 인물(직장 내)의 가족이면 제3자 경
어에 +경어표현을 사용한다. 또 본 연구에서는 「경어」나 「존경어」, 「겸양어」라는
용어를 사용시 이들 표현을 사용하는 사람들의 의식에 존경심이나 겸양심이 존재
하느냐 아니냐에 상관없이 그 용어를 사용함으로써 대화에 관여하는 사람들의 상
하나 친소관계를 충족시키는 점을 밝혀둔다.

(1) 본 연구에서는 호칭법과 스피치 레벨의 사용법을 포함하여 청자나 제3자에 대
　　한 대우표현을 폭넓게, 종합적으로 다루어 「대우표현」이라고 하는 용어를 사
　　용하며 「경어」는 「대우표현」과 같은 의미로 사용하고 있다. 앞서 말한 바와
　　같이 본 연구에서는 대인관계에 관한 모든 표현을 「대우표현」으로 다루며 엄
　　밀히 말해 上方向과 下方向의 「절대경어」를 포함하여 「절대 대우표현」이라
　　고 말할 수 있지만 본 연구에서는 「절대경어」를 「절대 대우표현」의 의미로 사
　　용한다. 또 특히 대우표현의 사용법을 가리키는 경우에는 「대우표현법」과 「경
　　어법」을 사용하며 언어행동면을 포함시켜 행동에 초점을 맞추고자 할 때는 「대

　한국인과 일본인의 언어행동과 문화의 차이

우행동」과「경어행동」을 사용한다.

(2) **청자 경어**－청자에 대한 호칭과 스피치 레벨을 함께 지칭할 때 사용한다.
   제3자 경어－화제의 인물에 대한 호칭과 스피치 레벨을 함께 지칭할 때 사용한다. 마찬가지로 청자호칭과 청자 스피치 레벨은 각각 청자에 대한 호칭과 스피치 레벨을 가리킨다. 제3자 호칭과 제3자 스피치 레벨은 각각 화제의 인물에 대한 호칭과 스피치 레벨을 가리킨다. 화자호칭은 화자자신을 나타내는 호칭을 가리킨다. 본 연구에서는 인칭대명사는 다루지 않는다.

(3) 호칭에 대해서『大辭林』,『三省堂』사전에는「부르는 이름」이라고 설명되어 있지만, 본 연구에서는 상대방의 이름 대신 친족명칭을 사용하는 경우를 포함하여 부르는 방법이나 부르는 표현을 지칭한다.

(4)「스피치 레벨」은 한국어에 관한 연구 관용에 따라 대우도를 나타내는 문말(文末)표현을 가리키는 것으로 사용한다(例「: 계십니까」전체를 스피치 레벨로 간주한다).

(5)「이름」은 FN(First Name)을 나타낸다[참고 : 일본의 경우「이름(名前)」은 성명(姓名), ‘성(姓)’, ‘명(名)’ 어느 경우에도 좋은 경우에 사용한다].

(6) ‘場’은 대화가 이루어지는 자리에 사회적 기능이 더해진 것을 가리키며,「장면(場面)」은 사회적 변수의 하나로 formal/informal한 장면으로서 사용하며,「場의 성격(待遇性)」은 대우에 관계되는 모든 사회적 변수가 영향을 끼쳐 만들어 내는 ‘場’이 지니는 종합적 성격을 지칭할 때 사용한다.

(7) 이 연구의 중심이 되는 호칭표기를 할 때, Ⅲ, Ⅳ, Ⅴ에서의 데이터 분석시에는「호칭」으로 하여 문장 속의 다른 표기와 차별해 사용했다.

(8) 표 번호는 각 장마다 일련번호가 매겨져 있다.

한국과 일본 양국에 있어서 경어에 대한 연구는 일찍부터 이루어져 왔다. 그러나 종래의 연구는 경어를 문법의 틀 속에서 형태론적으로, 분류학적으로 다루는 것뿐이었다. 일본의 경우는 존경, 겸양, 공손(丁寧) 세 가지로 분류하는 것이 오늘날 가장 일반적인 경향으로 그 대표적인 예로 도키에다(時枝)에 의한 詞와 辭의 2분설(二分說), 또 쓰지무라에 의한 소재경어(素材敬語)와 대자경어(對者敬語)의 2분설 등을 들 수 있다. 쓰지무라(1977, 1992)는 소재경어 속에 a) 존경어, b) 겸양어, c) 미화어를, 대자경어 속에 공손어(丁寧語)를 분류, 설정하고 있다. 한국의 경우는 존경어, 겸양어 등의 형태, 어휘의 분류나 문말어미의 분류 등에 나타나는 존경어의 구분 등에 초점을 둔 연구가 많다. 문말어미의 구분은 언어형식과 기능 등을 혼합한 분류가 많은데 그러한 경우에 장면의 고려나 화자와 청자 간의 사회적 관계에는 소홀한 면이 있다. 또 변형문법의 연구에 있어서는 이론적 모델의 틀 속에서 경어를 형식화하는 데 초점을 두고 있으며 장면이나 사회적 요인에 대한 고려가 없고 데이터에 기초를 둔 실험적이며 체계적 연구는 아니다. 이러한 정적인 연구방법으로부터, 경어를 실제로 사용함으로써 일어나는 문제점과 변화를 다루는 동적인 연구의 시도가 보이기 시작한 것은 사회언어학의 영향이다. 한국에서는 1970년대 후반부터, 일본에서는 국립국어연구소 설립과 동시에 1950년대부터 경어를 사회언어학적으로 다루려는 연구가 시작되었다(1957, 『敬語と敬語意識』)6). 이와 같은 연구에서는 화자와 청자의 사회적 관계, 실제 대화의 장면, 이들의 상호관련 등이 고려되었으며, 양적 실험이 시도되었다(國硏 1957, 1971, 1982, 1983 외). 그러나 아직 초창기 단계이기 때문에 수도 적고 체계적 연구라고 할 만한 것은 없다. 특히 실제 장면에 있어서 사용법을 양적인 방법과 질적인 방법을 동시에 사용해서 검증한 것은 거의 없다고 할 수 있다. 이러한 현상은 양국 모두 마찬가지이다.

선행연구는 다음과 같이 몇 종류로 분류해서 정리할 수 있겠다. 연구내용으로는 (1) 경어 전반에 관한 것, (2) 공손(politeness)에 관한 것, (3) 호칭에 관한 것으로 크

---

6) 조사는 1952년 8월에 실시하고, 보고서는 1957년에 나왔다.

게 세 가지로 나눌 수 있다. 또 연구방법으로는 (1) 양적 실험을 한 것, (2) 질적 분석방법을 사용한 것 등 두 종류로 나눌 수 있다. 분석방법으로는 (1) 대우표현에 영향을 끼친다고 생각되는 복수의 사회적 변수를 도입하여 분석한 것으로 이와 같은 사회적 요인 속에는 연령, 지위, 사회적 계급, 친소, 성별, 출신지역, 종교 등을 포함하고 있는 것, (2) 힘(power) 또는 연대의식(solidarity)이라고 하는 축을 사용하여 분석한 것이 있다. 또 데이터 처리방법으로는 (1) 실제 행한 조사결과에서 얻어진 대량의 데이터를 수량화하여 제시하고 있는 것, (2) 연구자 본인이 제시하고 있는 한정된 데이터뿐일 경우, 혹은 데이터는 제시하지 않고 있는 경우가 있다. 양적 연구방법과 질적 연구방법에는 각각의 장점이 있다. 양적 방법은 데이터와 수량화에 의해 조사결과에 객관성을 부여하지만 데이터 중에는 실제 사용하지 않는 교과서적인 회답이나 필요 이상으로 고상하거나 공손한 표현이 섞여있다는 문제점이 있다. 그와 같은 사용법은 신분상승 지향적 표현이나 품위를 나타내기 위한 표현이라고 말할 수 있는 것으로 Wardhaugh(1986)는, 드러난 권위(overt prestige) 표현이며 여성 쪽에서 현저하게 나타나는 표현이라고 지적하고 있다. 이와 같은 문제점에 대처하는 방법으로서 인터뷰와 같은 질적 방법이 효과적이다.

양적 방법을 사용한 연구로서는 일본에서는 1952, 1953년에 국립국어연구소에서 실시한 조사(報告는 모두, 1957)가 있다. 국립국어연구소(1957)에서는 사람들의 경어행동과 경어의식에 관한 대대적인 조사를 실시했다. 이 연구는 언어사용에 영향을 끼치는 요인으로서 사회적 변수를 도입하여 일본에서 실시된 사회언어학적 연구의 시초라고 볼 수 있다. 양적 조사에 의한 객관성이나 통계 및 컴퓨터 처리에 의한 정확성 등의 이점도 있으나, 분석이라기보다는 기술의 영역을 벗어나지 못하고 있다. 최근의 연구로는 오기노(荻野) 외(1988~1990)가 있다. 이 연구는 공동연구로 한국과 일본 대학생들의 경어사용을 조사한 것이다. 양국에서 대규모로 행해진 조사로, 수량화시킨 데 의미가 있지만 몇 가지 문제점을 지니고 있다. (1) 주로 대학생들을 조사대상으로 했기 때문에 사회 전체의 경향을 파악하기 어렵다. (2) 조사에 있어서는 성별, 연령, 친소 등의 요인을 도입하고는 있으나 이들 요인들이 각각 독립된 요인으로 취급되고 있는 경우가 많다. 그러나 사회적 변수는, 예를 들면 「연상의 여자선배이며 친밀한 관계」처럼 복합적으로 작용하는 것이기 때문에 단독으로 처리하기에는 불충분하다. (3) 피험자의 이상적인 대답(실제 장면에서는 사용하지 않지만 이렇게 사용해야 한다는 의식적이고 교과서적인 대답)에 머무르고 있는 경우가 많으며 추적조사에 의한 확인이 필요하다. 회답 중에는 평소에 대학생이 자연스러운 대화에서는 거의 사용하지 않는 스피치 레벨이 다수 포함되어 있다7). (4) 조사결과를 수량화하고 있지만 결과는 퍼센트(%)만으로 나타내고 있어 유의차가 증명되지 않았다. (5) 분석은 고찰에 의한 것이 많으며 조사결과에 대한 확인 이 필요하다.

호칭에 관한 고전적인 연구로서 R. Brown & Gilman(1960)과 R. Brown & M. Ford(1964)가 있다. 전자는 유럽 언어의 이인칭대명사 'T'(라틴어의 비경어형인 이인칭 대명사 tu)와 'V'(라틴어의 경어형인 이인칭대명사 vos)의 두 타입을 힘(power)과 연대의식(solidarity)과 연관시켜 역사적 변화에 대해 서술하고 있다. 중세에는 힘이 없는 쪽은 있는 쪽에 'V'를, 있는 쪽은 없는 쪽에 대해 'T'를 사용했다. 그러나 근대에 들어와서는 힘 관계는 동등해도 집안이나 지역, 직업이 다른 경우(not solitary)에는 서로 'V'를, 동등한 경우(solitary)에는 'T'를 사용하게 되었다. V 사용에서 T 사용으로 이동할 경우 주도권을 잡는 것은 힘이 있는 쪽이며 20세기 중엽에는 연대의식이 힘보다 강한 영향을 미치게 되었다. 힘을 축으로 하여 종적인 관계에서 사용되었던 것이 연대의식을 축으로 하여 횡적인 관계로 변화한 것이다. Brown & Ford(1964)는 미국 영어의 호칭의 선택과 대체 등에 대해 논하고 있다. 앞서 서술한 유럽의 대명사 사용법에서 보이는 힘과 연대의식과 마찬가지로 서열(status)과 친근감(intimacy)을 축으로 하고 있다. 화자와 청자 상호간에 사용하는 'FN'(first name)은 친밀감을 나타내며, 'TLN'(title plus last name)은 심리적 거리나 격식(formality)을 나타내는데, 한쪽에서는 FN을 다른 쪽에서는 TLN을 사용하는 경우는 양자간의 지위의 차를 나타낸다고 서술하고 있다. Brown & Gilman과 마찬가지로 TLN 사용에서 FN 사용으로 이동시의 주도권은 지위가 높은 쪽이나 연장자가 쥐게 된다. 또 친해지면 동일한 청자에 대해 복수의 명칭을 사용하는 점 등을

---

7) 例 : (1990 : 표10) 친한 친구에게 쓰는 말 중에 회의중에 사용하는 「갔습니까」[남성(40% 이상), 여성(30% 이상)]가 보이는데 이와 같이 공손하고 격식을 갖춘 표현은 대학생은 사용하지 않는 것을 관찰할 수 있으며 인터뷰에서도 확인할 수 있었다.

한국인과 일본인의 언어행동과 문화의 차이

서술하고 있는데 이상 두 연구에서 보이는 언어행동이 한국과 일본사회에서도 적용될 수 있는지, 좀더 면밀히 조사해 볼 필요가 있다고 생각된다.

Brown & Gilman(1960), Brown & Ford(1964)는 청자호칭의 선택에서 결정적인 요인이 되는 힘(서열)과 연대의식(친근감)을 두 개의 축으로 하여 호칭법을 논한 점에서 최초의 시도였으며 그 후 많은 연구의 토대가 되었다. 이들 연구에 대해 많은 연구자(Sohn, 1986 그 외)는 수정도 하지 않고 그대로 받아들이고 있지만 McIntire(1972)와 Braun(1988)은 다음과 같이 반론하고 있다. McIntire(1972)는 미국 대학의 교수와 학생 간의 호칭법을 조사 연구한 것으로 Brown & Ford 등이 말한 TLN→FN 이동의 주도권은 上位者가 쥔다고 하는 주장에 반대되는 조사결과에 대해 서술하고 있다. 대다수 사람들은 자신들이 下位者였을 때 上位者보다 먼저 FN 사용을 시작한 것으로 보고하고 있다(McIntire 1972). 이와 같은 결과는 다음과 같은 사실을 시사해 주고 있다. 대학과 비즈니스 사회에서 통용되는 규범이 다른 것 같이 대학이나 비즈니스 사회에서도 부서나 사람에 따라 통용되는 규범이나 사용법이 다를 것이다. 하물며 나라와 문화가 다르면 각 사회에서 통용되는 규칙이나 규범도 다를 것이라는 것이다. 이러한 의미에서도 원활한 의사소통 능력과 「문화능력」의 필요성을 더욱 강조하지 않으면 안 된다. Braun(1988)은 다음과 같이 반론하고 있다. Brown 그 외(1960, 1964)는 화자의 배경과 특징 등의 변화에 주의를 기울이지 않고 있다. Brown 등이 주장하는 호칭법은 동질성을 지닌 구성원에 대해 서술하고 있지만 실제는 화자 자신이 속한 사회그룹 속에서만 커뮤니케이션을 행한다고만은 할 수 없기 때문에 이질성을 고려해야만 한다고 말하고 있다. 호칭법에 있어서 언어태도의 보편성은 거의 보이지 않고 호칭법이 보편적이라고 말하기 위해서는 폭 넓은 문화, 많은 언어와의 비교와 많은 시간을 들여 관찰할 필요가 있다고 서술하고 있다.

호칭 자체를 대상으로 한 연구는 아니지만 나카네(中根 1967)에서는 영국과 미국 대학의 호칭사용의 예를 들어 구미와 일본사회의 특징을 비교하고 있다. 상호간에 FN을 사용하는 것은 교수 사이나 학생 사이뿐이고 학생은 박사학위를 받은 날부터 처음으로 교수들로부터 FN으로 불리고 또 부를 수 있게 된다. 구미에서 어떤 조직의 지표가 되는 것은 **횡적**으로 연결되는 계층적인 분류이며 이와 같은 사회에서는 동료의식과 연대성이 강하고 서열의식은 저조하다고 서술하고 있다. 나카네(1967)에서도 지적한 것처럼 한국과 일본사회에서는 동질적인 것을 서열에 의해 등급을 매기기 때문에 구미에서 볼 수 있는 것과 같은 동료의식은 없고 그것보다는 교수와 학생 사이는 물론, 교수 상호간이나 학생 상호간에서도 상하의식이 강하게 보인다. 교수 사이는 교수, 부교수(한국의 경우만), 조교수, 강사, 조수8)라는 **종적**관계에 의해 연결되어 있고 학생은 1학년, 2학년 등의 서열의식이 강하게 보인다. 이와 같은 한국과 일본인들의 상하의식 및 호칭법은 앞서 검토한 Brown & Gilman 및 Brown & Ford 등의 연구에서 보이는 사람들의 의식 및 호칭법과는 크게 다르며 이러한 연구에서 사용한 두 종류의 사회적 변수만으로는 다른 언어문화를 지닌 한국과 일본인들의 대우표현법과 의식을 규명하기에는 충분치 않다고 생각된다. 서구의 호칭법이 시대의 변화에 따라 상하관계나 서열의식보다 연대의식 쪽으로 중점을 옮긴 데 비해 오늘날도 한국과 일본에서는 서열의 차이에 중점을 두고 있기에 양국 언어의 대우표현 비교연구에는 다른 방법을 사용하지 않으면 안 된다고 생각한다.

호칭의 양적 연구로서는 Braun을 포함한 유럽 연구자 4명에 의한 공동연구가 있다(Braun 1988). 이전의 연구와 다른 특징으로는 복수 언어를 다루었다는 점과 복수의 사회적 변수를 도입해서 행한 조사연구로 호칭에 관계되는 문헌 1,100권과 세계 17개국 언어를 대상으로 하여 실시한 점을 들 수 있다. 연구방법은 세계 17개국에서 독일의 Kiel에 와 있는 유학생을 대상으로 하여 실시한 것으로 앙케이트를 사용한 인터뷰 방식을 취하고 있다. 내용은 가족, 대학 내, 이웃, 모르는 사람에 대한 호칭(부르는 이름 및 인칭대명사)의 조사인데 어떻게 불리는가에 대한 조사도 부분적으로 이뤄졌다. 공동연구이기 때문에 많은 언어를 다루고 있다는 점에서는 장점이 있으나, 반면 한 언어가 1~4명의 피험자의 대답에 달려있다는 점과 조사결과에 대한 데이터가 제시되지 않고 통계처리가 되어 있지 않기 때문에 객관성과 타당성이 결여되었다는 단점이 있다. 또 각 연구자가 담당한 대상 언어전부를 구사할 수 있는 언어능력을 지니고 있는 것은 아니기 때문에 조사결과를 걸

---

8) 일본 조오치대학의 예를 들자면 한국의 조교라기보다는 미국의 RA에 가깝다.

한국인과 일본인의 언어행동과 문화의 차이

러내지 않고 그대로 받아들일 위험성도 배제할 수 없다. 또 피험자는 모두 18~30세의 젊은 세대만을 대상으로 했기 때문에 각국의 호칭법의 전체상을 파악하기는 어렵다. 대상으로 한 언어는 노르웨이어, 요르단어, 폴란드어, 핀란드어, 아일랜드어, 이디오피아어, 페르시아어, 독일어, 스페인어, 포르투갈어, 네덜란드어 등이다. 앞서 말한 언어의 호칭법에 영향을 미치는 요인으로서 다음과 같은 사회적 변수를 들고 있다. 예를 들면 세대차, 교육 정도, 지위차, 지역차, 남녀차, 나라의 정책에 대한 정치적 이데올로기 등이다. 호칭법에 영향을 미치는 요인은 문화에 따라 다르기 때문에 일반적인 이론의 틀에 맞추는 것은 곤란하다고 하는 점에서 필자와 같은 견해를 보이고 있다.

「공손함(politeness)」에 관한 연구로는 P. Brown & S. Levinson(1978)이 있다. 그들은 공손함을 셋으로 분류하고 있다. (1) positive politeness(상대방에 공감을 나타낸다) (2) negative politeness(상대방의 자유를 손상하지 않는다) (3) off-record(단언을 피한다)이다. 이들 생각의 토대는 다음과 같다. 사람들은 모두 「체면(face)」을 가지고 있으며 체면의 유지와 상처를 입은 체면을 회복하기 위해 여러 가지 책략(strategy)을 사용하는데 위에 말한 바와 같이 크게 세 종류로 나눌 수 있다. 공손함의 원칙은 보편적이며 원칙의 적용방법은 문화에 따라서 그리고 문화 속의 하위문화(sub-culture), 카테고리 그룹 등에 따라 다르다고 결론짓고 있는데 과연 어떠한가? 한국이나 일본과 같이 체계적인 경어를 갖고 있는 사회에 속한 사람들의 의식이나 대우행동과 구미언어와 같이 경어체계를 지니고 있지 않은 사회에 속한 사람들의 의식이나 대우행동과는 차이가 있다고 생각된다. 한국과 일본에서는 I.4.에서 서술한 바와 같이 공손함(politeness)을 나타내기 위해서는 경칭, 존경어, 겸양어, 공손어(丁寧語) 등의 경어체계에 존재하는 공손한 표현(A타입)을 주로 사용하며 구미에서는 의문문이나 가정법 등의 완곡표현을 사용하는 공손한 표현(B타입)을 사용하거나9), 상대방을 칭찬하는 행동이나 친근감의 표시 등으로 호의적인 관심을 나타내든지 하는 책략(strategy)을 사용한다.

한국어의 경어연구는 주로 미국대학에 제출한 박사논문들이며 그중 사회언어

---

9) 이런 타입의 공손한 표현은 한국에서도 일본에서도 사용된다.

학적 방법을 시도한 것이 있는데(Hwang Juck-Ryoon 1975, Youngsoon Park 1978), Wang(1984)에서는 이들 연구는 사람들의 언어행동과 문화·사회적 체계와의 상호관계 및 사람들의 사회생활 속에서 차지하고 있는 경어의 기능을 간과하고 있다고 지적하고 있다. 또 연구방법에 있어서도 연구대상이 한정되어 있으며 데이터의 수도 적고 실제의 장면에 기초를 둔 연구가 아니다. Hwang(1975, 1976)은 한국어의 호칭 및 스피치 레벨을 포함한 대우표현을 다루고 있으며, 그 선택에 영향을 끼치는 사회적 요인 및 모국어 사용자(native speaker)의 의사소통 능력을 반영하는 사회언어학적 기술을 위한 체계적 기술방법, 또는 형식화(formularization) 방법을 시도한 것이다. 종래의 스피치 레벨의 연구가 언어기능과 형식을 혼합한 것인 데 비해 이 연구는 체계적 기술이나 형식화에 대한 방법을 도입한 점에서 한국어의 경어연구로서는 처음으로 시도된 것이다.

질적 방법을 사용한 연구로 Wang(1984)이 있으며, 의사소통의 민족지학(ethnography of communication)의 연구방법을 사용한 것이다. '지화리'라는 한국 남부에 위치한 오랜 전통을 지닌 양반마을의 스피치 커뮤니티에 속한 사람들의 경어행동과 의식을 민족지학적(ethnographic) 측면에서 연구한 것으로 친족간 및 마을사람들 사이에 사용되는 호칭과 스피치 레벨을 문화적 접촉, 사회변화, 사회계급과 관련하여 조사한 연구이다. 방법은 주로 인터뷰와 참가자 관찰법을 취했으며 질적 분석을 하고 있다. 오늘날의 사람들의 언어사용법은 역사적 변화의 산출이기 때문에 현재 일어나고 있는 경어행동과 의식패턴은 공시적인 관점으로는 이해할 수 없고 통시적인 관점에서 분석해야 한다고 서술하고 있다.

이상과 같이 한국과 일본 및 구미에서 실시한 대우표현의 사회언어학적 연구에 대해 양적, 또 질적 연구방법으로 양분하여 개략했다. 그 중에서 필자의 연구목표와 가장 유사점이 많은 Wang(1984)과 본 연구와의 차이점에 대해 서술하고 또 본 연구에서 추구하고자 하는 연구목표와 그것을 달성했을 때 얻어질 결과에 대해 서술하고자 한다. 본 연구는 한국과 일본의 대우표현을 실험적 방법을 사용해서 체계적으로 실시한 비교연구로서 이와 같은 양국 언어의 대우표현의 비교연구는 처음으로 시도되는 것이다. 한일 양국에서 광범위하게 여러 세대를 대상으로 현지조사(field work)를 행하고 조사결과 얻어진 데이터를 기초하여 양적 혹은 질적 방

한국인과 일본인의 언어행동과 문화의 차이

법을 사용하여 분석하고 있다. 통계법을 사용한 양적 분석은 본 연구에 객관성과 신뢰성을 부여한다. 그러나 무엇보다도 양국 언어의 대우표현을 비교연구함으로써 각 언어에 있어서의 대우표현의 체계와 사람들의 의식 차이, 이들 둘 사이의 상호관계의 차이, 양국의 언어사용법의 규칙, 사회와 문화규범의 실태가 부각되고 양국인의 대우표현의 특징과 사람들의 의식이 밝혀지게 된다. 청자 경어와 제3자 경어를 동시에 다룸으로써 양국 언어의 성질과 사람들의 경어행동의 특징을 더 잘 알 수 있다. Wang에서는 앞서 말한 것처럼 역사적 배경과 사회적 변화의 영향에 중점을 두고 상세히 논하고 있으며, 그 결과 나타나는 사회계급간, 세대간, 남녀간의 경어의식의 변화 및 경어행동을 다루고 있다. 본 연구에서도 시대변화에 따른 사회변화와 그 결과 일어나는 사람들의 의식변화와 대우표현법의 변화도 다루고 있지만 그보다는 오늘날 서울과 도쿄 및 그 근교를 중심으로 하여 대도시에 사는 사람들의 대우표현과 의식에 중점을 두고 있다. 이와 같은 연구에는 객관성과 타당성을 부여해 주는 양적, 질적 양 분석방법이 필요하다. 또 두 연구 모두 일관되게 언어와 사회 및 문화와의 상호관계의 해명을 추구하고 있다는 점에서 공통점을 보이고 있다.

구미와 한국, 일본에 있어서 상하관계에 대한 의식에 차가 있는 이상, Brown & Gilman, Brown & Ford 등이 호칭연구의 축으로 들고 있는 힘과 연대의식을 그대로 한국과 일본의 호칭법의 축으로 사용하는 것은 적절하지 않다고 생각된다. 호칭법을 포함한 대우표현에 관계되는 중요한 요인에는 화자와 청자 또는 화제의 인물과의 사회적 관계(연령, 서열, 지위 등의 상하관계, 친소관계)뿐만 아니라 대화의 장면이나 그 내용이 있다. 이러한 요인들은 복합적으로 작용하며 서로 영향을 끼친다. 그러나 이것만으로 누구에게 어떠한 대우표현을 사용하는가가 일률적으로 결정되는 것이 아니라 지역차, 세대차, 개인차에 따르는 변이가 생길 수 있다. 개인차는 성격이나 가치관, 가정교육과 학교나 직업을 포함한 그밖의 여러 가지 생활환경의 영향을 받아 생겨나는 것이다, 또한 사회, 문화적 규범이나 사람들의 의식도 대우표현에 영향을 끼치는 것이다.

여기서는 본 연구에서 도입한 사회적 변수의 타당성 및 그것이 선행연구에서 다루고 있는 사회적 변수와 어떻게 다른가에 대해 서술코자 한다. 연대순으로 검토해 보면 다음과 같다. 구미 연구에서 호칭이나 공손함에 관계되는 요인으로 택하고 있는 것은 호칭연구에서 앞서 언급한 Brown & Gilman(1960)이 사용한 힘과 연대의식, Brown & Ford(1964)가 사용한 서열과 친근감, 19세기 러시아의 인칭대명사 사용에 영향을 끼치는 요인으로 들고 있는 Friedrich(1966)에 의한, 대화내용, 사회적 상황, 지위, 친밀도 등이다. 또 Wardhaugh(1986)가 호칭의 결정요인으로 들고 있는 장면, 사회적 지위, 성별, 연령, 가족관계, 직위, 場의 힘 관계(例주　인-객, 의사-환자 등), 친밀도, 인종, Braun(1988)이 호칭결정 요인으로 들고 있는 연령, 성별, 친족관계, 사회계급 및 공손함에 관계되는 요인으로 들고 있는 사회적 계급, 사회적 거리, 친소, 격식 등이다.

　다음으로 한국과 일본의 호칭을 포함한 경어연구에서 들고 있는 사회적 요인에 대해 서술하고자 한다. 일본국립국어연구소(1952, 1953)는 성별, 연령, 학력, 계급을 들고 있으며 Martin(1954)은 일본인의 호칭사용법에 영향을 끼치는 요인으로 uchi/soto(ingroupness/outgroupness)의 구별, 사회적 지위, 연령, 성별을 순서대로 들고 있다. 쓰지무라(1977, 1992)는 경어성립의 조건으로 다음을 들고 있다.

1. **대인관계의 조건** (1)상하관계 : 동일조직 내의 지위, 사회계급, 연령, 경력의 장단, (2)은혜, 신세의 관계 : 의사-환자, 손님-상인, 교사-학부형, (3)힘의 관계 : 지위 〉 연령, 은혜 〉 연령이나 지위, (4)친소
2. **장면의 조건** (1)공적 장면, (2)간접적 장면 : 전화, 편지 〉 대면(얼굴을 마주 함) (현대에 들어와 연령은 다른 요인에 비해 약화되었다고 지적하고 있음).

　Wang(1984)은 경어법에 영향을 끼치는 주요인으로 사회적 계급과 성별을 들고 있다.

　이상 서술한 다양한 사회적 변수는 크게 2분하면 종적인 상하관계와, 횡적인 친소관계, 장면 또 연구대상이 된 지역에 따라 민족(인종)이나 정치적 이데올로기 등으로 분류할 수 있다. 크게 정리하여 상하관계에는 계급, 지위, 직위, 연령, 경력의 장단, 場의 힘의 관계 등을 포함할 수 있다. 성별은 사회에서의 역할에 따라 사회적 차로 보는 사회와 상하의 힘의 관계로 보는 사회가 있다. 남녀차를 사회적 차

한국인과 일본인의 언어행동과 문화의 차이

로 보는 연구에는 Trudgill(1974)이 있으며, 힘의 관계로 보는 연구에는 Sohn(1983)과 Wardhaugh(1986)가 있다. Wang(1984)은 '지화리' 연구에서 한국사회에서의 장유유서(長幼有序)는 종적인 사회적 거리이며 남녀차는 횡적인 사회적 거리라고 정의하고 있다.

어느 연구에서 어떤 요인을 사회적 변수로 사용하는가는 그 사회에서 가장 중요시되는 요인인 것은 말할 필요도 없지만, 어떤 언어사회를 대상으로 한 연구에서도 공통되게 보이는 것은 종적인 상하관계와 횡적인 친소관계를 축으로 하고 거기에 각 사회별로 중요시하는 요인을 추가하고 있다는 것이다. 한국과 일본사회는 양자 모두 상하관계를 중요시하지만, 연령과 조직내의 서열이 평행하지 않고 부딪쳤을 경우에는 그 문제점이 두드러지게 나타난다. 또, 어느 사회에서도 언어행동에서 남녀차가 보이고 그 중에서도 한국은 힘의 관계로서의 차가 보이고, 일본은 여성어의 영향이 보인다. 또한 어느 쪽에서도 친소의 차와 장면의 차가 보인다. 우선 파일럿 테스트 시에 연령, 성별, 서열, 지역(출생, 교육)을 설정하여 설문조사와 인터뷰를 실시한 결과 지역을 제외한 다른 요인의 차가 나타났다. 지역은 경어행동에 끼칠 영향이 예상되는 연령과 지역과의 상관관계를 조사하기 위해 출생지와 초등학교, 중학교, 고등학교 이상(대학) 다닐 때 교육을 받은 지역을 설정했지만, 출생과 교육지역이 다르거나 교육받은 장소의 이동이 많은 피험자가 많고 유의차를 산출하기에는 문제가 있어 통계 처리시에 지역은 제외시켰다.

파일럿 테스트 결과, 고교졸업과 대학졸업자들의 대우행동에 차가 나타나지 않았으므로 교육은 사회적 변수에 넣지 않았다. 정치적 이데올로기는 대우행동에 차가 나타날 정도로 확연한 사회적 요인은 되고 있지 않으며 사회적 계급도 마찬가지이다. 36년간(1909~1945)의 일본 통치기간, 6·25전쟁(1950~1953)을 거치면서 사회계급이 붕괴되고 민주화와 더불어 급변하는 사회에서 외형적으로는 사회계급이 표면화되어 있지는 않다. 내적으로는 여전히 존재하고는 있지만 대우행동에 직접 영향을 끼치는 요인까지는 되고 있지 못하다. 그보다는 가정교육에 의한 차이가 두드러지게 나타나는 것을 관찰할 수 있다. 일본도 패전으로 이전 사회계급이 미군정에 의해 철폐되어, 황족, 귀족, 평민이 되고 평민들 사이에서는 외형적으로는 모두 평등해졌지만 직업에 의한 사회적 평가의 차는 엄연히 존재하고 있는 것이

지적되고 있다(쓰지무라 1977, 1992). 그러나 최근에는 한국인과 일본인 모두 교육수준이 높고 개인의 능력과 노력에 따라서는 얼마든지 위로 올라갈 수 있기 때문에 연령, 집안 등과 같이 저절로 부여된 선천적 지위보다 사회적 지위나 직업과 같이 자신의 능력으로 획득한 후천적 지위 쪽이 우세하게 되었다. 즉 사회계급이 유동적이 되어 앞서 말한 것 같이 대우행동에 영향을 끼치는 사회적 변수로서 도입하기까지에는 이르지 못하고 있다.

종합해서 양국 사회에서 사람들의 대우표현법에 가장 영향을 끼친다고 예상되는 사회적 변수(Ⅱ에서 조사대상과 내용별로 제시한 사회적 변수 항목을 참조 바람)로 좁혀 이들 사회적 변수가 양 언어의 대우표현 연구에는 가장 적절하다고 판단한다. 본 연구에서는 위에서 말한 모든 요인이 대우표현에 미치는 영향을 조사하고 연구한다. 특히 두 종류의 사회적 변수(예를 들어 서열과 연령)가 중복되었을 경우의 복잡 미묘함을 면밀히 검토함으로써 어떤 변수가 경어에 영향을 끼치는가가 두드러지게 된다. 즉 사회의 어떤 요인이 경어사용에 있어서 가장 결정적인가가 명확히 밝혀지고, 그 결과 사람들의 경어의식이 밝혀지며, 언어와 사회구조의 상호관계가 밝혀진다. 대우표현에 영향을 끼치는 많은 사회적 변수를 도입함으로써 한국과 일본의 대우표현과 사회적 변수의 상관관계가 밝혀지고, 한국과 일본의 대우표현의 세부적인 차이가 나타나게 된다. 양국의 대우표현에 관계되는 요인과 규칙을 밝힘으로써 양국의 사회와 문화의 특징을 규명하게 될 것이다.

한국인과 일본인의 언어행동과 문화의 차이

II

연구방법

1 조사 내용

　지금까지의 경어연구는 문법의 틀 속에서 정적인 것으로 다루어져 왔다. 그러나 언어는 사람이 사용하는 것이고 사람이 생활하고 있는 사회상황, 그 사회가 가지고 있는 문화에 영향을 받으며 시대와 사회의 변화에 따르는 인간의 의식의 변화에 따라 언어도 변화한다. 경어는 사회적, 문화적 기능을 담당하기 때문에 이러한 변화에 큰 영향을 받는다. 어떠한 사회적, 문화적 요인이 경어에 영향을 끼치는가를 살펴보기 위해서는 언어행동, 사람들의 의식, 사회와 문화의 규범, 이 세 가지의 관계를 관찰해 볼 필요가 있다. 따라서 본 연구는 사회언어학적인 방법을 취하여 경어를 동적으로 다루어 보고자 한다. 본 연구는 양국의 세 종류의 스피치 커뮤니티에 속한 사람들(조사대상 항목을 참조바람)을 대상으로 8개의 사회적 변수(각 장에 제시하고 있는 사회적 변수 항목을 참조바람)와 대우표현법과의 관계를 해명해 보고자 한다.

　여기서는 본격적 조사에 앞서서 실시한 파일럿 테스트에 대해 서술하고 그 다음 본 연구에서 사용한 사회적 변수를 연구대상과 연구내용으로 나누어 제시하고 그에 대해 설명하고자 한다.

1-1 파일럿 테스트

  본격적인 조사를 하기 전에 대학생, 주부, 직장남성을 대상으로 경어사용법에 관한 설문조사를 실시했다. 피험자 전원과 회의형식을 통해 그 자리에서 설문조사와 인터뷰하는 방법을 취했다. 이때 경어선택에 영향을 끼칠 것으로 예상되는 사회적 변수를 미리 설정하고 연구자가 조사내용에 관해 직접 설명하고 피험자가 그 자리에서 설문지에 기입하여 제출했다. 또 설문내용에 대한 피험자의 의견을 듣고 설문내용 중에서 실제 부딪치지 않을 장면이 있으면 삭제했다. 또 회답을 검토하여 경어 중에서도 사람들이 일상적으로 부딪치는 실제장면에서 가장 문제점을 느끼는 호칭과 스피치 레벨의 순서로 초점을 맞추어 본격적인 조사를 위한 설문내용을 작성했다. 사회적 변수로 그와 같은 과정을 거쳐서 조사대상과 내용에 적절하다고 생각되는 것으로 추려서 설정했다.

  다음 항목에서는 주로 세 종류의 스피치 커뮤니티를 대상으로 한 청자호칭 조사에서 공통된 항목으로 사용한 요인에 대해 서술하고 다른 조사에 관한 구체적인 내용은 각 장에서 서술하기로 한다.

1-2 사회적 변수

① A. 대학생의 청자 호칭법

장면, 서열(학년), 성별, 친소, 연령 : 이 다섯 가지 변수는 파일럿 테스트 결과, 호칭선택에 가장 큰 영향을 끼치는 것으로 부각된 요인이다. 특히 학년과 연령이 평행하지 않을 경우의 문제점이 가장 많이 나타났다.

B. 대학생의 제3자 대우표현법

좋아함/싫어함(아주 싫어함), 존경/존경하지 않음(경멸)[10] : 파일럿 테스트시의 인터뷰 결과, 제3자 호칭법 및 스피치 레벨의 사용법에 있어서 화제에 오른 선

---

10) 이 사회적 변수는 엄밀히 말하면 「사회심리적 변수」라고 할 수 있지만 넓은 의미에서 사회적 변수로 취급한다.

한국인과 일본인의 언어행동과 문화의 차이

생님에 대한 심정의 영향이 나타났기 때문에 세분화해서 설정했다.

C. 대학생의 스피치 레벨의 사용법에서 나타나는 청자 및 제3자 대우표현법

성별, 대화채널, 연령, 친소 : 위의 두 대우표현법에 영향을 끼친다고 예상되는 네 가지 사회적 변수를 설정했다.

② **A. 주부의 청자 호칭법**―서열, 친소, 연령, 세대

　　 B. 주부의 제3자 호칭법―(주부의 제3자 대우표현법)을 참조 바람

③ **A. 직장 남성들의 청자 호칭법**―서열, 친소, 연령, 세대

　　 B. 직장 남성들의 제3자 대우표현법―서열, 친소

서열과 연령이 평행하지 않는 경우의 문제점은 대학생뿐 아니라 주부, 직장남성들의 청자 호칭법에서도 부각되었기 때문에 세 스피치 커뮤니티 조사에서 모두 이 두 가지 사회적 변수를 써서 조사했다. 또 통계시 세대별로 분류해서 처리함으로써 세대간의 차도 검토했다.

또 각 연구에서 사용한 호칭은 파일럿 테스트를 실시하여, 첫 회에는 자유회답을 통해 얻어진 답을 추려서 사용하고, 2회째는 미리 제시한 것과 기타 항목에서 자유로 답변케 하여 각 테스트에서 얻어진 것을 추려서 설정했다.

1-3 조사 사항

양국의 대학생, 주부, 직장남성들이 사용하는 청자 호칭법과 스피치 레벨 및 제3자 호칭과 스피치 레벨에 있어서

(1) 사회적 변수의 영향이 있는가를 살펴본다. 만약 영향이 있다면
(2) 그 영향에 따라 사용되는 호칭, 스피치 레벨에 어떠한 결과가 생기는가?
(3) 변수가 두 개 겹쳐졌을 경우, 이들 변수와 사용되는 호칭과의 관계는 어떠한가? 또 두 변수 간에 상호작용이 보이는가?

데이터 수집을 위한 필드 워크는 참가자 관찰, 관찰, 인터뷰, 피험자 자신 또는 연구자가 써넣는 설문조사인데 상세한 것은 뒤에 항목별로 논하기로 한다. 데이터 분석을 위해서는 연구자의 직관과 판단에 따른 질적 방법과 통계 처리된 데이터를 기초로 한 양적 방법을 함께 사용하고 있다. 두 가지 분석방법은 상호보완적인데 전자는 후자의 확인, 수정, 통제에 도움이 되며 후자는 전자에 객관성과 신뢰성, 타당성을 부여한다. 질적 분석은 본격적 조사 전에 파일럿 테스트로써 사용하여, 문제점을 추출해내고 연구자가 계획하고 있는 연구내용에 대하여 확인 또는 수정하는데 도움이 되며 조사결과에 대하여 분석할 때에 인터뷰의 해석과 분석 등으로 유효하게 쓰인다.

본 연구를 위해서 시행한 필드 워크에 대해서 상세히 설명하고자 한다. 먼저 조사를 하는 데 있어서 조사자의 조사태도와 마음가짐에 대하여 서술하고자 한다.

(1) 조사자 자신의 문화(넓은 의미에서 모국의 문화와 좁은 의미에서 개별적의 스피치 커뮤니티의 한 사람 한 사람의 피험자가 가지고 있는 문화와 다를 가능성이 있는 조사자 자신의 문화)의 필터를 통하지 않고 선입관과 편견을 배제하려고 노력했다.

(2) 부분만 보지 않고 전체를 파악하려고 노력했다. 한 커뮤니티만을 보고 그것이 그 사회 전체인 것처럼 과도하게 일반화하는 것은 위험하기 때문이다. 여러 세대를 대상으로 넓은 범위에서 조사하고 인터뷰할 때도 각 세대 당 반드시 복수의 피험자를 대상으로 실험결과에 대해 확인하고 필요시엔 수정을 했다. 이와 같은 확인은 인터뷰만으로 할 경우와 또 설문형식의 두 가지 방법을 사용했다.

(3) 평소 주변에서 일어나는 모든 언어사용법에 대해 주의를 기울였다. 그로 인해 연구자의 조사 내용에 대해서 참고, 혹은 수정, 확인하는 데 도움이 되었고 또 새로운 발견도 하게 되었다.

2-1 참가자 관찰(participant observation)

이 방법은 연구자가 조사대상 장소에 가서 일정기간 그 집단의 일원으로서 함께 생활해 가면서 관찰을 할 수가 있기 때문에 있는 그대로의 살아있는 데이터를 얻을 수 있어 무엇보다 바람직하다고 할 수 있다. 조사시에는 위의 (1)과 같이 열려진 마음가짐과 자신의 경험에서 될 수 있는 대로 멀리 떨어져서 다른 문화에 접하려고 노력했다.

필자는 모국인 한국문화 속에서 30년 이상 생활하였으며, 학생으로 또 주부로, 직장인으로서 겪었던 경험을 기초로 하여 본 연구를 실시하였다. 본 연구의 대상인 세 종류의 스피치 커뮤니티의 경험을 갖고 있는 것은 본 연구를 진행하는 데 있어 큰 힘이 될 것이다. 이러한 경험으로부터 시간이 흐른 것은 본 연구를 시작하면서 필요할 때마다 모국에 돌아가 조사할 스피치 커뮤니티 속에서 장기간 체류해 가며 인터뷰를 거듭함으로써 보충했다. 한편 일본에서는 15년간 체류하면서 학생과 주부, 직장인의 경험이 있고 또 조사대상 중에서 여러 직장을 방문하여 오랜 시간 관찰을 함과 동시에 인터뷰도 실시해 가면서 문제점을 확인하고 수정해 나갔다. 또 조사 결과를 통계처리해서 얻어진 데이터는 분석이 진행됨에 따라 여러 가지 문제점과 의문점을 낳았는데 그것에 대해서는 필요할 때마다 수차에 걸쳐 인터뷰를 하고 필자 자신의 해석을 확인하고 수정해 나갔다. 이상과 같은 방법을 취함으로써 사실과 실태를 파악하려고 노력했다.

2-2 관찰(observation)

필자 자신의 필터를 거치지 않고 사물을 관찰하고, 부분적이 아니고 전체적인 문맥(context) 속에서 파악하여 될 수 있는 한 많은 사람들에게 묻고 확인함으로써 사실에 접근하려고 노력했다. 대상은 세 종류의 스피치 커뮤니티와 또 평소 주변에서 일어나는 모든 언어행동이다. 예를 들면 TV에서 방송되는 각종 인터뷰, 필

자에게 걸려오는 전화의 내용, 다른 사람이 필자에게 걸어오는 말, 대학의 오리엔
테이션에서의 교수 한 사람 한 사람의 언어행동, 교회의 설교, 회의, 심방 예배시
의 목회자의 언어행동 등 모든 것에 대해 주의를 기울였다.

2-3 설문조사(앙케이트) 방식

본 연구의 중심적 조사방법이며 대량의 데이터 수집에 도움이 되었다. 실시방법
은 다음과 같다.

(1) 직접 피험자를 만나서 구두로 묻고 연구자 자신이 기록함.
(2) 직접 피험자를 만나서 구두로 내용을 설명하고 나서 연구자 앞에서 피험자
    가 써넣도록 함.
(3) 아는 사람에게 부탁하여 일정수의 사람들에게 기입해서 받음.

(1), (2)의 경우는 연구자의 질문의 의도가 피험자에게 충분히 전달될 수 있기
때문에 문제가 없으나 (3)의 경우는 세심한 주의가 필요하다. 연구자의 연구내용
을 숙지하고 있거나 적어도 잘 이해하고 있는 사람, 또 연구자의 일에 대한 이해
심과 부탁받은 일에 대해 사명감을 갖고 있는 사람에게 위탁하여 이러한 문제점
들을 극복했다. 회수율은 주부와 직장남성에서는 거의 100%를 보였으며 일부에
서만 회수가 되지 않았다. 조사결과를 통계처리하고 분석하는 데 따라 나타나는
문제점은 다음과 같이 인터뷰 방식을 사용하여 확인하고, 또 필요시엔 수정을 했다.

2-4 인터뷰

앞서 말한 바와 같이 본격적 조사를 하기 전과, 또 조사 후에 얻어진 데이터에
관한 의문점의 확인과 연구자인 필자의 해석을 확인하기 위해서는 여러 번에 걸
쳐 여러 사람들에게 문제점에 관해서 추적조사로써 인터뷰를 실시했다. 대상은 앙

한국인과 일본인의 언어행동과 문화의 차이

케이트 조사대상 중에서 혹은 컨트롤 그룹으로서 앙케이트 회답자 이외의 사람들 중에서 골라, 양국에서 모국어에 대해 확실한 의사소통 능력을 갖고 있고, 사회나 문화지식에 대해서도 편견이나 극단적인 사고방식이 아니고 중립적이고 객관적 사고방식을 지닌 사람, 즉 언어와 문화, 두 가지 능력에서 신뢰할 수 있는 사람을 선택했다. 대학생의 경우는 앙케이트 조사를 실시했던 대학 이외의 학생들을 대상으로 남녀 같은 수의 사람들에 대해 실시했다. 직장의 경우도 기업의 규모나 성격 등에 치우치지 않고 앙케이트 조사대상 이외의 기업도 대상으로 하여 각 세대 수명씩(적어도 각 세대 2명 이상)을 선택해서 실시했다. 여러 사람들에게 질문을 함으로써 비교와 검증을 가능하게 했다. 인터뷰는 여러 사람이 동석한 자리에서 그룹 전원에게 묻든가, 개개인을 대상으로 묻는 두 가지 방법을 취했다. 파일럿 테스트시에는 그룹 전원에게 질문함으로써 미리 작성해 둔 조사내용을 확인하고 필요시에는 수정하여 본격적 조사의 설문 내용을 결정했다. 설문회답에서 보이는 문제점을 확인하기 위한 인터뷰는 개개인을 대상으로 실시했다.

3 조사대상[11] 및 시기

A. 한국

(1) 1984년 5월 – 일본 체재 3년 미만인 한국인 남녀 30명(20대~50대)을 대상으로 파일럿 테스트 및 경어의식에 대하여 인터뷰를 실시.

(2) 1985년 5월, 1986년 8월, 1987년 3월, 8월, 1988년 4월, 8월 서울에서 주부, 직장남성, 대학생을 대상으로 본격적 조사로서 앙케이트 조사를 실시.
　　재조사−(1차)1989년 4월, 8월, (2차)1998년 4월, (3차)2003년 4월
　　확인조사−1989년 10월, 1990년 4월, 1992년 4월~6월

---

11) 본 조사는 실제 random sampling이 곤란했기 때문에 한정된 sampling의 문제점을 극복하기 위해 가능한 폭넓은 범위에서 조사를 실시했다.

※ 2차/3차 재조사는 서강대학교에서 실시

① **대학생 160명**

　실시대학 : 서강대학교, 한양대학교(파일럿 테스트를 위한 인터뷰는 서강대, 확
　　　　　　인조사의 인터뷰는 이상 두 대학교와 연세대, 서울대, 고려대 등 다수)

② **직장남성 200명**

　실시직장 : LG, 한비, 동국, 대우 등의 대기업, 삼공, 종로서적 등의 중소기업,
　　　　　　제일은행, 조흥은행, 외국계 기업인 I.B.M., 대통령 비서실, 순복음
　　　　　　교회(파일럿 테스트를 위한 인터뷰는 LG, 동국, 종로서적과 제일
　　　　　　은행에서, 추적조사의 경우는 이상 및 그 외 다수)

③ **주부** : 서울지역에 거주하는 주부 200명(20대~70대)

　실시장소와 대상 : 교회, 가정예배, 성서연구회, 꽃꽂이교실, 외국어학원에서
　　　　　　교인, 아는 사람, 친척 등

　※ 피험자 수는 앙케이트 및 인터뷰 대상의 총수로 그 중에서 분석에 사용한 수는
　　각 장에서 밝히고 있다.

B. 일본

1987년 4월, 1988년 11월, 12월, 1989년 6월 도쿄에서 실시.

조사사항 및 인원수와 세대는 한국과 같음.

재조사－1990년 7월

확인조사－1990년 5월, 1991년 2월, 1992년 4월~5월

① **대학생**

　실시대학 : 조오치(上智)대학(파일럿 테스트 및 추적조사로서 인터뷰)
　　　　　　아오야마 가쿠인(靑山學院)대학(추적조사를 위한 인터뷰)

② **직장남성**

　실시직장 : 미쓰비시쇼지(三菱商事), Sony, 다아이치간긴(第一勸銀), 도카이

한국인과 일본인의 언어행동과 문화의 차이

(東海)은행, 가네보(鐘紡), 덴쓰(電通), 도요타(豊田), I.B.M. Schwepps
[파일럿 테스트는 三菱商事, Sony, 電通, 東海銀行, 추적조사를 위한
인터뷰는 이외에 히타치(日立), 도쿄덴료쿠(東京電力) 등 다수]

③ **주부** : 도쿄 및 그 근교에 거주하는 주부

　실시장소와 대상 : 초등학교 학부형회, 하이쿠 모임, 서예교실 등에서 아는 사
람, 아는 사람의 친척 등

※ 인터뷰는 양국에서 필요에 따라 수시로 실시했다.
　앙케이트는 무기명으로 했는데 피험자의 사회적 배경으로서 다음과 같은 사항
을 기입하도록 하고 추적조사 인터뷰 때는 직접 질문을 했다.

피험자 전체 - 연령

대학생　(1) 성별
　　　　　(2) 출생지 및 장기간 거주한 지방과 그 기간

직장남성　(1) 직책
　　　　　(2) 초등학교, 중학교, 고등학교 이상의 학교 교육을 받은 지방
　　　　　　　과 각 기간

주부　　(1) 직업
　　　　　(2) 출생지 및 초등학교, 중학교, 고등학교 이상의 교육을 받은
　　　　　　　지방과 각 기간

　주부에게 학력을 묻지 않은 데는 두 가지 이유가 있다. 먼저, 한국에서도 최근
대도시의 경우는 대학 진학률이 높으나 피험자가 저학력일 경우 심리적 부담을
주지 않기 위해서이다. 둘째, 사람들의 일상적인 언어사용법을 관찰해 볼 때 고학
력은 대우표현에 있어서 그다지 중요한 요인이 되지 않는다는 판단이 섰기 때문이
다. 중요한 것은 가정교육이며 인터뷰 결과, 세칭 일류대학을 나온 것과 사회적
규범에 맞는 언어를 사용하는 것은 별로 관계가 없다는 것을 확인했다. 그보다는
지방의 차이가 사람들의 언어사용법에 더 많은 영향을 미친다고 생각했고 또 특히
언어사용법이 형성되는 과정의 영향을 관찰해 보고 싶었기 때문에 초등학교, 중학
교, 고등학교 이상을 각각 다른 항목으로 해서 답변하게 했다. 고등학교 때까지

언어사용법이 거의 완성된다는 필자의 판단에 따라 대학에 대해서는 묻지 않았다.

또 대학생에게 지금까지 살았던 지역을 자세히 물은 것은 조오치대학의 경우 귀국자녀가 많기 때문에 외국어와 외국문화의 영향을 받지 않은 일반적인 일본인 대학생의 언어사용법을 한국인과 비교하기 위해서이며, 귀국자녀의 데이터는 통계처리에서 제외시켰다. 또 재조사의 경우에는 설문지 회수 후 다시 문제점이 발견되었을 때 인터뷰를 하기 위해 이름을 쓰도록 했다. 원칙적으로 무기명으로 한 것은 프라이버시의 존중과 연구자를 의식한 텍스트적인 대답을 가능한 한 피하고 평상시의 사용법을 쓰게 하기 위해서였다. 조사를 하는 데 있어서 먼저, 이 조사는 시험이 아니라 평소의 사용법을 알기 위한 것이기 때문에 마음 편하게 있는 그대로를 가입하도록 부탁했다. 이와 같은 여러 가지 판단은 다른 선행연구가 참고되었고 그 중에서도 오기노 외(1988~1990)에서 보이는 것 같이 실제장면에서는 사용하지 않는 교과서식 회답을 미리 예방할 목적에서 내려진 것이었다.

4 통계 처리 방법

데이터 처리는 SAS(Statistical Analysis System)를 사용하여 컴퓨터로 통계처리를 했으며 χ^2(chi-square) 수치를 가지고 호칭 및 스피치 레벨과 각각의 변수와의 관계 및 두 변수가 겹칠 경우의 두 변수와의 관계에 대하여 유의차(有意差)의 유무를 판단했다. 본 연구에서는 $p<0.05$의 경우에 조사결과에 유의차가 있다고 판단했다. 즉 조사결과가 필연적이 아니고 우연히 일어난 것일 가능성이 5% 이하이므로 이 결과는 신뢰할 수 있다고 판단하는 것이다.

사용률은 이하 두 경우를 제외하고는 각 표 전체에 대한 「%」로 표시하고, 남성과 여성, 각 세대 등 각각의 인원수가 다른 경우는 남녀, 각 세대의 비율은 「Row %」로 표시했다.

한국인과 일본인의 언어행동과 문화의 차이

Ⅲ 대학생의 대우표현법

이 장에서는 한국과 일본의 대학생을 상대로 한 설문조사 및 인터뷰 결과를 토대로 하여 대학생이 사용하는 호칭 및 스피치 레벨과 그 사용법에 영향을 미치는 여러 요인과의 상호관계에 대해 분석·고찰하고자 한다. 조사내용은 부록－한국/일본 1을 참조하기 바란다.

1 대학생의 청자 호칭법

1-1 한국인 대학생의 청자 호칭법

파일럿 테스트 결과, 화자의 호칭 선택에 가장 영향을 미치는 것으로 드러난 다섯 가지 요인을 변수로 설정하고, 각 변수의 영향을 수량적으로 표시한다. 변수 및 사용된 호칭은 아래와 같다.

- **사회적 변수**
  - (1) 장면－공식/비공식(이하 F/I로 표시한다)
  - (2) 서열(학년)－선배/동급생/후배(설문조사표에는 상급생/동급생/하급생으로 표시했다)

(3) 청자의 성별－남/녀

(4) 화자와 청자의 친소－친밀/소원

(5) 연령－연상/동갑/연하

    ⅰ) 공식적인 장면은 수업중의 발표, 비공식적인 장면은 학생 동아리로 한다.

    ⅱ) 선배/동급생/후배에 해당하는 것을 한국에서는 상급생/동급생/하급생이라고 하는데, 일본과 비교하기 위해 본 논문에서는 선배/동급생/후배를 이용했다.

    ⅲ) 친소관계의 '親'은 말 그대로 친한 사이나 잘 알고 있는 사이를 가리키며, '疎'는 다른 학과나 같은 학과에서도 사람 수가 많은 경영학과나 경제학과(각 300명) 가운데 그다지 교류가 없는 관계, 다시 말해 친하지 않은 관계를 가리킨다.

● **호칭**

A. 선배님　　B. 언니　　　C. 오빠　　　D. 형

E. 누나　　　F. 성명+씨　　G. 이름+씨　　H. 이름/성명(만 부름)

「선배님」의 「~님」은 존경의 접미사로 직책명·직위 등에 붙는다. 「선배」만으로는 경칭이 되지 않는다. B, C, D, E는 형제자매에 대한 친족명칭의 확대 사용이다.

앙케이트 조사를 실시한 대상은 한양대학교이고, 피험자는 남성 24명, 여성 18명이다.

● **사용빈도의 산출**－피험자 수 × 72(응답항목)

● **72항목의 산출**－다섯 가지 변수의 항목을 곱한 숫자이다.

F/I 장면		선배/동급생/후배	남녀	친소	연상/동갑/연하	
2	×	3	× 2	× 2	× 3	= 72

A. 남자대학생

이 항목에서는 화자가 남성이므로 선택 대상인 8가지 호칭 가운데 남성이 사용하지 않는 「언니」는 생략했다. 「오빠」는 한 사람의 피험자가 선택했기에 개인어라고 생각할 수 있다.

각 표의 사용빈도 합계는 남성은 24명×72=1728이 된다. 그러나 피험자에게 해당되는 청자가 없는 경우의 무응답이 79가 되므로 남성의 사용빈도는 1649이다.

(1) 다섯 가지 사회적 변수와 호칭의 관계

① 사회적 변수 = 장면 – 공식/비공식

F=Formal　I=Informal

〈표 Ⅲ-1〉

장면 \ 호칭		A	C	D	E	F	G	H
F	사용빈도	23	0	113	44	285	50	316
	%	1.39	0.00	6.81	2.65	17.18	3.01	19.05
	cell χ^2	0.8262	3.0054	0.5055	1.1175	66.187	3.1077	21.853
I	사용빈도	15	6	98	59	68	78	504
	%	0.90	0.36	5.91	3.56	4.10	4.70	30.38
	cell χ^2	0.8292	3.0163	0.5073	1.1216	66.427	3.1190	21.932

d.f. = 6　　χ^2 = 193.554　　p < 0.001

χ^2의 수치로 보아 장면이 호칭의 선택에 영향을 미친다는 것을 알 수 있다. 「성명＋씨」의 χ^2 수치는 전체 χ^2 수치의 68.5%를 차지하고, 제 2위인 「이름/성명」의 χ^2 수치(22.6%)와 합치면 전체의 91.1%에 달한다. 이것은 장면의 영향이 「성명＋씨」와 「이름/성명」에 집중되어 있음을 나타낸다.

② 사회적 변수 = 학년 – 선배/동급생/후배

〈표 Ⅲ-2〉

학년 \ 호칭		A	C	D	E	F	G	H
선배	사용빈도	36	6	138	86	139	62	105
	%	2.17	0.36	8.32	5.18	8.38	3.74	6.33
	cell χ^2	40.019	7.4708	58.524	71.775	2.4564	7.2337	111.72
동학년	사용빈도	2	0	57	9	111	51	344
	%	0.12	0.00	3.44	0.54	6.69	3.07	20.74
	cell χ^2	9.4519	2.0759	3.5085	19.910	1.0152	1.0176	12.811
후배	사용빈도	0	0	16	8	103	15	371
	%	0.00	0.00	0.96	0.48	6.21	0.90	22.36
	cell χ^2	11.750	1.8553	37.170	17.859	0.3471	15.265	54.391

d.f. = 12　　χ^2 = 487.626　　p < 0.001

χ^2 수치는 사회적 변수=장면의 χ^2 수치의 2.5배로 학년의 영향이 매우 크다는

것을 나타내고 있다. 각 호칭의 x^2 수치가 전체 x^2 수치에서 차지하는 비율은 다음과 같다. 비율이 높은 것은 변수의 영향이 큰 것을 나타내고 그 외의 다른 변수의 경우도 마찬가지이다.

H. 이름/성명	36.7%	G. 이름＋씨	4.8%
E. 누나	22.5%	C. 오빠	2.3%
D. 형	20.3%	F. 성명＋씨	0.8%
A. 선배님	12.6%		

학년의 영향이 현저하게 보이는 것은 「이름/성명」, 「누나」, 「형」이고 그 다음이 「선배님」이다. 「누나」, 「형」은 연령 서열을 나타내는 친족명칭인데 대학생들 사이에서는 학년서열에 관계하여 사용되고 있음을 알 수 있다. 학년의 영향이 가장 작은 것이 「성명＋씨」로, 장면의 영향이 큰 것과 대조적이다. 「선배님」, 「형」, 「누나」는 학년이 올라갈수록 많이 사용되어 ＋上向性서열성을 나타내고 「이름＋성명」은 학년이 내려갈수록 많이 사용되어 －上向性서열성[12])을 나타내는 것으로 생각할 수 있다.

③ 사회적 변수＝청자의 성별－남/여

〈표 Ⅲ-3〉

성별 \ 호칭		A	C	D	E	F	G	H
남	사용빈도	21	6	182	0	163	53	406
	%	1.27	0.36	10.97	0.00	9.83	3.19	22.47
	cell x^2	0.2030	2.9838	55.096	51.593	1.0800	1.9271	0.0547
여	사용빈도	17	0	29	103	190	75	414
	%	1.02	0.00	1.75	6.21	11.45	4.52	24.95
	cell x^2	0.2037	2.9946	55.295	51.780	1.0839	1.9341	0.0549

d.f. ＝ 6　　　$x^2 = 226.284$　　　$p < 0.001$

---

12) 「下向性 서열성」이라고 표기하지 않고 「－上向性서열성」이라고 표기한 것은 같은 학년에 대해서도 많이 사용되기 때문이다. 다시 말해 동급생은 선배(＋上)는 아니지만 후배(＋下)도 아니다. －上向性서열성이란 上(여기서는 선배) → 下(후배)의 방향으로 많이 사용된다는 것을 나타낸다.

한국인과 일본인의 언어행동과 문화의 차이

성별의 영향은 「형」과 「누나」에 집중된다. 부분 x^2 수치의 전체에 대한 비율은 「형」이 48.8%, 「누나」가 45.7%이다. 「형」·「누나」는 화자와 청자의 성별에 따라 구별해서 사용하는 호칭이므로 당연한 결과라고 할 수 있다. 그밖의 호칭에서는 청자의 성별에 의한 차는 적다. 그리고 「형」은 친족명칭으로서는 남성에게만 사용되지만 본 조사에서는 약 6:1의 비율로 여성에 대한 사용이 나타났다. 「형」의 확대사용에 대해서는 나중에 설명하기로 한다.

④ 사회적 변수＝화자와 청자의 친소관계 – 친밀/소원

〈표 Ⅲ-4〉

친소	호칭	A	C	D	E	F	G	H
친밀	사용빈도	7	3	117	60	142	60	448
	%	0.42	0.18	7.05	3.62	8.56	3.62	27.00
	cell x^2	7.7276	0.0002	1.0448	1.2422	7.3158	0.3246	2.8426
소원	사용빈도	31	3	94	43	211	68	372
	%	1.87	0.18	5.67	2.59	12.72	4.10	22.42
	cell x^2	7.8686	0.0002	1.0638	1.2649	7.4493	0.3306	2.8945

d.f. ＝ 6　　　$x^2 = 41.370$　　　$p < 0.001$

x^2 수치로 보아 호칭에 대한 친소관계의 영향은 다른 변수에 비하면 그다지 현저하지 않다는 것을 알 수 있다. 전체 x^2 수치에 대한 「선배님」과 「성명＋씨」의 x^2 수치의 비율은 37.7%와 35.5%이다. 「선배님」과 「성명＋씨」에 대한 친소의 차가 다른 호칭에 비해 비교적 많이 보이지만 「선배님」은 절대치가 작다. 「성명＋씨」가 소원한 상대에 대해 많이 사용되는 것에 대한 인터뷰 결과는 다음과 같다. a) 군복무 후 돌아온 복학생은 현역과 연령에 차이가 나기 때문에 서로의 연령을 알게 되어 호칭법이 정해질 때까지, b) 학년초에는 서로 연령을 모르기 때문에 상대방의 연령을 알게 될 때까지, c) 잘 모르는 다른 학과의 학생이나 같은 학과라도 친하지 않은 학생에게 거리를 두기 위해, 또 d) 연령과 학년이 평행하지 않은 경우에도 서로의 연령을 알게 되어 호칭이 정해질 때까지 「성명＋씨」를 사용한다.

이처럼 「성명＋씨」에는 잠정적으로 사용되는 경향이 보이고 시간이 흘러 서로의 연령이 밝혀지면 화자와 청자의 상하, 친소관계에 따라 친족명칭이나 성/이름만 부르게끔 변해 간다는 것이 밝혀졌다. 그러나 공식적인 장면에서는 연령이나 친소에 그다지 영향을 받지 않고 「성명＋씨」가 많이 쓰인다.

이에 대해서는 앞서 검토한 ①장면의 영향(표 Ⅲ-1)을 참조하기 바란다(「성명＋씨」의 사용빈도－F : I＝285 : 68). 「성명＋씨」에서 성/이름만 부르기나 친족명칭으로 변하는 것은 대체로 2, 3회 만나고 나서가 평균인 것 같지만, 사람에 따라 다소 차이가 난다. 남학생 가운데 복학생의 비율이 높고(38.9%), 복학생이라는 요인이 호칭법에 미치는 영향이 크다고 여겨진다.

⑤ 사회적 변수 = 연령 – 연상/동갑/연하

〈표 Ⅲ-5〉

연령 \\ 호칭		A	C	D	E	F	G	H
연하	사용빈도	4	2	33	18	114	39	354
	%	0.24	0.12	1.99	1.08	6.87	2.35	21.34
	cell χ^2	6.1571	0.0008	20.914	8.2691	0.3007	0.4685	20.302
동갑	사용빈도	4	2	48	24	122	34	338
	%	0.24	0.12	2.89	1.45	7.35	2.05	20.37
	cell χ^2	6.3231	0.0023	8.42	3.7324	0.0007	2.3264	10.807
연상	사용빈도	30	2	130	61	117	55	128
	%	1.81	0.12	7.84	3.68	7.05	3.32	7.72
	cell χ^2	27.108	0.0062	60.585	25.066	0.2937	5.3173	65.885

d.f. = 12 χ^2 = 272.285   p < 0.001

χ^2 수치로 보아, 연령이 학년 다음으로 영향을 끼친다는 것을 알 수 있다. 부분 χ^2 수치가 전체 χ^2 수치의 10% 이상을 차지하는 호칭은 다음 네 가지로 학년의 영향이 현저한 네 가지 호칭과 일치한다.

H. 이름/성명	35.6%	A. 선배님	14.5%
D. 형	33.0%	E. 누나	13.6%

「형」·「누나」의 동갑·연하에 대한 사용도 보이고, 연상과 동갑 이하의 사용빈도 비율은 양쪽 다 대략 3 : 2가 된다. 이 문제에 대해서는 각 호칭의 사용빈도 분

한국인과 일본인의 언어행동과 문화의 차이

포를 다루는 항(項)에서 설명하기로 한다.

● 다섯 가지 변수가 호칭에 주는 영향의 비교

각 변수의 x^2 수치를 비교하면 다음과 같다.

변수	d.f.	x^2	p
장면	6	193.554	< 0.001
학년	12	487.626	< 0.001
청자의 성별	6	226.284	< 0.001
친소관계	6	41.370	< 0.001
연령	12	272.285	< 0.001

다섯 가지 변수 가운데 학년의 x^2 수치가 현저하게 높고, 이어서 연령, 성별, 장면의 순서가 된다. 가장 낮은 친소관계의 x^2 수치는 학년의 10분의 1에도 미치지 않는다. 이 결과에서 한국 남자대학생의 호칭법에 가장 강한 영향을 미치는 것은 화자와 청자의 상하관계라 말할 수 있을 것이다.

(2) 두 가지 사회적 변수의 중복

각각의 사회적 변수가 한국인 남자대학생의 청자의 호칭에 미치는 영향은 앞에서 설명한 바와 같지만, 현실적으로는 이들 요인이 단독으로 작용하는 경우는 없다. 청자는 선배/동급생/후배 중 하나임과 동시에 남/녀 중 하나, 또한 연상/동갑/연하 중 하나이다. 나아가 공식/비공식이라는 장면의 요인과 화자와 청자의 친소관계가 겹쳐져서 호칭 선택이 이루어진다. 본래 박사 논문에서는 두 가지 변수가 중복된 경우에 호칭의 사용에 나타나는 영향 및 두 가지 변수 간의 상호작용의 유무에 대해 다음과 같이 열 가지 항목에 걸쳐 자세히 설명했다. 그러나 뒤에 나오는 1)③각 변수를 둘러싼 호칭 사용의 남녀 비교, 1)④청자 호칭법의 특징에서 다루는 내용과 중복되는 것이 많아 여기서는 두 변수를 겹쳤을 때 만들어지는 열 가지 항목과 표만 제시한다.

다섯 가지 변수를 각각 한 번씩 짝을 만들면, 이하 ①에서 ⑩가지와 같이 된다.

① 학년과 장면

F = Formal   I = Informal
청자 = 선배

〈표 Ⅲ-6-a〉

장면 \ 호칭		A	C	D	E	F	G	H
F	사용빈도	21	0	62	37	104	20	44
F	%	3.67	0.00	10.84	6.47	18.18	3.50	7.69
F	cell χ^2	0.4557	3.0210	0.8058	0.9168	16.531	4.0304	1.4872
I	사용빈도	15	6	76	49	35	42	61
I	%	2.62	1.05	13.29	8.57	6.12	7.34	10.66
I	cell χ^2	0.4622	3.0635	0.8171	0.9297	16.764	4.0872	1.5082

d.f. = 6 χ^2 = 54.880 $p < 0.001$

청자 = 동급생

〈표 Ⅲ-6-b〉

장면 \ 호칭		A	C	D	E	F	G	H
F	사용빈도	2	–	40	4	95	26	120
F	%	0.35	–	6.97	0.70	16.55	4.53	20.91
F	cell χ^2	1.0000	–	4.6404	0.0556	28.113	0.0098	15.721
I	사용빈도	0	–	17	5	16	25	224
I	%	0.00	–	2.96	0.87	2.79	4.36	39.02
I	cell χ^2	1.0000	–	4.6404	0.0556	28.113	0.0098	15.721

d.f. = 5 χ^2 = 99.079 $p < 0.001$

청자 = 후배

〈표 Ⅲ-6-c〉

장면 \ 호칭		A	C	D	E	F	G	H
F	사용빈도	–	–	11	3	86	4	152
F	%	–	–	2.14	0.58	16.76	0.78	29.64
F	cell χ^2	–	–	1.1389	0.2466	23.292	1.6229	5.9315
I	사용빈도	–	–	5	5	17	11	219
I	%	–	–	0.97	0.97	3.31	2.14	42.69
I	cell χ^2	–	–	1.1345	0.2456	23.201	1.6166	5.9084

d.f. = 4 χ^2 = 64.338 $p < 0.001$

한국인과 일본인의 언어행동과 문화의 차이

② 청자의 성별과 장면

<표 Ⅲ-7-a>

청자 = 남성

장면 \ 호칭		A	C	D	E	F	G	H
F	사용빈도	13	0	95	–	139	17	152
F	%	1.56	0.00	11.43	–	16.74	2.05	18.29
F	cell χ^2	0.5885	3.0036	0.1661	–	40.381	3.4244	12.920
I	사용빈도	8	6	87	–	24	36	254
I	%	0.96	0.72	10.47	–	2.89	4.33	30.57
I	cell χ^2	0.5899	3.0108	0.1665	–	40.478	3.4327	12.951

d.f. = 5　　χ^2 = 121.113　　p < 0.001

<표 Ⅲ-7-b>

청자 = 여성

장면 \ 호칭		A	C	D	E	F	G	H
F	사용빈도	10	–	18	44	146	33	164
F	%	1.21	–	2.17	5.31	17.63	3.99	19.81
F	cell χ^2	0.2569	–	0.8260	1.1260	27.068	0.5606	9.1193
I	사용빈도	7	–	11	59	44	42	250
I	%	0.85	–	1.33	7.13	5.31	5.07	30.19
I	cell χ^2	0.2581	–	0.8300	1.1315	27.199	0.5633	9.1634

d.f. = 5　　χ^2 = 78.102　　p < 0.001

③ 화자와 청자의 친소관계와 장면

<표 Ⅲ-8-a>

청자 = 친밀

장면 \ 호칭		A	C	D	E	F	G	H
F	사용빈도	4	0	64	26	125	24	176
F	%	0.48	0.00	7.65	3.11	14.93	2.87	21.03
F	cell χ^2	0.0702	1.5018	0.5034	0.5423	40.893	1.2129	10.388
I	사용빈도	3	3	53	34	17	36	272
I	%	0.36	0.36	6.33	4.06	2.03	4.30	32.50
I	cell χ^2	0.0703	1.5054	0.5046	0.5436	40.990	1.2158	10.413

d.f. = 6　　χ^2 = 110.355　　p < 0.001

〈표 Ⅲ-8-b〉

장면 \ 호칭		A	C	D	E	F	G	H
F	사용빈도	19	0	49	18	160	26	140
	%	2.31	0.00	5.96	2.19	19.46	3.16	17.03
	cell χ^2	0.7715	1.0536	0.0755	0.5855	27.822	1.9168	11.573
I	사용빈도	12	3	45	25	51	42	232
	%	1.46	0.36	5.47	3.04	6.20	5.11	28.22
	cell χ^2	0.7753	1.5110	0.0758	0.5884	27.957	1.9262	11.630

d.f. = 6 χ^2 = 88.712 $p < 0.001$

④ 청자의 연령과 장면

〈표 Ⅲ-9-a〉

장면 \ 호칭		A	C	D	E	F	G	H
F	사용빈도	2	0	21	8	95	18	140
	%	0.35	0.00	3.72	1.42	16.84	3.19	24.82
	cell χ^2	0.0001	1.0071	1.1561	0.1249	24.623	0.1367	8.21
I	사용빈도	2	2	12	10	19	21	214
	%	0.35	0.35	2.14	1.77	3.37	3.72	37.94
	cell χ^2	0.0001	1.0215	1.1726	0.1266	24.974	0.1386	8.3272

d.f. = 6 χ^2 = 72.018 $p < 0.001$

〈표 Ⅲ-9-b〉

장면 \ 호칭		A	C	D	E	F	G	H
F	사용빈도	2	0	25	10	98	14	137
	%	0.35	0.00	4.37	1.75	17.13	2.45	23.95
	cell χ^2	0.0000	1.0000	0.0417	0.3333	22.443	0.5294	6.0592
I	사용빈도	2	2	23	14	24	20	201
	%	0.35	0.35	4.02	2.45	4.20	3.59	35.14
	cell χ^2	0.0000	1.0000	0.0417	0.3333	22.443	0.5294	6.0591

d.f. = 6 χ^2 = 60.812 $p < 0.001$

한국인과 일본인의 언어행동과 문화의 차이

〈표 Ⅲ-9-c〉

장면 \ 호칭		A	C	D	E	F	G	H
F	사용빈도	19	0	67	26	92	18	39
F	%	3.63	0.00	12.81	4.97	17.59	3.44	7.46
F	cell χ^2	1.0841	0.9981	0.0696	0.6481	19.349	3.2518	9.6888
I	사용빈도	11	2	63	35	25	37	89
I	%	2.10	0.38	12.05	6.69	4.78	7.07	17.02
I	cell χ^2	1.0800	0.9943	0.0693	0.6456	19.275	3.2394	9.6518

d.f. = 6 χ^2 = 70.045   p < 0.001

⑤ 청자의 성별과 학년

〈표 Ⅲ-10-a〉

청자 = 남성

서열 \ 호칭		A	C	D	E	F	G	H
선배	사용빈도	19	6	122	–	61	24	54
선배	%	2.29	0.72	14.68	–	7.34	2.89	6.50
선배	cell χ^2	19.176	7.4985	56.258	–	0.4282	1.8185	52.599
동학년	사용빈도	2	0	46	–	51	21	168
동학년	%	0.24	0.00	5.54	–	6.14	2.53	20.22
동학년	cell χ^2	3.8276	2.0794	4.6227	–	0.5337	0.3771	5.2938
후배	사용빈도	0	0	14	–	51	8	184
후배	%	0.00	0.00	1.68	–	6.14	0.96	22.14
후배	cell χ^2	6.4946	1.8556	31.769	–	0.0069	4.2957	27.198

d.f. = 10 χ^2 = 226.132   p < 0.001

〈표 Ⅲ-10-b〉

청자 = 여성

서열 \ 호칭		A	C	D	E	F	G	H
선배	사용빈도	17	–	16	86	78	38	51
선배	%	2.05	–	1.93	10.39	9.42	4.59	6.16
선배	cell χ^2	21.089	–	3.5737	71.463	2.3323	5.6462	59.189
동학년	사용빈도	0	–	11	9	60	30	176
동학년	%	0.00	–	1.33	1.09	7.25	3.62	21.26
동학년	cell χ^2	5.872	–	0.0965	19.854	0.4826	0.6471	7.6154
후배	사용빈도	0	–	2	8	52	7	187
후배	%	0.00	–	0.24	0.97	6.28	0.85	22.58
후배	cell χ^2	5.256	–	5.4123	17.855	0.7742	11.302	27.195

d.f. = 10 χ^2 = 265.655   p < 0.001

⑥ 화자와 청자의 친소관계와 학년

〈표 Ⅲ-11-a〉

청자: 친밀

학년 \ 호칭		A	C	D	E	F	G	H
선배	사용빈도	7	3	77	48	57	27	67
	%	0.84	0.36	9.20	5.73	6.81	3.23	8.00
	cell χ^2	8.8779	3.8048	34.283	36.882	1.4817	2.0597	48.405
동학년	사용빈도	0	0	31	5	41	25	186
	%	0.00	0.00	3.70	0.60	4.90	2.99	22.2
	cell χ^2	2.4086	1.0323	2.1291	11.856	1.2645	0.9186	6.5805
후배	사용빈도	0	0	9	7	44	8	195
	%	0.00	0.00	1.08	0.84	5.26	0.96	23.30
	cell χ^2	2.1995	0.9427	20.967	7.4521	0.0086	6.2477	20.892

d.f. = 12　　χ^2 = 220.693　　p < 0.001

〈표 Ⅲ-11-b〉

청자: 소원

학년 \ 호칭		A	C	D	E	F	G	H
선배	사용빈도	29	3	61	38	82	35	38
	%	3.53	0.36	7.42	4.62	9.98	4.26	4.62
	cell χ^2	30.758	3.6662	24.478	35.478	1.0043	5.4359	64.587
동학년	사용빈도	2	0	26	4	70	26	158
	%	0.24	0.00	3.16	0.49	8.52	3.16	19.2
	cell χ^2	7.1567	1.0438	1.3738	8.0305	0.1587	0.2316	6.3061
후배	사용빈도	· 0	0	7	1	59	7	176
	%	0.00	0.00	0.85	0.11	7.18	0.85	21.41
	cell χ^2	9.4282	0.9124	16.303	11.154	0.4170	9.0506	34.917

d.f. = 12　　χ^2 = 271.902　　p < 0.001

한국인과 일본인의 언어행동과 문화의 차이

⑦ 청자의 연령과 학년

청자 : 연하

〈표 Ⅲ-12-a〉

학년 \ 호칭		A	C	D	E	F	G	H
선배	사용빈도	4	2	27	16	52	29	58
	%	0.71	0.35	4.79	2.84	9.22	5.14	10.28
	cell χ^2	5.3333	2.6667	23.273	16.667	5.1579	19.692	30.508
동학년	사용빈도	0	0	6	0	34	10	142
	%	0.00	0.00	1.06	0.00	6.03	1.77	25.18
	cell χ^2	1.3617	0.6809	2.4386	6.1277	0.5958	0.8086	3.8321
후배	사용빈도	0	0	0	2	28	0	154
	%	0.00	0.00	0.00	0.35	4.96	0.00	27.30
	cell χ^2	1.3050	0.6525	10.766	2.5535	2.2726	12.723	12.842

d.f. = 12　　　χ^2 = 162.257　　　$p < 0.001$

〈표 Ⅲ-12-b〉

청자 : 동갑

학년 \ 호칭		A	C	D	E	F	G	H
선배	사용빈도	4	2	40	22	52	26	46
	%	0.70	0.35	6.99	3.85	9.09	4.55	8.04
	cell χ^2	5.2593	2.6297	35.417	24.136	2.9811	18.645	40.105
동학년	사용빈도	0	0	6	0	34	7	145
	%	0.00	0.00	1.05	0.00	5.94	1.22	25.35
	cell χ^2	1.3427	0.6713	6.3463	8.0559	1.1799	1.7061	8.7711
후배	사용빈도	0	0	2	2	36	1	147
	%	0.00	0.00	0.35	0.35	6.29	0.17	25.70
	cell χ^2	1.3147	0.6573	12.030	4.3952	0.4188	9.2643	11.607

d.f. = 12　　　χ^2 = 196.935　　　$p < 0.001$

〈표 Ⅲ-12-c〉

청자 : 연상

학년 \ 호칭		A	C	D	E	F	G	H
선배	사용빈도	28	2	71	48	35	7	1
	%	5.35	0.38	13.58	9.18	6.69	1.34	0.09
	cell χ^2	26.199	2.1821	11.351	29.279	1.4723	8.6180	45.012
동학년	사용빈도	2	0	45	9	43	34	57
	%	0.38	0.00	8.60	1.72	8.22	6.50	10.90
	cell χ^2	7.2657	0.7266	0.1051	7.8157	0.0058	9.8362	2.3705
후배	사용빈도	0	0	14	4	39	14	70
	%	0.00	0.00	2.68	0.76	7.46	2.68	13.38
	cell χ^2	8.0880	0.5392	12.640	9.4184	1.7629	0.0462	36.502

d.f. = 12　　　χ^2 = 221.237　　　$p < 0.001$

⑧ 화자와 청자의 친소관계와 청자의 성별

⟨표 Ⅲ-13-a⟩

청자 : 친밀

성별 \ 호칭		A	C	D	E	F	G	H
남	사용빈도	2	3	103	0	65	22	223
남	%	0.24	0.36	13.31	0.00	7.77	2.63	26.64
남	cell χ^2	0.6400	1.5054	33.997	29.964	0.4934	2.1168	0.0024
여	사용빈도	5	0	14	60	77	38	225
여	%	0.60	0.00	1.67	7.17	9.20	4.54	26.88
여	cell χ^2	0.6385	0.5018	33.916	29.893	0.4922	2.1117	0.0024

d.f. = 6　　χ^2 = 137.275　　p < 0.001

⟨표 Ⅲ-13-b⟩

청자 : 소원

성별 \ 호칭		A	C	D	E	F	G	H
남	사용빈도	19	3	76	0	98	31	183
남	%	2.31	0.36	9.61	0.00	11.92	3.77	22.26
남	cell χ^2	0.7530	1.4782	21.373	21.605	0.6057	0.2933	0.0816
여	사용빈도	12	0	15	43	113	37	189
여	%	1.46	0.00	1.82	5.23	13.75	4.50	22.99
여	cell χ^2	0.7603	1.4927	21.582	21.816	0.6116	0.2961	0.0824

d.f. = 6　　χ^2 = 92.830　　p < 0.001

⑨ 청자의 연령과 성별

⟨표 Ⅲ-14-a⟩

청자 : 연하

성별 \ 호칭		A	C	D	E	F	G	H
남	사용빈도	2	2	27	0	57	14	182
남	%	0.35	0.35	4.79	0.00	10.11	2.48	32.27
남	cell χ^2	0.0001	0.9789	6.4877	9.0638	0.0028	1.6188	0.0870
여	사용빈도	2	0	6	18	57	25	172
여	%	0.35	0.00	1.06	3.19	10.11	4.43	30.50
여	cell χ^2	0.0001	0.9929	6.5804	9.1933	0.0029	1.6419	0.0798

d.f. = 6　　χ^2 = 36.722　　p < 0.001

한국인과 일본인의 언어행동과 문화의 차이

〈표 Ⅲ-14-b〉

성별 \ 호칭		A	C	D	E	F	G	H
남	사용빈도	2	2	42	0	57	13	170
	%	0.35	0.35	7.34	0.00	9.97	2.27	29.72
	cell χ^2	0.0000	1.0000	13.500	12.000	0.2623	0.9412	0.0059
여	사용빈도	2	0	6	24	65	21	168
	%	0.35	0.00	1.05	4.20	11.36	3.67	29.37
	cell χ^2	0.0000	1.0000	13.500	12.000	0.2623	0.9412	0.0059

d.f. = 6 χ^2 = 55.419 $p < 0.001$

청자 : 연상

〈표 Ⅲ-14-c〉

성별 \ 호칭		A	C	D	E	F	G	H
남	사용빈도	17	2	113	0	49	26	54
	%	3.25	0.38	21.61	0.00	9.37	4.97	10.33
	cell χ^2	0.2749	1.0058	35.698	30.442	1.5095	0.0763	1.5274
여	사용빈도	13	0	17	61	68	29	74
	%	2.49	0.00	3.25	11.66	13.00	5.54	14.15
	cell χ^2	0.2738	1.0019	35.562	30.325	1.5037	0.0760	1.5216

d.f. = 6 χ^2 = 140.798 $p < 0.001$

⑩ 청자의 연령과 화자와 청자의 친소관계

청자 : 연하

〈표 Ⅲ-15-a〉

친소 \ 호칭		A	C	D	E	F	G	H
친밀	사용빈도	0	1	17	11	46	18	191
	%	0.00	0.18	3.01	1.95	8.16	3.19	33.87
	cell χ^2	2.0142	499×10^{-7}	0.0088	0.4136	2.2656	0.1367	0.9112
소원	사용빈도	4	1	16	7	68	21	163
	%	0.17	0.18	2.84	1.24	12.06	3.72	28.90
	cell χ^2	2.0430	507×10^{-7}	0.0090	0.4195	2.2980	0.1386	0.9242

d.f. = 6 χ^2 = 11.582 p = n.s.

〈표 Ⅲ-15-b〉

친소 \ 호칭		A	C	D	E	F	G	H
친밀	사용빈도	0	1	25	14	50	13	185
	%	0.00	0.17	4.37	2.45	8.74	2.27	32.34
	cell χ^2	2.014	486×10^{-7}	0.0287	0.3038	2.1256	0.9910	1.2903
소원	사용빈도	4	1	23	10	72	21	153
	%	0.79	0.17	4.02	1.75	12.59	3.67	26.75
	cell χ^2	2.0424	492×10^{-7}	0.0291	0.3081	2.1555	1.0050	1.3084

d.f. = 6 χ^2 = 13.602 $p < 0.05$

〈표 Ⅲ-15-c〉

청자: 연상

친소 \ 호칭		A	C	D	E	F	G	H
친밀	사용빈도	7	1	75	35	46	29	72
	%	1.34	0.19	13.34	6.69	8.80	5.54	13.77
	cell χ^2	4.4243	0.0002	1.2655	0.5417	2.9762	0.0460	0.7868
소원	사용빈도	23	1	55	26	71	26	56
	%	4.40	0.19	10.52	4.97	13.58	4.67	10.71
	cell χ^2	4.5443	0.0002	1.2998	0.5564	3.0569	0.4720	0.8081

d.f. = 6 χ^2 = 20.354 $p < 0.05$

B. 여자대학생

(1) 다섯 가지 사회적 변수와 호칭과의 관계

여자대학생 피험자는 18명이었고, 총 사용빈도는 18명×72＝1296이 되어야 한다. 그러나 응답 가운데는 해당하는 청자가 없는 경우의 무응답 52개가 있으므로 결과적으로 사용빈도의 합계는 1244이다.

① 장면 – 공식/비공식

〈표 Ⅲ-16〉

장면＼호칭		A	B	C	D	F	G	H
F	사용빈도	69	37	18	137	82	38	236
	%	5.55	2.97	1.45	11.01	6.59	3.05	18.97
	cell χ^2	13.998	5.6505	8.0508	14.407	22.041	2.6087	16.021
I	사용빈도	20	73	52	63	17	21	381
	%	1.61	5.87	4.18	5.06	1.37	1.69	30.63
	cell χ^2	13.775	5.5604	7.9224	14.177	21.690	2.5671	15.766

d.f.=6　　χ^2=164.235　　p<0.001

χ^2 수치를 보면 호칭 사용에 미치는 장면의 영향이 큰 것을 알 수 있다. 「이름＋씨」를 제외하고 모든 호칭에 있어서 장면에 의한 차이가 크게 나타난다. 그 중에서도 「성명＋씨」의 사용에 있어서 장면의 차이가 가장 큰 비율로 나타나고 그 원인은 복학생이라는 요인을 제외하고 남학생과 마찬가지다. 여성은 군복무를 하지 않기 때문에 전체 호칭에 차지하는 사용률은 화자의 남：여=21.28%：7.96%이다. 각 호칭의 부분 χ^2 수치가 전체 χ^2 수치에 차지하는 비율은 다음과 같다.

F. 성명＋씨	26.6%	A. 선배님	16.9%
D. 형	17.4%	C. 오빠	9.7%
H. 이름/성명	19.4%	B. 언니	6.8%

② 학년 – 선배/동급생/후배

〈표 Ⅲ-17〉

학년＼호칭		A	B	C	D	F	G	H
선배	사용빈도	83	92	55	106	32	14	34
	%	6.67	7.40	4.42	8.52	2.57	1.13	2.73
	cell χ^2	95.231	82.881	42.636	22.881	0.0370	1.6641	143.93
동급생	사용빈도	6	11	15	74	22	19	285
	%	0.48	0.88	1.21	5.95	1.77	1.53	22.91
	cell χ^2	20.072	19.367	3.5646	0.2976	4.4576	0.1082	23.353
후배	사용빈도	0	7	0	20	45	26	298
	%	0.00	0.56	0.00	1.61	3.62	2.09	23.95
	cell χ^2	28.331	22.415	22.283	29.948	5.7707	2.7745	52.548

d.f.=12　　χ^2=624.551　　p<0.001

χ^2 수치는 사회적 변수＝장면의 3.8배로 학년의 영향이 매우 크다는 것을 나타내고 있다. 각 호칭의 부분 χ^2 수치가 전체 χ^2 수치에 차지하는 비율은 다음과 같다.

H. 이름/성명	35.2%		D. 형	8.5%
A. 선배님	23%		F. 성명＋씨	1.6%
B. 언니	20%		H. 이름＋씨	0.7%
C. 오빠	11%			

학년의 영향이 현저하게 나타나는 것은 「이름/성명」, 「선배님」, 「언니」이고, 그 다음이 「오빠」와 「형」이다. 「언니」와 「오빠」는 연령서열을 나타내는 친족명칭이지만 대학생 사이에서는 학년서열에 관련해서 사용된다는 것을 알 수 있다. 장면의 영향이 강하게 나타난 「성명＋씨」는 학년의 영향을 그다지 받지 않는다.

여자대학생이 남자대학생에 대해 쓰는 친족명칭에는 「오빠」와 「형」이 있다. 두 가지 호칭의 학년 분포는 다음과 같다.

학년 ＼ 호칭	오빠	형
선 배	55	106
동급생	15	74
후 배	0	20

사용빈도는 「형」이 「오빠」보다 많다. 그러나 「오빠」는 후배에게는 쓰지 않고, 동급생 대 선배의 비율은 「형」의 그것보다 높다. 나아가 「형」은 후배에게도 사용된다. 이에 대해서는 「학년」뿐만 아니라 「연령」과도 관계가 있다고 여겨지며, 나중에 「연령」과 함께 생각하지 않으면 안 된다. 「장면」과의 관계에 있어서, 비공식적인 장면에 대한 「오빠」와 「형」의 차이는 작지만, 공식적인 장면에 있어서 차이는 크고, 「형」이 많이 사용된다는 것을 알 수 있었다. 이 점에서 「형」과 「오빠」의 사용법에는 「장면」과 「학년」과의 관계에서 차이가 나타나고, 또한 「연령」의 영향을 생각할 수 있다.

한국인과 일본인의 언어행동과 문화의 차이

③ 청자의 성별 – 남성/여성

〈표 Ⅲ-18〉

성별 \ 호칭		A	B	C	D	F	G	H
남	사용빈도	50	0	70	127	58	34	277
	%	4.02	0.00	5.63	10.21	4.66	2.73	22.27
	cell χ^2	0.7977	54.469	36.026	7.8964	1.6440	0.7836	2.6630
여	사용빈도	39	110	0	73	41	25	340
	%	3.14	8.84	0.00	5.87	3.30	2.01	27.33
	cell χ^2	0.7825	53.429	35.338	7.7455	1.6126	0.7686	2.6122

d.f. = 6 χ^2 = 206.568 $p < 0.001$

성별의 영향은 「언니」와 「오빠」에 집중된다. 부분 χ^2 수치의 전체에 차지하는 비율은 「언니」가 52.2%, 「오빠」가 34.5%이다. 「언니」와 「오빠」는 화자와 청자의 성별을 나타내는 호칭이기 때문에 당연한 결과라고 할 수 있을 것이다. 「이름/성명」이 여성에 대해 비교적 많이 사용된다는 점에서 거리감이 적은 동성 간에 사용하기가 쉬운 호칭임을 말해 준다. 그 밖의 호칭에서는 청자의 성별에 의한 차이는 적다.

여자대학생이 사용하는 친족명칭은 「언니」, 「오빠」, 「형」이고, 남녀에 대한 분포는 다음과 같다.

성별 \ 호칭	언니	오빠	형
남 성	0	70	127
여 성	110	0	73

「형」이 「오빠」보다 많이 사용된다는 점에 대해서는 이미 설명했었는데, 본래 남성끼리의 호칭인 「형」을 여성이 사용하고, 더구나 여성에 대해서도 사용하는 것을 지적하지 않으면 안 된다. 반면에 「오빠」와 「언니」는 본래의 친족명칭의 사용영역 내에서 사용하고, 각각 남성과 여성에 대해서만 사용하고 있다. 이 점에서 「오빠」와 「형」은 앞서 밝혀진 「장면」, 「학년」과의 관계에 대한 차이와 더불어 「성별」과의 관계에 있어서도 차이가 있음을 알 수 있다. 여자대학생이 사용하는 「오빠」와 「형」의 사용법에는 어떠한 특징이 있는가에 대해서는 다섯 가지 변수와의 관계를

모두 검토한 후에 함께 설명하기로 한다.

④ 화자와 청자의 친소관계 – 친밀/소원

〈표 Ⅲ–19〉

친소 \ 호칭		A	B	C	D	F	G	H
친밀	사용빈도	36	58	39	106	36	28	320
	%	2.89	4.66	3.14	8.52	2.89	2.25	25.72
	cell χ^2	1.6484	0.1539	0.4437	0.3404	3.7194	0.0810	0.3919
소원	사용빈도	53	52	31	94	63	31	297
	%	4.26	4.18	2.49	7.56	5.06	2.49	23.87
	cell χ^2	1.6537	0.1544	0.4451	0.3415	3.7314	0.0813	0.3931

d.f.= 6 χ^2=13.579 $p<0.035$

수치로 보아 「성명＋씨」를 제외하고는 한국의 여자대학생이 사용하는 호칭에 대한 친소관계의 영향은 적다는 것을 알 수 있다.

⑤ 청자의 연령 – 연상/동갑/연하

〈표 Ⅲ–20〉

연령 \ 호칭		A	B	C	D	F	G	H
연하	사용빈도	19	22	14	63	29	24	243
	%	1.53	1.77	1.13	5.06	2.33	1.93	19.53
	cell χ^2	3.8071	5.8290	3.7093	0.1904	0.4728	0.9703	6.9086
동갑	사용빈도	25	25	17	63	37	21	230
	%	2.01	2.01	1.37	5.06	2.97	1.69	18.49
	cell χ^2	0.8046	3.8709	1.8078	0.2628	0.4193	0.0697	2.4811
연상	사용빈도	45	63	39	74	33	14	144
	%	3.62	5.06	3.14	5.95	2.65	1.13	11.58
	cell χ^2	8.1761	19.377	10.791	0.9096	0.0014	1.5708	17.820

d.f.=12 χ^2=90.249 $p<0.001$

부분 수치가 전체 수치의 10% 이상을 차지하는 호칭은 다음 네 가지로 학년의 영향이 현저한 네 가지 호칭과 일치한다.

한국인과 일본인의 언어행동과 문화의 차이

H. 이름/성명　34.6%　　　C. 오빠　18.1%

B. 언니　32.3%　　　A. 선배님　14%

「학년」의 영향에서 보이는 분포와 「연령」의 영향에서 보이는 분포의 사이에는 차이가 나타난다. 후배에 대해 사용하지 않았던 「오빠」가 연하에게도 사용되고, 동갑과 연상과의 차이도 동급생과 선배와의 차이보다 작다. 「형」에 대한 학년의 분포가 선배>동급생>후배인 데 비해, 각 연령 사이에는 근소한 차이밖에 보이지 않는다. 이 점에서 「오빠」와 「형」의 사용법에 있어서 「학년」의 영향이 더욱 결정적이라고 할 수 있다. 또한 선배에 사용되는 「형」과 「오빠」는 현재 학년은 아래라도 입학년도가 위인 복학생에 대한 사용이라는 점과 두 가지 호칭에는 사용장면에 차이가 있다는 점이, 추적조사의 인터뷰에서 밝혀졌다. 같은 학과의 선배에게는 「오빠」를 사용하고, 동아리 선배에게는 「형」을 사용하는데, 동아리에서는 서로 친밀하기 때문에 청자의 입학년도를 확인하고 선배로서의 대우를 한다. 이에 비해 학과의 선배나 후배 사이에서는 접촉하는 경우가 적어 관계가 소원하기 때문에 청자의 입학년도를 일일이 확인하기가 실제로 곤란하다. 그런 영향으로 청자에 관해 알 수 있는 동급생일 때는 「오빠」를 사용하는 예가 약간 보이는데 후배에게까지 「오빠」를 사용하는 일은 없다. 「형」의 사용이 많은 것은 동아리에서의 사용이 많다는 것을 나타내고 있다.

「학년」과 「연령」의 영향에 대해서는 나중에 두 가지 변수를 중복하여 면밀하게 검토해야 한다.

● **다섯 가지의 사회적 변수가 호칭에 주는 영향의 비교**

사회적 변수	d.f.	x^2	p
학년	12	624.551	< 0.001
청자의 성별	6	206.568	< 0.001
장면	6	164.235	< 0.001
연령	12	90.249	< 0.001
화자와 청자의 친소관계	6	13.579	< 0.035

다섯 가지 변수 중에서 학년의 수치가 특히 높고, 이어서 청자의 성별, 장면, 연령의 순이 된다. 가장 낮은 친소관계의 수치는 다른 변수에 비해 극히 낮다. 「장면」, 「학년」, 「성별」의 영향이 공통적으로 크게 나타나는 친족명칭과 「이름/성명」에 있어서 「친소관계」의 영향이 아주 조금밖에 보이지 않는 점에 변수의 영향의 차이가 잘 드러나 있다.

(2) 두 가지 사회적 변수의 중복

남자대학생과 마찬가지로 뒤에 나오는 남녀 비교와 내용상 중복이 많아 두 변수가 겹쳐졌을 때 만들어지는 10항목은 남학생과 동일하며 다음과 같다. 설명은 박사논문(申, 1996)을 참고 바란다.

① 학년과 장면

청자 : 선배

〈표 Ⅲ-21-a〉

장면	호칭	A	B	C	D	F	G	H
F	사용빈도	64	31	13	57	25	9	15
	%	15.38	7.45	3.12	13.70	6.01	2.16	3.61
	cell χ^2	10.629	5.6325	8.2664	0.1120	4.4288	0.4489	0.3546
I	사용빈도	19	61	42	49	7	5	19
	%	4.57	14.66	10.10	11.78	1.68	1.20	4.57
	cell χ^2	11.260	5.9671	8.7575	0.1186	4.6919	0.4756	0.3757

d.f. = 6 χ^2 = 61.518 $p < 0.001$

청자 : 동급생

〈표 Ⅲ-21-b〉

장면	호칭	A	B	C	D	F	G	H
F	사용빈도	5	4	5	63	18	16	105
	%	1.16	0.93	1.16	14.58	4.17	3.70	24.31
	cell χ^2	1.3333	0.4091	0.8333	18.270	4.4545	4.4474	9.8684
I	사용빈도	1	7	10	11	4	3	180
	%	0.23	1.62	2.31	2.55	0.93	0.69	41.67
	cell χ^2	1.3333	0.4091	0.8333	18.270	4.4545	4.4474	9.8684

d.f. = 5 χ^2 = 77.233 $p < 0.001$

한국인과 일본인의 언어행동과 문화의 차이

〈표 Ⅲ-21-c〉

장면＼호칭		A	B	C	D	F	G	H
F	사용빈도	–	2	–	17	39	13	116
	%	–	0.51	–	4.29	9.85	3.28	29.29
	cell χ^2	–	0.5156	–	6.0444	14.826	0.0425	4.3432
I	사용빈도	–	3	–	3	6	13	182
	%	–	0.76	–	0.76	1.52	3.28	45.96
	cell χ^2	–	5.4082	–	5.0482	13.266	0.0380	3.8860

d.f. = 4　　χ^2 = 48.832　　p < 0.001

② 청자의 성별과 장면

청자 : 남성

〈표 Ⅲ-22-a〉

장면＼호칭		A	B	C	D	F	G	H
F	사용빈도	39	–	18	78	45	19	106
	%	6.33	–	2.92	12.66	7.31	3.08	17.21
	cell χ^2	8.1949	–	8.0073	3.6349	9.2319	0.2786	7.0753
I	사용빈도	11	–	52	49	13	15	171
	%	1.79	–	8.44	7.95	2.11	2.44	27.76
	cell χ^2	8.0368	–	7.8528	3.5648	9.0538	0.2732	6.9388

d.f. = 5　　χ^2 = 72.143　　p < 0.001

청자 : 여성

〈표 Ⅲ-22-b〉

장면＼호칭		A	B	C	D	F	G	H
F	사용빈도	30	37	–	59	37	19	130
	%	4.78	5.89	–	9.39	5.89	3.03	20.70
	cell χ^2	5.8255	5.7001	–	14.249	13.578	3.4855	8.9662
I	사용빈도	9	73	–	14	4	6	210
	%	1.43	11.62	–	2.23	0.96	0.96	33.44
	cell χ^2	5.7518	5.6280	–	14.068	13.406	3.4414	8.8527

d.f. = 5　　χ^2 = 102.952　　p < 0.001

③ 화자와 청자의 친소관계와 장면

청자 : 친밀

<표 Ⅲ-23-a>

장면	호칭	A	B	C	D	F	G	H
F	사용빈도	30	21	11	71	33	21	122
F	%	4.82	3.37	1.77	11.40	5.30	3.37	19.58
F	cell χ^2	8.2601	2.0972	3.5988	6.4574	12.845	3.6425	8.4935
I	사용빈도	6	37	28	35	3	7	198
I	%	0.96	5.94	4.49	5.62	0.48	1.12	31.78
I	cell χ^2	8.1285	2.0638	3.5415	6.3545	12.640	3.5845	8.3583

d.f. = 6 χ^2 = 90.066 $p < 0.001$

청자 : 소원

<표 Ⅲ-23-b>

장면	호칭	A	B	C	D	F	G	H
F	사용빈도	39	16	7	66	49	17	114
F	%	6.28	2.58	1.13	10.63	7.89	2.74	18.36
F	cell χ^2	6.1487	3.7167	4.5622	8.0547	10.087	0.1717	7.5298
I	사용빈도	14	36	24	28	14	14	183
I	%	2.25	5.80	3.86	4.51	2.25	2.25	29.47
I	cell χ^2	6.0505	3.6574	4.4893	7.9260	9.9261	0.1690	7.4096

d.f. = 6 χ^2 = 79.899 $p < 0.001$

④ 청자의 연령과 장면

청자 : 연하

<표 Ⅲ-24-a>

장면	호칭	A	B	C	D	F	G	H
F	사용빈도	13	6	3	48	26	19	91
F	%	3.14	1.45	0.72	11.59	6.28	4.59	21.98
F	cell χ^2	1.3299	2.2355	2.2581	8.8457	9.2770	4.1714	7.4003
I	사용빈도	6	16	11	15	3	5	152
I	%	1.45	3.86	2.66	3.62	0.72	1.21	36.71
I	cell χ^2	1.3171	2.2140	2.2364	8.7607	9.1878	4.1313	7.3291

d.f. = 6 χ^2 = 70.694 $p < 0.001$

한국인과 일본인의 언어행동과 문화의 차이

〈표 Ⅲ-24-b〉

청자 : 동갑

장면	호칭	A	B	C	D	F	G	H
F	사용빈도	19	9	4	45	33	12	86
F	%	4.55	2.15	0.96	10.77	7.89	2.87	20.57
F	cell χ^2	3.4590	0.9513	2.3507	5.9441	11.559	0.2300	7.072
I	사용빈도	6	16	13	18	4	9	144
I	%	1.44	3.83	3.11	4.31	0.96	2.15	34.45
I	cell χ^2	3.4261	0.9423	2.3283	5.8875	11.449	0.2278	7.0046

d.f. = 6 χ^2 = 62.832 $p < 0.001$

〈표 Ⅲ-24-c〉

청자 : 연상

장면	호칭	A	B	C	D	F	G	H
F	사용빈도	37	22	11	44	23	7	59
F	%	8.98	5.34	2.67	10.68	5.58	1.70	14.32
F	cell χ^2	9.9160	2.6334	3.5128	1.5588	2.7941	0.0015	2.0132
I	사용빈도	8	41	28	30	10	7	85
I	%	1.94	9.95	6.80	7.28	2.43	1.70	20.63
I	cell χ^2	9.6313	2.5578	3.4120	1.5140	2.7139	0.0015	1.9554

d.f. = 6 χ^2 = 44.216 $p < 0.001$

⑤ 청자의 성별과 학년

〈표 Ⅲ-25-a〉

청자 : 남성

학년	호칭	A	B	C	D	F	G	H
선배	사용빈도	46	–	55	70	19	8	10
선배	%	7.47	–	8.93	11.36	3.08	1.30	1.62
선배	cell χ^2	50.215	–	41.617	17.147	0.0174	1.0552	74.602
동학년	사용빈도	4	–	15	45	13	10	129
동학년	%	0.65	–	2.44	7.31	2.11	1.62	20.94
동학년	cell χ^2	10.445	–	3.7121	0.0049	2.6474	0.3099	10.457
후배	사용빈도	0	–	0	12	26	16	138
후배	%	0.00	–	0.00	1.95	4.22	2.60	22.40
후배	cell χ^2	15.584	–	21.818	19.222	3.4716	2.7543	30.913

d.f. = 10 χ^2 = 305.995 $p < 0.001$

청자 : 여성

〈표 Ⅲ-25-b〉

학년 \ 호칭		A	B	C	D	F	G	H
선배	사용빈도	37	92	−	36	13	6	24
	%	5.89	14.65	−	5.73	2.07	0.96	3.82
	cell χ^2	44.900	84.749	−	5.7800	0.0247	0.6279	69.726
동학년	사용빈도	2	11	−	29	9	9	156
	%	0.32	1.75	−	4.62	1.43	1.43	24.84
	cell χ^2	9.7122	19.033	−	0.6032	1.8458	0.0187	13.045
후배	사용빈도	0	7	−	8	19	10	160
	%	0.00	1.11	−	1.27	3.03	1.59	25.48
	cell χ^2	12.669	23.104	−	10.412	2.4237	0.4347	22.234

d.f. = 10 χ^2 = 321.342 $p < 0.001$

⑥ 화자와 청자의 친소관계와 학년

청자 : 친밀

〈표 Ⅲ-26-a〉

학년 \ 호칭		A	B	C	D	F	G	H
선배	사용빈도	34	49	32	57	9	8	19
	%	5.49	7.87	5.14	9.15	1.44	1.28	3.05
	cell χ^2	40.198	45.355	27.664	13.196	0.7584	0.1945	72.217
동학년	사용빈도	2	5	7	38	7	9	148
	%	0.32	0.80	1.12	6.10	1.12	1.44	23.76
	cell χ^2	8.8020	11.352	3.1455	0.0424	2.4073	0.0516	12.375
후배	사용빈도	0	4	0	11	20	11	153
	%	0.00	0.64	0.00	1.77	3.21	1.77	24.56
	cell χ^2	11.499	11.390	12.457	15.432	6.2842	0.4727	25.232

d.f. = 12 χ^2 = 320.526 $p < 0.001$

청자 : 소원

〈표 Ⅲ-26-b〉

학년 \ 호칭		A	B	C	D	F	G	H
선배	사용빈도	49	43	23	49	23	6	15
	%	7.89	6.92	3.70	7.89	3.70	0.97	2.42
	cell χ^2	55.004	37.577	15.331	9.7440	0.1708	1.8504	71.740
동학년	사용빈도	4	6	8	36	15	10	137
	%	0.64	0.97	1.29	5.80	2.42	1.61	22.06
	cell χ^2	11.303	1.0438	0.7181	0.3340	2.1809	0.0568	10.991
후배	사용빈도	0	3	0	9	25	15	145
	%	0.00	0.48	0.00	1.45	4.03	2.42	23.35
	cell χ^2	16.813	11.042	9.8341	14.536	1.2582	2.7136	27.372

d.f. = 12 χ^2 = 308.646 $p < 0.001$

한국인과 일본인의 언어행동과 문화의 차이

⑦ 청자의 연령과 학년

청자 : 연하

〈표 Ⅲ-27-a〉

학년 \ 호칭		A	B	C	D	F	G	H
선배	사용빈도	19	22	14	39	11	10	19
	%	4.59	5.31	3.38	9.42	2.66	2.42	4.59
	cell χ^2	25.851	31.091	19.785	16.982	0.2774	0.6413	45.242
동학년	사용빈도	0	0	0	20	6	8	110
	%	0.00	0.00	0.00	4.83	1.45	1.93	26.57
	cell χ^2	6.6087	7.6522	4.8696	0.1670	1.6559	0.0145	7.6802
후배	사용빈도	0	0	0	4	12	6	114
	%	0.00	0.00	0.00	0.97	2.90	1.45	27.54
	cell χ^2	6.2415	7.2271	4.5990	13.469	0.6422	0.4502	14.63

d.f. = 12　　χ^2 = 216.777　　$p < 0.001$

청자 : 동갑

〈표 Ⅲ-27-b〉

학년 \ 호칭		A	B	C	D	F	G	H
선배	사용빈도	25	25	17	39	14	3	15
	%	5.98	5.98	4.07	9.33	3.35	0.72	3.59
	cell χ^2	33.978	33.978	23.105	15.927	0.2607	2.2312	48.896
동학년	사용빈도	0	0	0	20	8	8	108
	%	0.00	0.00	0.00	4.78	1.91	1.91	25.84
	cell χ^2	8.6124	8.6124	5.8565	0.1337	1.7674	0.0810	10.443
후배	사용빈도	0	0	0	4	15	10	107
	%	0.00	0.00	0.00	0.96	3.59	2.39	25.60
	cell χ^2	8.1340	8.1340	5.5311	13.278	0.7287	1.4684	13.827

d.f. = 12　　χ^2 = 244.985　　$p < 0.001$

청자 : 연상

〈표 Ⅲ-27-c〉

학년 \ 호칭		A	B	C	D	F	G	H
선배	사용빈도	39	45	24	28	7	1	0
	%	9.47	10.92	5.83	6.80	1.70	0.24	0.00
	cell χ^2	34.434	23.984	7.8875	0.1764	1.7823	3.0976	50.330
동학년	사용빈도	6	11	15	34	8	3	67
	%	1.46	2.67	3.64	8.25	1.94	0.73	16.26
	cell χ^2	6.0170	5.5146	0.1375	2.5593	1.0828	0.7325	5.5213
후배	사용빈도	0	7	0	12	18	10	77
	%	0.00	1.70	0.00	2.91	4.37	2.43	18.69
	cell χ^2	13.544	7.5454	11.738	4.7374	6.5537	7.9463	26.142

d.f. = 12　　χ^2 = 221.463　　$p < 0.001$

⑧ 화자와 청자의 친소관계와 청자의 성별

〈표 Ⅲ-28-a〉

청자 : 친밀

학년 \ 호칭		A	B	C	D	F	G	H
남	사용빈도	19	0	39	67	20	16	148
	%	3.05	0.00	6.26	10.75	3.21	2.57	23.76
	cell χ^2	0.0734	28.767	19.975	3.9580	0.2576	0.3213	0.7235
여	사용빈도	17	58	0	39	16	12	172
	%	2.73	9.31	0.00	6.26	2.57	1.93	27.61
	cell χ^2	0.0722	28.309	19.657	3.8950	0.2535	0.3162	0.7120

d.f. = 6　　　χ^2 = 107.290　　　p < 0.001

〈표 Ⅲ-28-b〉

청자 : 소원

성별 \ 호칭		A	B	C	D	F	G	H
남	사용빈도	31	0	31	60	38	18	129
	%	4.99	0.00	4.99	9.66	6.12	2.90	20.77
	cell χ^2	0.8789	25.707	16.032	3.9392	1.5088	0.4668	2.1643
여	사용빈도	22	52	0	34	25	13	168
	%	3.54	8.37	0.00	5.48	4.03	2.09	27.05
	cell χ^2	0.8593	25.134	15.675	3.8514	1.4752	0.4564	2.1160

d.f. = 6　　　χ^2 = 100.264　　　p < 0.001

⑨ 청자의 연령과 성별

〈표 Ⅲ-29-a〉

청자 : 연하

성별 \ 호칭		A	B	C	D	F	G	H
남	사용빈도	10	0	14	34	16	14	118
	%	2.42	0.00	3.38	8.21	3.86	3.38	28.50
	cell χ^2	0.0315	10.947	7.1021	0.2244	0.1708	0.3547	0.0702
여	사용빈도	9	22	0	29	13	10	125
	%	2.17	5.31	0.00	7.00	3.14	2.42	30.19
	cell χ^2	0.0312	10.842	7.0338	0.2222	0.1692	0.3512	0.0695

d.f. = 6　　　χ^2 = 37.619　　　p < 0.001

한국인과 일본인의 언어행동과 문화의 차이

〈표 Ⅲ-29-b〉

성별＼호칭		A	B	C	D	F	G	H
남	사용빈도	14	0	17	38	22	13	106
	%	3.35	0.00	4.07	9.09	5.26	3.11	25.36
	cell χ^2	0.1651	12.560	8.3788	1.2737	0.6261	0.5688	0.7893
여	사용빈도	11	25	0	25	15	8	124
	%	2.63	5.98	0.00	5.98	3.59	1.91	29.67
	cell χ^2	0.1667	12.681	8.4593	1.2859	0.6321	0.5743	0.7969

d.f. = 6 χ^2 = 49.958   p < 0.001

청자 : 연상

〈표 Ⅲ-29-c〉

성별＼호칭		A	B	C	D	F	G	H
남	사용빈도	26	0	39	55	20	7	53
	%	6.31	0.00	9.47	13.35	4.85	1.70	12.86
	cell χ^2	0.7904	30.583	21.272	10.132	0.9891	0.0061	4.0872
여	사용빈도	19	63	0	19	13	7	91
	%	4.61	15.29	0.00	4.61	3.16	1.70	22.09
	cell χ^2	0.7457	28.851	20.068	9.5583	0.9331	0.0058	3.8559

d.f. = 6 χ^2= 131.877   p < 0.001

⑩ 청자의 연령과 화자와 청자의 친소관계

〈표 Ⅲ-30-a〉

청자 : 연하

친소＼호칭		A	B	C	D	F	G	H
친밀	사용빈도	8	12	8	32	11	12	124
	%	1.93	2.90	1.93	7.73	2.66	2.90	29.95
	cell χ^2	0.2368	0.0909	0.1429	0.0079	0.8448	0.0000	0.0514
소원	사용빈도	11	10	6	31	18	12	119
	%	2.66	2.42	1.45	7.49	4.35	2.90	28.74
	cell χ^2	0.2368	0.0909	0.1429	0.0079	0.8448	0.0000	0.0514

d.f. = 6 χ^2 = 2.750   p = n.s.

〈표 Ⅲ-30-b〉

친소 \ 호칭		A	B	C	D	F	G	H
친밀	사용빈도	10	13	10	33	13	10	120
	%	2.39	3.11	2.39	7.89	3.11	2.39	28.71
	cell χ^2	0.5000	0.0200	0.2647	0.0714	1.6351	0.0238	0.2174
소원	사용빈도	15	12	7	30	24	11	110
	%	3.59	2.87	1.67	7.18	5.74	2.63	26.32
	cell χ^2	0.5000	0.0200	0.2647	0.0714	1.6351	0.0238	0.2174

d.f. = 6　　　χ^2 = 5.465　　　p = n.s.

청자 : 연상

〈표 Ⅲ-30-c〉

친소 \ 호칭		A	B	C	D	F	G	H
친밀	사용빈도	18	33	21	41	12	6	76
	%	4.37	8.01	5.10	9.95	2.91	1.46	18.45
	cell χ^2	0.9397	0.0573	0.1008	0.3926	1.2652	0.1520	0.1842
소원	사용빈도	27	30	18	33	8	8	68
	%	6.55	7.28	4.37	8.01	1.94	1.94	16.50
	cell χ^2	0.9488	0.0579	0.1018	0.3964	0.1535	0.1535	0.1860

d.f. = 6　　　χ^2 = 6.214　　　p = n.s.

C. 남자대학생과 여자대학생의 호칭법 비교

(1) 다섯 가지 사회적 변수가 호칭에 끼치는 영향의 비교

이 장에서는 한국의 남녀대학생의 호칭법에 대해 비교 분석한다.

1. 남녀대학생의 호칭법에 미치는 다섯 가지 사회적 변수의 영향을 나타내는 χ^2 수치를 나열하면 다음과 같이 된다.

사회적 변수	남학생 χ^2	여학생 χ^2	p
장면	193.554	164.235	< 0.001(남녀공통-이하 동일)
학년	487.626	624.551	〃
청자의 성별	226.284	206.568	〃
화자와 청자의 친소관계	41.370	13.579	< 0.035(여성만 p< 0.035)
연령	272.285	90.249	< 0.001

한국인과 일본인의 언어행동과 문화의 차이

이상에서 나타냈듯이 남녀 모두 청자의 학년에 가장 크게 영향을 받고, 이어서 청자의 성별과 장면에 비교적 강하게 영향을 받는 점에서 공통점을 보인다. 남녀 모두 연령에 영향을 받지만 남성에게 더욱 강하게 나타난다. 친소의 수치가 남녀 모두 다섯 가지 변수 가운데 x^2 수치가 최고치를 나타내는 학년의 수치에 비해 10분의 1에도 미치지 않는다. 특히 여성에게 보이는 친소의 영향은 다른 변수와 비교해 매우 작다. 이상의 결과에서 한국의 대학생은 남녀 모두 상하관계에 강하게 영향을 받고 그 중에서도 남성에게 그 영향이 강하게 나타나지만, 친소관계의 영향은 다른 변수에 비해 작다고 말할 수 있다.

학년, 연령 모두 상하관계를 나타내는 요소인데, 그 영향에 있어서 남녀간에 차이가 나타나는 원인은 무엇일까? 각 호칭의 사용 실태와 양상을 검토·비교 분석하여 그 요인을 밝히려고 한다. 그러기 위해 그 시대와 그 배후에 있는 사회적 배경을 살펴보고 종합적으로 한국의 젊은 세대의 언어태도, 언어의식을 해명하고자 한다.

2. 여기서는 각 변수에 있어서 각 호칭 사용의 남녀 비교를 실시함으로써 각 변수의 영향이 남녀 학생의 호칭 사용에 어떻게 나타나는가에 대해 검토·분석한다. 이하는 지금까지 검토를 실시한 조사결과의 표에서 각각에 해당하는 수치를 그대로 가져온 것이며 남성−24명, 여성−18명에 의해 사용된 빈도이다.

① 장면과 호칭과의 관계

A. 선배님

장면 \ 화자	남학생	여학생
공식적인 장면	23(60.5%)	69(77.5%)
비공식적인 장면	15(39.5%)	20(22.5%)

B. 언니

장면 \ 화자	남학생	여학생
공식적인 장면	−	37(33.6%)
비공식적인 장면	−	73(66.4%)

C. 오빠

장면 \ 화자	남학생	여학생
공식적인 장면	−	18(25.7%)
비공식적인 장면	6	52(74.3%)

D. 형

장면 \ 화자	남학생	여학생
공식적인 장면	113(53.6%)	137(68.5%)
비공식적인 장면	98(46.4%)	63(31.5%)

E. 누나

장면 \ 화자	남학생	여학생
공식적인 장면	44(42.7%)	–
비공식적인 장면	59(57.3%)	–

F. 성명+씨

장면 \ 화자	남학생	여학생
공식적인 장면	285(80.7%)	82(82.8%)
비공식적인 장면	68(19.3%)	17(17.2%)

G. 이름+씨

장면 \ 화자	남학생	여학생
공식적인 장면	50(39.1%)	38(64.4%)
비공식적인 장면	78(60.9%)	21(35.6%)

H. 이름/성명(만 부름)

장면 \ 화자	남학생	여학생
공식적인 장면	316(38.5%)	236(38.2%)
비공식적인 장면	504(61.5%)	381(61.8%)

해석·고찰

A. 선배님

남녀 모두 공식적인 장면에 있어서 비교적 많이 사용하지만 여성의 사용에 대한 장면의 차이가 더욱 크다. 「선배님」을 남학생에 비해 여학생이 비교적 많이 사용하는 것은 공식적인 장면에서 남성은 「선배님」 대신 「성명＋씨」, 「형」을 많이 사용하기 때문이다.

B. 언니/ C. 오빠/ D. 형/ E. 누나

「언니」와 「오빠」를 비공식적인 장면에서 많이 사용하는 것은 여학생은 수업과 같은 공식적인 장면에서는 「선배님」, 학생 집회 같은 특수한 장면에서는 「형」을 사용하기 때문이다. 그 결과 여성이 사용하는 「형」에서 장면의 차이가 크게 나타났다. 남성이 사용하는 「형」은 주로 친족명칭을 확대해서 사용하기 때문에 장면에 관계없이 많이 사용하여 중립성을 나타내며, 여성에 의한 사용은 공식적인 장면에서 비교적 많이 사용되어 공식성을 띤다.

「누나」가 비공식적인 장면에서 비교적 많이 사용되는 것은, 공식적인 장면에서는 그 대신 「선배님」, 그리고 나중에 설명할 「형」을 사용하기 때문이다.

F. 성명＋씨/ G. 이름＋씨

여성에 비해 남성에 의한 사용이 많은 것은 군복무 후 복학한 복학생에 의한

한국인과 일본인의 언어행동과 문화의 차이

사용이 「성명＋씨」의 사용에서 큰 비중을 차지하기 때문이다. 또한 공식적인 장면에서 많은 이유는 수업중의 사용이 포함되었기 때문이라고 여겨진다. 「성명＋씨」는 수업중 및 학년 초에 서로를 잘 몰랐을 때나 잘 모르는 다른 학과 사람, 연령과 학년이 평행하지 않은 데다가 그다지 친하지 않은 사이, 즉 심리적 거리가 있는 사이에서 사용된다는 점에서 남녀가 동일하다. 이밖에 대학원에서는 사회경험을 한 후에 어느 정도의 연령이 된 후에 입학하는 사람이 많고, 더구나 서로 다른 학교로부터 학생들이 모이기 때문에 대학원생들 사이에서는 「성명＋씨」가 많이 사용된다는 것이 인터뷰에 의해 확인되었다.

종합하면 「성명＋씨」는 남녀 어느 쪽의 사용에서도 모두 공식성을 띤다.

비공식적인 장면에서는 남성은 「이름＋씨」를 다소 많이 사용하고(「성명＋씨」：「이름＋씨」＝68：78), 여성에 의한 차이는 별로 없다(「성명＋씨」：「이름＋씨」＝17：21).

H. 이름/성명(만 부름)

남녀 모두 어떤 호칭보다 많이 사용하고 두 장면 모두에 많이 사용되지만 특히 비공식적인 장면에서 더욱 많이 사용된다.

공식적인 장면에서 많이 사용되는 두 가지 이유를 들 수 있다. 하나는 공식적인 장면으로서 수업을 설정했지만 서로 마음이 통하는 친구끼리의 오붓한 분위기의 수업이라면 「이름/성명」의 사용은 충분히 있을 수 있다. 또 하나는 현대의 젊은 세대가 장면에 관계없이 평상시 하던 대로 편한 차림의 언어행동을 취하는 경향이 있다는 점이다. 동급생, 후배에 대해 공식적인 장면에서는 「성명＋씨」를 사용하고 비공식적인 장면에서는 「이름/성명」을 사용하는 예와 더불어 장면에 관계없이 「이름/성명」의 사용하는 예가 있고, 그 결과 어떠한 장면에서나 「이름/성명」의 사용빈도가 높아졌다는 것이다.

호칭법에서 보이는 장면의 차이는 남학생은 「성명＋씨」와 「이름/성명」에 집중되고 있는데, 여학생은 「이름＋씨」를 제외한 모든 호칭에 나타난다. 장면의 영향의 크기는 남성의 경우는 다섯 가지 사회적 변수 중 제 4위인데 비해 여성의 경우는 제 3위이고 이 결과에 남녀간에 장면의 영향에 차이가 나타나 있다.

② 학년과 호칭과의 관계

A. 선배님

학년 \ 화자	남학생	여학생
선 배	36	83
동급생	2	6
후 배	0	0

B. 언니

학년 \ 화자	남학생	여학생
선 배	–	92
동급생	–	11
후 배	–	7

C. 오빠

학년 \ 화자	남학생	여학생
선 배	6	55
동급생	–	15
후 배	–	0

D. 형

학년 \ 화자	남학생	여학생
선 배	138(65.4%)	106(53%)
동급생	57(27%)	74(37%)
후 배	16(7.6%)	20(10%)

E. 누나

학년 \ 화자	남학생	여학생
선 배	86	–
동급생	9	–
후 배	8	–

F. 성명+씨

학년 \ 화자	남학생	여학생
선 배	139(39.4%)	32(32.3%)
동급생	111(31.4%)	22(22.2%)
후 배	103(29.2%)	45(45.5%)

G. 이름+씨

학년 \ 화자	남학생	여학생
선 배	62(48.4%)	14(23.7%)
동급생	51(39.8%)	19(32.2%)
후 배	15(11.7%)	26(44.1%)

H. 이름/성명(만 부름)

학년 \ 화자	남학생	여학생
선 배	105(12.8%)	34(5.5%)
동급생	344(42%)	285(46.2%)
후 배	371(45.2%)	298(48.3%)

해석·고찰

A. 선배님

남녀 모두 오로지 선배에 대해서만 사용하며, 「선배님」의 +上向性서열성을 나타낸다. 남성은 복학생이 「성명+씨」를 많이 사용하지만(24.3%), 여성은 그 대신 「선배님」을 사용하기 때문에 여성에 의한 「선배님」의 사용이(19.95%) 남성(6.3%)보다 많다.

한국인과 일본인의 언어행동과 문화의 차이

B. 언니/ C. 오빠/ D. 형/ E. 누나

「언니」, 「오빠」는 본래 친족명칭대로 그 확대사용에 있어서도 여성만의 사용을
나타낸다. 동급생, 후배에 대해서까지 ＋上向性서열성의 친족명칭이 사용되는 것
은 여학생의 학년중시와 더불어 연령에 대한 의식도 나타내고 있는 것으로 생각할
수 있다. 남학생에 의한 「오빠」의 사용은 앞 A.(1)에서 설명했듯이 개인어라고 본다.

남성이 「형」을 다른 학년에 비해 선배에게 비교적 많이 사용한다는 점에서 본래
의 친족명칭의 확대사용이 주된 사용이며, 한편 여성에서 선배와 동급생의 차이가
그리 크지 않은 것은 여성이 전통적인 사용영역을 넘어 「형」을 사용하고 있음을
나타내고 있고, 앞에 설명했듯이 장면과의 관련이 크다. 바꾸어 말하자면 남성에
의한 사용은 종래와 같은 사용이 많고 여성에 의한 사용은 새로운 사용법이 많다.
이러한 언어변화는 여성측의 언어사용법에 있어서 더욱 강하게 나타나 있다.

「누나」는 남성만 사용하고 오로지 선배에 대해서만 사용하여 본래 친족명칭으
로서 쓰일 때의 영역을 넘지 않는다. 즉, 남성 → 여성, ＋上向性서열성 호칭으로
사용하고 있다.

이상과 같이 「언니」, 「오빠」, 「형」, 「누나」 등 네 가지 친족명칭과 학년과의 관
계에 대해 검토했다.

네 가지 호칭에 공통되는 점은 모두가 다 오로지 선배에 대해서만 사용되어, ＋
上向性서열성을 나타내는 것이다. 주로 학년에 대한 ＋上向性서열성인데 연령에
대한 배려도 있다. 그 기준은 3세 정도를 경계로 하여 3세 이상의 연상이면 학년
과 관계없이 친족명칭으로 부르고, 그 이하이면 「성/이름」으로 불리는 것이 일반
적 경향이다. 「형」에는 앞에서도 설명했듯이 다른 세 친족명칭과 다른 확대사용법
이 나타난다. 그것은 동일한 목적을 추구하는 동료끼리의 연대의식을 나타내는 사
용으로 화자와 청자의 성별에 관계없이 사용된다. 본래 여동생이 손위 남자에 대
해 사용하는 「오빠」의 확대사용이 「언니」, 「누나」에 비해 적은 것은 「형」이 그 대
신으로 사용되고 있기 때문이다.

이상과 같이 남녀 모두 선배에 대해 친족명칭을 극히 많이 사용하고, 선배에 대
한 호칭으로서의 친족명칭의 확대사용은 사회규범으로서 정착하고 있다. 다시 말
해 한국의 대학사회에서는 학년과 연령이 평행하는 선배에 대해 특수한 장면을

제외하고 친족명칭 및 「선배님」 이외의 호칭은 사용하기 어렵다.

F. 성명＋씨

남녀 모두 학년에 대한 차이가 비교적 작다. 앞에서 이미 언급했듯이 「성명＋씨」
는 주로 장면과 화자와 청자의 심리적 거리에 영향을 받으며 학년에는 직접 영향
을 받지 않는다고 말할 수 있다.

G. 이름＋씨

학생이 사용하는 호칭 가운데 비교적 낮은 비율을 차지한다. 여성에 의한 사용
은 전체 호칭 가운데 가장 적고 남성에 의한 사용은 「선배」 다음으로 적다. 남성
은 ＋上向性서열성을 보이고, 여성은 －上向性서열성을 보이는데, 전체의 x^2에
차지하는 비율로 보아 학년보다는 다른 변수의 영향을 받는다는 것을 알 수 있다.
학년과 연령이 차이가 나는 경우와 입학년도와 연령이 다른 복학생 사이에, 또는
타학과라서 서로 만날 기회가 그다지 없어 이름을 아는 정도의 관계에서 사용되
는데 「성명＋씨」보다는 청자에 대한 화자의 친근감을 나타내는 것으로 사용된다.
예를 들어 입학년도와 연령이 다른 복학생끼리 식사중의 대화에서는 「이름＋씨」
를 사용하며, 부탁을 할 때는 「성명＋씨」를 사용하는 등 구별하여 사용을 한다는
것이 인터뷰에 의해 확인되었다.

H. 이름/성명

동급생, 후배에 대해 비교적 많이 사용되는 점에서는 남녀 공통인데 선배와의
차이는 여성이 더 크다. 남성이 선배를 부를 때, 「이름/성명」만 부르는 사람은 주
로 군복무 후의 복학생이다. 학년이 아래라도 입학년도는 복학생이 2~3년 앞서
기 때문이다. 한편 여성의 선배에 대한 사용률은 낮다.

남녀의 전체적 사용빈도의 차이는 피험자 수의 차이에 의한 것이며, 유의차는
보이지 않는다.

「형」이 연상의 동급생・후배에게 사용될 때는 청자가 복학생인 경우가 많다. 또
한 「이름/성명」이 연하의 선배에 대해 사용되는 경우는 화자가 복학생인 경우가

많다. 일반적으로 군복무 기간이 2~3년이기 때문에 동급생이나 후배라도 복학생의 경우는 현역보다 입학년도가 앞선다. 다시 말해 현역끼리는 현재의 학년(=입학년도)이 상하의 기준이 되는데 복학생과 현역 사이에는 입학년도가 중요하다. 따라서 학년의 영향으로 나타나는 결과는 엄밀하게 말하면 입학년도의 영향이라고 판단할 수 있다. 이러한 사실은 거듭된 추적조사 인터뷰에 의해 확인된 것이다.

③ 청자의 성별과 호칭과의 관계

A. 선배님

화자＼청자	남학생	여학생
남학생	21	50
여학생	17	39

B. 언니

화자＼청자	남학생	여학생
남학생	–	–
여학생	–	110

C. 오빠

화자＼청자	남학생	여학생
남학생	6	70
여학생	–	–

D. 형

화자＼청자	남학생	여학생
남학생	182(86.3%)	127(63.5%)
여학생	29(13.7%)	73(36.5%)

E. 누나

화자＼청자	남학생	여학생
남학생	–	–
여학생	103	–

F. 성명+씨

화자＼청자	남학생	여학생
남학생	163(46.2%)	58(58.6%)
여학생	190(53.8%)	41(41.4%)

G. 이름+씨

화자＼청자	남학생	여학생
남학생	53(41.4%)	34(57.6%)
여학생	75(58.6%)	25(42.4%)

H. 이름/성명(만 부름)

화자＼청자	남학생	여학생
남학생	406(49.5%)	77(44.9%)
여학생	414(50.5%)	340(55.1%)

본 조사의 대상인 남녀대학생 모두 호칭을 선택할 때 청자의 성별에 영향을 받는다. 대학생이 많이 사용하는 호칭 가운데 친족명칭의 확대사용이 있고, 친족명칭은 화자와 청자의 상하관계와 더불어 두 사람의 성별에 의해 다른 어휘를 사용하므로 그것은 당연한 결과라고 할 수 있을 것이다. 친족명칭 가운데 「형」이 가장

많이 쓰이고(남성 화자에 의한 경우-211, 여성 화자에 의한 경우-200), 그 다음으로「언니」
와「누나」가 각각 110, 103, 이어서「오빠」가 76 사용된다.

해석·고찰

A. 선배님

여성 사용자가 많은데 청자의 성별에 있어서는 사용률의 차이가 별로 보이지
않고, 유의차가 보이지 않는다(청자가 남녀차 − x^2=1.54 p=n.s.).「선배님」은 학년, 연
령의 차가 많은 선배에 대한 사용, 학년 초의 사용, 공식적인 장면에서의 사용 등
주로 심리적 거리가 있는 장면을 배경으로 한다. 여성의 사용이 비교적 많은 것은
우선 여성에 의한 공식적인 장면에서의 사용이 많기 때문이라고 여겨진다. 비공식
적인 장면에「선배님」의 사용비율은 남 : 여=1 : 1.8인데, 공식적인 장면에서의 사
용비율은 남 : 여=1 : 4로 남녀차가 크다. 그 이유에 대해서는 복학생 남성의「성명
＋씨」의 사용과 관련하여 앞에서 설명한 대로다. 구체적으로는 수업중에 선배에
대한 사용이 남성→남성에게는「성명＋씨」,「형」이 많고, 남성→여성에게는「성
명＋씨」가 주이고,「선배님」은 비교적 적게 사용되며, 한편 여성이 사용하는 경우
는 남성, 여성 모두에 대해서「선배님」이 비교적 많이 사용되고 그밖에「성명＋씨」
가 쓰인다. 이 결과 여성에 의한「선배님」의 사용이 남성보다 많다고 여겨진다.
인터뷰를 실시한 결과, 한양대학교에서는 여성에 의한「성명＋씨」가 보이는데 서
강대학교에서는 그다지 사용되지 않아, 학교에 따라서는 여성은「성명＋씨」의 사
용을 그다지 좋아하지 않는다는 것을 알 수 있다. 서강대학교에서는 남성은 사용
하지만 여성은「성명＋씨」의 사용으로 갑자기 어른이 된 듯한 기분이 들어 어색함
을 느끼고 있다는 것이 인터뷰 결과 확인되었다. 나아가 청자의 성별의 차이가 작
은 것으로 보아「선배님」은 청자의 성별에는 직접 관계가 없기 때문이라고 생각된다.
　이하「언니」,「오빠」,「형」,「누나」,「성명＋씨」,「이름＋씨」,「이름/성명」에 대
한 설명은 이미 언급한 내용과 중복되는 부분이 많기 때문에 그 기술은 생략한다.
　남성→여성＞남성→남성과, 여성→남성＞여성→여성의 결과에서「이름＋씨」는
남녀 사이에서 비교적 많이 사용된다는 것을 알 수 있다. 이에 대해서는 앞에 검

한국인과 일본인의 언어행동과 문화의 차이

토한 항목, ②학년과 호칭의 관계를 참조하기 바란다.

④ 화자와 청자의 친소관계에 대한 남녀 비교

한국의 대학생이 사용하는 호칭에 미치는 사회적 변수의 영향 가운데 화자와 청자의 친소관계의 영향은 가장 작아, 표의 제시는 별로 의미가 없기에 생략한다.

친소의 차이가 비교적 큰 호칭은 「선배님」, 「성명＋씨」인데 「선배님」의 절대적 사용빈도는 매우 적다. 「선배님」에 친소의 차이가 생긴 것은 친밀한 선배에 대해 남성에게는 「형」을, 여성에게는 「언니」를 사용하고 소원한 선배에 대해서는 남녀가 모두 「선배님」을 사용하는 예가 보이는데, 그러한 사용법에 의한 차이다. 「성명＋씨」는 남성에 의한 사용은 친소차가 크지만 여성에 의한 사용의 경우는 전체적으로 사용도 적고 친소차도 작다.

한국에서는 핏줄로 이어진 친족간에서는 반드시 친족명칭을 사용해야 하고 친족명칭은 오로지 서열에 영향을 받으며 따라서 화자와 청자 사이의 친소 등에 영향 받을 여지는 전혀 없다. 마찬가지로 본 조사에서 학생들이 사용하는 확대 친족명칭도 후배가 선배에게 사용하고 주로 학년과 연령의 영향을 받으며 친소의 차이는 근소하다는 것이 밝혀졌다. 이는 최고 사용률을 나타내는 친족명칭이나 「이름/성명」으로 부르는 것이 각각 ＋上向性서열성과 －上向性서열성을 갖고 그밖에 장면과 청자의 성별(친족명칭만)에 맞게 구별해서 사용되는 성질을 가지나, 그에 비해 친소에 의한 영향은 부차적(副次的)이기 때문이다. 그러나 친소의 차가 비교적 크게 보이는 것은 「성명＋씨」이고, 학년과 연령이 평행하지 않은 경우의 사용이 눈에 띄는데 장면과 관련하여 공식적인 장면에서 많이 사용되며, 또한 주로 복학생과 연관이 있다. 동급생간의 「성명＋씨」가 「이름/성명」으로 바뀌는 것은 대략 2~3번 만나고 이 때 어느 한 쪽의 제안과 다른 쪽의 찬성 혹은 허가에 의해 「이름/성명」만 부르는 것으로 바뀌는 것이 일반적 패턴인 듯하지만, 먼저 제안하는 것은 남성 쪽이 많은 것 같다.

복학생의 경우는 화자와 청자 사이의 친밀감이 증가함에 따라 화자가 청자를 손위라고 인식하면 「형」을, 친구라고 인식하면 「이름/성명」만을 사용한다. 복학생의 경우는 청자로부터의 요청에 의한 경우가 많다. 또한 장면에 있어서는 복학생끼리 공식적인 장면에서는 「성명＋씨」, 「선배님」, 「형」을 사용하고 비공식적인 장면에서는 「형」, 「이름/성명」만 사용한다. 이처럼 「형」은 두 가지 장면에서 많이 사용되는데 다른 친족명칭과 다른 성질을 나타내고 「이름/성명」과 함께 대학생이 사용하는 호칭의 대표적 존재다. 「형」은 청자에 대해 예의를 갖춤과 동시에 친근감을 표시하는 가장 대중적인 청자 호칭으로서의 역할을, 「이름/성명」은 동격, 손아래에 대해 동등하게 그리고 편안하게 사용하는 청자 호칭으로써의 역할을 하고 있다.

학년과 연령이 서로 평행하지 않는 경우는 장면과 친소에 따라 구별해서 사용하는 것을 볼 수 있고 친소의 영향도 보인다.

이상과 같이 한국의 대학생이 사용하는 호칭에 있어서 남성에 의한 「성명＋씨」 이외는 친소에 의한 차가 그다지 크지 않다.

⑤ 연령과 호칭과의 관계

연령은 남성의 호칭법에 있어서는 다섯 가지 변수 가운데 학년에 이어 두 번째로 강한 영향을 나타내고 여성에 의한 호칭에 있어서는 네 번째로 강한 영향을 나타낸다. 다시 말해 남성이 여성보다 청자의 연령에 좀더 강하게 영향을 받는다.

연령의 차가 크게 나타나는 호칭은, 남성의 경우는 「선배님」, 「형」, 「누나」, 「이름/성명」이고, 여성의 경우는 「선배님」, 「언니」, 「오빠」, 「이름/성명」이다. 남녀 모두 「선배님」 친족 명칭은 연상에 대해 비교적 많이 사용되고 「이름/성명」은 연상에 대해 가장 적게 쓰여진다. 「선배님」, 친족명칭은 연상에 대해 사용되어 ＋上向性서열성을 나타내는데, 학년만큼 강하지는 않다.

양쪽 다 ±上向性서열성을 나타내는 학년과 연령의 영향에 대해서 뒤에서 상세하게 살펴보기로 한다. 각 호칭마다의 남녀 비교는 이미 설명한 내용과 중복이 많으므로 기술을 생략한다.

＋上向性서열성을 나타내는 호칭의 사용에서 연령에 의한 사용법의 구별이 보이는 것은 실제의 입학년도가 이른 사람에 대한 대우이며, 결국 1)학년에 대한 의

식이 강함을 나타내고, 그것은 또한 2)연령중시도 된다. 다음 설명으로 1)2)를 보충하고자 한다. 1992년 현재 4학년인 현역 A와 3학년 복학생 B가 있다. A의 입학년도는 1989년이고 B의 입학년도는 1987년이다. B는 1987년에 입학하여 2학년까지 재학한 후에 1989년에 군에 입대하고 3년의 군복무를 마친 후 1992년에 3학년으로 복학했다. 결국 입학년도는 B가 A보다 2년 먼저이기 때문에 A는 B를 선배로 대우한다. 이것은 입학년도의 영향이라고 간주할 수 있겠는데, 만약 A, B 모두 현역이라면 학년의 영향이 될 것이다. 그러나 특별한 경우를 제외하고는 학년과 연령이 평행하는 경우가 많다는 점을 생각하면 연령에 대한 의식이 잠재적으로 있음을 부정할 수 없다.

현역 사이에서는 「학년＝입학년도」가 호칭사용법의 기준이 되고 복학생에 대해서는 「입학년도」가 기준이 되는데 학년과 입학년도가 우선시되는 것은 특별한 경우를 제외하고 연상이라는 것을 병행해서 생각하면 「연령」에 대한 배려도 있다고 할 수 있을 것이다. 학년과 입학년도 및 연령에 대해서는 대학생의 의식조사 결과를 검토함으로써 보다 명확히 할 것이다.

학년과 연령이 어긋나는 경우는 장면과 친소에 따라 구별해서 사용하는 것이 나타나고 두 가지 변수의 영향도 인정된다. 한편 학년과 연령이 평행할 때는 공식적인 장면에서의 사용은 별도로 치고 친소에 관계없이 선배에게는 반드시 친족명칭을 사용하고 동급생과 후배에게는 「이름/성명」만 부르는 호칭을 사용한다. 장면의 차이는 「성명＋씨」를 제외하고는 명백하게 나타나지 않는다.

(2) 학년과 연령이 중복됐을 때 각 호칭의 남녀 비교

여기에서는 한국인 대학생의 호칭사용에 큰 영향을 미치는 학년·연령 두 가지 변수가 중복되었을 때의 남녀 비교를 실시한다. 다시 말해 학년과 연령이 평행하는 경우도 있지만 평행하지 않는 경우도 있다. 각각의 경우에 사용되는 각 호칭의 사용분포를 비교·검토함으로써 서열성과 관련하여 호칭의 성질을 밝힌다.

＊각 셀 중 위에 있는 숫자는 사용빈도를, 아래는 그 비율(%)을 나타낸다.

A. 선배님

〈표 Ⅲ-31-a〉

화자=남성

연령＼학년	연상	동갑	연하	계
선배	28 73.7%	4 10.5%	4 10.5%	36 94.7%
동급생	2 5.3%	0	0	2 5.3%
후배	0	0	0	0
계	30 79%	4 10.5%	4 10.5%	38 100%

〈표 Ⅲ-31-b〉

화자=여성

연령＼학년	연상	동갑	연하	계
선배	39 43.8%	25 28.1%	19 21.3%	83 93.3%
동급생	6 6.7%	0	0	6 6.7%
후배	0	0	0	0
계	45 50.6%	25 28.1%	19 21.3%	89 100%

B. 언니 — 여성끼리의 친족명칭으로, 남성은 쓰지 않는다.

〈표 Ⅲ-32〉

화자=여성

연령＼학년	연상	동갑	연하	계
선배	45 40.9%	25 22.7%	22 20%	92 83.6%
동급생	11 10%	0	0	11 10%
후배	7 6.4%	0	0	7 6.4%
계	63 57.3%	25 22.7%	22 20%	110 100%

C. 오빠 — 여성이 남성에게 사용하는 친족명칭으로 남성은 쓰지 않는다.

〈표 Ⅲ-33〉

화자=여성

연령＼학년	연상	동갑	연하	계
선배	24 34.3%	17 24.3%	14 20%	55 78.6%
동급생	15 21.4%	0	0	15 21.4%
후배	0	0	0	0
계	39 55.7%	17 24.3%	14 20%	70 100%

한국인과 일본인의 언어행동과 문화의 차이

D. 형

〈표 Ⅲ-34-a〉 화자=남성

학년 \ 연령	연상	동갑	연하	계
선배	71 33.7%	40 19%	27 12.8%	138 65.5%
동급생	45 21.3%	6 2.85%	6 2.85%	57 27%
후배	14 6.6%	2 0.9%	0	16 7.5%
계	130 61.6%	48 22.75%	33 15.65%	211 100%

〈표 Ⅲ-34-b〉 화자=여성

학년 \ 연령	연상	동갑	연하	계
선배	28 14%	39 19.5%	39 19.5%	106 53%
동급생	34 17%	20 10%	20 10%	74 37%
후배	12 6%	4 2%	4 2%	20 10%
계	74 37%	63 31.5%	63 31.5%	200 100%

E. 누나 - 남성이 여성에게 사용하는 친족명칭으로 여성은 쓰지 않는다.

〈표 Ⅲ-35〉 화자=남성

학년 \ 연령	연상	동갑	연하	계
선배	48 46.6%	22 21.4%	16 15.5%	86 83.5%
동급생	9 8.7%	0	0	9 8.7%
후배	4 3.9%	2 1.95%	2 1.95%	8 7.8%
계	61 59.2%	24 23.3%	18 17.5%	103 100%

F. 성명+씨

〈표 Ⅲ-36-a〉 화자=남성

학년 \ 연령	연상	동갑	연하	계
선배	35 9.9%	52 14.7%	52 14.7%	139 39.4%
동급생	43 12.2%	34 9.6%	34 9.6%	111 31.4%
후배	39 11.1%	36 10.2%	28 7.9%	103 29.2%
계	117 33.2%	122 34.5%	114 32.3%	353 100%

〈표 Ⅲ-36-b〉 화자=여성

학년 \ 연령	연상	동갑	연하	계
선배	7 7.1%	14 14.1%	11 11.1%	32 32.3%
동급생	8 8.1%	8 8.1%	6 6.1%	22 22.2%
후배	18 18.2%	15 15.2%	12 12.1%	45 45.5%
계	33 33.3%	37 37.4%	29 29.3%	99 100%

G. 이름＋씨

화자=남성 〈표 Ⅲ-37-a〉

연령＼학년	연상	동갑	연하	계
선배	7 5.5%	26 20.3%	29 22.6%	62 48.4%
동급생	34 26.6%	7 5.5%	10 7.8%	51 39.9%
후배	14 10.9%	1 0.8%	0	15 11.7%
계	55 43%	34 26.6%	39 30.4%	128 100%

화자=여성 〈표 Ⅲ-37-b〉

연령＼학년	연상	동갑	연하	계
선배	1 1.7%	3 5.1%	10 17%	14 23.8%
동급생	3 5.1%	8 13.6%	8 13.6%	19 32.3%
후배	10 17%	10 17%	6 10.2%	26 44.2%
계	14 23.7%	21 35.6%	24 40.7%	59 100%

H. 이름/성명

화자=남성 〈표 Ⅲ-38-a〉

연령＼학년	연상	동갑	연하	계
선배	0	46 5.6%	58 7.1%	104 12.7%
동급생	57 7%	145 17.7%	142 17.3%	344 42%
후배	70 8.5%	147 17.9%	154 18.8%	371 45.2%
계	127 15.5%	338 41.2%	354 43.2%	819 100%

화자=여성 〈표 Ⅲ-38-b〉

연령＼학년	연상	동갑	연하	계
선배	0	15 2.4%	19 3.1%	34 5.5%
동급생	67 10.9%	108 17.5%	110 17.8%	285 46.2%
후배	77 12.5%	107 17.3%	114 18.5%	298 48.3%
계	144 23.4%	230 37.2%	243 39.4%	617 100%

이상의 <표 Ⅲ-31~38>에 대해 다음과 같이 말할 수 있다.

1. 「선배님」, 「언니」, 「오빠」, 「누나」에 보이는 공통점과 차이점은 아래와 같다.

남녀 피험자 수가 다르기(남-24/여-18) 때문에 좌측은 해당하는 호칭의 사용빈도/전체 호칭의 사용빈도의 합계를 나타내고 우측의 ( ) 안은 남녀 각각에 차지하는 비율을 표시한다.

공통점

(1) ＋선배에 대한 사용률이 －선배(동급생/후배)에 대한 사용률보다 높고, ＋연상에

한국인과 일본인의 언어행동과 문화의 차이

대한 사용률이 －연상(동갑/연하)에 대한 사용률보다 높다. D.F.＝1(이하 같음)

	남성		여성	
	x^2	p	x^2	p
＋선배 > －선배	116.6	< 0.001	239.7	< 0.001
＋연상 > －연상	40	< 0.001	5.5	< 0.025

그 중에서도 ＋선배·＋연상과 같이 양 변수의 「＋上」이 중복되면 최고사용률을 보인다.

(2) 동갑·연하인 선배에 대한 사용률이, 동급생·후배인 연상에 대한 사용률보다 높다. D.F.＝1(이하 같음)

화자	남성				여성			
청자	＋선배·－연상	＋연상·－선배			＋선배·－연상	＋연상·－선배		
	사용빈도(%)		x^2	p	사용빈도(%)		x^2	p
선배님	8(21)	2(5.3)	2.5	n.s.	44(49.4)	6(6.7)	27.38	<0.001
언 니	0	0	－	－	47(42.7)	18(16.4)	12.06	<0.001
오 빠	0	0	－	－	31(44.3)	15(21.4)	4.9	<0.05
누 나	38(36.9)	13(12.6)	11.3	<0.001	0	0	－	－

차이점

(3) 「언니」, 「오빠」, 「누나」는 ＋선배·－연상에 대해서는 비교적 많고, 또한 ＋연상·－선배에게도 다소 사용된다. 한편 「선배님」은 남성의 경우, ＋선배·－연상 및 ＋연상·－선배 모든 경우에 대해서도 조금밖에 사용되지 않아 유의차가 보이지 않는다. 여성의 경우도 ＋연상·－선배에 대해서는 조금밖에 보이지 않는다. 또한 ＋선배·－연상과, ＋연상·－선배의 차는 여성(44:6=7.3:1 <표 Ⅲ-31-b>)이 남성(8:2=4:1 <표 Ⅲ-31-a>)보다 크다.

이상 공통점 (1), (2)에 의해 아래의 a, b를 알 수 있고 차이점 (3)에 의해 c를 알 수 있다.

a. (1)에서 「선배님」, 「언니」, 「오빠」, 「누나」의 사용은 학년과 연령 어디에나 영향을 받는다는 것을 알 수 있다.

b. (2)에서 「언니」, 「오빠」, 「누나」의 호칭법 및 여성이 사용하는 「선배」호칭법에는 연령에 비해 학년이 중요시된다는 것을 알 수 있다.

c. (3)에서 여성이 사용하는 「선배님」은 오로지 학년에 영향을 받는다는 것을 알 수 있다. 한편 남성에 의해 사용되는 「선배님」은 +선배·+연상이라는 조건의 필요도가, 또한 여성에 의해 사용되는 「선배님」은 +선배라는 조건의 필요도가 다른 세 가지 호칭보다 강하다. 학년의 영향은 여성에게 비교적 강하게 보인다.

2. 「이름/성명」의 남녀 비교

(1) -선배(동급생/후배)에 대한 사용률이 +선배에 대한 사용률보다 높고, -연상(동갑/연하)에 대한 비율이 +연상에 대한 사용률보다 높다. 또한 +선배·+연상이 중복되면 전혀 사용되지 않는다. D.F.=1(이하 같음)

	남성		여성	
	x^2	p	x^2	p
+선배 < -선배	178.3	< 0.001	507.8	< 0.001
+연상 < -연상	119.2	< 0.001	20.4	< 0.001

(2) 동급생·후배인 연상에 대한 사용률이 동갑·연하인 선배에 대한 사용률보다 높다. 그런데 남성에게는 유의차가 보이지 않는다. D.F.=1(이하 같음)

청자		+선배·-연상	+연상·-선배		
		사용빈도(%)		x^2	p
화자	남성	104(12.7)	127(15.5)	2.1	n.s.
	여성	34(5.5)	144(23.4)	66.74	< 0.001

이상 (1), (2)에서 아래의 사실을 알 수 있다.

a. (1)에서 「이름/성명」은 학년과 연령 양쪽에 영향을 받는다는 것을 알 수 있다.

b. (2)에서는 「이름/성명」의 사용법에는 남녀차가 보인다. 여성은 연령에 비해

한국인과 일본인의 언어행동과 문화의 차이

학년을 중요시하지만 남성에게는 학년과 연령 사이의 유의차는 보이지 않는
다. 다시 말해 학년의 영향은 여성에게서 보다 강하게 나타난다.

위의 결과에서 앞에 설명한 네 가지 호칭은 ＋上向性서열성을 나타내고, 「이름/
성명」은 －上向性서열성을 나타낸다는 것이 명확해졌다.

3. 특수한 확대사용법을 동반하는 「형」에 대해 설명한다.

(1) 남녀 모두 ＋선배에 대한 사용률이 －선배(동급생/후배)에 대한 사용률보다 높
고, ＋연상에 있어서는 사용률이 －연상(동갑/연하)에 대한 사용률보다 높은 것
에 대해 남성에게는 유의차가 보이지만 여성에게는 보이지 않는다.
D.F.＝1(이하 같음)

	남성		여성	
	x^2	p	x^2	p
＋선배 > －선배	39.4	< 0.001	5.5	< 0.05
＋연상 > －연상	46.5	< 0.001	0.7	n.s.

(2) 동갑·연하인 선배에 대한 사용률이 동급생·후배인 연상에 대한 사용률 보
다 높다. 그러나, 남성에게는 유의차가 보이지 않는다. D.F.＝1(이하 같음)

●「형」의 사용률(%)

청자 화자	＋선배·－연상	＋연상·－선배		
	사용빈도(%)		x^2	p
남성	67(31.8)	59(27.9)	0.38	n.s.
여성	78(39)	46(23)	7.76	<0.05

이 결과로 보아 여학생의 「형」 사용법에서는 학년이 연령보다 중요시된다고 할
수 있을 것이다. 한편 남학생에게는 학년과 연령 사이의 유의차가 보이지 않는다.
남성의 경우는 학년과 연령의 영향이 보이는 점에 있어서, 앞에 거론한 네 가지
＋上向性서열성을 나타내는 호칭과 공통된다. 한편, 여성이 사용하는 「형」은 그
밖의 ＋上向性서열성을 나타내는 호칭과는 다른 성질을 갖고 있다고 할 수 있을

것이다. 즉, 여성이 사용하는 「형」은 학년의 영향이 보이는 점에 대해서는 ＋上向性서열성을 나타내지만, 연령의 영향이 보이지 않는다는 점에 있어서 남성이 사용하는 「형」과도, 또한 그 밖의 호칭과도 다른 것이다. 여성이 사용하는 「형」은 학년 이외에 장면, 성별의 영향이 크다는 점에 대해서는 이미 설명한 대로다. 한편, 남성은 학년, 성별, 연령의 영향이 보이고 남녀 사이에 차가 보인다. 여성은 동아리나 학생집회·회의 등에서 많이 사용하는데, 이러한 장면에서의 사용은 연령에는 그다지 영향을 받지 않는다는 것을 나타내고 있다. 한편, 학년과 연령 쌍방에 영향을 받는, 남성이 사용하는 「형」은 전통적 사용영역 내의 사용임을 나타내고 있다.

그러나 여기서 주의해야 할 것은 학년과 연령에 대한 인식이다. 선배가 아닌 연상은 두 가지를 생각할 수 있는데, 복학생의 경우와 재수를 한 경우이다. 복학생의 경우는 현재의 학년은 같거나 아래라도 입학년도가 빠르므로 실제로는 선배이고, 선배로서의 대우를 받는다. 한편, 재수를 한 경우는 학년이 같고 입학이 늦어진 경우가 있어서, 웬만한 연상(인터뷰에 의하면 대략 3세 이상)이 아니면 동급생으로서 대우를 받는 것이 일반적 경향이다. 연상인 동급생이나 후배는 복학생인 경우가 많다는 점을 생각하면, 선배가 아닌 사람에게 「형」이 쓰이는 것은 연령보다는 입학년도에 의한 경우가 많다. 종합하면 「형」의 사용법에 있어서 학년 및 입학년도가 가장 중요한 지표가 되며 동시에 연령에 대한 배려 및 인식도 존재한다고 할 수 있을 것이다.

또한 「형」과 다른 ＋上向性서열성을 나타내는 호칭과의 차이는 「형」이 20년 가까이 대학생 사이에서 2인칭의 대표적 존재였기 때문에 특출나게 높은 사용률을 보이는 것이다.

4. 성명＋씨

여성의 사용률은 남성에 비해 적고, 이에 대해서는 앞의 장면과 호칭과의 관계를 참조하기 바란다. 여기서는 남성의 사용에 대해 설명한다.

「성명＋씨」는 연하 및 동갑인 선배에 대해 비교적 많이 쓰이는데 연상인 청자에 대해서는 동급생, 후배, 선배 순으로 사용률이 높다. 다시 말해 「성명＋씨」는 연령과 학년이 역행하는 경우, 많이 사용되는 경향을 나타낸다. 동갑/연하인 동급

한국인과 일본인의 언어행동과 문화의 차이

생/후배에 대해 비교적 적게 사용되는 것은 이 경우 일반적으로 「성명/이름」이 사용되기 때문이다. 동갑/연하와 동급생/후배에 대해 사용되는 「성명/이름」이나 +上向性서열성의 사용은 충분히 쓸 수 있는 상황에서 보이는 「성명+씨」의 사용은 공식적인 장면에서의 사용이다. 이러한 이유로 「성명+씨」는 학년과 연령 각각에 단독으로 영향을 받는 게 아니라 이를 사용할 때는 학년과 연령, 두 가지 변수의 상호영향이 존재한다고 생각할 수 있다.

5. 이름＋씨

남성이 동갑 및 연하인 선배와 동급생인 연상에 대해 비교적 많이 사용하며 즉 연령과 학년이 역행하는 경우에 많이 쓰인다.

「성명＋씨」도 학년과 연령이 평행하지 않는 경우에 많이 쓰이며 또한 「성명＋씨」에 비해 「이름＋씨」는 친한 사이에서 쓰인다는 점에 있어서 다르다. 남녀 사이에서 「이름＋씨」를 사용하면 주위에서는 두 사람을 연인사이라고 인식한다.

종 합

「선배님」은 오로지 학년에 영향을 받고 특히 여성의 사용에 있어서 학년의 영향이 더욱 강하게 보인다. 남성에 의한 「형」, 「누나」, 「이름/성명」과 여성에 의한 「언니」, 「오빠」, 「이름/성명」은 학년과 연령의 두 가지 변수에 영향을 받는다. 그 중에서 여성이 사용하는 「오빠」와 남성이 사용하는 「선배님」, 「형」「이름/성명」에는 학년과 연령 사이에 유의차가 보이지 않는다. 한편 여성이 사용하는 「선배님」, 「언니」, 「형」, 「이름/성명」과 남성이 사용하는 「누나」는 학년이 더욱 중요한 사용 기준이 된다. 또한 「이름/성명」에 있어서 학년의 영향은 여성의 사용에 더욱 강하게 나타난다. 여성이 사용하는 「형」은, 학년의 영향은 보이지만 연령의 영향은 부분적으로밖에 보이지 않아, 남성에 의한 「형」이 갖는 +上向性서열성과 차이를 나타낸다.

여기까지 한국의 남녀대학생이 사용하는 호칭에 강한 영향을 미치는 두 가지 변수, 학년 및 연령과 호칭과의 관계에 대해 검토를 한 결과, 「성명/이름＋씨」를 제외한 모든 호칭이 ＋上向性서열성이나, －上向性서열성을 나타내어, 상하의식을 나타내고 있음이 밝혀졌다. 「성명/이름＋씨」는 학년과 연령이 어긋날 경우에 사용된다는 점에 있어서 서열과 관계가 있지만 서열성을 직접 나타내는 건 아니다.

이상과 같이 한국의 대학생이 사용하는 ±上向性서열성을 나타내는 호칭의 사용법에 있어서, 1)학년과 연령의 두 가지 변수의 영향이 보이며, 2)그 중에서도 학년이 결정적 지표이거나, 3)일부의 호칭은 오로지 학년에만 영향을 받는다는 것이 밝혀졌다. 그리고 4)「선배님」, 「이름/성명」에 대한 학년의 영향은 여성에게 더욱 강하게 나타나고, 5)「형」에 대한 학년의 차는 남성이 더 크다. 그런데 복학생에게는 선배로서의 호칭법을 사용하므로 이 경우에는 입학년도가 지표가 된다.

D. 한국인 대학생의 청자 호칭법의 특징

여기에서는 학년에 초점을 맞추어 각 학년별로, 화자의 성별뿐만 아니라 청자도 남녀별로 표기·검토를 하기로 한다. 그렇게 함으로써 대학생이 사용하는 청자호칭의 사용법에 보이는 특징을 보다 명확하게 밝히고자 한다.

① 선배에 대한 호칭의 분포

S＝화자 / H＝청자　　　　〈표 Ⅲ-39〉

S	H	A	B	C	D	E	F	G	H	계
남	남	19 6.6%	0	6 2%	122 42.7%	0	61 21.3%	24 8.4%	54 18.9%	286
	여	17 5.9%	0	0	16 5.6%	86 30.1%	78 27.3%	38 13.3%	51 17.8%	286
여	남	46 22.1%	0	55 26.4%	70 33.6%	0	19 9.1%	8 2.8%	10 4.8%	208
	여	37 17.8%	92 44.2%	0	36 17.3%	0	13 6.3%	6 2.9%	24 11.5%	208

　한국인과 일본인의 언어행동과 문화의 차이

② 동급생에 대한 호칭의 분포

〈표 Ⅲ-40〉

S	H	A	B	C	D	E	F	G	H	계
남	남	2 0.7%	0	0	46 16%	0	51 17.7%	21 7.3%	168 58.3%	288
	여	0	0	0	11 3.9%	9 3.1%	60 21%	30 10.5%	176 61.5%	286
여	남	4 1.9%	0	15 6.9%	45 20.8%	0	13 6%	10 4.6%	129 59.7%	216
	여	2 0.9%	11 5.1%	0	29 13.4%	0	9 4.2%	9 4.2%	156 72.2%	216

③ 후배에 대한 호칭의 분포

〈표 Ⅲ-41〉

S	H	A	B	C	D	E	F	G	H	계
남	남	0 0.7%	0	0	14 5%	0	51 20%	8 3.1%	184 71.9%	256
	여	0	0	0	2 0.8%	8 3.1%	52 20.3%	7 2.7%	187 73.1%	256
여	남	0	0	0	12 6.3%	0	26 13.5%	16 8.3%	138 71.9%	192
	여	0	7 3.4%	0	8 4%	0	19 9.3%	10 4.9%	160 78.4%	204

해석·고찰

여기에서는 우선 본 연구의 파일럿 조사 단계였던 1982년부터 오늘까지 실시한 관찰법과 앙케이트 조사 및 거듭되는 인터뷰에 의해 얻어진 결과에 대해 설명하고, 후반에서는 1990년 한양대학교 학생을 대상으로 실시한 추적조사(앙케이트 및 인터뷰에 의한) 결과에 대해 설명한다.

- **조사대상**—이하의 피험자수는 각 대학의 남녀 합계를 나타낸다.
  한양 30명/서울 2명/서강 6명/연세 5명/고려 3명

A. 청자＝선배 〈표 Ⅲ－39〉

　　남녀 양쪽 모두 친족명칭을 가장 많이 사용하고, 다음으로 남성은 「성명＋씨」
(및 「이름＋씨」)를, 여성은 「선배님」을 비교적 많이 사용한다. 친족명칭은 친족간과
마찬가지로 친족 외에 확대사용할 때도 서열에 영향을 받는다는 것을 나타낸다.
앞 장에서 이미 언급한 바와 같이 한국인 대학생의 호칭법에 있어서 가장 중요한
지표가 되는 것은 학년 및 입학년도이지만 동시에 연령에 대한 의식이 강하다는
것을 알 수 있다. 연령과 학년이 평행하는 현역의 경우에는 학년이 지표가 되고,
평행하지 않은 복학생의 경우는 입학년도가 지표가 된다.

　　그런데 두 번째로 많이 사용되는 「성명＋씨」의 성질은, 對선배 : 동급생 : 후배＝
193 : 111 : 103으로 ＋上向性서열성이라고는 보이지 않는다. 이미 지적했듯이 「성
명＋씨」를 가장 많이 사용하는 것은, 복학생이라는 것이 이 호칭의 성질을 나타내
고 있다. 다시 말해 「성명＋씨」가 많이 나타나는 것은 ①학년과 연령이 어긋나는
경우이다. ②다음으로는 수업과 같은 공식적인 장면에서의 사용이 많다는 점이다.
이것은 「성명＋씨」가 갖는 「공식성」이라고 말할 수 있을 것이다. ①②는 남성끼
리, 남녀간에서도 보이는데, 〈표 Ⅲ－40〉을 보면 동성간보다도 남녀 사이에서 더
욱 많이 사용됨을 알 수 있다. 바꾸어 말하자면 ③성별이 다른 사람간에 더욱 많
이 사용된다. 또 한 가지는 친소와 관계된 사용법이다. 그것은 학년과 연령이 어긋
날 때, 다른 변수의 영향에서 보인다. 학년과 연령이 어긋날 때 친한 청자의 나이
가 위라고 간주한 경우는 친족명칭이나 「선배님」 등의 ＋上向性서열성 호칭이 사
용되고, 손아래라고 간주한 경우는 「이름/성명」이 사용된다. 한편 소원한 청자에 대해
서는 상하 어느 쪽에서나 「성명＋씨」가 사용되는 경우가 많다. 다시 말해 ④「소원
성」이라고 할 수 있는 성질이다. 「성명＋씨」의 「소원성」은 학년과 연령이 평행하
는 경우에도 보인다. 예를 들면 학년 초 무렵, 남녀간의 사용이 그것이다. 이처럼
「성명＋씨」는 ＋上向性서열성이라기보다는 ①학년과 연령이 어긋날 경우, ②공
식성, ③이성간에 사용되는 성질, ④소원성 등, 여러 가지 성질을 갖는다고 할 수
있다. ①～④에 공통적으로 보이는 것은 화자와 청자 간의 거리를 유지하는, 이른
바 심리적 「간격성」이라고 여겨진다.

　　「선배님」은 여성→남성의 사용이 최다를 나타내고 있다. 형식을 차린 호칭인

한국인과 일본인의 언어행동과 문화의 차이

「선배님」을 여성이 선호하고, 특히 남성에게 많이 사용하는 것은 다른 성별 사이에서는 동성간보다 거리감이 존재한다고 생각할 수 있다. 다른 변수와의 관계를 보면, 「선배님」은 학년·연령의 차가 큰 선배에 대한 사용, 학년 초 남녀간의 사용, 수업에서의 사용 등이다. 공통적으로 보이는 것은 심리적 거리(「간격」)이다.

「선배님」과, 그밖에 공식적인 장면에서 많이 사용되며, 또한 「간격성」을 나타내는 「성명+씨」와의 차이점에 대해 논하겠다.

(1) 학년과 연령과 관련하여 「성명+씨」는 학년≠연령일 때에 사용되며 「선배님」은 「화자와 학년과 연령의 차가 큰 선배」라는 것이 중요하다.
(2) 공식적인 장면에서의 사용은 공통이지만 「성명+씨」의 사용률이 더 높기 때문에 더욱 강한 「공식성」을 나타낸다.
(3) 「성명+씨」는 동성보다 이성간에서 비교적 많이 사용되는 경향이 있지만, 「선배님」은 청자의 성별의 영향은 그다지 중요하지 않다.
(4) 둘 다 모두 소원한 청자에 대해 많이 사용되는 「소원성」을 나타내고 있는데, 절대적 사용빈도가 높은 「성명+씨」에 있어서 친소의 차가 더욱 현저하다.

학과의 남자선배에게는 심리적 거리가 크기 때문에 「선배님」을 사용하고 서클선배에게는 동료의식이 있기 때문에 「형」을 쓰는 경향이 있다는 것이 여학생과의 인터뷰에 의해 밝혀졌다.

B. 청자＝동급생/후배 〈표 Ⅲ－39/40/41〉

「이름/성명」이 최대사용률을 보이며 그 다음으로 「성명+씨」가 보인다. 「이름/성명」의 사용률은 對선배 : 동급생 : 후배＝139 : 629 : 669이고, 동급생과 후배에 대해 사용되는 사용률에 큰 차이는 보이지 않는다. 이로써 「이름/성명」이 갖는 성질은 ①－上向性서열성이라고 할 수 있을 것이다. 후배에 대해 다소 많이 보이는 것은 학년과 연령이 어긋날 때의 화자의 판단에 의한 것이라고 생각할 수 있다. 다시 말해 소원한 청자에 대해서는 「성명+씨」를 쓰고 친밀한 청자에게는 「이름/성명」을 쓰는 것이다. 또한 동급생과 후배에게 쓰이는 「성명+씨」의 사용률에도 큰 차이는 보이지 않는다. 화자를 남녀별로 보면 다음과 같다. 남성 화자는 對선배(139), 동급생(111), 후배(103)의 사용률을 나타내고 여성 화자는 對선배(32), 동급생(22), 후배(45)의 사용률을 나타낸다. 남녀의 사용률에 공통된 서열성은 보이지 않는다. 그런데 화자와 청자의 성별에 대한 차이는 보인다. 선배를 포함한 어느 학년에 있어서나 화자와 청자의 성별이 다를 때의 사용률이 동성간의 사용률보다 비교적 많다. 남성 화자의 경우는 對여성(190), 남성(163)이고 여성 화자의 경우는 對여성(41), 남성(58)이다. 이러한 결과에 의해 「성명＋씨」는 앞에 설명했듯이 서열성이라기보다는 이성간에 사용하기 쉬운 성질을 갖고 있다고 할 수 있을 것이다. 학년과 연령이 평행하지 않은 경우에 동성간에는 심리적 거리가 작기 때문에 청자와의 상하판단과 친소에 의해 과감하게 친족명칭이나 「이름/성명」 대신에 중립적인 「성명＋씨」를 쓰는 것이 무난하다는 남녀간의 의식을 나타내는 결과라고 여겨진다.

친족명칭 중에서 「언니」, 「누나」, 「오빠」는 본래의 친족명칭 사용영역 안에서의 사용법을 나타내고 있지만, 「형」의 사용법에는 다른 양상이 보이는 것에 대해서는 앞에서 언급한 바이다. 「형」의 사용률은 화자 및 청자의 성별과 학년으로 나누면 아래 표의 왼쪽과 같고, 장면으로 나누면 오른쪽과 같이 된다.

화자 / 청자	선 배	동 급 생	후 배	장면=공식적	비공식적
남성 / 남성	122	46	14	95	87
남성 / 여성	16	11	2	18	11
여성 / 남성	70	45	12	78	49
여성 / 여성	36	29	8	59	14

「형」은 본래 손아래 남성이 손위 남성에 대해 쓰는 친족명칭이고, 남성끼리 쓰는 것은 확대사용이다. 남녀간의 사용이 장면과 관계가 있다는 것은 이미 밝혀진 대로지만 그것은 또한 화자와 청자의 성별에 따라 다른 양상을 보인다.

여성에 의한 「형」의 사용이 남성에 비해 적은 것은, 여성은 남성에 대해 「형」(127) 외에도 「오빠」(70)와 「선배님」(50)을 사용하기 때문이다. 동급생·후배에 대한 사용은 주로 복학생에 대한 사용이다. 남성→남성의 사용은 장면에 관계없이

한국인과 일본인의 언어행동과 문화의 차이

쓰이지만, 여성→남성의 사용은 같은 학과 선배에게는 비공식적인 장면에서는 「오빠」와 공식적인 장면에서는 「선배님」을 쓰고 동아리 등 공식적인 장면에서 선배에게는 「형」을 쓴다. 「형」의 사용의 남녀차는 여기에서 생긴다. 남성→여성, 여성→여성에게 보이는 「형」은 주로 공식적인 장면에서의 사용이다. 남성의 사용이 비교적 적은 것은 공식적인 장면에서 남성은 여성에 대해 「형」(18) 대신 주로 「성명＋씨」(146)를 쓰기 때문이다. 종합하면 남성에 대한 「형」은 선배에 대한 호칭으로서, 남성→남성은 친족명칭 「형」의 확대사용이고, 여성→남성은 「오빠」, 「선배님」 대신으로서의 사용법이 많고 또한 공식적인 장면에서의 사용이 있다. 한편 여성에 대한 사용은 주로 공식적인 장면에서의 사용이다. 인터뷰 때 피험자가 지목한 공식적인 장면으로는 수업이나 학생집회·학생회의, 동아리가 있다.

거듭되는 인터뷰 결과 남녀 대학생 사이에서 쓰는 「형」은 다음과 같은 언어의식을 근거로 한 호칭법이라고 생각할 수 있다.

①대학사회에서 이성 선배에게 쓸 수 있는 일반적인 호칭법이 없기 때문에 남녀간의 2인칭 범칭(凡稱)(중립적인 2인칭)으로써 남성끼리의 호칭법을 차용했다.
②대학사회는 남녀가 함께 배우는 곳이므로 호칭법에 대한 남녀구별은 불필요하다는 의식이 존재한다.
③함께 학생활동을 운영하는 사람끼리의 연대·동료의식을 나타내는 수단으로써의 사용법이다. 학생집회·회의, 동아리(특히 이데올로기와 관계된)에서는 동일한 목적을 추구하기 때문에 ③의 의식이 강하다.

남녀간에 사용하는 「형」을 면밀히 검토해 보면 함께 공부하는 사람끼리의 동료의식을 나타내고 있고 「학형」이라는 호칭에서 유래한다. 유래는 그렇지만 현재 사용자 한사람 한사람의 의식 안에 「학형」 대신으로서 「형」을 사용하고 있다는 의식은 거의 보이지 않는다. 「학형」은 근대에 학문을 하는 남성끼리 주고받는 편지 등 문장 안에서 호칭으로 사용된 것이 시작이고 1970년대 학생운동이 격렬했던 시대에 운동권 학생 사이에서 동지의식과 연대의식이 강조되면서 상대방에 대한 존경의 뜻을 표시하기 위해 사용되었지만 현재는 학생집회나 운동권 학생의 집회에서도 그 대신에 「형」이 사용된다는 것을 추적조사에 의해 알 수 있었다. 또한 졸업 후 세월이 흘러 서로 나이 든 남자 동기생 사이에서도 「학형」을 발견할 수 있다(50대 후반의 동기생들이 인터넷 사이트에서 사용하는 예).

〈「형」에 대한 인터뷰 결과〉

예1 : 29세의 남성 대학원생 A의 의견—학생집회에서는 종래의 「학형」 대신 「형」이 되었다.

예2 : 29세의 여성 대학원생 B의 의견—지금까지는 「학형」이라는 호칭이 학문하는 사람 사이에서 사용된 적이 있기 때문에 대학에서 볼 수 있는 남녀간의 「형」의 사용이 가능하다. 그러나 사용자에게 「형」을 「학형」 대신 사용한다는 의식은 없다.

학형은 80년대 말까지 학생간에 「열사」라고 불리는 학생데모의 희생자 등 학생운동의 구심점이 되는 상징적인 인물에 대해 추도문 등의 문장 속에서 쓰이곤 했다. 남성끼리의 「형」은 남성간 친족명칭의 확대 사용이고, 남녀간의 「형」은 본래 남성간의 호칭이었던 「형」을 차용한 것이며, 대학의 새로운 대체문화가 만들어지기 전에 기존의 남성문화에 흡수·통합된 대학문화 특유의 산물이다. 대학원생 B(예2)와의 인터뷰에 의하면 사용자들은 자신들이 사회 속의 다른 스피치 커뮤니티와는 달리 대학이라는 스피치 커뮤니티의 멤버임을 과시하기 위해 남녀간의 「형」을 사용해온 요소가 강하다고 여겨진다.

현재는 남성이 여성에게 쓰는 사용은 감소하고 여성이 남성에게 쓰는 「형」은 아직 많이 쓰이고 있다. 이러한 현상(1988~1993년 당시)은 여성 고유의 문화가 만들어지기 전에 남성문화에 그대로 동화되었음을 나타내고 여학생들의 대학사회 호칭에 대한 남녀구별을 지양(止揚)하려는 의식과는 모순되는 것처럼 여겨진다. 여성이 남성에게 쓰는 「형」에서 「오빠」로의 변화(1980년대 중반부터 보임)는 남성문화를 차용하는 대신에 여성본래의 문화를 받아들이게 되었음을 나타내고 있다.

여기서는 선배에 대해 많이 쓰는 호칭을 화자와 청자의 성별로 나누어 살펴본

한국인과 일본인의 언어행동과 문화의 차이

다. 이로써 현재 대학생 남녀간에서 쓰이는 호칭의 분포를 더욱 명확하게 하려고
한다. 왼쪽 숫자는 사용빈도를, 오른쪽의 ( )안은 각각의 행에서 차지하는 비율
(%)을 나타낸다.

화자 / 청자=선배	선배님	성명＋씨	형	오빠	누나	언니
남성 / 여성	17(5)	190(56)	29(8.6)		103(30.4)	
남성 / 남성	21(7)	112(37.2)	168(55.8)			
여성 / 여성	39(14.8)	41(15.6)	73(27.8)			110(41.8)
여성 / 남성	50(16.4)	58(19)	127(41.6)	70(23)		

이 결과는 다음의 사실을 나타낸다.
①남성 → 여성에서는 「형」의 사용이 적고 대신 「성명＋씨」와 「누나」가 많이
  쓰인다.
②여성 → 남성에서는 「형」이 최다사용률을 보이고, 다음으로 쓰이는 「오빠」와
  공존하고 있다.
③남성끼리는 「형」이 최다사용률 보이며, 본래의 친족명칭의 확대사용임을 나
  타내고 있다고 생각할 수 있다.
④여성끼리는 「언니」가 최다사용률을 보이지만 「형」도 여전히 많이 쓰인다. 「언
  니」는 서열이 아래인 여성 → 서열이 위인 여성에게 사용하는 친족명칭이기
  때문에 그 확대사용이 가장 많다는 것을 나타내고 있다.
⑤「성명＋씨」는 남성이 많이 쓰고 이미 밝혀진 대로 군복무 후의 복학생에 의
  한 사용이 많다는 것을 나타내고 있다.
⑥「선배님」은 여성이 남성보다 많이 쓰고 있다.

남성은 「성명＋씨」를 전체 호칭 중에서 18.3%(사용빈도 302) 쓰고 친족명칭
18.2%(300)와 거의 같은 사용률을 보이며, 여성은 친족명칭을 30.5%(380) 쓰고
「성명＋씨」 8%(99)보다 많이 쓰며, 여성은 친족명칭을 어떤 호칭보다 선호한다는
것을 알 수 있다. 그 중에서도 남성이 남녀에 대해 쓰는 「형」이 11.9%(197)이고
여성이 남녀에 대해 쓰는 「형」이 16.1%(200)인 것은, 본래 남성이 쓰는 호칭 「형」

을 여성이 얼마나 많이 쓰고 있는지를 나타내고 있다. 남성이 여성에게 쓰는 「누나」와 여성이 남성에게 쓰는 「오빠」는 화자와 청자의 성별이 다를 때 쓰이는 호칭이다. 그에 대해 「성명＋씨」나 「선배님」은 성별의 차이를 나타내지 않는 중립적인 호칭이라고 생각할 수 있다. 남성이 중립적인 호칭으로서 「성명＋씨」를 많이 쓰는데 대해, 여성이 청자의 성별에 관계없이 「형」을 많이 쓰는 것은 「형」을 중립적인 호칭으로 쓰고 있음을 나타냈다고 할 수 있다. 이 사실은 실제로 인터뷰를 통해서도 뒷받침되었다. 오늘날 대학사회에서 쓰이는 「형」의 사용에 대한 언어의식에 대해서는 이 장에서 이미 설명한 그대로이다.

이상으로 선배·동급생·후배에 대해 쓰이는 호칭을 화자와 청자의 성별로 구분하여 검토해 보았다. 그 결과 한국의 대학생이 사용하는 호칭을 학년별로 크게 분류하면 다음과 같다.

호칭	화자 / 청자	선배	동급생	후배
친족 명칭	남성	230	66	24
	여성	253	100	27
선배님	남성	36	2	0
	여성	83	6	0
이름(성명)	남성	105	344	371
	여성	34	285	298
성명＋씨 이름＋씨	남성	201	162	118
	여성	46	41	71

앞에서도 여러 번 밝혔듯이 「친족명칭」과 「선배님」은 ＋上向性서열성을 나타내고 「이름/성명」은 －上向性서열성을 나타내며, 한국의 대학생이 쓰는 호칭법에는 「서열성」이 공통항으로, 또한 큰 지표로 존재한다고 할 수 있을 것이다. 또한 「성명＋씨」 및 「이름＋씨」는 「간격성」을 나타낸다.

시대의 변천과 더불어 호칭법의 변화가 보인다는 점에 대해서는 앞에서 설명한 대로다. 그렇다면 그러한 호칭법을 만들어 낸 대학생의 언어의식에서는 어떤 변화가 보이는 걸까? 만약 변하지 않는 부분이 있다면 과연 어떤 성질의 것일까? 이것을 명확하게 함으로써 한국의 청자호칭법의 성질을 밝히고자 한다.

1960년대까지는 남녀대학생 사이에서 상하와 장면, 친소관계에 관계없이 「성명
＋씨」가 사용이 되었다. 그러나 당시에도 매우 친밀한 사이에서는 남성이 여성 선
배에게 「누나」, 여성이 남성선배에게 「오빠」를 사용하였지만, 사용자는 한 학과에
1~2명 정도로 아주 드물었다(서강대학교의 예). 1970년대부터 화자와 청자의 성별
에 영향을 받지 않고 선배에게는 「형」이 사용되며, 동급생・후배에 대해서는 「이름
/성명」이 쓰이게 되었다. 그러나 그 시대에도 일부 대학에서는 여성 후배가 남성
선배에게는 「형」을 쓰고 남성 후배가 여성 선배에게는 「선배님」이나 「누나」, 또는
「성명＋씨」를 썼다. 그것이 1980년대 중반 무렵부터 본래의 친족명칭대로 여성
후배가 남성 선배에게는 「형」 대신에 「오빠」를 많이 쓰게 되고, 남성 후배가 여성
선배에게는 일부 대학을 제외하고 많은 대학에서는 「형」은 거의 모습을 감추었든
지, 쓰이더라도 사용률이 대폭 감소하였으며, 대신에 「누나」와 「성명＋씨」가 전보
다 많이 쓰이게 되었다. 이처럼 남녀간의 호칭법은 시대와 더불어 변화를 보이며,
「형」과 「오빠」 및 「누나」는 공존하면서 오늘에 이르렀다. 학교와 학과에 의한 차
가 보이는 동시에 시대의 변화와 함께 호칭법도 변화해 간다. 남성적이고, 딱딱한
느낌의 대학은 「형」의 사용이 많이 보이고, 자유로운 느낌의 대학은 「오빠」, 「누나」
의 사용이 많이 보인다. 남학생이 많은 상경학과 및 이공계 학과는 「형」의 사용이
많이 보이고, 여학생이 많은 어학・문과계인 학과는 「오빠」, 「누나」의 사용이 많
이 보인다. 본 연구의 앙케이트 조사는 서울에서 학생운동이 가장 격렬한 학교로
알려졌던 한양대학교에서, 또한 남성적이라고 했던 영어학과에서 실시되었는데 여학
생이 쓰는 「형」의 사용에 조사대상의 성격이 나타나고 있다. 여학생이 남학생에게
쓰는 「형」(127)과 「오빠」(70)의 사용빈도가 보이고 여학생에 대한 「형」의 사용도
(73) 보이며 「형」의 사용이 많다.13)

---

13) 이 조사가 한양대학교에서 실시된 것은 1988년으로, 추적조사는 1990년에 실시되었다. 그 시점에
    서는 여성→남성 : 「형」(127) >「오빠」(70)였지만 1991년부터 없어지기 시작하여 지금은 90년 이전
    에 입학한 학생 중에는 사용하는 사람이 있지만 91년 이후에 입학한 학생들 사이에서는 쓰지 않게
    되었다는 것이 한양대학교, 서강대학교의 남녀학생 12명(각각 6명/남 4, 여 2)과의 인터뷰에서 밝혀
    졌다. 지금은 「오빠」가 많고 학년 초나 수업중과 같은 장면, 잘 알지 못하는 사람에게는 「이름＋씨」
    가 많이 보인다. 대학생들의 조사는 이후 1998년, 2003년에 서강대학교에서 다시 실시함으로써, 첫
    번 조사 이후 한국 대학생들의 언어행동에 변화가 있는지 추적・확인하였다.

　동성간의 친족명칭, 즉 남성 선배에 대한 「형」과 여성 선배에 대한 「언니」는 시대에 관계없이 이전과 같이 쓰이고 있다.
　이상과 같은 호칭의 변화에 나타나는 언어의식은 다음과 같이 개략할 수 있을 것이다.

　　① 1970년대 이전에 보이는 남녀·상하간의 「성명＋씨」의 사용은, 남녀간에 「이름/성명」과 성별의 차를 나타내는 친족 명칭을 쓰기 꺼려하는 의식, 즉 남녀간의 거리감이나 심리적 거리를 나타내고 있다고 생각할 수 있다.
　　② 1970년대에 시작된 남녀간의 「형」의 사용은 앞에서 설명한 대로지만 그 중에서도 남녀구별을 하고 싶어하지 않는다는 것을 의식적으로 나타내고 있다고 생각할 수 있다.
　　③ 1980년대 중반 무렵부터 여성 → 남성에게 보이는 「오빠」의 사용과 남성 → 여성에게 보이는 「누나」의 사용은 ①에서 설명한 남녀간의 성별차이를 나타내는 호칭법을 회피하고자 하는 의식이 약화되고, 친밀감을 찾는 의식이 더욱 강해졌음을 반영하고 있다고 생각할 수 있다.

　이상의 호칭법의 변화를 이끌어낸 언어의식에 있어서 두드러진 특징은 남녀간의 거리감과 조심성, 꺼리는 의식, 즉 심리적 거리가 감소되어가다 거의 없어졌다는 것이다. 1970년대 이전은 상하간에 성별이 다르면서도 「성명＋씨」와 경어를 썼다. 이성간에는 선배도 후배에 대해 경칭 없는 「이름/성명」과 비경어형의 대화체는 쓰지 않았다. 이러한 언어사용법은 성별의 차를 상하관계보다 우선시하고 있고, 이성간의 조심성이나 꺼리는 의식을 상하의식보다 강하게 내세운 언어사용법이라고 생각할 수 있다. 그런데 1970년대부터는 남녀간이라도 동급생끼리나 후배에 대해서는 「이름/성명」과 비경어형을 쓰고, 한편 후배는 선배에게 친족명칭과 「성명＋씨」, 「선배님」과 경어를 쓰게 되었다. 다시 말해 상하관계를 성별차이보다 우선시하고 있다. 이전에도 동성간에는 선배가 후배에게 「이름/성명」과 비경어형을 사용하고 후배는 선배에게 친족명칭과 경어를 썼기 때문에, 상하의식이 전부터 있었던 게 분명하지만 현재는 상하표현이 더욱 강조되어, 젊은 사람들이 상하의식

한국인과 일본인의 언어행동과 문화의 차이

을 고수한다는 사실을 나타내고 있다. **친족이 아닌 이성간에서의 친족명칭 사용과 「이름/성명」 사용은, 남녀간의 거리감을 없애고 편안함을 찾는 젊은 세대의 의식을 반영하는 대우행동이다. 그러나 편안함을 추구하는 중에도 상하표현은 선명하게 내세우고 있다.**

이러한 강한 상하의식이, 대학생이 쓰는 호칭법에 「서열성」을 공통항으로 가짐과 동시에, 젊은 세대가 쓰는 언어사용법에 절대경어적 성질을 초래한 것이라고 생각할 수 있다. 현재, 서울 지역의 대부분의 대학에서는 동급생·후배에 대해서는 화자와 청자의 성별에 관계없이 「이름/성명」을 쓰지만, 선배에 대한 남녀간의 호칭에는 차이와 동요가 보인다. 그러나 동요가 보이는 「형」과 「오빠」 및 「누나」와 「성명＋씨」 중에서도 상하의식은 지켜지고 있다. **언어변화는 이처럼 근간을 유지하면서 부분적인 변화와 동요가 일어나고 있으며, 한국인 대학사회의 호칭에 대해서도 마찬가지로 말할 수 있을 것이다. 결국 변화와 동요 속에서도 상하의식의 유지는 절대적이라고 할 수 있을 것이다.**

남녀간의 「형」사용의 발단은 학생운동의 영향을 받아 1970년대부터 시작되었는데, 처음에는 서울 지역의 대학사회에서 비롯되었고, 이후에 전국으로 확대되었다고 여겨진다. 본 연구를 통해 한국인 대학생의 호칭법은 동일한 스피치 커뮤니티에 있어서는 다섯 가지 사회적 변수(학년·장면·청자의 성별·화자와 청자의 친소관계·연령)에 영향을 받는다는 것이 밝혀졌다. 또한 사회적으로는 학교와 지역에 따른 차이가 보이며, 나아가 시대의 변천에 수반되는 변화가 보인다. 다섯 가지 변수 중에서도 학년의 영향이 가장 크게 나타나고, 호칭법의 시대적 변화를 보이는 상하관계가 성별의 차이보다 우위라는 것이 오늘날의 호칭법에 있어서도 적용된다고 생각할 수 있다.

1990년 한양대학교 남녀학생 30명(남-15명 / 여-15명)을 대상으로 실시한 추적조사 결과에 대해 설명한다. 방법은 앙케이트 및 인터뷰이다.

남녀간 및 여성 사이에서 쓰이는 「형」에 대해 어떻게 생각하고 있는가?

－피험자로부터 얻은 답을 분류하면 아래와 같다.

[남성의견]

① 들은 적이 없다.

②「형」보다「오빠」가 좋다.

③ 개인적으로는「오빠」가 좋지만 공식적인 자리에서는「형」도 좋다.

④ 불쾌하다 / 별로 좋지 않다.

⑤ 친근감이 있다. / 남녀 구별 없어 동등해서 좋다.

⑥ 동료의식을 나타내기 위한 사용이므로 저항감이 없다.

화자 / 청자	회답	①	②	③	④	⑤	⑥
남성	여성	5	0	0	6	0	1
여성	남성	0	1	1	4	2	5
여성	여성	3	0	0	7	0	0

[여성의견]

① 남녀 구별 없이 자연스럽고 좋다.

② 거리를 유지한다.

③ 심리적 저항을 느끼며 부자연스럽다.

④ (남녀간의 벽이 없고) 친근감이 있어 좋다 / 부담을 느끼지 않는다.

⑤「선배님」보다 친근감을 느낀다.

⑥ 동지의식을 느낀다.

⑦ 공식적인 장면에서의「형」은 동지의식을 나타내는「학형」이라는 의미이므로 여성간의 사용도 문제없다.

화자 / 청자	회답	①	②	③	④	⑤	⑥
남성	여성	2	2	3	4	2	0
여성	남성	2	2	5	5	2	0
여성	여성	0	0	7	2	2	3

남녀간에 쓰이는 「언니」, 「오빠」, 「형」, 「누나」에 대해 어떻게 생각하는가?

[남성의견]

① 친근감이 있어 좋다.

② 당연하고 자연스런 사용법이라고 생각한다.

③ 좋지 않다.

④ 저항을 느낀다. / 이해할 수 없다.

화자 / 청자	회답	①	②	③	④
남성	남성 「형」	7	7	0	0
남성	여성 「누나」	6	5	1	1

[여성의견]

① 부자연스러워 저항을 느낀다.　　② 편하다.

③ 친근감은 느낀다.　　④ 자연스러운 느낌이다.

⑤ 공식적

화자 / 청자	회답	①	②	③	④	⑤
여성	남성 「오빠」	3	0	8	2	0
여성	여성 「언니」	0	0	9	6	0

Q-3

호칭 사용에 있어서 무엇을 중요시하는가?

−남성은 군복무 전/후로 나누어 표시한다.

	남성		여성
	전	후	
① 입학년도	0	7	12
② 학년	0	0	0
③ 연령	3	5	3

이밖에 남녀 6명이 공동으로 대답한 모범답안이라고도 여겨지는 것 중에 다음과 같은 의견이 있었다.

1. 여성이 남성에게 쓰는 「형」은 남녀차별에 저항하는 사용이라고 여겨지는데 남성측에서는 호감을 가질 수 없다. ─ 남성의 의견
2. 남성이 여성에게 사용하는 「형」은 여성이 쓰는 「형」에 영향을 받은 것 같은데 저항을 느낀다. ─ 남성의 의견
3. 여성간의 「형」은 남녀간의 호칭의 차이를 없애기 위한 일부 여성들의 지나친 의식에 의한 것인데, 별로 호감을 주지 못한다. ─ 대부분의 학생(남녀쌍방)의 의견
4. 남성간의 「형」은 당연하고, 남성이 여성에게 쓰는 「누나」는 자연스럽다. ─ 남성의 의견
5. 여성간의 「언니」는 당연하고, 여성이 남성에게 쓰는 「형」에는 친근감과 남녀가 동등하다는 느낌을 주며, 「오빠」는 의존감과 허약함을 느끼며, 여성간의 「형」은 다소 건조한 느낌은 있지만 저항은 별로 없다. ─ 여성의 의견

앞에 표시한 Q-1, Q-2의 결과와 종합해서 생각하면, 동성간의 「형」과 「언니」는 물론이고, 본래의 친족명칭의 사용법으로 남성이 여성에게 쓰는 「누나」와 여성이 남성에게 쓰는 「오빠」는 자연스럽고도 당연한 호칭법으로서 받아들여지고 있다. 그러나 남녀간에 사용하는 「형」에 대해서는 남녀간에 의식의 차이가 보인다.

[남성의견]

남성이 여성에게 쓰는 「형」에 대해 부정적인 의견이 6/12명이고 나머지 6/12명은 부정도 긍정도 아닌 의견이다. 여성이 남성에게 쓰는 「형」에 대해서도 부정적인 의견이 4/13명이고, 2/13명은 「오빠」를 희망하고 있다.

[여성의견]

남성이 여성에게 쓰는 「형」에 대해 11/14명이 긍정적 의견을 보이며 부정적인 의견은 3/14명에 지나지 않는다. 여성이 남성에게 쓰는 「형」에도 12/17명이 긍정

한국인과 일본인의 언어행동과 문화의 차이

적 의견을, 5/17명이 부정적 의견을 보이고 있다.

이처럼 남녀간의 「형」의 사용에 있어서는 여성이 더욱 적극적이다. 이러한 의식의 차이가 앙케이트 조사결과에서 남녀간의 사용에 대해 여성에 의한 사용이 남성에 의한 사용보다 많다는 결과로 드러난 것이다.

Q-3에 대한 인터뷰에서는 현역끼리는 학년(=입학년도)이 중요시되고 있다는 것이 확인되었으며, 연령의 차가 클 때는 연령에 준한 호칭법을 쓰고 있음을 알 수 있었다. 입학년도를 중요시하는 이유는 같은 집단 안에서 쌓인 경험을 인정한다는 것이고, 연령에 구애되는 것은 상대의 사회적 위치에 대해 고려했다는 의견이다. 호칭법에 대한 중요도에 있어서 남성은 입학년도와 연령 사이에 그다지 차이를 보이지 않지만 여성은 입학년도를 중요시하고 연령에 대한 집착은 남성에 비해 약하다. 그 이유로서 실제 언어환경을 꼽을 수 있다. 병역의 의무가 있는 남성 중에는 복학생이 많기 때문에 개개인에 대한 입학년도나 연령에 대한 분별이 필요하지만, 여성 중에 현역에 비해 연령의 차가 큰 것은 편입생 정도이다. 그밖에는 학년과 연령이 평행하는 경우가 많은 만큼, 연령에 대해 분별할 필요성이 낮은 것이 사실이다. 이처럼 입학년도와 연령에 대한 남녀간의 의식의 차에 언어환경의 영향이 드러나고 있다.

여성이 쓰는 「형」과 「오빠」에 대해 남성은 「오빠」를 선호하지만, 여성은 남녀간의 거리를 유지하기 위해 「형」을 쓰고, 집회 등에서는 연대의식을 나타내기 위해, 또한 남녀평등 의식을 토대로 남녀와 연령의 구별 없이 남녀간에 의도적으로 「형」을 사용한다. 이 사용법은 좀더 고찰하면 「학형」을 사용하지만, 사용자에게 일일이 「학형」을 사용한다는 의식은 보이지 않는다.

그밖에 최근의 호칭법 전반에 대해 다음과 같은 의견이 나왔다.

1. 학생집회 이외의 장소에서는 남녀간의 「형」의 사용은 힘을 잃고 있다.

2. 또한 남녀간의 「형」은 전통의 파괴라서 선호하지 않는다. 특히 여성간의 「형」이나 남성이 여성에게 쓰는 사용은 무분별하며 이해할 수 없다.

3. 남녀간의 「형」의 사용은 대학문화라고 간주되는데 좀더 걸맞은 다른 호칭이 필요하다.

4. 호칭법에 대한 분별이 필요하다.

5. 한국의 호칭법의 세분화는 봉건적 사회제도의 영향이며 많은 부분은 지양되어야 하지만, 상하질서를 파괴하지 않는 범위 내에서의 수정이 필요하다.

6. 과격한 변화는 바람직하지 않다.

7. 화자와 청자 사이에서 서로 쉽게 부르고 그 호칭에 문제를 느끼지 않는 호칭이면 어떤 호칭법이라도 괜찮다.

8. 있는 그대로가 자연스럽고 최근의 호칭법에 별로 저항은 느끼지 않는다.

9. 입학년도에 준한 호칭법이 이루어지므로 재수생(및 삼수생)은 불만을 느끼고 있다.

이들 의견을 보면 7이나 8과 같은 의견을 가진 자연파와 현실수용파를 제외하면 **비교적 보수적인 의견이 많음**을 알 수 있다. 또한 「형」의 새로운 사용법에 대한 의식의 동요가 보인다.

이상과 같이 대학사회는 입학년도(학년)이라는 변수가 호칭사용 및 언어사용에 있어서 가장 중요한 역할을 감당하는 서열사회임이 밝혀졌다. 학업 및 모든 학교생활이 1년 단위로 움직이며, 더구나 재학기간 4년 중 1년이라는 기간은 크다. 따라서 대학생에게 있어서 1년 차이는 일반사회와는 달리 큰 차이로 받아들인다. 그러나 앞에서 검토한 현역 4학년과 복학생 3학년의 경우는 현역 재학기간은 4년째이고 복학생의 재학기간은 3년째임에도 불구하고, 복학생 3학년의 경우는 복학생이 1~2년 먼저 그 사회에 참여했기 때문에 선배로서 대우를 받는다. 그 점을 생각하면 학생들이 거론하고 있는 것과 같이 경험의 연수가 많을 뿐 아니라 누가 그 사회에 먼저 들어왔는가 하는 것이 더욱 중요하게 여겨진다. 학년과 입학년도에 대한 의식을 캐물으면 그들에게 입학년도가 앞선다는 것은 학년이 앞선다는 것으로서 인식되고 있음을 알 수 있다. 현재의 학년이 위인 것도 중요하지만 입학이 앞선 사람을 선배로서 인식하고 있다. 그러한 의식이 대학생 청자호칭법에 대한 「학년」 변수의 강한 영향으로써 작용하고 있다.

사회전반에서 연령에 대한 의식이 매우 강하다는 점을 생각하면 대학사회에서의 연령에 대한 의식이 예상했던 것만큼 강하게 나타나지 않은 이유는 학년과 연

한국인과 일본인의 언어행동과 문화의 차이

령이 정확하게 맞아떨어지기 때문이라고 여겨진다. 그러나 여전히 연령에 대한 의식의 뿌리가 깊다는 것은 부정할 수 없으며, 그 의식은 그대로 계속되어 사회인이 되었을 때 다시 되살아날 가능성을 간직하고 있다.

여기서 대학생의 상하의식에 관한 인터뷰 결과를 제시하기로 한다.

다음 예는 실제 인물인 3명의 학생의 호칭법이다. 괄호 안에 출생년도, 입학년도 순으로 표기한다.

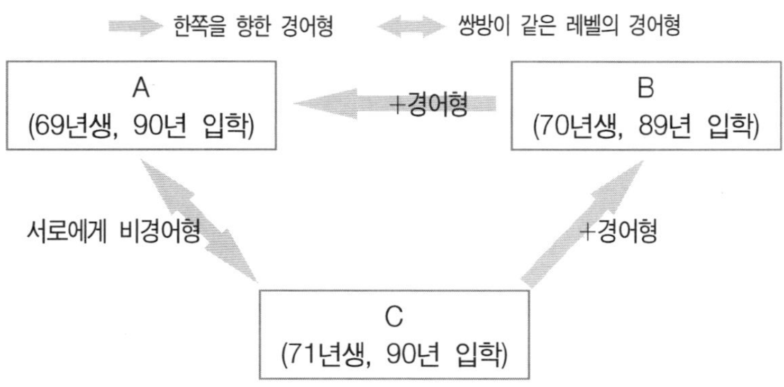

A와 B : A는 B의 고교 선배−입학년도는 B가 먼저임에도 불구하고 B→A 에서 ＋경어형을 쓰는 것은 고교 선후배라는 관계상의 영향이며, 학교시절의 상하관계는 언어환경이 바뀌어도 계속된다는 것을 나타내고 있다.

A와 C : 대학입학동기−연령은 달라도 입학년도에 따라 서로에게 비경어형을 사용하여, 현재의 상하관계의 영향을 나타내고 있다.

B와 C : B는 C의 대학선배−입학년도에 따라 대우하여, 현재의 상하관계의 영향을 나타내고 있다.

수학적으로 생각하면 A=C, A>B를 합치면 C>B가 될 것이다. 그러나 대인관계에서는 현재의 언어환경에 대한 화자와 청자의 사회적 관계뿐 아니라 과거로부터의 관계도 함께 얽혀 복잡한 양상을 보이며, 나아가 군복무 후의 복학생이 여기에 가세하면 더욱 복잡해진다. 이렇게 대인관계 조정기능을 맡고 있는 언어의 사용법, 특히 대인관계의 핵심인 호칭법에는 여러 가지 사회적 변수가 복합적으로 얽혀 있기 때문에 사회적 요인과 떼어놓고 언어만을 다룰 수는 없다. 본 논문에서는 다음 4장과 5장에서도 사회적 변수와의 상호관계 규명에 있어서 주부와 직장 남성의 대우표현을 다룸으로써 사람들의 언어행동의 규칙 및 언어와 사회의 상호관계를 규명하고자 한다.

이와 같이 현재의 학년과 입학년도에 대한 집착, 또한 이전부터의 상하관계의 유지에 대해 한국인 대학생의 강한 상하의식이 나타나고 있다고 여겨진다.

1-2 일본인 대학생의 청자 호칭법

사회적 변수는 한국인 대학생의 호칭법에서 설정한 것과 같지만 호칭은 다음의 9가지이다.

- **사회적 변수**

  (1) **장면**−공식 / 비공식(이하 F/I로 표시한다.)

  (2) **학년**−선배 / 동급생 / 후배

  (3) **청자의 성별**−남/녀

  (4) **친소**−친밀/소원

  (5) **연령**−연상/동갑/연하

- **호칭**

  A : 선배　　　　　F : 이름＋ちゃん(chan)　　B : 성＋さん(san)

  G : 애칭　　　　　C : 이름＋さん(san)　　　H : 姓(만 부름)

  D : 성＋くん(kun)　　I : 이름(만 부름)　　　E : 이름＋くん(kun)

- **조사대상** : (피험자) 조오치대학 남학생 40명 / 여학생 54명

A. 남자대학생

한국의 대학생과 마찬가지로 피험자 수에 72항목을 곱한 수가 총사용빈도가 된다. 남성 피험자는 40명이므로 각 표의 사용빈도 합계는 40명×72=2880이 된다. 그러나 피험자에게 해당하는, 청자가 없는 경우의 무응답이 154이기 때문에 남성의 총사용빈도는 2726이다.

(1) 다섯 가지 사회적 변수와 호칭의 관계

해석은 일본인 대학생의 청자호칭법의 특징과 중복되는 부분이 많아 생략한다. 여기서는 호칭의 선택에 영향을 미치는 각 호칭의 부분 x^2의 수치가 전체 x^2의 수치에서 차지하는 비율만 표기하며 상세한 설명은 申(1996)을 참조하기 바란다.

① 사회적 변수＝장면－공식/비공식

F=Formal　I=Informal

〈표 Ⅲ-42〉

장면	호칭	A	B	C	D	E	F	G	H	I
F	사용빈도	16	845	20	284	25	6	41	93	44
F	%	0.59	31.00	0.73	10.42	0.92	0.22	1.50	3.41	1.61
F	cell x^2	7.4421	16.827	0.3170	29.399	6.4541	6.7975	66.900	28.915	0.4894
I	사용빈도	46	611	25	125	5	27	230	227	53
I	%	1.69	22.41	0.92	4.59	0.18	0.99	8.44	8.33	1.94
I	cell x^2	7.5632	17.101	0.3222	29.877	6.5592	6.9081	67.989	29.385	0.4973

d.f.=8　　x^2=332.791　　$p < 0.001$

G. 애칭	40.5%	A. 선배	4.5%
D. 성＋くん(kun)	17.8%	F. 이름＋ちゃん(chan)	4.1%
H. 성(만 부름)	17.5%	E. 이름＋くん(kun)	3.9%
B. 성＋さん(san)	10.1%		

② 사회적 변수＝학년 － 선배 / 동급생 / 후배

〈표 Ⅲ-43〉

학년	호칭	A	B	C	D	E	F	G	H	I
선배	사용빈도	62	721	26	34	2	4	27	8	8
	%	2.27	26.45	0.95	1.25	0.07	0.15	0.99	0.29	0.29
	cell χ^2	85.763	125.55	8.6336	74.470	6.2241	4.2800	42.897	89.321	17.757
동급생	사용빈도	0	398	9	168	16	9	155	108	51
	%	0.00	14.60	0.33	6.16	0.59	0.33	5.69	3.96	1.87
	cell χ^2	20.856	17.200	2.4885	6.7243	3.4591	0.3976	44.704	0.0012	10.342
후배	사용빈도	0	337	10	207	12	20	89	204	38
	%	0.00	12.36	0.37	7.59	0.44	0.73	3.26	7.48	1.39
	cell χ^2	20.856	47.660	1.7436	35.023	0.3608	7.1341	0.0513	86.249	0.8838

d.f.＝16　　　χ^2＝766.946　　　p＜0.001

B. 성＋さん(san)　24.8%　　D. 성＋くん(kun)　15.2%

H. 성(만 부름)　22.9%　　G. 애칭　　　　　11.4%

A. 선배　　　　16.6%

③ 사회적 변수＝청자의 성별 － 남/여

〈표 Ⅲ-44〉

성별	호칭	A	B	C	D	E	F	G	H	I
남	사용빈도	42	465	18	386	30	0	128	251	57
	%	1.54	17.06	0.66	14.16	1.10	0.00	4.70	9.21	2.09
	cell χ^2	3.5889	100.43	1.0032	154.66	14.448	16.706	0.6156	48.901	1.2694
여	사용빈도	20	991	27	23	0	33	143	69	40
	%	0.73	36.35	0.99	0.84	0.00	1.21	5.25	2.53	1.47
	cell χ^2	3.6795	102.97	1.0286	158.57	14.813	17.128	0.6312	50.136	1.3014

d.f.＝8　　　χ^2＝694.811　　　p＜0.001

D. 성＋くん(kun)　45%　　F. 이름＋ちゃん(chan)　4.9%

B. 성＋さん(san)　29.3%　　E. 이름＋くん(kun)　4.2%

H. 성(만 부름)　14.2%

한국인과 일본인의 언어행동과 문화의 차이

④ 사회적 변수＝화자와 청자의 친소관계 – 친밀/소원

〈표 Ⅲ–45〉

친소 \ 호칭		A	B	C	D	E	F	G	H	I
친밀	사용빈도	25	658	32	168	14	31	209	172	59
	%	0.92	24.14	1.17	6.16	0.51	1.14	7.67	6.31	2.16
	cell χ^2	1.2013	7.2276	3.9273	6.7604	0.0739	12.590	39.188	0.8111	2.1888
소원	사용빈도	37	798	13	241	16	2	62	148	38
	%	1.36	29.27	0.48	8.84	0.59	0.07	2.27	5.43	1.39
	cell χ^2	1.2102	7.2808	3.9562	6.8102	0.0745	12.683	39.476	0.8171	2.2049

d.f.＝8　　χ^2＝151.504　　p＜0.001

G. 애칭　　　　　　　51.9%　　B. 성＋さん(san)　　9.6%

F. 이름＋ちゃん(chan)　16.7%　　F. 성＋くん(kun)　　9.0%

⑤ 사회적 변수＝연령 – 연상 / 동갑 / 연하

〈표 Ⅲ–46〉

연령 \ 호칭		A	B	C	D	E	F	G	H	I
연하	사용빈도	15	438	10	145	13	10	93	123	34
	%	0.55	16.07	0.37	5.32	0.48	0.37	3.41	4.51	1.25
	cell χ^2	1.2764	2.3243	1.4280	1.2126	1.1175	0.0429	0.3225	3.6590	0.2180
동갑	사용빈도	18	467	13	158	9	13	94	111	36
	%	0.66	17.13	0.48	5.80	0.33	0.48	3.45	4.07	1.32
	cell χ^2	0.4087	1.2103	0.315	2.8881	0.1249	0.3116	0.0705	0.0835	0.3253
연상	사용빈도	29	551	22	106	8	10	84	86	27
	%	1.06	20.21	0.81	3.89	0.29	0.37	3.08	3.15	0.99
	cell χ^2	3.0337	6.6939	2.9843	7.6819	0.4625	0.1257	0.6722	4.6535	1.0512

d.f.＝16　　χ^2＝44.699　　p＜0.001

D. 성＋くん(kun)　26.4%　　A. 선배　　　　　　　12.8%

B. 성＋さん(san)　22.8%　　C. 이름＋さん(san)　10.5%

H. 성(만 부름)　19%

(2) 두 가지 사회적 변수의 중복

개개의 사회적 변수가 일본인 남자대학생의 청자호칭에 미치는 영향은 ①에 표기한 대로지만 현실적으로는 이들 요인이 단독으로 작용하는 경우는 없다. 청자는 선배/동급생/후배 중 한 사람임과 동시에 남자나 여자이며, 아울러 연상이거나 동갑 혹은 연하이다. 또한 공식/비공식이라는 장면의 요인과 화자와 청자의 친소관계가 중복되어 호칭을 구별해서 사용한다. 여기에서는 두 가지 변수가 겹친 경우에 호칭의 사용에 나타나는 영향 및 두 가지 변수간의 상호작용의 유무에 대해 설명한다.

다섯 가지 변수를 각각 한 번씩 짝을 지어주면 아래의 ①에서 ⑩까지와 같다. 중요한 부분만 뽑아서 제시하고 상세한 부분의 설명은 申(1996)을 참고하기 바란다.

① 학년과 장면

F = Formal   I = Informal

청자 = 선배

〈표 Ⅲ-47-a〉

장면＼호칭		A	B	C	D	E	F	G	H	I
F	사용빈도	16	389	6	22	1	2	0	5	7
F	%	1.79	43.61	0.67	2.47	0.11	0.22	0.00	0.56	0.78
F	cell χ^2	7.3602	1.9958	3.8152	1.4197	0.0000	0.0004	13.561	0.2400	2.2132
I	사용빈도	46	332	20	12	1	2	27	3	1
I	%	5.16	37.22	2.24	1.35	0.11	0.22	3.03	0.34	0.11
I	cell χ^2	7.4265	2.0138	3.8495	1.4325	0.0000	0.0000	13.683	0.2422	2.2332

d.f. = 8 χ^2 = 61.485   p < 0.001

청자=동급생

〈표 Ⅲ-47-b〉

장면＼호칭		A	B	C	D	E	F	G	H	I
F	사용빈도	0	257	8	117	16	2	20	22	21
F	%	0	28.03	0.87	12.76	1.74	0.22	2.18	2.40	2.29
F	cell χ^2	0	15.632	2.6282	12.205	7.7675	1.4244	43.372	19.406	0.8763
I	사용빈도	0	141	1	51	0	7	135	86	30
I	%	0	15.38	0.11	5.56	0.00	0.76	14.72	9.38	3.27
I	cell χ^2	0	15.942	2.6803	12.477	7.9215	1.4527	44.232	19.791	0.8937

d.f. = 8 χ^2 = 211.729   p < 0.001

한국인과 일본인의 언어행동과 문화의 차이

청자＝후배

〈표 Ⅲ-47-c〉

장면 \ 호칭		A	B	C	D	E	F	G	H	I
F	사용빈도	0	199	6	145	8	2	21	66	16
	%	0.00	21.70	0.65	15.81	0.87	0.22	2.29	7.20	1.74
	cell χ^2	0.0000	4.8903	0.1791	15.682	0.6219	6.4943	12.751	13.292	0.5292
I	사용빈도	0	138	4	62	4	18	68	138	22
	%	0.00	15.05	0.44	6.76	0.44	1.96	7.42	15.05	2.40
	cell χ^2	0.0000	4.9873	0.1826	15.992	0.6342	6.6230	13.003	13.555	0.5397

d.f. = 8 χ^2 = 109.957 $p < 0.001$

　선배/동급생/후배에 대한 장면의 χ^2의 수치에는 6.1 : 21.2 : 11의 비율로 차이가 보인다. 다시 말해 장면의 영향은, 동급생에 대한 호칭법에서 가장 크고, 다음으로 후배＞선배의 순으로 나타난다. χ^2의 수치로 보아 학년마다 장면의 영향에 차이가 보이는 호칭은 「선배/성＋san/이름＋san/＋kun/이름＋kun/이름＋chan/애칭/성」이다. 이 호칭들은 「이름＋san」을 제외하고는 장면과 학년, 각각의 변수의 영향이 나타난 호칭이기도 하다. 「선배/성＋kun」에 대한 각 학년의 χ^2의 수치의 차는 학년이 단독으로 작용했을 때의 학년차에 의한 것이지, 학년의 영향으로 양쪽 장면(F/I)의 분포에 차이가 생긴 것이 아니다.

② 청자의 성별과 장면

〈표 Ⅲ-48-a〉

청자＝남성

장면 \ 호칭		A	B	C	D	E	F	G	H	I
F	사용빈도	8	276	12	266	25	0	17	71	25
	%	0.58	20.00	0.87	19.28	1.81	0.00	1.23	5.14	1.81
	cell χ^2	8.3084	6.8277	0.9019	25.171	6.2888	0.0000	35.379	24.912	0.5296
I	사용빈도	34	189	6	120	5	0	111	180	32
	%	2.46	13.70	0.43	8.70	0.36	0.00	8.04	13.04	2.32
	cell χ^2	8.5528	7.0285	0.9284	25.912	6.4738	0.0000	36.419	25.645	0.5452

d.f. = 7 χ^2 = 222.911 $p < 0.001$

〈표 Ⅲ-48-b〉

청자=여성

장면＼호칭		A	B	C	D	E	F	G	H	I
F	사용빈도	8	569	8	18	0	6	24	22	19
	%	0.59	42.27	0.59	1.34	0.00	0.45	1.78	1.63	1.41
	cell χ^2	0.4054	10.669	2.2538	3.6492	0.0000	6.7031	31.650	4.5594	0.0529
I	사용빈도	12	422	19	5	0	27	119	47	21
	%	0.89	31.35	1.41	0.37	0.00	2.01	8.84	3.49	1.56
	cell χ^2	0.4066	10.701	2.2605	3.6601	0.0000	6.7230	31.744	4.5730	0.0531

d.f. = 7 χ^2 = 129.065   p < 0.001

　　남성/여성인 청자에 대한 장면의 χ^2의 수치에는 22.3 : 12.9의 비율로 차이가 난다. χ^2의 수치에서 성별마다 장면의 영향에 차이가 보이는 호칭은 「선배」/「성＋san」/「이름＋san」/「성＋kun」/「이름＋kun」/「이름＋chan」/「애칭」/「성」에서 남/녀에 대한 장면의 분포에 차이가 보인다. 여성에 비해 남성에 대한 장면의 영향이 크게 나타나는 것은 주로 「선배」/「성＋kun」/「애칭」/「姓」에서 장면의 영향이 여성에 비해 크기 때문이다. 남성끼리 장면을 구별해서 사용하는 비율이 높고, 그에 비해 남녀간에는 비교적 정해진 호칭을 쓰는 비율이 높다는 것을 나타내고 있다.

③ 화자와 청자의 친소관계와 장면

〈표 Ⅲ-49-a〉

청자=친밀

장면＼호칭		A	B	C	D	E	F	G	H	I
F	사용빈도	2	409	12	134	12	5	35	50	27
	%	0.15	29.90	0.88	9.80	0.88	0.37	2.56	3.65	1.97
	cell χ^2	8.8556	18.933	1.0205	29.384	3.5319	7.1535	46.494	15.236	0.2261
I	사용빈도	23	249	20	34	2	26	174	122	32
	%	1.68	18.20	1.46	2.49	0.15	1.90	12.72	8.92	2.34
	cell χ^2	8.9076	19.044	1.0265	29.557	3.5526	7.1955	46.767	15.326	0.2274

d.f. = 8 χ^2 = 262.437   p < 0.001

한국인과 일본인의 언어행동과 문화의 차이

〈표 Ⅲ-49-b〉

장면 \ 호칭		A	B	C	D	E	F	G	H	I
F	사용빈도	14	436	8	150	13	1	6	43	17
	%	1.03	32.11	0.59	11.05	0.96	0.07	0.44	3.17	1.25
	cell χ^2	1.2012	2.4874	0.3035	6.3766	2.9547	0.0002	20.557	13.640	0.2634
I	사용빈도	23	362	5	91	3	1	56	105	21
	%	1.69	26.66	0.37	6.70	0.22	0.07	4.12	7.73	1.55
	cell χ^2	1.2335	2.5542	0.3117	6.5479	3.0341	0.0002	21.109	14.007	0.2705

d.f. = 8 χ^2 = 99.933 $p < 0.001$

친밀/소원한 청자에 대한 장면의 χ^2의 수치는 26.2 : 10의 비율로 차이가 보인다. 이러한 차는 「선배」/「성+san」/「성+kun」/「이름+chan」/「애칭」에 있어서 장면의 영향이 소원한 관계에 비해 친밀한 관계에 있어서 크게 나타났기 때문에 생긴 결과이다. 친밀한 관계에서 장면에 따른 사용법의 차이가 더욱 큰 것은 친밀한 관계는 소원한 관계보다 심리적 거리가 적기 때문이라고 생각된다.

공식적인 장면의 친소의 차이(409 : 436＝48 : 52)에 비해, 비공식적인 장면의 친소의 차이(249 : 362＝41 : 59)가 크다. 공식적인 장면에서는 「애칭」/「성」 등의 사용이 줄고, 대신 「성+san」과 「성+kun」의 사용이 증가한다. 이것은 공식적인 장면에서는 호칭선택의 범위가 좁고, 어느 정도 정해진 호칭을 쓴다는 것을 나타내고 있다. 한편 비공식적인 장면에서는 「애칭」/「성」 등의 사용이 많아진다. 결국 비공식적인 장면에서는 호칭선택이 자유로워지고 사용범위의 제한이 없어진다는 것을 나타내고 있다. 공식적인 장면의 친소의 차(12 : 8＝3 : 2)보다 비공식적인 장면의 친소의 차(20 : 5＝4 : 1)가 크다는 점에서, 「이름+san」은 장면보다 친소관계에 영향을 받는다는 것을 알 수 있다.

친/소 각각에 대해 장면의 차가 나타난다는 점에서 「성+kun」은 장면의 영향을 받는다는 것을 알 수 있다. 양쪽 장면(F/I)에 대한 친소의 차가 보인다는 점에서 친소관계에 영향을 받는다고 할 수 있다. 그런데 비공식적인 장면에서의 친소차는 크지만, 공식적인 장면에서의 친소차에는 유의차가 보이지 않는다. 이 결과로 볼 때 「성+kun」에는 친소관계보다 장면의 영향이 크다고 할 수 있다.

「애칭」의 사용은 F<I와, 친>소와 같이 나타나고 친밀·비공식이 겹치면 최고 사용률을 보인다.

「姓」은 친소의 차이에는 유의차가 보이지 않고 장면의 차이는 크며 비공식성만을 나타낸다.

④ 청자의 연령과 장면

연하/동갑/연상에 대한 장면의 χ^2의 수치에는 11：12：10과 같이 근소한 차이밖에 보이지 않아 연령과 장면 사이에는 상호작용이 없다고 판단할 수 있다.

청자＝연하

〈표 Ⅲ-50-a〉

장면 \ 호칭		A	B	C	D	E	F	G	H	I
F	사용빈도	4	260	4	100	10	2	15	37	16
F	%	0.45	29.48	0.45	11.34	1.13	0.23	1.70	4.20	0.00
F	cell χ^2	1.7190	6.3289	0.2294	9.4267	1.7474	1.8689	22.001	10.389	0.5079
I	사용빈도	11	178	6	45	3	8	78	86	1
I	%	1.25	20.18	0.68	5.10	0.34	0.91	8.84	9.75	0.11
I	cell χ^2	1.7745	6.5331	0.2368	9.7307	1.8038	1.9271	22.711	10.724	0.5243

d.f. = 8 χ^2 = 110.371   p < 0.001

청자＝동갑

〈표 Ⅲ-50-b〉

장면 \ 호칭		A	B	C	D	E	F	G	H	I
F	사용빈도	4	273	6	108	8	2	14	30	17
F	%	0.43	29.67	0.65	11.74	0.87	0.22	1.52	3.26	1.85
F	cell χ^2	2.8092	6.3155	0.0427	10.350	2.6802	3.1410	23.357	11.887	0.0643
I	사용빈도	14	194	7	50	1	11	80	81	19
I	%	1.52	21.09	0.76	5.43	0.11	1.20	8.70	8.80	2.07
I	cell χ^2	2.8337	6.3706	0.0431	10.440	2.7036	3.1684	23.560	11.991	0.0649

d.f. = 8 χ^2 = 122.832   p < 0.001

한국인과 일본인의 언어행동과 문화의 차이

〈표 Ⅲ-50-c〉

장면 \ 호칭		A	B	C	D	E	F	G	H	I
F	사용빈도	8	312	10	76	7	2	12	26	11
	%	0.87	33.47	1.08	8.23	0.76	0.22	1.30	2.81	1.19
	cell χ^2	2.9575	4.5054	0.0993	9.7408	2.2145	1.8182	21.596	6.8393	0.4828
I	사용빈도	21	239	12	30	1	8	72	60	16
	%	2.27	25.87	1.30	3.25	0.11	0.87	7.79	6.49	1.73
	cell χ^2	2.9833	4.5446	0.1002	9.8255	2.2338	1.8340	21.783	6.8988	0.4870

d.f. = 8 χ^2 = 101.953 $p < 0.001$

⑤ 청자의 성별과 학년

〈표 Ⅲ-51-a〉

청자＝남성

학년 \ 호칭		A	B	C	D	E	F	G	H	I
선배	사용빈도	42	336	10	34	2	0	11	8	4
	%	3.04	24.35	0.72	2.46	0.14	0.00	0.80	0.58	0.29
	cell χ^2	59.269	228.16	2.9818	66.276	6.1290	0.0000	22.379	66.089	11.330
동급생	사용빈도	0	78	2	167	16	0	81	91	31
	%	0.00	5.65	0.14	12.10	1.16	0.00	5.87	6.59	2.25
	cell χ^2	14.274	40.531	2.7713	9.7785	3.3044	0.0000	35.324	0.3804	6.9801
후배	사용빈도	0	51	6	185	12	0	36	152	22
	%	0.00	3.70	0.43	13.41	0.87	0.00	2.61	11.01	1.59
	cell χ^2	14.122	70.984	0.0004	23.490	0.3628	0.0000	1.1508	54.157	0.4193

d.f. = 14 χ^2 = 743.474 $p < 0.001$

〈표 Ⅲ-51-b〉

청자＝여성

학년 \ 호칭		A	B	C	D	E	F	G	H	I
선배	사용빈도	20	385	16	0	0	4	16	0	4
	%	1.49	28.60	1.19	0.00	0.00	0.30	1.19	0	0.30
	cell χ^2	27.107	10.044	5.6053	7.604	0.0000	4.3766	20.692	22.812	6.4343
동급생	사용빈도	0	320	7	1	0	9	74	17	20
	%	0.00	23.77	0.52	0.07	0.00	0.67	5.50	1.26	1.49
	cell χ^2	6.6568	0.2937	0.4392	5.7859	0.0000	0.3582	14.648	1.5497	3.3582
후배	사용빈도	0	286	4	22	0	20	53	52	16
	%	0.00	21.25	0.30	1.63	0.00	1.49	3.94	3.86	1.19
	cell χ^2	6.7311	6.7717	2.8477	26.267	0.0000	7.1220	0.4934	35.663	0.4784

d.f. = 14 χ^2 = 224.139 $p < 0.001$

남/녀에 대한 학년의 x^2의 수치에는 74 : 22.4의 비율로 차이가 보인다. 여성에 비해 남성에 대한 학년의 영향이 크게 나타난 것은 「선배」/「성＋san」/「성＋kun」 /「이름＋kun」/「애칭」/「성」/「이름」 때문이다.

⑥ 화자와 청자의 친소관계와 학년

〈표 Ⅲ-52-a〉

화자와 청자와의 관계＝친밀

학년	호칭	A	B	C	D	E	F	G	H	I
선배	사용빈도	25	344	24	13	2	4	27	4	6
	%	1.83	25.15	1.75	0.95	0.15	0.29	1.97	0.29	0.44
	cell x^2	34.375	75.904	17.345	32.205	1.4655	3.7472	25.224	48.737	9.2238
동급생	사용빈도	0	171	4	70	6	9	114	57	30
	%	0.00	12.50	0.29	5.12	0.44	0.66	8.33	4.17	2.19
	cell x^2	8.4247	11.610	4.2674	3.1650	0.3485	0.2003	26.953	0.0160	5.1487
후배	사용빈도	0	143	4	85	6	18	68	111	23
	%	0.00	10.45	0.29	6.21	0.44	1.32	4.97	8.11	1.68
	cell x^2	8.3699	27.121	4.2069	14.700	0.3677	5.5966	0.0556	49.548	0.5338

d.f. = 16 x^2 = 418.858   p < 0.001

〈표 Ⅲ-52-b〉

화자와 청자와의 관계＝소원

학년	호칭	A	B	C	D	E	F	G	H	I
선배	사용빈도	37	377	2	21	0	0	0	4	2
	%	2.72	27.76	0.15	1.55	0.00	0.00	0.00	0.29	0.15
	cell x^2	51.492	52.298	1.1840	42.227	5.2194	0.6524	20.225	40.611	8.7189
동급생	사용빈도	0	227	5	98	10	0	41	51	21
	%	0.00	16.72	0.37	7.22	0.74	0.00	3.02	3.76	1.55
	cell x^2	12.424	6.2607	0.0923	3.6028	3.9855	0.6716	19.563	0.0342	5.3212
후배	사용빈도	0	194	6	122	6	2	21	93	15
	%	0.00	14.29	0.44	8.98	0.44	0.15	1.55	6.85	1.10
	cell x^2	12.506	21.258	0.5870	20.179	0.0648	2.5932	0.0001	36.922	0.3619

d.f. = 16 x^2 = 374.991   p < 0.001

친밀/소원에 대한 학년의 x^2의 수치에는 41.9 : 37.5의 비율로 작은 차이만 보인다.

한국인과 일본인의 언어행동과 문화의 차이

⑦ 연령과 학년

청자=연하

〈표 Ⅲ-53-a〉

학년	호칭	A	B	C	D	E	F	G	H	I
선배	사용빈도	15	215	5	15	2	2	10	7	5
	%	1.70	24.38	0.57	1.70	0.23	0.23	1.13	0.79	0.57
	cell χ^2	22.629	44.319	1.1184	20.333	1.0513	0.4075	12.538	25.763	2.9892
동급생	사용빈도	0	119	2	59	6	2	52	41	15
	%	0.00	13.49	0.23	6.69	0.68	0.23	5.90	4.65	1.70
	cell χ^2	5.0510	5.5032	0.5552	2.1197	0.6013	0.5552	13.661	0.0042	1.1014
후배	사용빈도	0	104	3	71	5	6	31	75	14
	%	0.00	11.79	0.34	8.05	0.57	0.68	3.51	8.50	1.59
	cell χ^2	5.2551	15.935	0.0723	8.0329	0.0436	1.7791	0.0768	23.627	0.3662

d.f. = 16　　χ^2 = 217.458　　$p < 0.001$

청자=동갑

〈표 Ⅲ-53-b〉

학년	호칭	A	B	C	D	E	F	G	H	I
선배	사용빈도	18	238	7	19	0	2	10	1	3
	%	1.96	25.87	0.76	2.07	0.00	0.22	1.09	0.11	0.33
	cell χ^2	25.401	49.730	1.8474	20.232	2.9152	1.1608	13.732	33.982	6.4327
동급생	사용빈도	0	126	3	61	5	3	53	41	19
	%	0.00	13.70	0.33	6.63	0.54	0.33	5.76	4.46	2.07
	cell χ^2	6.1043	6.6177	0.4501	1.0268	1.2431	0.4501	13.995	0.2993	3.7778
후배	사용빈도	0	103	3	78	4	8	31	69	14
	%	0.00	11.20	0.33	8.48	0.43	0.87	3.37	7.50	1.52
	cell χ^2	6.0652	18.778	0.4530	11.516	0.3086	2.9909	0.0143	26.694	0.2881

d.f. = 16　　χ^2 = 258.436　　$p < 0.001$

청자=연상

〈표 Ⅲ-53-c〉

학년	호칭	A	B	C	D	E	F	G	H	I
선배	사용빈도	29	268	14	0	0	0	7	0	0
	%	3.14	29.00	1.52	0.00	0.00	0.00	0.76	0.00	0.00
	cell χ^2	36.245	32.389	5.4582	36.481	2.7532	3.4416	16.604	29.597	9.2922
동급생	사용빈도	0	153	4	48	5	4	50	26	17
	%	0.00	16.56	0.43	5.19	0.54	0.43	5.41	2.81	1.84
	cell χ^2	9.6667	5.1204	1.5152	4.5409	2.0417	0.1333	17.286	0.2481	7.1110
후배	사용빈도	0	130	4	58	3	6	27	60	10
	%	0.00	14.07	0.43	6.28	0.32	0.65	2.92	6.49	1.08
	cell χ^2	9.3528	12.806	1.3503	16.589	0.0683	2.3875	0.0003	37.531	0.1918

d.f. = 16　　χ^2 = 302.200　　$p < 0.001$

연하/동갑/연상에 대한 학년의 x^2의 수치에는 $22:26:30$의 비율로 차이가 보인다. 각 연령에 대한 학년의 사용빈도 분포에 차이가 거의 보이지 않거나, 차이가 있어도 작다. 각 연령에 대한 학년의 분포에 작은 차이가 보이는 호칭은 아래와 같다.

「선배」-어느 연령에서나 동급생/후배에 대해 「선배」를 쓰지 않는다.
「이름+kun」-(연상/동갑)·선배에 대해 「이름+kun」을 쓰지 않는다.
「성+kun/이름+chan/성/이름」-연상·선배에 대해 「성+kun」을 쓰지 않는다.

이들 호칭을 포함하여 모든 호칭에 있어서 각 연령에 대한 학년의 사용빈도의 분포에는 작은 차이밖에 보이지 않아 결과로 보아 학년의 영향은 있지만 연령의 영향은 그다지 없다는 것과, 연령과 학년 사이에 상호작용은 별로 없다는 것을 알 수 있다.

⑧ 화자와 청자의 친소관계와 청자의 성별

〈표 Ⅲ-54-a〉

화자와 청자와의 관계＝친밀

성별	호칭	A	B	C	D	E	F	G	H	I
남	사용빈도	17	217	13	159	14	0	99	138	36
남	%	1.24	15.86	0.95	11.62	1.02	0.00	7.24	10.09	2.63
남	cell x^2	1.4842	40.598	0.6359	64.161	6.7285	15.704	0.4464	29.698	1.2498
여	사용빈도	8	441	19	9	0	31	110	34	23
여	%	0.58	32.24	1.39	0.66	0.00	2.27	8.04	2.49	1.68
여	cell x^2	1.5238	41.680	0.6528	65.872	6.9079	16.123	0.4583	30.490	1.2831

d.f. = 8　　$x^2 = 325.696$　　$p < 0.001$

〈표 Ⅲ-54-b〉

화자와 청자와의 관계＝소원

성별	호칭	A	B	C	D	E	F	G	H	I
남	사용빈도	25	248	5	227	16	0	29	113	21
남	%	1.84	18.26	0.37	16.72	1.18	0.00	2.14	8.32	1.55
남	cell x^2	2.1083	60.051	0.3779	90.567	7.7216	1.0118	0.1784	19.417	0.1641
여	사용빈도	12	550	8	14	0	2	33	35	17
여	%	0.88	40.50	0.59	1.03	0.00	0.15	2.43	2.58	1.25
여	cell x^2	2.1586	61.483	0.3870	92.726	7.9057	1.0359	0.1826	19.880	0.1680

d.f. = 8　　$x^2 = 370.454$　　$p < 0.001$

한국인과 일본인의 언어행동과 문화의 차이

친밀/소원에 대한 청자의 성별 χ^2의 수치에는 32.6 : 37의 비율로 차이가 보인다. 친밀/소원에 대한 성별의 사용빈도 분포에 차이가 보이는 호칭은 「성＋san」뿐이고, 다음으로 「성＋kun」, 「성」의 순으로 성별의 사용빈도 분포에 차이가 보인다.

「성＋san」은 친소의 차이보다 남녀의 차이가 크고, 남성에 비해 여성에 대한 친소의 차이가 크다. 여성인 청자・소원한 관계가 중복되면 최고사용률을 보인다.

⑨ 청자의 연령과 성별

청자＝연하

〈표 Ⅲ-55-a〉

성별 \ 호칭		A	B	C	D	E	F	G	H	I
남	사용빈도	10	124	3	137	13	0	42	98	20
남	%	1.13	14.06	0.34	15.53	1.47	0.00	4.76	11.11	2.27
남	cell χ^2	0.7440	43.589	0.8512	54.489	6.1969	5.0794	0.5808	20.199	0.4316
여	사용빈도	5	314	7	8	0	10	51	25	14
여	%	0.57	35.60	0.79	0.91	0.00	1.13	5.78	2.83	1.59
여	cell χ^2	0.7680	44.995	0.8787	56.246	6.3968	5.2432	0.5996	20.850	0.4455

d.f. = 8　　χ^2 = 269.553　　p < 0.001

청자＝동갑

〈표 Ⅲ-55-b〉

성별 \ 호칭		A	B	C	D	E	F	G	H	I
남	사용빈도	13	134	6	150	9	0	46	87	20
남	%	1.41	14.57	0.65	16.30	0.98	0.00	5.00	9.46	2.17
남	cell χ^2	1.6534	44.455	0.0519	61.173	4.3269	6.5848	0.0546	16.846	0.1709
여	사용빈도	5	333	7	8	0	13	48	24	16
여	%	0.54	36.20	0.76	0.87	0.00	1.41	5.22	2.61	1.74
여	cell χ^2	1.6971	45.630	0.0533	62.790	4.4413	6.7588	0.0561	17.292	0.1754

d.f. = 8　　χ^2 = 275.185　　p < 0.001

청자＝연상

〈표 Ⅲ-55-c〉

성별 \ 호칭		A	B	C	D	E	F	G	H	I
남	사용빈도	19	207	9	99	8	0	40	66	17
남	%	2.06	22.40	0.97	10.71	0.87	0.00	4.33	7.14	1.84
남	cell χ^2	1.3084	18.082	0.3957	38.796	3.8973	5.0433	0.1319	11.805	0.8405
여	사용빈도	10	344	13	7	0	10	44	20	10
여	%	1.08	37.23	1.41	0.76	0.00	1.08	4.76	2.16	1.08
여	cell χ^2	1.3312	18.398	0.4026	39.474	3.9654	5.1314	0.1342	12.011	0.8552

d.f. = 8　　χ^2 = 162.986　　p < 0.001

⑩ 청자의 연령과 화자와 청자의 친소관계

〈표 Ⅲ-56-a〉

청자=연하

친소	호칭	A	B	C	D	E	F	G	H	I
친밀	사용빈도	6	196	6	58	7	10	73	65	21
	%	0.68	22.22	0.68	6.58	0.79	1.13	8.28	7.37	2.38
	cell χ^2	0.3061	2.5153	0.1950	2.9594	0.0361	4.9661	14.948	0.1832	0.9210
소원	사용빈도	9	242	4	87	6	0	20	58	13
	%	1.02	27.44	0.45	9.86	0.68	0.00	2.27	6.58	1.47
	cell χ^2	0.3075	2.5267	0.1959	2.9729	0.0363	4.9887	15.016	0.1840	0.9252

d.f. = 8　　χ^2 = 55.189　　$p < 0.001$

〈표 Ⅲ-56-b〉

청자=동갑

친소	호칭	A	B	C	D	E	F	G	H	I
친밀	사용빈도	7	212	8	66	4	11	73	58	23
	%	0.76	23.04	0.87	7.17	0.43	1.20	7.93	6.30	2.50
	cell χ^2	0.4600	2.1616	0.3318	2.2440	0.0597	3.0631	14.096	0.0915	1.3399
소원	사용빈도	11	255	5	92	5	2	21	53	13
	%	1.20	27.72	0.54	10.00	0.54	0.22	2.28	5.76	1.41
	cell χ^2	0.4640	2.1805	0.3347	2.2636	0.0603	3.0898	14.220	0.0923	1.3516

d.f. = 8　　χ^2 = 48.913　　$p < 0.001$

〈표 Ⅲ-56-c〉

청자=연상

친소	호칭	A	B	C	D	E	F	G	H	I
친밀	사용빈도	12	250	18	44	3	10	63	49	15
	%	1.30	27.06	1.95	4.76	0.32	1.08	6.82	5.30	1.62
	cell χ^2	0.451	2.5750	4.3752	1.6003	0.2576	4.9354	10.274	0.7827	0.1533
소원	사용빈도	17	301	4	62	5	0	21	37	12
	%	1.84	32.58	0.43	6.71	0.54	0.00	2.27	4.00	1.30
	cell χ^2	0.4549	2.5974	4.4133	1.6142	0.2599	4.9784	10.364	0.7895	0.1546

d.f. = 8　　χ^2 = 52.040　　$p < 0.001$

　　연령과 성별의 상호작용과 연령과 친소관계의 상호작용은 거의 없다고 판단할 수 있다.

한국인과 일본인의 언어행동과 문화의 차이

B. 여자대학생

남자대학생과 마찬가지로 피험자 수에 72항목을 곱한 수가 총사용빈도가 된다. 여성 피험자는 54명이기 때문에 각 표의 사용빈도 합계는 54명×72＝3888이 된다. 그러나 피험자 중에 해당하는 청자가 없는 경우의 무응답이 212이므로 여성의 총 사용빈도는 3676이다.

(1) 다섯 가지 사회적 변수와 호칭의 관계

남자대학생과 마찬가지로 청자호칭법의 특징과 중복되는 부분이 많아 해석은 생략하고 호칭 선택에 영향을 미치는 부분 x^2의 수치의 전체에 대한 비율만 각 변수별로 제시한다. 자세한 설명은 申(1996)을 참조하기 바란다.

① 장면 – 공식/비공식

F = Formal / I = Informal

〈표 Ⅲ-57〉

장면 \ 호칭		A	B	C	D	E	F	G	H	I
F	사용빈도	71	1081	91	337	73	58	68	11	7
F	%	1.93	29.41	2.48	10.26	1.99	1.58	1.85	0.30	0.19
F	cell x^2	4.5731	68.789	1.1750	2.1950	9.9819	34.298	75.639	0.8415	12.030
I	사용빈도	112	601	113	322	138	188	306	18	41
I	%	3.05	16.35	3.07	8.76	3.75	5.11	8.32	0.49	1.12
I	cell x^2	4.5680	68.714	1.1737	2.1926	9.9711	34.260	75.557	0.8406	12.017

d.f. = 8 x^2 = 418.815 $p < 0.001$

애칭	36.1%	이름(만 부름)	5.7%
성＋san	32.8%	이름＋kun	4.8%
이름＋chan	16.4%		

② 학년-선배/동급생/후배

〈표 Ⅲ-58〉

학년 \ 호칭		A	B	C	D	E	F	G	H	I
선배	사용빈도	173	761	94	51	24	34	38	3	4
	%	4.71	20.70	2.56	1.39	0.65	0.92	1.03	0.08	0.11
	cell χ^2	221.47	89.622	12.300	134.33	28.336	25.715	56.256	4.2900	8.4708
동급생	사용빈도	8	457	53	306	85	101	210	11	30
	%	0.22	12.43	1.44	8.32	2.31	2.75	5.71	0.30	0.82
	cell χ^2	47.795	24.952	4.1198	18.287	2.2002	3.2706	52.033	0.1112	11.125
후배	사용빈도	2	464	57	342	102	111	126	15	14
	%	0.05	12.62	1.55	9.30	2.77	3.02	3.43	0.41	0.38
	cell χ^2	57.447	17.787	1.9078	49.328	13.778	9.8349	0.0024	2.8583	0.2739

d.f. = 16　　　χ^2 = 897.910　　　$p < 0.001$

선배	36.4%	성+san	14.7%
성+kun	22.5%	애칭	12.1%

　　이들 호칭은 들쭉날쭉하긴 하지만 장면의 차이도 보인 호칭이다. 「성+san」은 선배＞동급생/후배와 같이 선배에 대해 비교적 많이 쓰여 +上向性서열성을 나타낸다. 동시에 다른 호칭에 비해 어느 학년에 대해서나 많이 쓰이기 때문에 보편성을 나타낸다. 「성+kun」은 선배＜동급생＜후배와 같이 쓰여 －上向性서열성을 나타낸다. 「선배」는 오로지 선배에 대해서만 쓰여 +上向性서열성을 나타낸다.

③ 청자의 성별-남성/여성

〈표 Ⅲ-59〉

성별 \ 호칭		A	B	C	D	E	F	G	H	I
남	사용빈도	94	671	53	672	200	5	125	21	9
	%	2.56	18.25	1.44	18.28	5.44	0.14	3.40	0.57	0.24
	cell χ^2	0.0393	36.382	24.027	291.49	82.867	114.00	21.235	2.8112	9.5098
여	사용빈도	89	1011	151	27	11	241	249	8	39
	%	2.42	27.50	4.11	0.73	0.30	6.56	6.77	0.22	1.06
	cell χ^2	0.0398	36.860	24.342	295.32	83.966	115.50	21.514	2.8481	9.6348

d.f. = 8　　　χ^2 = 1172.398　　　$p < 0.001$

한국인과 일본인의 언어행동과 문화의 차이

성+kun 50.1% 성+san 6.2%

이름+chan 19.6% 이름+kun 4.1%

이름+kun 14.2%

④ 화자와 청자의 친소관계-친밀/소원

〈표 Ⅲ-60〉

친소 \ 호칭		A	B	C	D	E	F	G	H	I
친밀	사용빈도	56	708	123	310	111	132	331	29	40
	%	1.52	19.26	3.35	8.43	3.02	3.59	9.00	0.79	1.09
	cell χ^2	13.836	21.301	4.2733	4.5457	0.2746	0.6384	110.45	14.453	10.620
소원	사용빈도	127	974	81	389	100	114	43	0	8
	%	3.45	26.50	2.20	10.58	2.72	3.10	1.17	0.00	0.22
	cell χ^2	13.866	21.347	4.2826	4.5556	0.2752	0.6398	110.69	14.489	10.643

d.f. = 8 χ^2 = 361.184 $p < 0.001$

애칭 61.2% 선배 7.7%

성+san 11.8% 이름(만 부름) 5.9%

성(만 부름) 8.0%

⑤ 청자의 연령-연상/동갑/연하

〈표 Ⅲ-61〉

연령 \ 호칭		A	B	C	D	E	F	G	H	I
연하	사용빈도	34	489	58	243	84	106	124	10	16
	%	0.92	13.30	1.58	6.61	2.29	2.88	3.37	0.27	0.44
	cell χ^2	9.8961	3.5697	0.6736	2.1202	4.4213	10.140	0.2623	0.0727	0.0422
동갑	사용빈도	48	570	68	256	70	84	139	11	22
	%	1.31	15.51	1.85	6.96	1.90	2.29	3.78	0.30	0.60
	cell χ^2	3.6236	0.1789	0.0797	0.9191	0.1064	0.0086	0.7740	0.0993	0.7893
연상	사용빈도	101	623	78	200	57	56	111	8	10
	%	2.75	16.95	2.12	5.44	1.55	1.52	3.02	0.22	0.27
	cell χ^2	24.649	5.0836	1.1640	5.6473	2.9059	8.9192	1.9144	0.3353	2.4000

d.f. = 16 χ^2 = 91.796 $p < 0.001$

(2) 두 가지 사회적 변수의 중복

① 학년과 장면

청자＝선배

<표 Ⅲ-62-a>

장면 \ 호칭		A	B	C	D	E	F	G	H	I
F	사용빈도	61	432	30	31	10	14	7	2	0
	%	5.16	36.55	2.54	2.62	0.85	1.18	0.59	0.17	0.00
	cell χ^2	7.225	7.7374	5.9613	1.2705	0.3089	0.4929	7.4679	0.1747	1.9865
I	사용빈도	112	329	64	20	14	20	31	1	4
	%	9.48	27.83	5.41	1.69	1.18	1.69	2.62	0.08	0.34
	cell χ^2	7.1279	7.6333	5.8812	1.2534	0.3047	0.4863	7.3675	0.1723	1.9598

d.f. = 8 χ^2 = 64.812   p < 0.001

청자＝동급생

<표 Ⅲ-62-b>

장면 \ 호칭		A	B	C	D	E	F	G	H	I
F	사용빈도	8	322	32	165	28	23	43	3	5
	%	0.63	25.54	2.54	13.08	2.22	1.82	3.41	0.24	0.40
	cell χ^2	4.0286	38.798	1.1706	1.0015	4.8890	14.880	36.402	1.1272	6.635
I	사용빈도	0	135	21	141	57	78	167	8	25
	%	0.00	10.71	1.67	11.18	4.52	6.19	13.24	0.63	1.98
	cell χ^2	4.0095	38.614	1.1651	0.9968	4.8667	14.809	36.229	1.1218	6.6035

d.f. = 8 χ^2 = 217.348   p < 0.001

청자＝후배

<표 Ⅲ-62-c>

장면 \ 호칭		A	B	C	D	E	F	G	H	I
F	사용빈도	2	327	29	181	35	21	18	6	2
	%	0.16	26.52	2.35	14.68	2.84	1.70	1.46	0.49	0.1
	cell χ^2	0.9783	37.254	0.0030	0.4447	5.2178	21.793	32.565	0.3200	3.6184
I	사용빈도	0	137	28	161	67	90	108	9	12
	%	0.00	11.11	2.27	13.06	5.43	7.30	8.76	0.73	0.9
	cell χ^2	0.9927	37.802	0.0030	0.4512	5.2945	22.114	33.044	0.3247	3.6716

d.f. = 8 χ^2 = 205.894   p < 0.001

선배/동급생/후배에 대한 장면의 χ^2의 수치에는 6.5 : 21.7 : 20.6의 비율로 차이가 나타난다. 선배에 비해, 동급생·후배에게는 장면을 구별해서 사용하는 경우가

한국인과 일본인의 언어행동과 문화의 차이

많다. 그 중에서도 「성+san」/「이름+chan」/「애칭」에 있어서 동급생과 후배에 대한 장면의 차이가 크게 나타난다. 선배에 대한 장면의 영향이 적은 것은 선배에 대한 심리적 거리가 다른 학년에 비해 크기 때문이라고 생각되며, χ^2의 수치로 보아 동급생과 후배에 대한 장면의 영향에 차이가 거의 없다는 점에서 동급생과 후배에 대한 심리적 거리는 다르지 않다고 여겨진다. 두 가지 장면에서 선배에 대해 모두 「성+san」을 가장 많이 쓰며, 선배에 대해서는 장면의 차이에 관계없이 「성+san」을 가장 많이 사용한다. 그것은 다른 학년에 비해 선배에 대해서는 심리적 거리가 크기 때문이라고 여겨진다.

② 청자의 성별과 장면

청자=남성

〈표 Ⅲ-63-a〉

장면 \ 호칭		A	B	C	D	E	F	G	H	I
F	사용빈도	36	397	22	367	71	2	19	7	2
F	%	1.95	21.46	1.19	19.84	3.84	0.11	1.03	0.38	0.11
F	cell χ^2	2.5326	11.566	0.7464	3.0022	8.3030	0.0981	30.153	1.1541	1.3811
I	사용빈도	58	274	31	305	129	3	106	14	7
I	%	3.14	14.81	1.68	16.49	6.97	0.16	5.73	0.76	0.38
I	cell χ^2	2.5217	11.516	0.7432	2.9893	8.2672	0.0976	30.023	1.1491	1.3751

d.f. = 8　　χ^2 = 117.619　　p < 0.001

청자=여성

〈표 Ⅲ-63-b〉

장면 \ 호칭		A	B	C	D	E	F	G	H	I
F	사용빈도	35	684	69	10	2	56	49	4	5
F	%	1.92	37.46	3.78	0.55	0.11	3.07	2.68	0.22	0.27
F	cell χ^2	2.0467	62.572	0.5733	0.9141	2.2325	34.628	45.900	479×10^{-8}	10.802
I	사용빈도	54	327	82	17	9	185	200	4	34
I	%	2.96	17.91	4.49	0.93	0.49	10.13	10.95	0.22	1.86
I	cell χ^2	2.0512	62.709	0.5746	0.9161	2.2374	34.704	46.001	48×10^{-7}	10.826

d.f. = 8　　χ^2 = 319.689　　p < 0.001

남/녀에 대한 장면의 χ^2의 수치에는 11.8 : 32의 비율로 차이가 나타나며, 남성에 비해 여성에 대한 호칭법에 있어서 더욱 많은 장면의 구별사용이 보인다.

「성+san」은 남녀 어느 청자에게나 공식적인 장면에서 많이 쓰이는데, 여성인 청자·공식적인 장면이 중복되면 최고사용률을 보인다.

③ 화자와 청자의 친소관계와 장면

화자와 청자의 관계=친밀

〈표 Ⅲ-64-a〉

장면 \ 호칭		A	B	C	D	E	F	G	H	I
F	사용빈도	19	510	54	184	44	33	58	11	7
	%	1.03	22.72	2.93	10.00	2.39	1.79	3.15	0.60	0.38
	cell χ^2	2.8929	68.746	0.9146	5.4258	2.3829	16.500	69.826	0.8448	8.4500
I	사용빈도	37	198	69	126	67	99	273	18	33
	%	2.01	10.76	3.75	6.85	3.64	5.38	14.84	0.98	1.79
	cell χ^2	2.8929	68.746	0.9146	5.4258	2.3829	16.500	69.826	0.8448	8.4500

d.f. = 8　　χ^2 = 351.966　　$p < 0.001$

화자와 청자의 관계=소원

〈표 Ⅲ-64-b〉

장면 \ 호칭		A	B	C	D	E	F	G	H	I
F	사용빈도	52	571	37	193	29	25	10	0	0
	%	2.83	31.10	2.02	10.51	1.58	1.36	0.54	0.00	0.27
	cell χ^2	2.0599	14.688	0.2952	0.0085	8.7839	17.915	6.1328	0.0000	3.9956
I	사용빈도	75	403	44	196	71	89	33	0	8
	%	4.08	21.95	2.40	10.68	3.87	4.85	1.80	0.00	0.44
	cell χ^2	2.0555	14.656	0.2946	0.0085	8.7648	17.876	6.1195	0.0000	3.9869

d.f. = 8　　χ^2 = 107.641　　$p < 0.001$

친밀/소원에 대한 장면의 χ^2의 수치에는 35.2 : 10.8의 비율로 차이가 보인다. 이것은 주로 「성+san」·「애칭」에 의한 장면의 분포가, 소원한 관계에 비해 친밀한 관계에 있어서 크기 때문이다. 이밖에 「이름」·「성+kun」·「이름+chan」·「선배」·「이름+kun」에도 친소에 대한 장면의 분포에 차이가 보인다. 이러한 결과로부터 친소관계와 장면 사이의 상호작용이 있다고 판단할 수 있다. 「성+san」은 공식적·소원한 청자에 가장 많이 쓰이는데, 공식적·친밀한 청자에게도 많이 사용된다. 「성+san」에게는 장면과 친소관계 어느 쪽보다 중요한 것일까. 다음과 같이 검토한다.

한국인과 일본인의 언어행동과 문화의 차이

B. 성＋san

	사용빈도	
소원 · 공식적	571	
친밀 · 공식적	510	공식적인 장면의 사용 : 1081
소원 · 비공식적	403	
친밀 · 비공식적	198	소원한 청자에 대한 사용 : 974

1081 ＞ 974　　　x^2=5.468　　　p＜0.025

공식적인 장면의 사용과 소원한 관계의 사용과의 사이에 유의차가 보이며, 「성＋san」의 사용에는 공식적인 장면이 소원한 관계보다 중요하다고 할 수 있을 것이다.

G. 애칭

	사용빈도	
친밀 · 공식적	58	
친밀 · 비공식적	273	친밀한 청자에 대한 사용 : 331
소원 · 공식적	10	
소원 · 비공식적	33	비공식적인 장면의 사용 : 306

331 : 306　　　x^2=0.904　　　p=n.s.

친밀한 관계의 사용빈도(331)와 비공식적인 장면의 사용빈도(306) 사이에는 유의차가 보이지 않는다. 다시 말해 「애칭」에 있어서 친밀성과 비공식성 중 어느 영향이 더 중요한가는 말할 수 없다. 그런데 친밀 · 비공식성이 중복되면 가장 많이 쓰이고, 반대로 소원 · 공식성이 중복되면 가장 적게 사용된다. 다른 말로 하면, 「애칭」에서 중요한 것은 친밀한 관계이거나, 혹은 비공식적인 장면이거나 또는 그 양쪽이다.

D. 성＋kun

친밀한 관계에 있어서 장면의 차이는 보이지만 소원한 관계에 있어서 장면의 차이는 없다. 또한 공식적인 장면에서 친소의 차이는 거의 없고, 비공식적 장면에서 친소의 차이는 있다. 친밀한 관계 · 비공식적인 장면이 중복되면 최저사용률을 보인다.

F. 이름+chan

친소간에 유의차는 보이지 않고 장면의 차이는 비교적 크다. 이 결과로 보아 「이름+chan」에는 친소관계의 영향보다 장면의 영향이 크다고 할 수 있다. 비공식적인 장면에서 특히 많이 쓰이므로 비공식성 호칭이라고 할 수 있다.

④ 청자의 연령과 장면

청자=연하

〈표 Ⅲ-65-a〉

장면	호칭	A	B	C	D	E	F	G	H	I
F	사용빈도	12	321	26	135	31	29	21	4	2
	%	1.03	27.58	2.23	11.60	2.66	2.49	1.80	0.34	0.17
	cell χ^2	1.4560	24.241	0.3006	1.5494	2.8482	10.804	27.019	0.1969	4.4871
I	사용빈도	22	168	32	108	53	77	103	6	14
	%	1.89	14.43	2.75	9.28	4.55	6.62	8.85	0.52	1.20
	cell χ^2	1.4510	24.158	0.2996	1.5441	2.8384	10.767	26.926	0.1962	4.4717

d.f. = 8 χ^2 = 145.554   p < 0.001

청자=동갑

〈표 Ⅲ-65-b〉

장면	호칭	A	B	C	D	E	F	G	H	I
F	사용빈도	15	372	30	139	24	19	27	4	4
	%	1.18	29.34	2.37	10.96	1.89	1.50	2.13	0.32	0.32
	cell χ^2	3.3750	26.558	0.4706	0.9453	3.4571	12.595	25.989	0.4091	4.4545
I	사용빈도	33	198	38	117	46	65	112	7	18
	%	2.60	15.62	3.00	9.23	3.63	5.13	8.83	0.55	1.42
	cell χ^2	3.3750	26.558	0.4706	0.9453	3.4571	12.595	25.989	0.4091	4.4545

d.f. = 8 χ^2 = 156.508   p < 0.001

청자=연상

〈표 Ⅲ-65-c〉

장면	호칭	A	B	C	D	E	F	G	H	I
F	사용빈도	44	388	35	103	18	10	20	3	1
	%	3.54	31.19	2.81	8.28	1.45	0.80	1.61	0.24	0.08
	cell χ^2	0.8366	18.787	0.4103	0.0900	3.8684	11.571	22.707	0.2500	3.2000
I	사용빈도	57	235	43	97	39	46	91	5	9
	%	4.58	18.89	3.46	7.80	3.14	3.70	7.32	0.40	0.72
	cell χ^2	0.8366	18.787	0.4103	0.0900	3.8684	11.571	22.707	0.2500	3.2000

d.f. = 8 χ^2 = 123.443   p < 0.001

한국인과 일본인의 언어행동과 문화의 차이

연하/동갑/연상에 대한 장면의 χ^2의 수치에는 14.6 : 15.7 : 12.3의 비율로 차이가 나타난다. 각 연령에 대한 양 장면의 사용빈도의 분포에 차이가 보이는 호칭은 없고, 「선배/성＋san/이름＋chan」에 대해서만 근소한 차이가 보인다. 이러한 결과로부터, 연령과 장면 사이의 상호작용은 별로 없다고 판단할 수 있다.

⑤ 청자의 성별과 학년

청자＝남성

〈표 Ⅲ-66-a〉

학년	호칭	A	B	C	D	E	F	G	H	I
선배	사용빈도	89	393	28	42	19	5	13	1	0
	%	4.81	21.24	1.51	2.27	1.03	0.27	0.70	0.05	0.00
	cell χ^2	116.20	149.74	7.2858	138.54	31.444	7.2726	18.104	4.8466	2.8703
동급생	사용빈도	4	149	9	302	82	0	66	11	7
	%	0.22	8.05	0.49	16.32	4.43	0.00	3.57	0.59	0.38
	cell χ^2	24.511	27.661	4.5365	23.387	2.8335	1.7027	12.899	2.0712	5.0525
후배	사용빈도	1	129	16	328	99	0	46	9	2
	%	0.05	6.97	0.86	17.73	5.35	0.00	2.49	0.49	0.11
	cell χ^2	30.042	43.329	0.2325	42.964	14.012	1.7027	0.2768	0.4779	0.3700

d.f. = 16　　χ^2 = 714.368　　p < 0.001

청자＝여성

〈표 Ⅲ-66-b〉

학년	호칭	A	B	C	D	E	F	G	H	I
선배	사용빈도	84	368	66	9	5	29	25	2	4
	%	4.60	20.15	3.61	0.49	0.27	1.59	1.37	0.11	0.22
	cell χ^2	105.39	4.9372	5.9346	0.0069	0.5764	30.897	38.469	0.1359	5.9094
동급생	사용빈도	4	308	44	4	3	101	144	0	23
	%	0.22	16.87	2.41	0.22	0.16	5.53	7.89	0.00	1.26
	cell χ^2	23.275	4.8977	1.2824	3.0451	0.1689	3.7700	39.034	2.7645	6.7291
후배	사용빈도	1	335	41	14	3	111	80	6	12
	%	0.05	18.35	2.25	0.77	0.16	6.08	4.38	0.33	0.66
	cell χ^2	27.424	0.0039	1.5759	2.8986	0.1101	12.400	0.0603	4.2687	0.0600

d.f. = 16　　χ^2 = 326.030　　p < 0.001

남/녀에 대한 학년의 x^2의 수치에는 71.4 : 32.6의 비율로 차이가 나타난다. 남/녀에 대한 학년의 사용빈도 분포의 차이가 큰 호칭은 「성+san/이름+san/성+kun/이름+kun/이름+chan」이다. 그 중에서 「성+kun/이름+kun/이름+chan」에 나타나는 차이는 성별에 의한 것이지, 성별과 학년의 상호작용의 결과는 아니다. 「성+san」과 「성+kun」에는 여성에 비해 남성에 대한 학년의 차이가 비교적 크게 나타난다. 그 중에서도 「성+kun」은 여성에 대해서는 별로 쓰이지 않는다. 여성에 비해 남성에 대한 학년의 영향이 큰 것은 주로 「성+san」과 「성+kun」에 대한 학년 분포의 차이에 의한다. 이처럼 「성+san」에는 두 변수의 상호작용이 보인다. 「선배」에 보이는 차이는 학년이라는 변수에서만 보이는 차이이며, 성별의 차이는 없는 것과 같다. 「애칭」은 여성·동급생에 대해 최고사용률을 보인다. 이것은 동성인 동급생에 대한 심리적 거리감이 가장 작고, 동료의식이 강함을 나타낸다고 생각된다.

⑥ 화자와 청자의 친소관계와 학년

〈표 Ⅲ-67-a〉

청자=친밀

학년 \ 호칭		A	B	C	D	E	F	G	H	I
선배	사용빈도	52	357	73	31	13	25	36	3	2
	%	2.83	19.40	3.97	1.68	0.71	1.36	1.96	0.16	0.11
	cell x^2	64.095	73.290	28.233	47.374	14.445	7.1860	46.665	4.2950	9.1804
동급생	사용빈도	2	177	19	127	45	40	183	11	27
	%	0.11	9.62	1.03	6.90	2.45	2.17	9.95	0.60	1.47
	cell x^2	15.413	17.831	12.739	4.0268	1.2632	0.6129	42.539	0.1119	12.862
후배	사용빈도	2	174	31	152	53	67	112	15	11
	%	0.11	9.46	1.68	8.62	2.88	3.64	6.09	0.82	0.60
	cell x^2	14.991	16.937	2.5448	22.209	6.6889	11.679	0.0091	2.8620	0.4341

d.f. = 16 x^2 = 480.519   p < 0.001

한국인과 일본인의 언어행동과 문화의 차이

청자=소원

학년 \ 호칭		A	B	C	D	E	F	G	H	I
선배	사용빈도	121	404	21	20	11	9	2	0	2
	%	6.59	22.00	1.14	1.09	0.60	0.49	0.11	0.00	0.11
	cell χ^2	157.56	26.460	0.9718	88.205	13.900	20.854	10.108	0.0000	0.1267
동급생	사용빈도	6	280	34	179	40	61	27	0	3
	%	0.33	15.25	1.85	9.75	2.18	3.32	1.47	0.00	0.16
	cell χ^2	32.405	8.7947	1.3857	15.523	0.9423	12.241	10.162	0.0000	0.0237
후배	사용빈도	0	290	26	190	49	44	14	0	3
	%	0.00	15.80	1.42	10.35	2.67	2.40	0.76	0.00	0.16
	cell χ^2	42.610	4.1415	0.0509	27.112	7.1135	0.8649	0.0126	0.0000	0.0372

d.f. = 16　　χ^2 = 481.595　　p < 0.001

친밀/소원에 대한 학년의 χ^2의 수치는 48.1 : 48.2로 거의 차이가 보이지 않는다. 친밀/소원 각각에 대한 학년의 사용빈도 분포에 차이가 큰 호칭은 「선배」/「성+san」/「이름+san」/「성+kun」/「이름+chan」/「애칭」이다. 「애칭」이 친밀·동급생에 대해 최고사용률을 나타내는 것은 친밀한 동급생에는 심리적 거리감이 적고 동료의식이 강하기 때문이라고 생각된다. 이 결과와 같이 친/소에 대한 학년의 χ^2 수치에 차이가 없는 경우에도, 개개의 호칭에 친밀/소원 각각에 대한 학년의 분포에 차이가 보이기 때문에, 두 가지 변수 사이에는 상호작용이 있다고 판단할 수 있다.

⑦ 청자의 연령과 학년

〈표 Ⅲ-68-a〉

청자=연하

학년 \ 호칭		A	B	C	D	E	F	G	H	I
선배	사용빈도	32	206	24	26	17	22	12	1	2
	%	2.75	17.70	2.06	2.23	1.46	1.89	1.03	0.09	0.17
	cell χ^2	48.495	27.036	2.8416	28.865	2.3901	2.6849	16.385	1.2785	1.5519
동급생	사용빈도	2	134	16	99	29	41	66	4	9
	%	0.17	11.51	1.37	8.51	2.49	3.52	5.67	0.34	0.77
	cell χ^2	8.0262	6.8960	0.7754	2.8752	0.0006	0.5743	12.837	0.0924	2.2302
후배	사용빈도	0	149	18	118	38	43	46	5	5
	%	0.00	12.80	1.55	10.14	3.26	3.69	3.95	0.43	0.43
	cell χ^2	12.326	4.5123	0.4359	10.149	1.8700	0.5436	0.0243	0.5212	0.1105

d.f. = 16　　χ^2 = 196.330　　p < 0.001

〈표 Ⅲ-68-b〉

청자=동갑

학년 \ 호칭		A	B	C	D	E	F	G	H	I
선배	사용빈도	46	277	30	24	6	12	17	2	2
	%	3.63	21.85	2.37	1.89	0.47	0.95	1.34	0.16	0.16
	cell χ^2	58.117	43.312	2.6513	42.846	12.533	8.7836	17.940	0.7172	3.7719
동급생	사용빈도	2	145	17	111	29	35	75	4	14
	%	0.16	11.44	1.34	8.75	2.29	2.76	5.91	0.32	1.10
	cell χ^2	12.598	12.463	1.6417	6.4849	1.1127	1.4231	16.136	0.0170	5.6451
후배	사용빈도	0	148	21	121	35	37	47	5	6
	%	0.00	11.67	1.66	9.54	2.76	2.92	3.71	0.39	0.47
	cell χ^2	15.899	8.8174	0.1031	15.459	6.0195	3.0266	0.0200	0.5050	0.2273

d.f. = 16 χ^2 = 298.269   p < 0.001

〈표 Ⅲ-68-c〉

청자=연상

학년 \ 호칭		A	B	C	D	E	F	G	H	I
선배	사용빈도	95	278	40	1	1	0	9	0	0
	%	7.64	22.35	3.22	0.08	0.08	0.00	0.72	0.00	0.00
	cell χ^2	106.59	20.303	6.7691	66.182	17.479	19.087	21.974	2.7267	3.4084
동급생	사용빈도	4	178	20	96	27	25	69	3	7
	%	0.32	14.31	1.61	7.72	2.17	2.01	5.55	0.24	0.56
	cell χ^2	27.290	6.3187	1.7693	10.592	2.7432	1.6754	24.655	0.0211	3.6574
후배	사용빈도	2	167	18	103	29	31	33	5	3
	%	0.16	13.42	1.45	8.28	2.33	2.49	2.65	0.40	0.24
	cell χ^2	27.871	4.2401	1.7319	25.629	6.8579	10.200	0.1022	2.4569	0.0065

d.f. = 16 χ^2 = 422.339   p < 0.001

연하/동갑/연상에 대한 학년의 χ^2의 수치에는 19.6 : 29.8 : 42.2의 비율로 차이가 나타난다. 이 결과는 연상에 대한 호칭법에 있어서 학년의 영향이 비교적 강하다는 것을 나타내고 있다. 각 연령의 χ^2의 수치의 차이는 주로 「선배」/「성+kun」/「이름+chan」의 각 연령에 대한 χ^2의 수치의 차이에 의한다. 그런데 이것은 단지 연령의 차이이고, 각 연령에 대한 학년의 사용빈도 분포에 큰 차이는 보이지 않는다.

한국인과 일본인의 언어행동과 문화의 차이

⑧ 화자와 청자의 친소관계와 청자의 성별

청자＝친밀

〈표 Ⅲ-69-a〉

성별 \ 호칭		A	B	C	D	E	F	G	H	I
남	사용빈도	29	303	35	300	106	3	120	21	9
남	%	1.58	16.47	1.90	16.30	5.76	0.16	6.52	1.14	0.49
남	cell χ^2	0.0237	7.9757	11.691	132.89	45.001	60.566	13.025	2.8113	6.1542
여	사용빈도	27	405	88	10	5	129	221	8	31
여	%	1.47	22.01	4.78	0.54	0.27	7.01	11.47	0.43	1.68
여	cell χ^2	0.0240	8.0804	11.844	134.64	45.591	61.361	13.196	2.8482	6.2350

d.f. = 8 $\chi^2 = 563.959$ $p < 0.001$

청자＝소원

〈표 Ⅲ-69-b〉

성별 \ 호칭		A	B	C	D	E	F	G	H	I
남	사용빈도	65	368	18	372	94	2	5	0	0
남	%	3.54	20.04	0.98	20.26	5.12	0.11	0.27	0.00	0.00
남	cell χ^2	0.0184	30.455	12.713	158.64	37.899	53.442	12.796	0.0000	4.0261
여	사용빈도	62	606	63	17	6	112	38	0	8
여	%	3.38	33.01	3.43	0.93	0.33	6.10	2.07	0.00	0.44
여	cell χ^2	0.0187	30.455	12.713	160.72	38.398	54.154	12.964	0.0000	4.0791

d.f. = 7 $\chi^2 = 624.053$ $p < 0.001$

친밀/소원에 대한 청자의 성별의 χ^2의 수치는 56.4 : 62.4의 비율로 차이가 나타
난다. 친밀/소원에 대한 남/녀의 사용빈도 분포의 차이가 큰 호칭은 「성＋san」/「이
름＋san」/「성＋kun」/「애칭」이다. 「성＋san」은 남성보다 여성에 대해 많이 쓰여
친밀한 관계보다 소원한 관계의 청자에 대해 많이 사용된다. 그렇다면 對여성과
對소원한 관계 중에서 어느 것에 강하게 영향을 받는 것일까? 그에 대해서는 다
음과 같이 검토한다.

B. 성＋san

	사용빈도	
친밀 · 여성	405	
소원 · 여성	606	여성에 대한 사용 : 1011
소원 · 남성	368	
소원 · 여성	606	소원한 청자에 대한 사용 : 974

1011 : 974 $\chi^2 = 0.653$ p＝n.s.

여성인 청자와 소원한 청자간에 유의차가 보이지 않는다. 이것은 「성＋san」의 사용에 있어서 청자가 여성인가, 소원한 관계인가 사이에는 차이가 없다는 것을 나타내고 있다. 앞에서 성별 변수와 친소관계 변수를 다루는 항목에서 설명했듯이, 남성보다는 여성에게 많이 쓰고, 친밀한 청자보다는 소원한 청자에게 많이 쓴다. 또한 소원한 여성에 대해 최고사용률을 보이고 친밀한 남성에 대해 최저사용률을 보이고 있다.

⑨ 청자의 연령과 성별

청자＝연하

〈표 Ⅲ-70-a〉

성별	호칭	A	B	C	D	E	F	G	H	I
남	사용빈도	17	181	15	234	81	1	44	8	3
남	%	1.46	15.55	1.29	20.10	6.96	0.09	3.78	0.69	0.26
남	cell χ^2	0.0002	16.873	6.8317	103.04	35.824	51.201	5.3319	1.7733	3.1486
여	사용빈도	17	308	43	9	3	105	80	2	13
여	%	1.46	26.46	3.69	0.77	0.26	9.02	6.87	0.17	1.12
여	cell χ^2	0.0002	16.990	6.8788	103.75	36.071	51.554	5.3687	1.7856	3.1704

d.f. = 8　　　χ^2 = 449.594　　　p < 0.001

〈표 Ⅲ-70-b〉

청자＝동갑

성별	호칭	A	B	C	D	E	F	G	H	I
남	사용빈도	24	222	20	244	65	4	46	7	6
남	%	1.89	17.51	1.58	19.24	5.13	0.32	3.63	0.55	0.47
남	cell χ^2	0.0009	14.640	5.9055	103.02	25.178	34.644	8.1936	0.3879	2.3216
여	사용빈도	24	348	48	12	5	80	93	4	16
여	%	1.89	27.44	3.79	0.95	0.39	6.31	7.33	0.32	1.26
여	cell χ^2	0.0010	14.826	5.9804	104.32	25.498	35.083	8.2977	0.3929	2.3511

d.f. = 8　　　χ^2 = 391.043　　　p < 0.001

한국인과 일본인의 언어행동과 문화의 차이

〈표 Ⅲ-70-c〉

성별 \ 호칭		A	B	C	D	E	F	G	H	I
남	사용빈도	53	268	18	194	54	0	35	6	0
	%	4.26	21.54	1.45	15.59	4.34	0.00	2.81	0.48	0.00
	cell χ^2	0.0795	6.8765	11.605	85.729	22.113	28.270	7.8966	0.9526	5.0482
여	사용빈도	48	355	60	6	3	56	76	2	10
	%	3.86	28.54	4.82	0.48	0.24	4.50	6.11	0.16	0.80
	cell χ^2	0.0810	7.0105	11.831	87.399	22.544	28.821	8.0504	0.9712	5.1466

d.f. = 8 $\chi^2 = 340.424$ $p < 0.001$

⑩ 청자의 연령과 화자와 청자의 친소관계

〈표 Ⅲ-71-a〉

친소 \ 호칭		A	B	C	D	E	F	G	H	I
친밀	사용빈도	8	201	32	108	43	59	109	10	13
	%	0.69	17.27	2.75	9.28	3.69	5.07	9.36	0.86	1.12
	cell χ^2	4.7875	7.8759	0.2996	1.5441	0.0205	0.6577	35.407	4.9743	3.1025
소원	사용빈도	26	288	26	135	41	47	15	0	3
	%	2.23	24.74	2.23	11.60	3.52	4.04	1.29	0.00	0.26
	cell χ^2	4.8039	7.9030	0.3006	1.5494	0.0205	0.6599	35.529	4.9914	3.1132

d.f. = 8 $\chi^2 = 117.540$ $p < 0.001$

〈표 Ⅲ-71-b〉

친소 \ 호칭		A	B	C	D	E	F	G	H	I
친밀	사용빈도	12	237	39	112	37	44	123	11	19
	%	0.95	18.69	3.08	8.83	2.92	3.47	9.70	0.87	1.50
	cell χ^2	6.0000	8.0842	0.7353	2.0000	0.1143	0.0952	41.183	5.5000	5.8182
소원	사용빈도	36	333	29	144	33	40	16	0	3
	%	2.84	26.26	2.29	11.36	2.60	3.15	1.26	0.00	0.24
	cell χ^2	6.0000	8.0842	0.7353	2.0000	0.1143	0.0952	41.183	5.5000	5.8182

d.f. = 8 $\chi^2 = 139.061$ $p < 0.001$

청자=연상

〈표 Ⅲ-71-c〉

친소 \ 호칭		A	B	C	D	E	F	G	H	I
친밀	사용빈도	36	270	52	90	31	29	99	8	8
	%	2.89	21.70	4.18	7.23	2.49	2.33	7.96	0.64	0.64
	cell χ^2	4.2034	5.6540	4.2847	1.0308	0.2110	0.0325	33.900	3.9807	1.7875
소원	사용빈도	65	353	26	110	26	27	12	0	2
	%	5.23	28.38	2.09	8.84	2.09	2.17	0.96	0.00	0.16
	cell χ^2	4.2169	5.6723	4.2985	1.0341	0.2117	0.0326	34.010	3.9936	1.7932

d.f. = 8　　χ^2 = 110.347　　$p < 0.001$

연하/동갑/연상에 대한 청자의 성별의 χ^2의 수치에는 45 : 39 : 34의 비율의 차이가, 연하/동갑/연상에 대한 친소관계의 χ^2의 수치에는 11.8 : 13.9 : 11의 비율로, 양쪽 다 작은 차이만 보인다.

이상과 같이 두 변수가 겹쳐졌을 때 호칭법에 미치는 영향에 대해 검토한 결과, 연령과 겹쳐진 변수를 제외한 대부분의 경우에 상호작용이 보인다. 「연령」은 다섯 가지 변수 중에서 호칭에 미치는 영향이 가장 작은 변수이며 다른 변수와 겹쳐지면 호칭에 미치는 영향이 작아진다.

C. 남자대학생과 여자대학생의 호칭법 비교

(1) 다섯 가지 사회적 변수가 호칭에 끼치는 영향의 비교

여기서는 앞장에서 검토·분석한 바 있는 일본의 남녀대학생이 사용하는 호칭에 대해 비교 분석한다.

1. 우선 다섯 가지 사회적 변수와 호칭과의 관계에서 각 변수가 미치는 영향이 남녀학생의 호칭사용에 어떻게 나타나는가에 대해 개관한다. 호칭에 미치는 각 변수의 영향을 일목요연하게 보기 위해 남녀별로 각 변수와 호칭과의 관계를 나타내는 χ^2의 수치를 일렬로 표기한다.

한국인과 일본인의 언어행동과 문화의 차이

사회적 변수	남학생 x^2	여학생 x^2	p
장면	332.791	418.815	< 0.001(남녀공통)
학년	766.946	897.910	〃
청자의 성별	694.811	1172.398	〃
화자와 청자의 친소관계	151.504	361.184	〃
연령	44.699	91.796	〃

호칭법에 있어서 남녀 모두 다른 변수보다 청자의 학년과 성별의 영향을 강하게 받으며, 여성은 남성에 비해 학년과 청자의 성별에 따른 차이가 비교적 크게 나타난다. 그 다음으로 남녀 모두 장면, 친소관계, 연령순으로 영향을 받는다. 연령의 수치가, 남녀 각각 다섯 가지 변수 가운데 x^2의 수치가 최고치를 나타내는 학년과 성별에 비해, 10분의 1에도 미치지 않는다. 이 결과로 보아 연령의 영향은 다른 변수에 비해 남녀 모두에게 그다지 크지 않다고 할 수 있다. 학년과 성별 이외의 변수 영향에 대한 순위는 남녀 공통이다.

이처럼 청자의 성별은 대학생의 호칭법에 큰 영향을 미치고 있는데, 이것은 대학생들의 평소 호칭법을 보면 예측할 수 있을 것이다. 일본인 대학생들의 호칭법의 특징은 「성/이름＋kun」과 「이름＋chan」과 같이 청자의 성별에 따라 구별해서 사용하는 것이 많다. 본 조사결과에 있어서도 「성/이름＋san」/「성/이름＋kun」/「이름＋chan」/「애칭」/「성」에 대한 남녀차가 크게 나타난다. 그 중에서도 「성/이름＋kun」과 「성」은 오로지 남성에 대해 사용되고, 「이름＋chan」은 여성에게만 사용된다. 이처럼 청자의 성별에 따라 분명한 호칭을 구별해서 사용하기 때문에 다른 변수에 비해 청자의 성별에 따른 영향이 강하게 나타난 것이다. 이들 호칭은 또한 화자와 청자의 친소관계에 의해 「성/이름＋san」과 「애칭」 등과 구별하여 사용된다. 그 결과 남녀 어느 호칭법에서나 친소관계의 영향이 확실하게 나타난 것이다.

학년, 연령 모두 상하관계를 나타내는 요소이며, 남녀 모두 학년에는 강하게 영향을 받지만 다른 변수에 비하면 연령에 의한 영향은 크지 않다고 할 수 있을 것이다. 그건 왜일까? 또한 장면에는 남녀 모두 비교적 큰 영향을 받는다. 그 원인은 무엇일까? 각 호칭의 사용 실태와 양상을 검토·분석하고 그 요인을 밝히고자 한다.

2. 여기서는 호칭 사용의 남녀 비교를 실시함으로써 각 변수의 영향이 남녀학생의 호칭사용에 어떻게 나타나는가에 대해 검토·분석한다. 피험자 수가 남성(40), 여성(54)이 다르기 때문에 사용빈도 및 각 성별에서 전체 호칭에 대한 각 호칭의 비율을 나란히 표기한다. 사용빈도는 큰 숫자로 표시하고 비율은 괄호 안에 작은 숫자로 표시하는데 비율의 %표기는 생략한다.

① 장면과 호칭과의 관계

A. 선배

장면 \ 화자	남학생	여학생
공식적인 장면	16(0.59%)	71(1.93%)
비공식적인 장면	46(1.69%)	112(3.05%)

양 장면에 있어서 남성보다 여성이 더 많이 쓰고, 남녀 모두 비공식적인 장면에서 많이 쓴다. 「선배」는 일본의 일반 대학생에 있어서 보통 장면에서는 쓰이지 않고, 동아리 선배에 대해 쓰이는 게 일반적 경향이라는 점이 관찰 및 피험자와의 인터뷰에 의해 밝혀졌다.

B. 성+san

장면 \ 화자	남학생	여학생
공식적인 장면	845(31%)	1081(29.41%)
비공식적인 장면	611(22.41%)	601(16.35%)

C. 이름+san

장면 \ 화자	남학생	여학생
공식적인 장면	20(0.73%)	91(2.48%)
비공식적인 장면	25(0.92%)	113(3.07%)

「성+san」은 양 장면에서 어느 호칭보다도 많이 쓰인다는 점에 있어서 남녀 공통되며 여성이 장면에 따라 구별해서 사용하는 것이 더 두드러진다. 남녀 모두 비공식적인 장면에서는 청자의 성별, 청자와의 친소관계, 상하관계에 따라 다양한 호칭을 사용한다. 한편, 공식적인 장면에서는 남녀 모두 「선배」/「성+san」을 가장 많이 사용한다. 남성에 의한 장면의 차이가 여성에 비해 작은 것은 청자의 성별과 관련하여 설명해야 할 것이다. 비공식적인 장면에서 남녀 모두 청자의 성별, 청자와의 친소관계에 따라 여러 호칭 중에서 선택하여 사용한다. 이러한 사용에 있어

서 최고사용률을 나타내는 것은 남성이 여성에게 쓰는 「성＋san」이다. 비공식적인 장면에 있어서, 여성 화자는 남성 청자에 대해 「성＋san」대신 다양한 호칭을 쓰는데, 남성 화자는 여성에 대해 「성＋san」을 고수한다. 그 결과 비공식적인 장면에 있어서 남성에 의한 「성＋san」의 사용이 여성에 비해 비교적 많아진 것이라고 생각할 수 있다.

D. 성 + kun

장면＼화자	남학생	여학생
공식적인 장면	284(10.42%)	377(10.26%)
비공식적인 장면	125(4.59%)	322(8.76%)

E. 이름 + kun

장면＼화자	남학생	여학생
공식적인 장면	25(0.92%)	73(1.99%)
비공식적인 장면	5(0.18%)	138(3.75%)

「성＋kun」은 남성보다 여성이 많이 쓰고 남녀 모두 공식적인 장면에서 많이 쓴다. 비공식적인 장면에 있어서 남녀차는 크지만, 공식적인 장면에 있어서의 남녀차는 작다. 「이름＋kun」은 오로지 여성만 쓰고, 그 중에서도 비공식적인 장면에서 많이 쓰인다.

F. 이름 + chan

장면＼화자	남학생	여학생
공식적인 장면	6(0.22%)	58(1.58%)
비공식적인 장면	27(0.99%)	188(5.11%)

남성에 비해 여성이 많이 사용하여 오로지 여성전용의 호칭임을 나타낸다. 그 중에서도 비공식적인 장면에서 많이 쓰이는데 장면의 차가 크다.

G. 애칭

〈표 Ⅲ-75-g〉

장면＼화자	남학생	여학생
공식적인 장면	41(1.5%)	68(1.85%)
비공식적인 장면	230(8.44%)	306(8.32%)

남성의 사용≦여성의 사용으로, 남녀 모두 비공식적인 장면에서 많이 사용한다.
남녀 양쪽에서의 사용법이라는 점에서 「애칭」은 비공식성이 강하다고 할 수 있다.

H. 성(만 부름)

장면＼화자	남학생	여학생
공식적인 장면	93(3.41%)	11(0.3%)
비공식적인 장면	227(8.33%)	18(0.49%)

대부분 남성에 의해 쓰여 오로지 남성용 호칭임을 나타낸다. 또한 남성에 의한
장면의 차이는 크고, 비공식적인 장면에서 남성에 의한 사용이 최고사용률을 나타
낸다.

I. 이름(만 부름)

장면＼화자	남학생	여학생
공식적인 장면	44(1.61%)	7(0.19%)
비공식적인 장면	53(1.94%)	41(1.12%)

화자인 남녀 모두 절대적 사용빈도가 적다. 남성에 대한 장면의 차이는 거의 없
지만 여성에 의한 장면의 차이는 크고 비공식적인 장면에서 비교적 많이 보인다.

② 학년과 호칭과의 관계

A. 선배님

학년＼화자	남학생	여학생
선 배	62(2.27)	173(4.71)
동급생	0	8(0.22)
후 배	0	2(0.05)

선배에게 쓰인다는 점에서는 남녀공통이지만 남성보다 여성에 의해 더욱 많이
쓰인다. 오로지 선배에 대해서만 쓰여, 一極上向性서열성14)을 나타내고 있다.

한국인과 일본인의 언어행동과 문화의 차이

B. 성+san

학년＼화자	남학생	여학생
선 배	721(26.45)	761(20.7)
동급생	398(14.6)	457(12.43)
후 배	337(12.36)	464(12.62)

C. 이름+san

학년＼화자	남학생	여학생
선 배	26(0.95)	94(2.56)
동급생	9(0.33)	53(1.44)
후 배	10(0.37)	57(1.55)

「성+san」은 남녀 모두 선배에 대해 가장 많이 사용한다. 또한 여성은 동급생 對후배간의 차이가 거의 없다. 한편 남성은 對동급생간의 차이는 크지만 동급생 對후배간의 차이는 그렇게 크지 않다. 다시 말해 남성은 선배＞동급생＞후배이고, 점진 上向性서열성15)을 나타낸다. 한편 여성은 선배＞후배≧동급생으로 점진 上 向性서열성은 보이지 않는다.

「선배」와 「성+san」의 선택에 관련이 되는 것은 각 동아리 분위기라고 생각할 수 있다. 「선배」가 자주 쓰이는 동아리인가 혹은 다른 호칭이 자주 쓰이는가에 의 해 신입 동아리 멤버는 처음에는 「선배」를 쓰지만 동아리 분위기에 따라 다른 호 칭으로 바뀌기도 한다. 불리는 쪽(동아리 선배)은 심리적 거리를 느끼고, 「선배」를 쓰지 말라고 요청하는 사람도 있다고 한다.

「이름+san」은 어느 학년에 대해서나 남성보다 여성이 많이 사용하여 여성용 호칭이라고 할 수 있다.

D. 성+ kun

학년＼화자	남학생	여학생
선 배	34(1.25)	51(1.39)
동급생	168(6.16)	306(8.32)
후 배	207(7.59)	342(9.30)

E. 이름+kun

학년＼화자	남학생	여학생
선 배	2(0.07)	24(0.65)
동급생	16(0.59)	85(2.31)
후 배	12(0.44)	102(2.77)

---

14) ・一極上向性서열성 : 선배나 연상 등 상위 서열에 대해서만 쓰이므로 「一極上向性서열성」이라 고 정의한다.

　・－上向性서열성 : 下方向에서 많이 쓰인다는 점에서 下向性서열성이라고 간주되지만 동급생 에서도 많이 사용된다는 점에서 －上向性서열성이라고 할 수 있을 것이다. 동급생은 선배(＋ 上)도 아니지만 후배(＋下)도 아니기 때문이다.

15) 선배(연상)＞동급생(동갑)＞후배(연하)와 같이 서열의 위쪽으로 갈수록 점점 많이 쓰이기 때문에 점진 上向性 서열성으로 정의한다.

남녀 모두 선배<동급생<후배와 같이 학년이 내려 갈수록 많이 쓰고, 선배 對 동급생간의 차이는 크지만 동급생 對 후배간의 차이는 별로 크지 않다. 여성에 의한 사용이 많이 보이는 것은 남성간에는 친해지면 「성/이름(만 부름)」으로 바뀌는 것이 일반적이지만, 여성은 친한 동급생·후배 남성에 대해 「성+san」대신에 「성+kun」을 많이 쓰기 때문일 것이다. 다시 말해 같은 호칭인 「성+kun」의 사용에 대한 역할은 남녀에 따라 달라 남성은 많은 경우 「성+kun」에 의해 청자와의 심리적 거리나 소원성16), 약간의 경의를 표하고 여성은 많은 경우 동급생이나 후배에 대한 동료의식(solidarity)을 나타낸다. 남성간의 사용에도 동료의식이 있지만 「성/이름」에 비해 적고, 또한 여성의 사용법에서 보이는 연대의식에 비해 비교적 약하다. 남녀 모두 동급생보다 후배에 대한 사용률이 높다는 점에서 —上向性서열성도 보인다.

「이름+kun」은 절대적 사용빈도가 적고 남성의 사용에 대한 학년의 차는 거의 없지만 여성의 사용에 대한 학년의 차는 있다. 그 중에서도 선배 對 동급생간의 유의차는 있지만 동급생 대 후배간의 유의차는 확인되지 않는다.

	선 배	동급생	
여학생	24	85	$\chi^2=33.02$　　p<0.001
	동급생	후 배	
여학생	85	102	$\chi^2=1.369$　　p=n.s.

F. 이름+chan

학년 ＼ 화자	남학생	여학생
선 배	4(0.15)	34(0.92)
동급생	9(0.33)	101(2.75)
후 배	20(0.73)	111(3.02)

G. 애칭

학년 ＼ 화자	남학생	여학생
선 배	27(0.99)	38(1.03)
동급생	155(5.69)	210(5.71)
후 배	89(3.26)	126(3.43)

여성의 「이름+ちゃん」의 사용법에 있어서 선배 대 동급생간의 유의차는 있지만 동급생 대 후배간의 유의차는 확인되지 않는다.

---

16) 소원한 청자에 대해 많이 쓰이는 성질을 말한다.

한국인과 일본인의 언어행동과 문화의 차이

	선 배	동급생		
여학생	34	101	$\chi^2=32.26$	$p<0.001$
	동급생	후 배		
여학생	101	111	$\chi^2=0.382$	$p=$n.s.

「애칭」은 남녀 모두 동급생에 대해 가장 많이 쓴다. 동료의식이 강한 동급생에 대해 「애칭」을 많이 쓰는 것은 동료의식을 나타내기 위한 사용법이다.

H. 성(만 부름)

학년 \ 화자	남학생	여학생
선 배	8(0.29)	3(0.08)
동급생	108(3.96)	11(0.3)
후 배	204(7.48)	15(0.41)

I. 이름(만 부름)

학년 \ 화자	남학생	여학생
선 배	8(0.29)	4(0.11)
동급생	51(1.87)	30(0.82)
후 배	38(1.39)	14(0.38)

인터뷰를 통해 추적조사를 해보면 다음과 같은 사실을 알 수 있다. 동아리 등에서 남성이 여성에게 쓰는 경우와, 여성이 남성에게 쓰는 경우가 있지만, 여성 → 남성의 사용은 남성 → 여성의 사용에 비해 적다. 남성에 의한 사용이 동급생보다 후배에 대해 더욱 많아지는 것은 「성」에 −上向性서열성이 있고, 후배와의 사이에 상하의식이 존재하고 있음을 나타내고 있다.

「이름」은 일본에서는 별로 일반적으로는 쓰는 호칭이 아니라 상당히 친한 사이가 아니면 그다지 쓰이지 않는다. 많은 경우 외국어 및 외국문화의 영향을 받은 사람들 사이에서 많이 쓰인다. 남녀 모두 동급생에 대해 가장 많이 쓰는 것은 동급생 사이에는 친밀감이 강하기 때문이다.

③ 청자의 성별과 호칭과의 관계

A. 선배

화자 \ 청자	남성	여성
남학생	42(1.54)	20(0.73)
여학생	94(2.56)	89(2.42)

다른 변수의 관계와 같이 여성에 의한 사용이 많고 또한 여성인 화자는 「선배」의 사용에 대해 청자의 성별에 거의 영향을 받지 않는데, 남성인 화자는 남성에 대해 「선배」를 더욱 많이 사용한다. 결국 「선배」의 사용에 있어서, 쓰는 쪽은 여성이 더 많고, 「선배」로 불리는 쪽은 남성이 비교적 많다.

B. 성+san

화자＼청자	남성	여성
남학생	465(17.06)	991(36.35)
여학생	671(18.25)	1011(27.50)

C. 이름+san

화자＼청자	남성	여성
남학생	18(3.96)	27(6.04)
여학생	53(8.72)	151(24.92)

피험자의 비율(남 : 여＝40 : 54)로 생각하면 남성이 많이 사용하는 경향은 보이지만 화자인 남녀간에 유의차는 보이지 않는다.

$$\chi^2 = 0.46 \quad p = n.s.$$

청자인 남녀에는 유의차가 보이고 여성에 대해 많이 쓰이므로 對여성용 호칭임을 나타낸다.

$$\chi^2 = 7.66 \quad p < 0.01$$

그 중에서도 남→여에서 최고사용률(36.35%)을 나타내고 있다. 다시 말해 「성+san」에서 중요한 것은 청자가 여성이라는 점이다. 조사결과에 대한 인터뷰에서 그러한 결과를 가져온 요인이 밝혀졌다.

a) 남성 → 남성

남성인 화자는 남성인 청자에 대해 장면, 친소관계, 학년 등에 따라 학년초에는 「성+san」, 「성+kun」을 사용하고 시간이 경과함에 따라, 또한 친밀도의 증가와 더불어 「성/이름」, 「애칭」을 많이 쓰게 된다.

b) 여성 → 남성

여성은 남성에 대해 장면, 친소관계, 학년에 따라 학년초는 「성+san」, 「성+kun」을 사용하고 시간이 지남에 따라, 또한 친밀도의 증가에 따라 「애칭」을 많이 쓰며 또한 경우에 따라서는 「이름+kun」, 「이름」까지도 쓰게 된다.

한국인과 일본인의 언어행동과 문화의 차이

c) 남성 → 여성

남성은 여성에 대해서는 처음에는 「성+san」을 많이 쓰고, 시간이 지남에 따라,
또한 친밀도의 증가에 따라 「애칭」, 「이름+chan」을 많이 쓰며, 친한 동급생 청자
에게는 「이름」을 쓰는 경우도 많다. 그러나 같은 반이나, 학과, 학년이 아닌 청자
에게는 시간이 지나도 「성+san」을 그대로 고수하는 경우가 많다.

d) 여성 → 여성

여성은 여성에 대해 처음에는 「성+san」을 많이 쓰고, 시간이 지남에 따라 또한
친밀도의 증가에 따라 「이름+chan」, 「애칭」, 「이름」을 쓰게 된다. 물론 시간이
지나도 「성+san」을 그대로 고수하는 경우가, 특히 여성에게 많이 보인다. 여성의
경우도 같은 반이나, 학과, 학년 이외의 여성에게는 남성과 마찬가지로 「성+san」
을 많이 사용한다.

이상 설명한 사실에 덧붙여 남녀 모두 수업중이라는 공식적인 장면에 있어서는
친소에 관계없이 보통 때와는 다른 호칭, 이른바 보편성을 지닌 「성+san」을 쓰
고, 또한 남성인 동급생/후배에게는 남녀 모두 「성+san」을 쓴다. 지금까지 설명
한 사항을 종합하면 남녀 모두 서로 처음 만났을 때와, 공식적인 장면, 그리고 소
원한 사이에서 「성+san」을 가장 많이 사용한다. 또한 남성에게 많이 쓰이는 「성
+kun」은 여성에게는 쓰이지 않고, 「성」은 여성에게는 그다지 많이 쓰이지 않는
다. 「성+kun」은 여성의 사용률이 남성의 사용률보다 높아 그 만큼 남성의 「성+
san」의 사용이 많다.

「이름+san」은 화자와 청자 모두 여성이 더 많이 쓰고 그 중에서도 여성→여성
에 가장 많이 사용하여, 주로 여성용 호칭이라고 할 수 있다.

D. 성+kun

화자＼청자	남성	여성
남학생	386(83.09)	23(5.08)
여학생	672(107.12)	27(4.47)

E. 이름+kun

화자＼청자	남성	여성
남학생	30(1.1)	0
여학생	200(5.44)	11(0.3)

「성+kun」은 받아들이는 쪽은 남성이 더 많고 사용하는 쪽은 여성 쪽이 비교적 많아, 남<여→남을 나타낸다. 화자의 남녀차에 대해서는 이미 설명했으므로 여기서는 간략하게 언급하기로 한다. 남성은 남성과 알게 되면 처음에는 「성+kun」을 사용하지만, 친해짐에 따라 「성/이름」, 「애칭」으로 대체된다. 이에 대해 여성은 동급생/후배 남학생에 대해 동료의식의 표시로서 「성+kun」을 시간의 경과와 관계없이 많이 사용하므로 사용하는 측은 여성이 더욱 많아진다.

「이름+kun」은 오로지 남성에 대해서만 쓰이고 쓰는 측은 여성이 더 많아, 여성→남성이 가장 많다는 점에서 「성+kun」과 공통된다. 여성이 남성에 대해 사용하는 「이름+kun」은 「성+kun」의 경우와 마찬가지로 동료의식을 나타내지만 그 정도가 더욱 강하다. 비교하자면 여성→남성의 「성+kun」은 동료의식을 나타내고, 한편 「이름+kun」은 「동료의식+친근감」을 나타내는 호칭이다.

F. 이름 + chan

화자＼청자	남성	여성
남학생	0	33(1.21)
여학생	5(0.14)	241(6.56)

G. 애칭

화자＼청자	남성	여성
남학생	128(4.7)	143(5.25)
여학생	125(3.4)	249(6.77)

「이름+chan」은 오로지 여성에 대해서만 쓰이고 사용하는 측도 여성이 많아, 여성→여성을 나타낸다. 남성에 대해 쓰일 때는 화자의 성별에 의한 영향이 없지만 여성에 대해 쓰일 때는 화자의 성별에 의한 영향이 크다. 여성들이 선호하며 또한 여성에 대해 많이 쓰이는 호칭이라는 점에서 「애칭」과 공통된다.

H. 성(만 부름)

화자＼청자	남성	여성
남학생	251(9.21)	69(2.53)
여학생	21(0.57)	8(0.22)

I. 이름(만 부름)

화자＼청자	남성	여성
남학생	57(2.09)	40(1.47)
여학생	9(0.24)	39(1.06)

「성」은 남성→남성의 사용이 가장 많다. 「성」이 남성에게서 남성에게로 쓰일 때는 화자와 청자간의 심리적 거리를 없애는 역할이 가장 크고, 친근감을 나타내

한국인과 일본인의 언어행동과 문화의 차이

는 역할도 있다. 이에 대해 남녀간이 사용하는 데는 친근감의 표시라는 역할이 크다. 특히 여성→남성의 경우 일본사회에서는 상당히 리버럴한 것으로 받아들여져서 상당히 친한 사이이거나 또는 화자와 청자가 자유롭고 트인 성격으로 이 호칭을 쓰기 편하다는 상황이 사용의 전제가 된다.

「이름」은 화자 측은 남성인 경우가 많고 청자 측의 남녀차는 거의 없다. 그 이유는 남성은 남녀 양쪽에 대해 사용하지만 여성이 남성에 대해 사용하는 경우는 매우 적기 때문이다. 여성→남성의 사용은 관찰에 의하면 외국에서 함께 유학생활을 한 사람들 사이나 또한 친한 동아리 멤버 사이에서 보이는데, 일반적인 것은 아니다. 「성」과 마찬가지로 남성이 여성에게 쓰는 경우는 비교적 보이지만 여성이 남성에게 쓰는 경우는 별로 보이지 않는다.

④ 화자와 청자의 친소관계와 호칭과의 관계

A. 선배

친소 \ 화자	남학생	여학생
친밀	25(0.92)	56(1.52)
소원	37(1.36)	127(3.45)

남녀 모두 소원한 청자에 대해 많이 사용하며, 그 중에서도 여성에 의한 친소의 차이가 크다.

B. 성 + san

친소 \ 화자	남학생	여학생
친밀	658(24.14)	708(19.26)
소원	798(29.27)	974(26.50)

C. 이름 + san

친소 \ 화자	남학생	여학생
친밀	32(1.17)	123(3.35)
소원	13(0.48)	81(2.20)

「성+san」은 남녀 모두 소원한 청자에 대해 많이 사용한다.

「이름+san」은 친밀한 청자에 대해 비교적 많이 쓰인다는 점에 있어서는 남녀 공통이지만 그 사용률은 여성이 더 높다.

D. 성 + kun

친소 \ 화자	남학생	여학생
친밀	168(6.16)	310(8.43)
소원	241(8.84)	389(10.58)

E. 이름 + kun

친소 \ 화자	남학생	여학생
친밀	14(0.51)	111(3.02)
소원	16(0.59)	100(2.72)

「성+kun」은 친밀한 청자보다 소원한 청자에 대해 비교적 많이 쓰인다는 점은 남녀공통이지만 남성보다 여성이 더 많이 사용한다.

「이름+kun」은 남녀 모두에게 친소의 차이가 거의 보이지 않지만 여성이 남성보다 더 많이 사용하며, 「이름+kun」은 친소의 영향은 받지 않고, 화자의 성별에 영향을 받는다는 것을 나타낸다.

F. 이름 + chan

친소 \ 화자	남학생	여학생
친밀	31(1.14)	132(3.59)
소원	2(0.07)	114(3.10)

G. 애칭

친소 \ 화자	남학생	여학생
친밀	209(7.67)	331(9)
소원	62(2.27)	43(1.17)

「이름+chan」은 친밀한 청자에 대해 비교적 많이 사용된다는 점에 있어서는 남녀 공통이지만 여성에 의한 사용이 많고, 그 중에서도 친밀·여성에 있어서 최고 사용률을 나타낸다.

「애칭」은 남녀 모두 친밀한 청자에게 많이 사용한다.

H. 성(만 부름)

친소 \ 화자	남학생	여학생
친밀	172(6.31)	29(0.79)
소원	148(5.43)	0

I. 이름(만 부름)

친소 \ 화자	남학생	여학생
친밀	59(2.16)	40(1.09)
소원	38(1.39)	8(0.22)

「성」은 오로지 남성만이 사용하고 친밀한 청자에게 비교적 많이 쓰이는데 유의차는 보이지 않는다.

「이름」은 여성에 의한 친소차가 크다.

연령에 대해서는 다음 장에서 「학년과 연령 두 가지 변수의 중복에 있어서 호칭

한국인과 일본인의 언어행동과 문화의 차이

과의 관계」에 대해 면밀하게 검토할 것이므로 여기서는 생략한다.

(2) 학년과 연령이 중복되었을 때의 각 호칭의 남녀 비교

여기에서는 일본인 대학생의 호칭 사용에서 학년·연령 두 가지 변수가 중복되었을 때의 남녀 비교를 하고자 한다. 즉 학년과 연령이 평행할 경우도 있지만 평행하지 않는 경우도 있다. 각각의 경우에 사용되는 각 호칭의 사용분포를 비교·검토함으로써, 서열성에 관계되는 호칭의 성질을 밝힌다.

각 셀 중에 상단의 숫자는 사용빈도를 나타내고 하단의 숫자는 비율을 나타낸다.

A. 선배

〈표 Ⅲ-72-a〉

화자=남성

학년 \ 연령	연상	동갑	연하	계
선 배	29 46.8%	18 29%	15 24.2%	62 100%
동급생	0	0	0	0
후 배	0	0	0	0
계	29 46.8%	18 29%	15 24.2%	62 100%

화자=여성

학년 \ 연령	연상	동갑	연하	계
선 배	95 51.9%	46 25.1%	32 17.5%	173 94.5%
동급생	4 2.2%	2 1.1%	2 1.1%	8 4.4%
후 배	2 1.1%	0	0	2 1.1%
계	101 55.2%	48 26.2%	34 18.6%	183 100%

B. 성＋san

〈표 Ⅲ-72-b〉

화자=여성

학년 \ 연령	연상	동갑	연하	계
선 배	268 18.4%	238 16.3%	215 14.8%	721 49.5%
동급생	153 10.5%	126 8.7%	119 8.2%	398 27.3%
후 배	130 8.9%	103 7%	104 7.1%	337 23.1%
계	551 37.8%	467 32.1%	438 30.1%	1456 100%

화자=여성

학년 \ 연령	연상	동갑	연하	계
선 배	278 16.5%	277 16.5%	206 12.2%	761 45.2%
동급생	178 10.6%	145 86%	134 8%	457 27.1%
후 배	167 9.9%	148 8.8%	149 8.9%	464 27.6%
계	623 37%	570 33.9%	489 29.1%	1682 100%

C. 이름+san

〈표 Ⅲ-72-c〉

화자=남성

연령 학년	연상	동갑	연하	계
선 배	14 31.1%	7 15.6%	5 11.1%	26 57.8%
동급생	4 8.9%	3 6.7%	2 4.4%	9 20%
후 배	4 8.9%	3 6.7%	3 6.7%	10 22.2%
계	22 48.9%	13 28.9%	10 22.2%	45 100%

화자=여성

연령 학년	연상	동갑	연하	계
선 배	40 19.6%	30 14.7%	24 11.8%	94 46.1%
동급생	20 9.8%	17 8.3%	16 7.8%	53 26%
후 배	18 8.8%	21 10.3%	18 8.8%	57 27.9%
계	78 38.2%	68 33.3%	58 28.4%	204 100%

D. 성+kun

〈표 Ⅲ-72-d〉

화자=남성

연령 학년	연상	동갑	연하	계
선 배	0	19 4.6%	15 3.7%	34 8.3%
동급생	48 11.7%	61 14.9%	59 14.4%	168 41.1%
후 배	58 14.2%	78 19%	71 17.4%	207 50.6%
계	106 25.9%	158 38.6%	145 35.5%	409 100%

화자=여성

연령 학년	연상	동갑	연하	계
선 배	1 0.0%	24 3.4%	26 3.7%	51 7.3%
동급생	96 13.7%	111 15.9%	99 14.2%	306 43.8%
후 배	103 14.7%	121 17.3%	118 16.9%	342 48.9%
계	200 28.6%	256 36.6%	243 34.8%	699 100%

E. 이름+kun

〈표 Ⅲ-72-e〉

화자=남성

연령 학년	연상	동갑	연하	계
선 배	0	0	2 6.7%	2 6.7%
동급생	5 16.7%	5 16.7%	6 20.0%	16 53.3%
후 배	3 10.0%	4 13.3%	5 16.7%	12 40.0%
계	8 26.7%	9 30.0%	13 43.3%	30 100%

화자=여성

연령 학년	연상	동갑	연하	계
선 배	1 0.05%	6 2.8%	17 8.1%	24 11.4%
동급생	27 12.8%	29 13.7%	29 13.7%	85 40.3%
후 배	29 13.7%	35 16.6%	38 18.0%	102 48.3%
계	57 27.0%	70 33.2%	84 39.8%	211 100%

한국인과 일본인의 언어행동과 문화의 차이

H. 성(만 부름)

<표 Ⅲ-72-h>

화자=남성

연령 학년	연상	동갑	연하	계
선 배	0	1 0.0%*	7 2.2%	8 2.5%
동급생	26 8.1%	41 12.8%	41 12.8%	108 33.8%
후 배	60 18.8%	69 21.6%	75 23.4%	204 63.8%
계	86 26.9%	111 34.7%	123 38.4%	320 100%

화자=여성

연령 학년	연상	동갑	연하	계
선 배	0	2 6.9%	1 3.4%	3 10.3%
동급생	3 10.3%	4 13.8%	4 13.8%	11 37.9%
후 배	5 17.2%	5 17.2%	5 17.2%	15 51.7%
계	8 27.6%	11 37.9%	10 34.5%	29 100%

I. 이름(만 부름)

<표 Ⅲ-72-i>

화자=남성

연령 학년	연상	동갑	연하	계
선 배	0	3 3.0%	5 5.2%	8 8.2%
동급생	17 17.5%	19 19.6%	15 15.5%	51 52.6%
후 배	10 10.3%	14 14.4%	14 14.4%	38 39.2%
계	27 27.8%	36 37.1%	36 35.1%	97 100%

화자=여성

연령 학년	연상	동갑	연하	계
선 배	0	2 4.2%	2 4.2%	4 8.3%
동급생	7 14.6%	14 29.2%	9 18.8%	30 62.5%
후 배	3 6.3%	6 12.5%	5 10.4%	14 29.2%
계	10 20.8%	22 45.8%	16 33.3%	48 100%

남녀 피험자 수가 다르기(남-40/여-54) 때문에, ( ) 속에 남녀 각각에서 차지하는 비율을 표시하였다.

A. 「선배」에 보이는 특징

(1) 남학생에게는 선배에 대한 사용만 보이고 학년의 영향이 현저하게 나타나고 있다(d.f.=1 χ^2=60 p<0.001). +연상과 −연상(동갑/연하)과의 사이에 유의차가 없으므로, 연령의 영향은 없다고 판단한다. 여학생은 +선배에 대한 사용률이 −선배(동급생/후배)에 대한 사용률보다 높고(d.f.=1 χ^2=143.4 p<0.001), +연상에 대한 사용률이 −연상에 대한 사용률보다 높다(d.f.=1 χ^2=18.2 p<0.001).

남녀 모두 다 +선배·+연상과 같이 양 변수의 「+上」이 중복되면 최고사용
률을 보인다.

(2) 여학생은 동갑·연하인 선배에 대한 사용률이 동급생·후배이면서 연상인 경
우에 대한 사용률보다 높다.

청자	+선배·−연상	+연상·−선배	
	78(42.6)	6(3.3)	d.f. = 1 χ^2=60 p<0.001

(1),(2)에서 남학생에게는 학년의 영향만이 보이고, 여학생에게는 학년과 연령
의 영향이 보이며 그 중에서도 학년이 중요시됨을 알 수 있다. 또한 남녀 모두 다
「선배」는 +선배·+연상에게 쓰이기 쉬운 성질을 보인다.

B. 성+san

(1) 남녀 모두 다 +선배에 대한 사용률이 −선배에 대한 사용률보다 높다. 남학
생은 +연상에 대한 사용률이 −연상에 대한 사용률보다 높지만(d.f.=1 χ^2=
6.8 p<0.05), 여학생에게는 유의차가 보이지 않는다. 남성에게는 +선배·+
연상과 같이 양 변수의 「+上」이 중복되면 최고 사용률이 보이지만, 여성에게
는 보이지 않는다.

(2) 남녀 모두 다 동갑·연하인 선배에 대한 사용률이 동급생·후배인 연상에 대
한 사용률보다 높다.

화자＼청자	+선배·−연상	+연상·−선배	
남성	453(31.1)	283(19.4)	d.f. =1 χ^2=38.8 p<0.001
여성	483(28.7)	345(20.5)	d.f. =1 χ^2=22.66 p<0.001

(1),(2)에서 여학생에게는 학년의 영향만이 보이고, 남학생에게는 학년과 연령
의 영향이 보여, 남녀 모두에게 학년이 중요시됨을 알 수 있다. 남성이 사용하는
「성+san」에는 +선배·+연상에게 쓰기 쉬운 경향이 보인다.

「성+san」은 +선배·−연상에 대해서는 비교적 많고, 또한 +연상·−선배에
게도 많이 사용된다. 한편 「선배」는, 남성의 경우 +선배·−연상에게는 쓰이지만
+연상·−선배에게는 전혀 쓰이지 않는다. 여성의 경우도 +연상·−선배에 대

한국인과 일본인의 언어행동과 문화의 차이

해서는 약간밖에 보이지 않는다. 이 결과로 보아 「선배」는 오로지 학년에만 영향을 받으며 청자가 +선배라는 조건의 필요도가 「성+san」보다 강하다고 할 수 있다.

C. 이름+san

남녀 모두 +선배에 대한 사용률이 −선배에 대한 사용률보다 높다(남성 $p < 0.05$, 여성 $p < 0.001$). 남녀 모두, +연상에 대한 사용률과 −연상에 대한 사용률간에 유의차가 보이지 않는다. 이 결과로 보아 남녀 모두에게 학년의 영향이 보이지만 연령의 영향은 보이지 않음을 알 수 있다. +선배·+연상에 대한 사용이 가장 많지만 절대적 사용빈도가 적고, 두 번째로 많은 사용률과의 차도 적다.

D. 성+kun

(1) 남녀 모두 −선배에 대한 사용률이 +선배에 대한 사용률보다 높고($p < 0.001$), −연상에 대한 사용률이 연상에 대한 사용률보다 높다($p < 0.05$). +선배·+연상과 같이 양 변수의 「+上」이 중복되면, 그 사용은 거의 전무하다.
(2) 남녀 모두 동급생·후배인 연상에 대한 사용률이 동갑·연하인 선배에 대한 사용률보다 높다.

화자 ＼ 청자	−선배·+연상	−연상·+선배			
남성	106(25.9)	34(8.3)	d.f. =1	χ^2=36	$p < 0.001$
여성	199(28.4)	50(7.1)	d.f. =1	χ^2=87.96	$p < 0.001$

(1)에서, 남녀 모두 학년과 연령의 영향이 보인다. (2)에서 연령보다 학년이 중요시됨을 알 수 있다.

E. 이름+kun

남녀 모두 −선배에 대한 사용률이 +선배에 대한 사용률보다 높다($p < 0.001$). 남녀 모두 +연상에 대한 사용률과 −연상에 대한 사용률 사이에 유의차가 보이지 않는다. 이 결과로 보아 남녀 모두에게 학년의 영향을 보이지만, 연령의 영향은 보이지 않는다는 것을 알 수 있다. +선배·+연상에 대한 사용은 거의 전무하다.

H. 성(만 부름)

(1) 남성은 -선배에 대한 사용률이 +선배에 대한 사용률보다 높지만(p<0.001), 동갑과 +연상 사이의 사용률에는 유의차가 나타나지 않고, 연하와 +연상과의 사이에서만 유의차가 보인다(p<0.05). 여성에게는 학년과 연령 모두에 유의차가 보이지 않는다. 남녀 모두 +선배·+연상과 같이 양 변수의 「+上」이 중복되면 그 사용은 전무해진다.

(2) 남성은 동급생·후배인 연상에 대한 사용률이 동갑·연하인 선배에 대한 사용률보다 높다.

화자＼청자	-선배·+연상	-연상·+선배		
남성	86(26.9)	8(2.2)	d.f. =1 χ^2=63.08 p<0.001	
여성	8(27.5)	3(10.3)	d.f. =1 χ^2=1.46 p=n.s.	

이 경우 여성에게는 유의차가 보이지 않는다.

(1),(2)에서 남성에게는 학년과 연령의 영향이 나타나는데, 그 중에서도 학년의 영향이 강함을 알 수 있다. 또한 「성(만 부름)」의 사용법에 이르러서는 여성에게는 학년과 연령 양쪽 다 아무런 영향도 없다고 할 수 있다.

I. 이름(만 부름)

(1) 남녀 모두 -선배에 대한 사용률이 +선배에 대한 사용률보다 높다(p<0.001). 여성의 경우는 +연상과 동갑 사이에는 유의차가 보이며(p<0.05), +연상과 연하 사이에는 유의차가 보이지 않는다. +선배·+연상에 대해서는 전혀 사용하지 않는다.

(2) 남성은 동급생·후배인 연상에 대한 사용률이 동갑·연하인 선배에 대한 사용률보다 높다.

화자＼청자	-선배·+연상	-연상·+선배		
남성	86(26.9)	8(2.2)	d.f. =1 χ^2=63.08 p<0.001	
여성	8(27.5)	3(10.3)	d.f. =1 χ^2=1.46 p=n.s.	

한국인과 일본인의 언어행동과 문화의 차이

이 경우, 여성에게는 유의차가 보이지 않는다.

(1)에서 남녀 모두에게 학년의 영향이 보인다. 또한 연령의 영향은 남성에게는 보이지 않고 여성에게는 부분적으로 보인다. (2)를 보면 남성에게는 연령보다 학년이 중요시되고 있음이 더욱 분명하다. (1),(2)의 결과 여성에게는 학년의 영향이 분명하게 나타나고, 연령의 영향은 부분적으로 보이나, 전체적으로는 약하다고 할 수 있다.

이상과 같이 일곱 가지 호칭에 나타나는 학년과 연령의 영향에 대해 검토를 했다. 학년과 연령 두 가지 변수의 차이가 나타나는 호칭과, 학년의 차이만 보이는 호칭이 있으며, 또 각각에서 남녀차가 나타난다. 각각의 호칭에 나타나는 성질을 정리하면 아래와 같다.

학년과 연령의 차이가 나타나는 호칭에 있어서도 모든 경우에 학년이 연령보다 중요시된다는 것이 밝혀졌다. 다시 말해 일부 호칭에는 학년의 영향만이 나타나고 연령의 차이가 보이는 호칭에서도 학년의 영향이 더욱 강하다. 학년의 서열성을 나타내지만 호칭에 있어서는 위쪽으로 갈수록 많이 사용되는 것과 아래로 내려갈수록 많이 사용되는 것이 있다. 전자를 上向性서열성이라고 하고, 후자를 下向性서열성이라고 할 수 있을 것이다. 그러나 선배＜동급생＜후배와 같이 후배뿐만이 아니라 동급생에 대해 많이 사용되는 것도 포함하여 말하려면 下向性서열성이라기보다는 －上向性서열성이라고 부르는 게 더 적절하다고 생각된다. 선배＞동급생＞후배의 경우는 ＋上向性서열성이라 부르기로 한다.

그러면 각 호칭의 성질을 다음과 같이 개략한다.

A. 선배

남녀 모두 오로지 선배에게만 사용하므로, －極上向性서열성 호칭이라 할 수 있다.

B. 성＋san

남녀 어느 쪽에나 ＋上向性서열성이 보인다.

C. 이름＋san

남녀 어느 쪽에나 弱＋上向性서열성이 보인다.

D. 성+kun

남녀 어느 쪽에나 强－上向性서열성이 보인다.

E. 이름+kun

남녀 어느 쪽에나 弱－上向性서열성이 보인다.

H. 성(만 부름)

남성에게만 强－上向性서열성이 보인다.

I. 이름(만 부름)

남녀 어느 쪽에나 弱－上向性서열성이 보이지만 더욱 정확하게 말하자면 동급생에 대한 사용이 가장 많다.

이와 같이 强+(－)上向性서열성을 나타내는 호칭의 특징은 그 호칭들이 가지고 있는 다른 성질과 함께, 혹은 다른 성질보다 서열성이 강한 경우도 있다. 예를 들면 「선배」의 경우는 글자 그대로 선배를 가리키는 호칭이므로 서열성이 강하다고 할 수 있을 것이다. 그러나 弱+(－)上向性서열성이 보이는 호칭인 「이름+san」, 「이름+kun」, 「이름(만 부름)」, 「이름+chan」, 「애칭」에서는 친소, 장면 등의 영향이 서열성의 영향보다 강하다는 것이 다섯 가지 변수와의 관계에서 밝혀졌다. 다음 장에서는 각각의 호칭에 어떤 성질이 나타나는가에 대해 화자와 청자를 남녀로 나누어 검토하기로 한다.

D. 일본인 대학생의 청자 호칭법의 특징

본장에서는 학년에 초점을 맞추어 각 학년에 대해 쓰는 호칭을, 화자뿐만 아니라 청자도 남녀별로 표기·검토를 하기로 한다. 그럼으로써 대학생이 쓰는 청자호칭의 사용법에 나타나는 특징을 보다 명확하게 밝히고자 한다.

한국인과 일본인의 언어행동과 문화의 차이

① 선배에 대한 호칭의 분포

S=화자 / H=청자

〈표 Ⅲ-73〉

S	H	A	B	C	D	E	F	G	H	I	계
남	남	42 9.4%	336 75.17%	10 2.24%	34 7.61%	2 0.45%	0	11 2.46%	8 1.79%	4 0.89%	447
	여	20 4.49%	385 86.52%	16 3.6%	0	0	4 0.9%	16 3.6%	0	4 0.9%	445
여	남	89 15.08%	393 66.6%	28 4.75%	42 7.12%	19 3.22%	5 0.85%	13 2.2%	1 0.17%	0	590
	여	84 14.19%	368 62.16%	66 11.15%	9 1.52%	5 0.84%	29 4.9%	25 4.22%	2 0.34%	4 0.68%	592

② 동급생에 대한 호칭의 분포

〈표 Ⅲ-74〉

S	H	A	B	C	D	E	F	G	H	I	계
남	남	0	78 16.63%	2 0.43%	167 35.61%	16 3.41%	0	81 17.27%	91 19.4%	31 6.61%	466
	여	0	320 71.43%	7 1.56%	1 0.22%	0	9 2.01%	74 16.52%	17 3.79%	20 4.46%	448
여	남	4 0.63%	149 23.65%	9 1.43%	302 47.94%	82 13.02%	0	66 10.48%	11 1.75%	7 1.11%	630
	여	4 0.63%	308 48.81%	44 6.97%	4 0.63%	3 0.48%	101 16.01%	144 22.82%	0	23 3.65%	631

③ 후배에 대한 호칭의 분포

〈표 Ⅲ-75〉

S	H	A	B	C	D	E	F	G	H	I	계
남	남	0	51 10.99%	6 1.29%	185 39.87%	12 2.59%	0	36 7.76%	152 32.76%	22 4.74%	464
	여	0	286 63.13%	4 0.88%	22 4.86%	0	20 4.42%	53 11.7%	52 11.48%	16 3.53%	453
여	남	1 0.16%	129 20.48%	16 2.54%	328 52.06%	99 15.71%	0	46 7.3%	9 1.43%	2 0.32%	630
	여	1 0.17%	335 55.56%	41 6.8%	14 2.32%	3 0.5%	111 18.41%	80 13.27%	6 1.0%	12 1.99%	603

(1) 청자＝선배

화자와 청자 사이에서 가장 많이 쓰이는 주요 호칭을 多→少의 순서로 표시한다. 숫자는 비율(%)이다.

화자	청자	호칭	%
남성	남성	B 「성＋san」	75.2
		A 「선배」	9.4
남성	여성	B 「성＋san」	86.5
		A 「선배」	4.5
여성	남성	B 「성＋san」	66.6
		A 「선배」	15.1
여성	여성	B 「성＋san」	62.2
		A 「선배」	14.2
		C 「이름＋san」	11.15

(2) 청자＝동급생

화자	청자	호칭	%
남성	남성	D 「성＋kun」	35.6
		H 「성(만 부름)」	19.4
		G 「애칭」	17.3
		B 「성＋san」	16.6
		I 「이름(만 부름)」	6.6
남성	여성	B 「성＋san」	71.4
		G 「애칭」	16.5
		I 「이름(만 부름)」	4.5
여성	남성	D 「성＋kun」	47.9
		B 「성＋san」	23.7
		E 「이름＋kun」	13
		G 「애칭」	10.5
여성	여성	B 「성＋san」	48.8
		G 「애칭」	22.8
		F 「이름＋chan」	16
		C 「이름＋san」	7
		I 「이름(만 부름)」	3.7

한국인과 일본인의 언어행동과 문화의 차이

(3) 청자＝후배

화자	청자	호칭	%
남성	남성	D 「성＋kun」	39.9
		H 「성(만 부름)」	32.8
		B 「성＋san」	11
		G 「애칭」	7.8
		I 「이름(만 부름)」	4.8
남성	여성	B 「성＋san」	63.1
		G 「애칭」	11.7
		H 「성(만 부름)」	11.5
여성	남성	D 「성＋kun」	52.1
		B 「성＋san」	20.5
		E 「이름＋kun」	15.7
		G 「애칭」	7.3
여성	여성	B 「성＋san」	55.6
		F 「이름＋chan」	18.4
		G 「애칭」	13.3
		C 「이름＋san」	6.8

해석·고찰

A. 선배

선배에 대해서만 쓰이고, 학년의 영향이 있음이 앞장에 이어 재확인되었다.

B. 성＋san

선배에 대해서는, 화자와 청자의 성별에 관계없이 「성＋san」이 가장 많이 쓰인다. 또한 동급생과 후배에 대해서도 청자가 여성인 경우에는 화자의 성별에 영향을 받지 않고 「성＋san」이 가장 많이 쓰인다. 이 결과로 보아 「성＋san」에는 ＋上向性서열성과 여성에게 많이 사용되는 성질이 보인다. 어느 학년에나 그리고 화자와 청자, 남녀 모두에게 많이 쓰인다는 점에서 보편성도 보인다. ＋上向性서열성을 화자와 청자의 성별로 나누어 살펴보면 다음과 같이 남녀차가 나타난다. 각각의 학년간에 유의차가 나타나는 경우는 「O」로 나타나지 않는 경우는 「X」로 표기한다. 처음에는 청자의 성별을 나누어 표기하고 다음에는 남녀를 함께 표기한다.

화자	청자	선배		동급생			후배
남성	남성	336	– O –	78	– O –		51
남성	여성	385	– O –	320	– X –		286
여성	남성	393	– O –	149	– X –		129
여성	여성	368	– O –	308	– X –		335
남성	남녀	721	– O –	398	– O –		337
여성	남녀	761	– O –	457	– X –		464

O = p<0.05　　X = p>0.05(n.s.)

선배와 동급생 간에는 유의차가 보이지만 남→남의 경우와 남→남녀의 경우를 제외하고는 동급생과 후배간에는 유의차가 보이지 않는다. 그런데 여→여를 제외하고는 선배와 후배간에는 모두 유의차가 나타난다(p<0.05). 종합하면 「성+san」은 반드시 선배>동급생>후배와 같이 각 학년 사이에 유의차가 나타난다고 단정할 수 없다. 그러나 여→여를 제외하고는 선배>동급생·후배와 같이, 선배와 동급생과의 사이 및, 선배와 후배간에는 유의차가 보인다. 따라서 남→남/남녀를 제외하고는 점진 上向性서열성이라고는 할 수 없지만 +上向性서열성은 있다고 할 수 있을 것이다.

C. 이름+san/ D. 성+kun/ E. 이름+kun/ F. 이름+chan/ G. 애칭

이에 대한 설명은 앞에서 설명한 것과 중복이 많아 생략한다.

H. 성(만 부름)

남성→남성의 사용은, 동급생 및 후배에 대해 많이 나타나, -上向性서열성 및 남→남 호칭의 성질을 보인다. 남성→여성에 나타나는 「성(만 부름)」은 동급생에서도 약간 보이지만 주로 후배에 대해 쓰인다. 이것은 주로 동아리 선배가 후배에 대해서 사용한다는 것이 인터뷰 결과 밝혀졌다. 동아리에서는 본 조사결과에 나타나듯이 여성→남성에도 극소수지만 사용예가 있다. 그러한 현상은 동아리의 성격이나 동아리 구성원의 성질의 영향으로 일어나며 동아리 구성원의 대부분(예: 18/20)이 남성이고 여성은 두 명밖에 없는 경우에 나타난다. 남녀 모두의 사용에도 친근감이나 동료의식을 나타내는 역할이 있다고 판단할 수 있다.

한국인과 일본인의 언어행동과 문화의 차이

Ⅰ. 이름(만 부름)

전체적 사용률이 적고, 남→남>남→여≧여→여>여→남의 순서로 나타난다. 이 호칭의 사용에는 비공식적인 장면과 친밀감이 중요하며 또한 화자와 청자의 성별에 영향을 받는다. 「성」과 「이름」 모두 남→여>여→남의 공통점이 나타난다. 이 사용법에 나타나는 남녀차는 남성우위사회의 반영이라고 보는 해석과, 남성어/여성어의 구별이라고 보는 해석으로 두 가지 해석이 가능하다. 복수의 피험자와 인터뷰를 해보면 남성에 대해 경칭없이 「성/이름(만 부름)」은 할 수 없다는 의식이 강하게 나타난다. 그러한 의식은 다시 말해 남성우위의식이 아닌가 하고 여겨 인터뷰를 다시 해보니, 젊은 세대에 남성우위의식은 없는 것으로 판단할 수 있었다. 그보다는 오히려 「성/이름(만 부름)」 중에서도 특히 「성(만 부름)」은 남성어이며 여성이 사용하려면 여성 자신이 저항을 느낀다고 한다. 여성어의 근거를 보면 여성다움이나 품위의 근저에는 남성우위의식이 있다는 견해도 있다. 그러나 대학생에게 나타나는 남녀차는 남성우위의식보다 남녀구별의식으로 보는 견해가 타당한 것으로 여겨진다.

위와 같이 학년별로 사용되는 각 호칭을, 화자와 청자의 성별로 나누어 검토했다. 그 결과 많은 호칭에 있어서 화자와 청자의 성별의 영향이 현저하게 나타나는 동시에 학년의 영향도 나타났다. 이처럼 하나의 호칭에는 몇 가지 성질이 동시에 보인다. 아래의 표는 각 호칭에 보이는 다섯 가지 변수의 영향에 의한 특성을 병기한 것이다. 각 변수의 영향에 유의차가 $p<0.05$인 것은 「O」으로 표기하고, 유의차가 $p<0.001$로 나타나는 것은 「◎」, 유의차가 없는 것은 「X」로 표기한다. 각 변수의 영향과 동시에 보편성(neutral)이 보이는 경우는 변수의 영향과 나란히 「＋N」으로 표기한다.

> **특성** : F = 공식성/ I = 비공식성
>
> 上 = ＋上向性서열성/ 下 = －上向性서열성/ 對同最多 = 동급생에 대해 많다
>
> 男 = 남학생/ 女 = 여학생에 대해 많이 쓰인다.
>
> 親 = 친밀한 청자에게 많이 쓰인다/ 疎 = 소원한 청자에 대해 많이 쓰인다.

〈네 가지 변수와의 관계에서 나타나는 호칭의 성질〉

변수	화자	A	B	C	D	E	F	G	H	I
장면	남	I◎	F◎ +N		F◎	F◎	I◎	I◎	I◎	
	여	I 0	F◎ +N		F 0	I◎	I◎	I◎		I◎
학년	남	上◎	上◎ +N		下◎			對同 最多	下◎	對同 最多
	여	上◎	上◎ +N	上◎	下◎	下◎	下◎	對同 最多		對同 最多
청자의 성별	남	男 0	女◎ +N		男◎	男◎	女◎		男◎	
	여		女◎ +N	女◎	男◎	男◎	女◎	女◎	男◎	女◎
친소	남		疎 0 +N	親 0	疎 0 +N		親◎	親◎		親 0
	여	疎◎	疎◎ +N	親 0	疎 0 +N			親◎	親◎	親◎

학년＋연령의 영향을 검토한 결과, 연령의 영향은 별로 없다는 것이 밝혀졌다. 따라서 여기서는 연령의 영향은 표기하지 않는다.

위의 표에서 나타나듯이 각 호칭은 여러 가지 성질을 함께 갖고 있다. 그들 성질 사이에 내재하고 있다고 여겨지는 관련성과 공통점을 찾아냄으로써 각 호칭의 성질을 부각시킬 수 있을 것이다.

A. 선배

남녀 모두 비공식적인 장면에서 사용한다는 점과, 선배에 대해 쓴다는 점에서 공통된다. 이 호칭은 특수하여 평소에 빈번하게 쓰이는 호칭은 아니다. 청자와의 상하관계를 화자가 명시하고 싶을 때 쓰이며, 청자를 높여주는 데 주목적이 있다. 따라서 동아리 안에서도 보통 대화에서는 쓰지 않고 대화중에 청자가 선배임을 명시하고 싶을 때 쓰이는 경향을 보인다.

한국인과 일본인의 언어행동과 문화의 차이

B. 성+san

　남녀 모두 네 가지 변수의 영향이 현저하게 나타나고 있다. 그 성질들을 개략해 보면 **공식성** / +上向性**서열성** / 對**여성용** / 對**소원성**이다. 이러한 성질은 반대되는 성질에 비해 상대적으로 강하게 나타나기 때문에 이렇게 명명한 것이다. 그러나 「성+san」은 남녀 모두에게 있어서 어느 장면에서나, 어떤 학년에도 친소관계에 관계없이 또한 청자의 성별에 영향을 받지 않고 최고사용률을 나타내고 있다. 따라서 「성+san」의 성질의 특징은 **「보편성」**이라고 할 수 있을 것이다. 인터뷰를 해보면 선배에 대한 +上向性서열성의 인식은 별로 없다는 것을 알 수 있다. 또한 선배에게 사용하는 「성+san」의 언어의식에도 +上向性서열성은 두드러지지 않고 그밖에 사용할 수 있는 호칭이 없기 때문에 「성+san」을 사용한다는 의식이 더 강하다. 그러나 동급생 남성에게 학년초부터 「성+kun」을 쓰는 이유는 「성+san」에는 거리감이 느껴지기 때문이라는 의식이 바탕에 깔려 있다. 따라서 「성+san」을 피해, 남성에게는 「성+kun」을 쓰고, 여성에게는 「성+san」으로 시작하여 바로 「애칭」으로 바뀌는 경향이 보인다. 선배에 비해 동급생과 후배에 대해서도 「성+san」이 많이 쓰이는 것을 보면 「성+san」이라는 호칭 자체에 +上向性서열성이 내재하고 있는 게 아니라는 것을 알 수 있다. 이 점이 「선배」와의 차이이기도 하다. 「선배」는 글자 그대로 +上向性서열성을 명시하고 있다.

　장면과 친소관계, 또한 성별에 있어서도 유사점을 볼 수 있다. 공식적인 장면이나 소원한 청자에 대해 비교적 많이 쓰이기는 하지만 비공식적인 장면이나 친밀한 청자에게도 역시 많이 쓰인다. 또한 여성에 대해서도 많이 쓰이기는 하지만 남성에게도 많이 쓰인다. 비공식적인 장면이나 친밀한 청자에게는 심리적 거리감이 적기 때문에 다른 여러 가지 호칭이 쓰이는 비율이 높아진다. 반면 공식적인 장면과 소원한 청자에게는 심리적 거리감이 비교적 크기 때문에 호칭 선택의 범위가 제한된다. 그리고 「성+san」이 여성에게 많이 쓰이는 것은 남성에게는 「성+kun」과 「성」이 많이 쓰이기 때문이다. 종합하면 이것이 「성+san」이 나타내는 「보편성」이라고 생각된다.

C. 이름+san

　친밀한 청자에게 쓰이는 점에 있어서 남녀가 공통되지만 남녀 모두 사용률은 낮다. 동일한 언어집단(스피치 커뮤니티)에 같은 성씨의 사람이 있을 때 등, 그 사람과 구별할 목적으로 쓰이는 경향이 있다.

D. 성+kun

　「성+kun」의 사용법에도 「성+san」과 유사한 성질이 보인다. 남성에 대해 쓰인다는 점은 남녀가 공통된다. 그밖에 공식성/−上向性서열성/소원성이 남녀 모두에게 보인다. 그러나 여성은 비공식적인 장면에서도 많이 사용하고, 장면의 차이는 크지 않다. 친소관계에 있어서는 소원성이 보이는 한편, 친밀한 청자에게도 많이 쓰이고 그 중에서도 여성(친 : 소=310 : 389)에게 그 경향이 강하게 나타나는데, 남성(친 : 소=168 : 241)에 비하면 친소차는 비교적 크지 않다고 할 수 있을 것이다. 또한 남녀 모두 선배에 대해서는 최저사용률을 보이지만 동급생과 후배와의 차이는 작고, 여성은 동급생과 후배의 차이가 거의 없다.

　「애칭」과 비교하여 남성의 경우 「성」과 「성+kun」은 「애칭」에 비해 친소차가 크지 않으며, 여성의 경우도 「애칭」의 친소차이(친 : 소=331 : 43)에 비해 「성+kun」의 친소차(친 : 소=310 : 389)는 비교적 크지 않다는 것을 알 수 있다.

F. 이름+chan/ G. 애칭/ H. 성(만 부름)/ I. 이름(만 부름)

　네 가지 호칭에는 비공식성과 對친밀성이 공통점으로 보인다. 친밀감+동료의식을 표시하는 역할에 대해 「성/이름」은 「애칭」과 공통점을 나타내나, 사용률의 차이를 보면 「애칭」에 비해 「이름」에 대한 친밀감과 동료의식이 더 강하다고 할 수 있을 것이다. 친밀감과 동료의식이 별로 강한 사이가 아니면 「이름」은 쓰지 않는데, 이 영향으로 「이름」의 사용이 적다고 판단할 수 있다.

　위에서 보이는 각 호칭의 성질은 이미 두 가지 변수의 중복을 다룰 때 나타났다. 학년+장면에 있어서 선배에 대한 장면의 영향이 다른 학년에 비해 적은 것은 선배에 대한 심리적 거리가 크기 때문이라고 여겨진다. 그 결과 호칭선택의 범위가 제한되어, 다른 호칭은 별로 쓸 수 없기 때문에 공식성을 띠는 「성+san」이나

한국인과 일본인의 언어행동과 문화의 차이

「선배」의 비율이 높아진다. 한편 동급생에게는 심리적 거리감이 적기 때문에 호칭 선택의 범위가 넓어지면서 다채로운 호칭을 사용한다. 나아가 그들 호칭은 장면에 따라 구별해서 사용하기 때문에 동급생에 대한 장면의 영향이 커지는 결과가 나타나는 것이다. 후배에 대해서는 화자의 남녀차가 보인다. 여성에게는 동급생과 후배 사이에 장면의 차이가 거의 보이지 않지만 남성에게는 동급생에 대한 장면의 영향이 후배에 비해 크다.

이상과 같이 각 호칭에 나타나는 성질에 대해 비교·검토를 실시한 결과 아래와 같이 밝혀졌다.

① 일반적으로 사용되는 호칭 가운데 −上向性서열성이 현저하게 보이는 호칭은 있지만 ＋上向性서열성이 현저하게 보이는 것은 없음을 알 수 있었다. −上向性서열성이 보이는 호칭에는 「성(이름)＋kun」과 「성(만 부름)」이 있다. ＋上向性서열성을 나타내고 있는 호칭에는 「선배」가 있는데 일반적으로 쓰인다고는 할 수 없다. 또한 「성＋san」은 동급생과 후배에게도 많이 쓰이는데, 선배에게만 쓰이는 호칭은 아니다.

② 비공식성과 친밀감을 나타내는 호칭은 동성간에 쓰이는 경향이 보인다.

③ 친밀감과 동료의식을 나타내는 호칭은 동급생간에 최고사용률을 나타내고 있다.

④ 「성(만 부름)」에 비해 「이름(만 부름)」은 더욱 강한 친밀감과 동료의식을 나타낸다. 이것을 포함하여 친소관계와 관련하여 다음과 같이 말할 수 있다.

⑤ 「이름＋san / chan / 이름(만 부름)」은 친밀감을 나타내고, 「성＋san/kun」은 소원함을 나타내는 경향이 보인다. 즉 「이름」이 친밀감을 나타내고, 「성」은 소원함을 나타낸다.

1-3 한국인 대학생과 일본인 대학생의 청자 호칭법의 비교

한국인 대학생과 일본인 대학생의 청자 호칭법을 비교하기 위하여 우선 다섯 가지 변수를 영향이 큰 순서로 열거하여 표기한다. 한국 여성의 친소관계(p<0.035)를 제외한 전부가 p<0.001로 유의차를 볼 수 있다.

한 국		일 본	
남 학 생	여 학 생	남 학 생	여 학 생
학　　년	학　　년	학　　년	성　　별
연　　령	성　　별	성　　별	연　　령
성　　별	장　　면	장　　면	장　　면
장　　면	연　　령	친소관계	친소관계
친소관계	친소관계	연　　령	연　　령

　　다섯 가지 변수의 영향에서 볼 수 있는 양국 대학생의 청자 호칭법의 공통점은, 학년과 성별의 영향이 큰 것과, 다음으로 장면의 영향이 큰 것이다. 한편, 차이점은 연령과 친소관계에 있다. 한국에서는 친소관계의 영향이 눈에 띄지 않고, 일본에서는 연령의 영향이 별로 보이지 않는다. 각각의 영향이 구체적으로 어떻게 나타나 있는지에 대하여 비교·기술하기로 한다.
　　양국 대학생의 호칭법의 성질을 비교하기 위하여, 각 변수별 호칭을 사용빈도의 大→小 순으로 상위 다섯 개씩 표기한다. 각 변수마다 한국을 먼저, 일본을 나중에 표기한다. 양국에서 또 남녀의 조사대상자 수가 다르기 때문에, 사용빈도와 비율(%)을 합하여 표기한다. 비율은 전학년에 대한 것이다.

① 학년과 호칭의 관계

A. 한국인 대학생

화자 청자=선배	남학생		여학생		
호　칭	사용빈도	%	호　칭	사용빈도	%
성명+氏	139	8.38	형	106	8.52
형	138	8.32	언니	92	7.4
이름(성명)	105	6.33	선배님	83	6.67
이름(氏)	62	3.74	오빠	55	4.42
선배님	36	2.17	이름(성명)	34	2.73

한국인과 일본인의 언어행동과 문화의 차이

청자=동급생 / 화자	남학생		여학생		
호 칭	사용빈도	%	호 칭	사용빈도	%
이름(성명)	344	20.74	이름(성명)	285	22.91
성명+氏	111	6.69	형	74	5.95
형	57	3.44	성명+氏	22	1.77
이름(氏)	51	3.07	이름+氏	19	1.53
누나	9	0.54	오빠	15	1.21

청자=후배 / 화자	남학생		여학생		
호 칭	사용빈도	%	호 칭	사용빈도	%
이름(성명)	371	22.36	이름(성명)	298	23.95
성명+氏	103	6.21	성명+氏	45	3.62
형	16	0.96	이름+氏	26	2.09
이름(氏)	15	0.9	형	20	1.61
누나	8	0.48	언니	7	0.56

B. 일본인 대학생

청자=선배 / 화자	남학생		여학생		
호 칭	사용빈도	%	호 칭	사용빈도	%
성+san	721	26.45	성+san	761	20.7
선배	62	2.27	선배	173	4.71
성+kun	34	1.25	이름+san	94	2.56
애칭	27	0.99	성+kun	51	1.39
이름+san	26	0.95	애칭	38	1.03

청자=동급생 / 화자	남학생		여학생		
호 칭	사용빈도	%	호 칭	사용빈도	%
성+san	398	14.6	성+san	457	12.43
성+kun	168	6.16	성+kun	306	8.32
애칭	155	5.69	이름	210	5.71
성	108	3.96	성+kun	101	2.75
이름	51	1.87	애 칭	85	2.31

청자=선배 화자	남학생		여학생		
호 칭	사용빈도	%	호 칭	사용빈도	%
성+san	337	12.36	성+san	464	12.62
성+kun	207	7.59	성+kun	342	9.3
성	204	7.48	애칭	126	3.43
애칭	89	3.26	성+kun	111	3.02
이름	38	1.39	애칭	102	2.77

② 청자의 성별과 호칭의 관계

A. 한국인 대학생

청자=남성 화자	남학생		여학생		
호 칭	사용빈도	%	호 칭	사용빈도	%
이름(성명)	406	22.47	이름(성명)	277	22.27
형	182	10.97	형	127	10.21
이름+씨	53	3.19	오빠	70	5.63
선배님	21	1.27	성명+씨	58	4.66
			선배님	50	4.02

청자=여성 화자	남학생		여학생		
호 칭	사용빈도	%	호 칭	사용빈도	%
이름(성명)	414	24.95	이름(성명)	340	27.33
성명+씨	190	11.45	언니	110	8.84
누나	103	6.21	형	73	5.87
이름+씨	75	4.52	성명+씨	41	3.3
형	29	1.75	선배님	39	3.14

B. 일본인 대학생

청자=남성 화자	남학생		여학생		
호 칭	사용빈도	%	호 칭	사용빈도	%
성+san	465	17.06	성+kun	672	18.28
성+kun	386	14.16	성+san	671	18.25
이름(성명)	251	9.21	이름+kun	200	5.44
애칭	128	4.7	애칭	125	3.4
이름	57	2.09	선배	94	2.56

한국인과 일본인의 언어행동과 문화의 차이

화자 청자=여성	남학생		여학생		
호 칭	사용빈도	%	호 칭	사용빈도	%
성+san	991	36.35	성+san	1011	27.5
애칭	143	5.25	애칭	249	6.77
이름	40	1.47	이름+chan	241	6.56
이름+san	33	1.21	이름+san	151	4.11
성+kun	23	0.84	선배	89	2.42

③ 친소관계와 호칭의 관계

A. 한국인 대학생

화자 관계=친밀	남학생		여학생		
호 칭	사용빈도	%	호 칭	사용빈도	%
이름(성명)	448	27	이름(성명)	320	25.72
성명+씨	142	8.56	형	106	8.52
형	117	7.05	언니	58	4.56
누나/이름+씨	60	3.62	오 빠	39	3.14
선배님	7	0.42	선배님	36	2.89

화자 관계=소원	남학생		여학생		
호 칭	사용빈도	%	호 칭	사용빈도	%
이름(성명)	372	22.42	이름(성명)	297	23.87
성명+씨	211	12.72	형	94	7.56
형	94	5.67	성명+씨	63	5.06
이름+씨	68	4.1	선배님	53	4.26
누나	43	2.59	언니	52	4.18

B. 일본인 대학생

화자 관계=친밀	남학생		여학생		
호 칭	사용빈도	%	호 칭	사용빈도	%
성+san	658	6.16	성+san	708	19.26
애칭	209	7.67	애칭	331	9
성	172	6.31	성+kun	310	8.43
성+kun	168	6.16	이름+chan	132	3.59
이름	59	2.16	이름+san	123	3.35

Ⅲ. 대학생의 대우표현법

관계=소원	남학생		여학생		
호 칭	사용빈도	%	호 칭	사용빈도	%
성+kun	798	29.27	성+san	974	26.5
성	241	8.84	성+kun	389	10.58
애칭	148	5.43	선배	127	3.45
이름	62	2.27	이름+chan	114	3.1
선배님	38	1.39	이름+kun	100	2.72

④ 장면과 호칭의 관계

A. 한국인 대학생 (F=Formal, I=Informal)

장면=F	남학생		여학생		
호 칭	사용빈도	%	호 칭	사용빈도	%
이름(성명)	316	19.05	이름(성명)	236	18.97
성명+씨	285	17.18	형	137	11.01
형	113	6.81	성명+씨	82	6.59
이름+씨	50	3.01	선배님	69	5.55
누나	44	2.65	이름+씨	38	3.05

장면=I	남학생		여학생		
호 칭	사용빈도	%	호 칭	사용빈도	%
이름(성명)	504	30.38	이름(성명)	381	30.63
형	98	5.91	언니	73	5.87
이름+씨	78	4.7	형	63	5.06
성명+씨	68	4.1	오빠	52	4.18
누나	59	3.56	이름+씨	21	1.69

B. 일본인 대학생

장면=F	남학생		여학생		
호 칭	사용빈도	%	호 칭	사용빈도	%
성+san	845	31	성+san	1081	29.41
성+kun	284	10.42	성+kun	377	10.26
성	93	3.41	이름+san	91	2.48
이름	44	1.61	이름+kun	73	1.99
애칭	41	1.5	선배	71	1.93

한국인과 일본인의 언어행동과 문화의 차이

장면=I 화자	남학생			여학생		
호 칭	사용빈도	%	호 칭	사용빈도	%	
성+san	611	22.41	성+san	601	16.35	
애칭	230	8.44	성+kun	322	8.76	
성	227	8.33	애칭	306	8.32	
성+kun	125	4.59	이름+chan	188	5.11	
이름	53	1.94	이름+san	113	3.07	

이미 언급한 것처럼 연령의 영향으로 보이는 결과가, 한국에서는 많은 경우에 입학년도의 영향인 것이 피험자와의 인터뷰에서 밝혀졌다. 「연령」의 영향이 한국에서는 남성－두 번째 / 여성－세 번째이고, 일본에서는 남녀－다섯 번째로 비교할 필요가 없다고 생각되어 연령의 비교는 생략한다.

(1) 일본인 대학생과의 비교에서 나타나는 한국인 대학생의 호칭법의 특징

두 나라의 대학생 사이에는 큰 차이가 보인다. 한국에서도 전체적으로 호칭 자체에 上向性서열성을 지닌 친족명칭을 많이 사용한다. 한편, 일본에서는 학년차와 남녀차는 있지만, 어느 학년에 대해서나 「성+san」을 많이 사용한다. 따라서 「성+san」은 다른 학년에 비해 선배에게 많이 사용하지만 실제로 ＋上向性서열성호칭이라고 할 수는 없다. ＋上向性서열성호칭을 나타내는 「선배」에 있어서도 차이가 보인다.

한국에서는 「선배님」은 연령차가 큰 선배나 공식적인 장면에서 사용되어, 여성에서는 장면의 영향이, 남성에게는 친소의 영향이 두드러지게 나타난다. 일본 「선배」에서는 친소와 장면에 의한 차이가 보이지만, 주로 상하관계를 명시하는 목적으로 사용되고 일반적으로 사용되지는 않는다. 한국에서는 친족명칭에 비해 사용률은 낮지만 선배에 대한 호칭의 하나로 일반적으로 사용된다. 특히 선배를 세우기 위한 목적이 있는 것이 아니고, 친족 명칭에 비해 격식 있는 호칭법인 점이 일본과 다르다.

또한 한국에서 많이 사용되는 「이름(성명)」은 화자와 청자의 성별에 관계없이 같은 학년과 후배에게 사용된다. 한편 일본 내에서는 「성」은 주로 남성들 사이에서 사용되어 남성 → 여성의 사용이 약간 보일 뿐이다. 「이름」은 남녀간에 사용되지만, 상당히 친밀한 사이라는 것이 사용의 전제가 되어, 동성간이나 남성 → 여성에 비해 여성 → 남성은 별로 안 보이고 전체적인 사용률이 낮다.

이와 같이 양국 대학생의 호칭법의 공통점은 학년의 영향이 강하지만 그 구체적인 내용이나 사용법의 특징은 다르다는 것을 알 수 있으며, 그 차이는 다음과 같이 요약할 수 있다.

한국 호칭법에서 보이는 서열성은 강하지만, 그에 비하면 일본은 비교적 강하지 않다. 한국에서는 선배에게, 남성은 「성명+氏」와 같은 빈도의 친족명칭을, 여성은 「친족명칭」과 「선배님」을 많이 사용하며 +上向性서열성이 현저하게 나타난다. 같은 학년이나 후배에게도, 입학년도가 빠른 복학생이나 세살 이상 연상자에게는 선배로 대우하여 「친족명칭」이나 「성명+씨」를 사용한다. 조사결과에 연령의 영향이 크게 나타난 것은 이와 같은 사정 때문이지만 실제는 연령보다도 입학년도의 영향인 경우가 많다. 선배나 같은 학년 및 후배에 대해서 사용하는 「성명+씨」는 학년과 연령이 어긋난 경우의 사용이다. 한국에서는 연상의 선배에게는 「친족명칭」이나 「선배님」 같은 +上向性서열성 호칭을 사용한다. 한편, 같은 학년이나 후배에게는 화자와 청자의 성별에 관계없이 「이름(성명)」을 사용하여, ±上向性서열성을 대조적으로 뚜렷이 나타낸다.

친족 명칭은 친족중의 下位者가 上位者에게 사용하는 것인데, 대학생은 확대사용하는 것이다. 본래 친족간의 친족명칭은 화자와 청자의 친소에 관계없이 정해진 대로 사용해야 한다. 이 법칙이 그대로 대학사회의 확대사용법에도 적용되어, 친소의 영향을 거의 받지 않는다. 친소의 차가 보이는 호칭은 남성이 사용하는 「이름(성명)」과 「성명+씨」이다. 「이름(성명)」은 친밀한 청자에게 비교적 많이 사용하고 「성명+씨」는 소원한 청자에게 비교적 많이 사용한다. 이외에 친소의 영향이 보이는 것은, 사용률은 적지만 「선배님」이 있으며 소원한 청자에게 비교적 많이 사용한다.

한국인 대학생의 호칭법에 성별의 영향이 크게 나타나는 것은, 화자와 청자의 성별을 나타내는 친족명칭이 가장 많이 사용되고 있는 점이 주된 원인이다. 한국

한국인과 일본인의 언어행동과 문화의 차이

인 대학생에서 이미 언급했듯이, 친족 명칭은 각각 화자와 청자의 성별에 따라 구별해 사용한다. 이와 같은 구별이 확대 사용에도 적용되어 성별의 영향이 크게 나타난 것이다. 이밖에 남성이 여성에게 사용하는 「성명＋씨」에 청자의 성별의 영향이 크게 나타나며, 그 외에 「이름(성명)」에서 성별의 차이가 조금 보인다.

장면의 영향이 큰 것은 주로 「이름(성명)」과 「성명＋씨」의 사용에 장면의 차이가 크기 때문이다. 그밖에 공식적인 장면에서 남성이 「성명＋씨」를 사용하는 대신, 여성은 「형」을 사용하며, 사적인 장면에서는 「형」 대신 「오빠」를 사용하여 장면의 영향을 나타낸다. 이와 같이 「이름(성명)」은 동급생과 후배에 대해, 어떤 장면에서나 어떤 성별에 대해서나 친소관계에 상관없이 가장 많이 사용한다.

한국인 대학생이 가장 많이 사용하는 상위 두 개 호칭이 바로 친족명칭과 「이름(성명)」이며 이 둘을 이분하는 지표는 다름 아닌 「상하의식」이다.

(2) 한국인 대학생과의 비교에서 나타나는 일본인 대학생의 호칭법의 특징

일본인 대학생이 사용하는 호칭 중에서 서열성이 보이는 것은, 「성＋san」과 「성＋kun」 및 「성(이름)」이다. 선배에 대한 「성＋san」의 사용률이 높은 것은 이외에 사용할 수 있는 호칭이 없는 것이 주된 이유로, 동급생이나 후배에 대한 사용률이 높은 것을 보아도 알 수 있다. 또한 「성＋san」은 친소관계나 장면, 성별의 영향을 받아 이것이 한국인 대학생이 선배에게 사용하는 친족 명칭과의 차이점이다. 一上向性 서열성을 나타내는 「성＋kun」과 「성」 및 「이름」에서도 친소관계나 장면 및 성별의 영향이 보인다. 선배에게만 사용하는 「선배」는 보통 장면에서는 사용을 하지 않아 일반적인 호칭으로 보기는 어렵다.

이와 같이 서열성을 나타내는 호칭에서 보이듯이, 일본대학생의 호칭법에서 친소관계나 장면, 성별의 영향이 크게 나타난다. 청자의 성별의 차이가 나타나는 호칭을 요약하면 다음과 같다.

　　「성＋san」　　　　남녀 → 남 〈 여
　　「이름＋san」　　　여 → 여

「성+kun」　　　　남녀 → 남
「이름+kun」　　　　남 〈 여 → 남
「이름+chan」17)　　여 → 여
「성」만　　　　　　남 → 남 〉 여
「이름」만　　　　　남 → 남 〉 여 / 여 → 남 〈 여

이와 같이 한국인 대학생의 호칭법에는 ±上向性서열성이 현저히 나타나지만, 다른 변수의 영향은 부분적으로만 보인다. 한편, 일본인 대학생의 호칭법에는, 선배를 제외하고 선배에게만 사용하는 +上向性서열성은 없다. −上向性서열성을 나타내는 호칭에는, 「성+kun」과 「성(이름)」이 있는데 화자와 청자의 성별과 친소관계에 따라 사용이 제한된다. 즉 한국인 대학생의 호칭법에는 「상하관계」가 가장 중요한 지표가 되고 일본인 대학생의 호칭법은 서열성을 나타내는 호칭의 사용조차 장면이나 친소관계 및 성별에 의해 영향과 제한을 받는다. 또 각 변수마다 사용률의 차이는 있지만, 일본인 대학생이 사용하는 호칭 중에 최상위를 나타내는 것은 「성+san」으로 「성+san」의 보편성도 함께 나타내고 있다. 이와 같은 호칭법의 차이에는 양국 대학생의 상하 관계에 대한 의식의 차이가 나타나는 동시에, 한국의 절대경어적 성질과 일본의 상대경어적 성질이 극명하게 대조된다.

2 대학생의 제3자 대우표현에 나타나는 심정의 영향

앞에서는 대학생인 화자가, 같은 대학생 청자를 직접 부를 때, 호칭의 선택에 영향을 미치는 다섯 가지 요인에 관하여 설명했다.

여기서는 대화의 장면에 함께 하지 않은 선생님에 관한 정보를 청자에게 전할

---

17) 「이름+chan(ちゃん)」은 남녀 어린이나 초등학교 이상의 여자어린이나 결혼 전의 여자친구들 사이에서 사용되며 귀여운 느낌의 호칭법이다.

한국인과 일본인의 언어행동과 문화의 차이

경우, 화자의 심정이 어떤 영향을 끼치는가에 관하여 분석하기로 한다.

화자와 청자 이외의 화제에 오른 제3자를 가리키는 호칭을 「제3자 호칭」이라 부른다. 화자가 청자에게 「A선생님이 다음주에 미국에 간다」라고 알릴 경우에 「A선생님이」 부분이 제3자 호칭에 해당한다. 본 조사에서는 한국어 네 종류, 일본어 세 종류의 제3자 호칭이 나타났다. 한편 「간다」 부분의 스피치 레벨은 한국어와 일본어 모두 경어형과 비경어형의 두 종류이다.

「B선생님」을 청자로 하여 화제의 「A선생님」에 관하여 말할 경우에는 한국, 일본 모두 경어형이 보인다. 한국에서는 조사대상자 전원이 제3자 경어 및 청자 경어형의 「가신대요」 및 「가신답니다」를 사용했다. 「-요」형은 남녀가 사용하며, 「-답니다」는 남학생 7/24명이 사용했다. 일본은 조사대상자 전원(30명)이 경어형인 「いらっしゃるよう(そう)です/行かれるよう(そう)です(가신다고 합니다)」를 사용했다[18].

이와 같이 양국 모두 청자가 선생님인 경우에는 그 장면에 함께 하지 않은 화제의 「A선생님」에 대하여 이야기 할 때에 조사대상자 전원이 제3자 경어 및 청자 경어에 경어형을 사용하고 있다. 또한 화자의 성별이 대우표현의 선택에 미치는 영향에 대해 조사한 결과 한국인 대학생·일본인 대학생의 양쪽 모두 차이가 보이지 않아 대학생의 제3자 대우표현에 화자의 남녀차가 없는 것으로 밝혀졌다. 따라서 「B선생님」이 청자인 경우의 조사결과와, 화자의 성별의 영향의 결과에 대해서는 논하지 않는다.

2-1 한국인 대학생

- **조사대상**—앙케이트 조사 : (한양대학교) 학생 남성(24명), 여성(18명)

  인터뷰 : (한양/서강/연세/고려/서울대학교) 남성(12명), 여성(14명)
- **사용빈도의 산출**—조사대상자수 × 6(심정의 종류)
- **총사용빈도**는 42명 × 6 = 252가 되겠지만, 무회답이 2개 있어 250이다.

---

18) 로마자 표기는 2)일본인 대학생 ②에 표기한다.

(1) 화자의 심정과 제3자 호칭의 관계

· 청자 = 친구
· 변수 = 화제의 선생님에 대한 화자의 심정
　　 − 좋아함/싫어함/아주 싫어함, 존경/존경하지 않음/경멸
· 사용된 제3자의 호칭
　A. ~선생님께서　　B. ~선생님이　　C. ~선생이　　D. 성명 / 별명

심정 ＼ 호칭	~선생님께서	~선생님이	~선생이	성명/애칭
좋아함	10 3.98%	30 11.95%	1 0.4%	0 0%
싫어함	3 1.2%	18 7.17%	11 4.38%	10 3.98%
아주 싫어함	2 0.8%	9 3.59%	10 3.98%	21 8.37%
존경	17 6.77%	24 9.59%	1 0.4%	0 0%
존경하지 않음	2 0.8%	25 9.96%	9 3.59%	5 1.99%
경멸	2 0.8%	6 2.39%	11 4.38%	23 9.16%

d.f.=15　　χ^2=124.98　　p < 0.001

좋아함 · 존경의 ＋심정의 경우는 「~님께서」와 「~님이」가 제일 많이 사용된다. 싫어함 · 존경하지 않음의 弱−심정[19] 경우는 존경접미사만 붙인 「~님이」가 제일 많고, 이어서 경어형 접미사 · 주격조사 어느 것도 안 붙인 「선생」＞「성명/별명」 순으로 사용된다. 매우 싫어함 · 경멸의 強−심정의 경우는 대우도가 낮은 「성명/별명」이 가장 많이 사용된다. 이와 같이 「선생님께서」의 사용이 14.34%이고, 「선생님이」의 사용이 44.62%로, 합해서 58.96%에 달한다. 즉, 「선생님이(께서)」의 사용률이 ＋심정(32.26%)＞弱−심정(19.13%)＞強−심정(7.58%)의 순으로 사용률은 줄지만, 「선생」에 대한 존경접미사 「~님」을 붙여서 사용하는 사람이 과반수를 넘는다.

「선생님이(께서)」의 사용률(58.96%)과 「성명 / 별명」의 사용률(23.51%)에 비해

---

19) 「싫어함/존경하지 않음」을 「매우 싫어함/경멸」에 비해 弱−심정으로 분류함.

한국인과 일본인의 언어행동과 문화의 차이

「선생」의 사용률은 17.13%이다.[20]

(2) 화자의 심정과 제3자 스피치 레벨의 관계

· 청자 = 친구

· 사회적 변수 = 화제에 오른 A선생님에 대한 화자의 심정

　　　　　－좋아함/싫어함/아주 싫어함, 존경함/존경하지 않음/경멸함

· 사용된 스피치 레벨

　　경어형 = 가신대　　　　　　　　비경어형 = 간대

심정 ＼ SL	경어형	비경어형
좋아함	38 15.2%	3 1.2%
싫어함	15 6%	27 10.8%
매우 존경함	5 2%	37 14.8%
존경함	41 16.4%	1 0.4%
존경하지 않음	17 6.8%	24 9.6%
경멸함	5 2%	37 14.8%

$$d.f. = 5 \quad x^2 = 121.25 \quad p < 0.001$$

좋아함 · 존경함과 같은 ＋심정의 경우는 경어형만을 사용하며(31.6%), 싫어함 · 존경하지 않음과 같은 弱 －의 경우는[21] 과반수는 비경어형(20.4%)에 이어서 경어형을(12.8%) 사용하며 아주 싫어함 · 경멸함과 같은 强－(negative)의 경우는 오로지 비경어형(29.6%)을 사용한다.

한편 화자의 성별과 제3자 스피치 레벨과의 관계에 있어서는 유의차가 보이지 않는다.

---

20) 요즘은 「선생」대신에 「교수」라는 호칭이 늘어 이공계와 경상대같이 남학생이 많고 딱딱한 분위기의 학부(과)에서는 「교수」를, 인문계에서는 「선생」을 많이 쓰는 것을 인터뷰를 통해 알 수 있었다.

21) positive 심정을 ＋심정으로, negative 심정을 －심정으로 표기함.

친구를 청자로 하여 그 장면에 있지 않은 선생님을 화제로 할 때, +심정을 가진 선생님에 대해서는 경어형의 스피치 레벨 사용이 많고, 더구나 弱−심정을 갖는 선생님에 대해서도 경어형의 스피치 레벨의 사용이 비교적 많은(비경어형 사용률의 63%) 것은, 절대경어적 성질이라고 생각된다. 이러한 대우표현은 선생님에 대한 사제지간이라고 하는 상하관계의 인식에 의한 것이라고 볼 수 있으며, 일반적으로 오늘날 대학생의 언어행동에 종래에 비하여 압존법22)이나 「겸양법」 등의 약화는 보이나, 스승에 대한 상하의식을 여전히 보존하고 있는 것으로 생각된다.

2-2 일본인 대학생

- **조사대상** : 앙케이트 : (조오치대학) 남성(49명), 여성(53명)

  인터뷰 : (조오치대학) / 아오야마 가쿠인대학) 남성(8명), 여성(8명)
- **사용빈도의 산출** −피험자 수×4(심정의 종류)
- **총사용빈도**는 102명×4=408이 되어야 하나 호칭법은 무회답이 8개 있어서 총 사용빈도가 400이며, 스피치 레벨은 무회답이 4개 있어서 총사용빈도가 404이다.

(1) 화자의 심정과 제3자 호칭의 관계

- 청자 = 친구
- 사회적 변수 = 화제에 오른 선생님에 대한 화자의 심정

  −좋아함/싫어함, 존경함/존경하지 않음

---

22) 「압존법」이란 손위 청자에 대해 청자보다는 손아래이나 화자보다 손위 사람인 화자의 인물에 대해 존경 표현을 삼가하고 비경어형을 사용하는 것을 일컬음. 서(1984)에서는, "대우해야 할 두 사람 중에서, 더 높은 사람을 높이기 위해 다른 한 사람을 낮추어 표현하는 것"이라고 정의하고 있다. 이전에는 이대로 적용하여, 손주가 조부모께 부모를 화제로 할 때 제3자 경어에 비경어형을 사용했었다. 그러나 이와 같은 전통적인 대우표현법인 「압존법」이나 「겸양법」은 사회와 사람들의 의식이 변화함에 따라 사라져 가고 있으며, 조사 결과에도 이러한 현상이 나타나 있다. 현대에는 손윗분을 청자로 하여, 남편에 대한 존경표현을 삼가하는 사용법 등에 「압존법」이 보인다. 또한 바깥사회(예 : 직장)에서도 이와 같은 사용법이 보인다.

한국인과 일본인의 언어행동과 문화의 차이

·사용된 호칭

    A. ~先生(sensei)[23]   B. ~san / ~chan / 애칭   C. 성

심정 \ 호칭	~sensei	~san/~chan/애칭	성
좋아함	67 16.75%	30 7.5%	3 0.75%
싫어함	38 9.5%	8 2%	54 13.5%
존경함	89 22.25%	10 2.5%	1 0.25%
존경하지 않음	43 10.75%	10 2.5%	47 11.75%

d.f.=6 x^2=140.9323 $p < 0.001$

좋아하는 선생님에게는 「~sensei」를 사용하지만(16.75%), 그밖에 「~san /~chan /애칭」 등의 친근감을 나타내는 호칭을 사용한다(7.25%). 다른 심정에 비해 존경하는 선생님에게는 「~sensei」의 사용률이 높다(22.25%). 「싫어함·존경하지 않음」 사이에는 유의차가 보이지 않는다. 「성」은 +심정에는 거의 사용하지 않지만, 「~sensei」는 −심정에도 나타난다.

성별 \ 호칭	~sensei	~san/~chan/애칭	성
남성	105	37	54
여성	132	21	51

d.f.=2 x^2=8.09 $p<0.05$

(2) 화자의 심정과 제3자 스피치 레벨의 관계

  ·청자 = 친구

  ·사회적 변수 = 화제에 오른 A선생님에 대한 화자의 심정

        −좋아함/싫어함, 존경함/존경하지 않음

  ·사용된 스피치 레벨

---

23) 일본에서는 「직위/ 직책」 자체가 경칭이고 한국어의 「~님」에 해당하는 접미사를 청자/ 제3자 호칭시 붙이지 않고 호칭이나 지칭함.

경어형 ＝ いらっしゃる(行かれる)んだって   irassyaru(ikareru)ndatte(＝ 가신대)
비경어형 ＝ 行くんだって   ikundatte(＝ 간대)

각 심정에서 보이는 경어형과 비경어형의 차이는 크지만, 각 심정간의 차이는 「존경함」과 다른 심정 사이 외에는 거의 보이지 않는다. 다른 심정과 비교해서 존경하는 선생님에 대해서만 경어형 사용이 많고, 다른 심정에는 거의 비경어형만 사용하고 있는 점에서 공통된다.

해석·고찰

화자의 심정과 호칭과의 관계에서 좋아함/ 존경함의 심정 사이와, 싫어함/ 존경하지 않음의 심정 사이에는 큰 차이가 없고 −심정에도 「~sensei」(20.25%)가 많이 사용되는데 대한 인터뷰 결과는 다음과 같다.

(1) 선생님은 다른 차원의 사람이라 싫고 좋음에 상관없이 제쳐놓은 심정으로 「~sensei」를 사용한다.
(2) 「성(명)＋ sensei」를 하나의 묶은 호칭으로 사용한다.
(3) 특별한 이유가 있는 것은 아니고 누구에게나 같은 호칭을 한다.

이와 같이 청자가 친구인 경우, 그 자리에 없는 제3자를 화제로 할 때 존경하는 사람 이외에는 경어형의 스피치 레벨을 거의 사용하지 않는 것은 현대 일본 젊은이들의 대우표현의 특징이라고 생각된다.

스피치 레벨과 달리, −심정을 지닌 선생님에게도 「sensei」를 비교적 많이 사용한데 대해 실시한 인터뷰 결과에 대해 논하고자 한다. 화제의 선생님에 대한 호칭에서 호칭대상이 되는 사람과의 심정보다는 주위사람들이 사용하는 호칭에 맞춘 경향이 보인다. 특히 학교 선생님은 호칭 중에 특별한 사용역으로, 「~sensei」는 하나의 고유명사로 사람들에게 기억되고 사용된다.

「~sensei」는 직위로, 후천적으로 획득한 호칭(achieved title)이지만 이름과 교착성이 강하고 한번 불리면 교직에서 떠난 후에도 그대로 유지된다. 또한 외부사회

한국인과 일본인의 언어행동과 문화의 차이

에서 불리는 다른 호칭과는 그 성질이 다르다. 예를 들어, 총리를 그만두면 「전총리 대신」이라고는 불려도 현역 때처럼 「총리 대신」이라고 불리지는 않는다. 또 회사 사장이나 과장을 그만두면 「~san」이라고 불리지, 「~사장 / 과장」으로 불리진 않는다. 이에 비해 학교 선생은 그만두어도 「sensei」이며 언제까지나 그렇게 기억되어 선천적으로 부여받은 속성(attributive title)처럼 사용된다. 현직에 있을 때도 이웃사람들이 「회장 / 사장」으로는 부르지 않아도 「~sensei」로 부르는 예는 있다.

이에 비해 스피치 레벨은 한사람 한사람에 대해 정해진 형태가 존재하는 것이 아니고 자유선택 항목이다. 이와 같이 자유선택의 여지가 있을 때는 외부 요인의 영향을 받기 쉽다.

이 경우는 젊은 사람들의 언어 의식이 언어행동에 반영된 것이라고 여겨진다. 그들은 대화의 場이 높은 경어사용을 필요로 하지 않는 한, 그 場이 필요로 하는 최저한의 경어만을 사용한다. 따라서 하나의 덩어리로 기억하는 호칭에는 경어형이 많이 보이지만, 자유선택의 스피치 레벨을 화자 맘대로 고를 수 있기에 「평상복 차림형」[24] 사용법이 그대로 나타난 것이라고 생각된다.

이상 설명한 것을 다음과 같이 요약할 수 있다.

(1) 현대 일본의 젊은이들의 언어행동은 場을 인식한 대우표현법이라는 특징을 나타낸다. 즉 화자와 청자간의 상하관계나 친소관계를 파악하고 대화의 場의 성격을 인식하여 그 인식에 기초한 대우표현을 사용한다. 청자의 사회적 지위가 화자보다 높다든가, 화자와 청자간의 심리적 거리가 있을 경우에는 그 대화의 場은 긴장되기 때문에 화자는 「외출복 차림형」[25] 표현을 사용한다. 한편 화자와 잘 알거나 같은 레벨의 청자와의 사이에 심리적 거리가 없고 사적인 場이거나 화제의 인물이 그 자리에 없을 때는 「평상복 차림형」 언어 표현을 허용하는 場이 되어 그러한 언어 표현을 사용한다. 이와 같은

---

24) 가까운 사람들과의 사이에서 평소에 쓰는 편한 표현을 「평상복 차림형」 표현으로 지칭한다.
25) 가까운 사람사이의 편한 표현이 아니라 심리적 거리감이 있는 청자에게, 또는 그러한 상황에서 사용하는 표현을 지칭한다.

대우표현은 '場의 성격'을 인식한 언어표현, 또는 場에 맞춘 언어표현이라 할 수 있다. 현대 일본의 젊은이들은 場의 성격에 대한 화자의 대우 판단에 기초하여 場이 필요로 하는 최저한의 경어만을 사용한다는 것을 알 수 있다.

(2) 「성(명)＋sensei」와 같이 이름과 접착성이 강한 호칭은, 스피치 레벨과 비교하여 場에 맞춘 대우표현의 경향이 비교적 적게 나타난다.

2-3 한국인 대학생과 일본인 대학생의 제3자 대우표현에 나타난 심정의 영향 비교

(1) 제3자 호칭에 대한 심정의 영향 비교

A. 한국인 대학생

심정 ＼ 호칭	~선생님께서	~선생님이	~선생이	성명/애칭
좋아함	10 6%	30 18%	1 0.6%	0 0%
싫어함	17 10.2%	24 14.4%	1 0.6%	0 0%
존경함	2.5 1.5%	13.5 8.1%	10.5 6.3%	15.5 9.3%
존경하지 않음	2 1.2%	15.5 9.3%	10 6%	14 8.4%

d.f.=9 χ^2=72.4667   p<0.001

B. 일본인 대학생

심정 ＼ 호칭	~선생	~san/~chan/애칭	성(만)
좋아함	67 16.75%	30 7.5%	3 0.75%
싫어함	89 22.25%	10 2.5%	1 0.25%
존경함	38 9.5%	8 2%	54 13.5%
존경하지 않음	43 10.75%	10 2.5%	47 11.75%

d.f.=6 χ^2=140.93   p<0.001

한국인과 일본인의 언어행동과 문화의 차이

　일본의 「先生」은 無標(unmarked)인데 비해, 한국의 「선생님」은 경의를 표시한다는 점에서 다르다. 만약 경의가 없으면 「님」이 붙지 않는 「선생」을 사용할 것이다. 이러한 차이 이외에 ＋심정에는 경칭이 많이 사용되고, ―심정에는 비경칭이 많이 사용된다는 패턴에는 큰 차이가 보이지 않는다.

(2) 제3자 스피치 레벨에 대한 심정의 영향 비교

　한국은 6개로 나누었지만, 양국 비교를 위해 强弱 심정을 하나로 묶어 4개로 나누었다.

A. 한국인 대학생

심정 ＼ 스피치 레벨	경어체	비경어체
좋아함	38 22.8%	3 1.8%
싫어함	41 24.6%	1 0.6%
존경함	10 6%	32 19.2%
존경하지 않음	11 6.6%	30 18.3%

d.f.＝3　χ²＝84.8947　p＜0.001

B. 일본인 대학생

심정 ＼ 스피치 레벨	경어체	비경어체
좋아함	4 0.99%	97 24.01%
싫어함	30 7.43%	71 17.57%
존경함	2 0.5%	99 24.5%
존경하지 않음	2 0.5%	99 24.5%

d.f.＝3　χ²＝65.416　p＜0.001

　한국인 대학생은 좋아함·존경의 ＋심정에 그치지 않고, 싫어함·존경하지 않음의 ―심정에도 경어형을 사용하여 전체적으로 경어형을 많이 사용(60%)한다. 한편 일본은 존경의 경우에만 경어형을 조금 사용(7.4%)하며, 전체적으로 비경어형의 사용이 90.58%로 경어형은 9.42%에 불과하다. 이와 같이 청자에 따라 바뀌는 언어행동은 상대경어적 성질로 판단되며, 일본대학생의 대우표현에 더 강하게 나타난다. 한국은 청자의 영향과 화자의 심정에 따른 상대경어적 성질이 보이지만 절대경어적 성질처럼 강한 것은 아니다.

 대학생의 스피치 레벨의 사용법에 나타나는
청자 및 제3자 대우표현법

- **조사내용** : 부록 1-설문 IV
  - 화자 = 대학생
  - 제3자(화제의 인물) = 선생님
  - 청자 = 제3자인 선생님의 자녀
  - 설문 = "선생님은 계신가"
- **네 가지 사회적 변수**
  - (1) 화자의 성별 - 남성/여성
  - (2) 대화의 채널 - 방문/전화
  - (3) 청자의 연령 - 초등학생/중학생
  - (4) 화자와 청자의 친소관계 - 친밀/소원(초면)

3-1 한국인 대학생

- **조사 대상** : 한양대학교 학생(남성 - 24명/여성 18명)

피험자의 자유회답을 분류하여 대우도의 순서별로 정리한 스피치 레벨은 다음 다섯 가지 종류이다. 어간이 제3자에 대한 대우표현, 어미가 청자에 대한 대우표현이 된다. 그 구성을 N(비경어표현), H(경어표현), F(격식을 차린 표현)라는 기호로 나타낸다. 예를 들면, HN는 제3자에게는 경어표현을, 청자에게는 비경어표현을 사용하고 있음을 나타낸다.

HF	계십니까	HH	계세요
HN	계시니	NH	있어요
NN	있니		

- **사용빈도의 산출**—피험자수 × 8항목(회답수)
- **8항목의 산출**—세 가지 변수의 항목을 곱한 수
  - 예 : 화자의 성별—남성/여성에 따른 사용빈도의 산출

| 남성 | 방문/전화(2) × 초등학생/중학생(2) × 친밀/소원(2) = 8 |
| 여성 | 방문/전화(2) × 초등학생/중학생(2) × 친밀/소원(2) = 8 |

각 표에서 사용빈도의 합계는 피험자수 42명×8=336이 되어야 하나 무회답수
가 12개가 있어서, 사용빈도는 324이다.

(1) 네 가지 사회적 변수와 스피치 레벨의 관계

① 사회적 변수＝화자의 성별－남/여

SL＝스피치 레벨

성별 \ SL	NN	NH	HN	HH	HF
여성	0	0	92	50	2
Row %			63.89	34.72	1.39
남성	2	1	128	24	25
Row %	1.11	0.56	71.11	13.33	13.89

d.f.=4 χ^2=34.039 $p<0.001$

남녀 모두 HN을 제일 많이 사용하는 까닭은, 청자가 어린이라 손 아래로 간주
하여 청자에 대한 경어형은 사용하지 않고, 그 場은 화제에 오른 선생님에 대한
경의만을 필요로 한다는 판단에 따른 언어행동이라고 생각한다. 화제가 된 선생님
은 그 자리에 계시지 않아도 손위라는 판단하에 경어형만을 사용하며, NN, NH는
거의 보이지 않는다. 이것은 상하의식에 따른 한국의 절대경어의 성질을 나타내고
있다고 생각한다.

선생님과 선생님의 자녀 모두에게 경의를 표하는 HH를 여성이 비교적 많이 사
용하는 까닭은, 場이 필요로 하는 대우도를 여성 쪽이 비교적 높게 책정한 결과라
고 생각한다 「～ㅂ니까」를 남성들이 비교적 많이 사용하는 것은 군복무의 영향이

Ⅲ. 대학생의 대우표현법

라고 생각한다. 두 종류의 어미「～요/～ㅂ니까」형에 관한 조사 결과, 3년간 군복무를 한 복학생은 전원(15명/15명)이「～ㅂ니까」형을 사용했다.

② 사회적 변수 = 채널 – 방문/전화

채널＼SL	NN	NH	HN	HH	HF
방문	1	1	127	29	6
%	0.31	0.31	39.2	8.95	1.85
전화	1	0	93	45	21
%	0.31	0.00	28.7	13.89	6.48

d.f.＝4 χ^2＝18.001   p＜0.001

방문, 전화 모두 선생님에 대한 경의를 표하는 HN을 가장 많이 사용하는데 방문에서 더 많이 사용한다. 청자와 제3자 모두를 높이는 HH, HF는 전화에서 더 많이 사용한다.

·대화채널의 영향에 대한 인터뷰 결과

전화로 상대방이 누구인지 잘 모르기에 대우도가 높은 표현을 많이 사용하며, 방문은 상대방의 나이가 보이므로 그에 맞춘 대우표현을 한 것이다.－한양대 학생 6명(남녀 각 3명)의 의견

해석·고찰

방문은 청자가 눈앞에 있기에 물리적·심리적 거리가 적고 또 얼굴표정, 몸짓 등의 비언어행동에 의존할 수 있기 때문에 언어형식에 의한 대우도가 낮아진다. 따라서 방문에서는 청자에 대한 비경어형 HN을 가장 많이 사용한다. 한편, 전화는 언어표현에만 기대기 때문에 대우도가 높은 표현을 필요로 한다. 본 조사 결과에서 청자에게 경어형을 사용한 HH, HF가 전화에서 많이 사용된 것도 이러한 영향 때문이라고 판단할 수 있다.

한국인과 일본인의 언어행동과 문화의 차이

③ 사회적 변수 = 청자의 연령 – 초등학생/중학생

연령＼SL	NN	NH	HN	HH	HF
초등학생	2	0	123	28	9
%	0.62	0	37.96	8.64	2.78
중학생	0	1	97	46	18
%	0	0.31	29.94	14.2	5.56

d.f.=4　　　x^2=13.451　　　p<0.009

초등·중학생 모두 화제의 선생님에게만 경어형을 사용하는 HN을 가장 많이 사용하고, 청자와 제3자 모두에게 경어형을 사용하는 HH, HF는 중학생이 비교적 많이 사용한다.

해석·고찰

한국인 대학생은 선생님을 화제로 할 때, 청자가 선생님의 자녀라도 초등·중학생에 관계없이 청자 경어형은 거의 사용하지 않는다. 선생님의 아이라도 아이는 아이라는 의식과, 아이에게 경어형을 사용하지 않아도 된다고 하는, 오랫동안 사회적으로 용인되어 온 고정관념에 따라 비경어형을 사용한 것이다. 한편, 시대와 사회가 급변하면서 종래의 상하관계가 무너져 내린 현대사회에서도, 선생님은 손윗분이라는 의식이 강하며 그러한 인식에 기초하여 그 자리에 함께 하지 않은 선생님에 대해 경어형을 사용한 것이다.

④ 사회적 변수 = 화자와 청자의 친소관계 – 친밀/소원

친소＼SL	NN	NH	HN	HH	HF
친밀	2	0	147	10	3
%	0.62	0	45.37	3.09	0.93
소원	0	1	73	64	24
%	0	0.31	22.53	19.75	7.41

d.f.=4　　　x^2=83.630　　　p<0.001

친밀한 청자에게 HN을 많이 사용하는 것은 화자와 청자간에 심리적 거리가 없어서 경어형은 필요없다는 의식에 따른 대우표현이라고 생각한다. 가장 많이 사용

된 HN이 소원한 청자에게 사용한 HH+HF보다 적은 까닭은, 소원한 청자에게는 심리적 거리가 있어서 청자가 어린이라도 대우도가 낮은 표현은 피한다는 사실을 나타내고 있다. 이와 같이 친소관계가 중요한 요인으로 나타난 것은 대학생들간의 청자 호칭법에서는 친소관계의 영향이 가장 낮다는 사실과 대조적이다. 이 결과, 친구보다 선생님 자녀와의 심리적 거리가 더 크다는 사실을 알 수 있다. HN, HH, HF의 사용에서 친소차가 비교적 큰 것은 상대경어의 성질로 볼 수 있다. 그러나 친소를 합해 HN의 사용이 가장 많은 것을 보면 절대경어의 성질이 강하다고 판단할 수 있다.

이 조사결과에서도 나타났듯이 한국에서는 특별한 경우를 제외하고 아이들에게 대한 경어표현은 사용하지 않는다. 특별한 경우란 사회적으로 상당한 힘을 지닌 사람이 있는 자리에서 그 자녀와 말한다든가, 혹은 이해관계가 얽힌 상대방의 아이에게 경어형을 사용하는 경우이다. 그러나 이런 경우도 여성 화자는 경어형을 사용하지만, 남성은 거의 경어형을 사용하지 않는 경향이 있다. 여성도 상대방이 고등학생 이상의 나이로 보이든가 중학생도 어느 정도 나이로 보이는가에 따라 사용하고 초등학생한테는 거의 사용하지 않는다. 남성은 경어형을 사용하는 상대방의 나이가 더 낮아져 대학생 또래의 남학생한테도 사용하지 않는 예도 보이긴 하지만, 화자와 청자의 성별과, 화자의 성격 등에 따라 차이가 보인다는 걸 관찰할 수 있다.

본 조사결과에도 이와 같은 사회 관념과 의식이 나타나 있다. 한편, 선생님이란 종전까지 한국사회에서는 "스승의 그림자도 밟지 않는다"라는 의식이 있을 정도로 존경받는 존재였다. 그러한 의식이 많이 약화된 현대에도 대학생들의 상하의식이 여전히 강하다는 것을 나타내고 있다.

이와 같이 한국인 대학생의 대우표현법은 청자인 어린이와 화제가 된 선생님 모두에 대한 「상하의식」의 지표가 되고 있다. 다른 변수에는 별로 영향받지 않고 강한 상하의식에 따라 행동하는데, 절대경어의 성질을 나타내는 중에서도 場에 맞춘 언어행동이 한 가지 있다. 위에서 언급한 친소관계와 스피치 레벨의 관계에서 보이는 사용 패턴이다. 친밀한 청자에 대해서는 청자에 대한 경어가 표현되지 않은 HN이 여전히 가장 많이 쓰이지만, 소원한 청자에 대해서는 청자에게 경의를 포함한 HH와 HF의 사용이 HN을 능가한다. 이것은 場에 맞춘 대우표현으로 상

한국인과 일본인의 언어행동과 문화의 차이

대경어의 성질이라 판단되나 HN과 HH+HF의 차가 작아 단정적으로 말하긴 어렵다. 그러나 이러한 경향이 있다는 것을 부정할 수 없으며 이후 친소관계와 다른 변수와의 관계에서 재검토하고자 한다.

⑤ 화자와 청자의 친소관계와 화자의 성별

친소관계=친밀

성별 \ SL	NN	NH	HN	HH	HF
여성 Row %	0	0	66 91.67	6 8.33	0
남성 Row %	2 2.22	0	81 90	4 4.44	3 3.33

d.f.=3 x^2=4.992   p=n.s.

친소관계=소원

성별 \ SL	NN	NH	HN	HH	HF
여성 Row %	0	0	26 36.11	44 61.11	2 2.78
남성 Row %	0	1 1.11	47 52.22	20 22.22	22 24.44

d.f.=3 x^2=31.092   p<0.001

소원한 청자에 대한 남녀 대우표현에는 뚜렷한 차이가 보이나, 친밀한 청자에 대해서는 작은 차이만 보인다.

⑥ 화자와 청자의 친소관계와 채널

친소관계=친밀

채널 \ SL	NN	HN	HH	HF
방문 %	1 0.62	78 48.15	2 1.23	1 0.62
전화 %	1 0.62	69 42.59	8 4.94	2 1.23

d.f.=3 x^2=4.460   p=n.s.

채널 \ SL	NN	HN	HH	HF
방문	1	49	27	5
%	0.62	30.25	16.67	3.09
전화	0	24	37	19
%	0	14.81	22.84	11.73

d.f.=3　　　x^2=19.269　　　p<0.001

전화에서도 상대방이 누군지 아는 친밀·전화의 경우에는 NN과 HN이 43.21% 였고, 상대방을 잘 모르는 소원·전화의 경우에는 대우도가 높은 HH와 HF가 34.57%였다.

⑦ 화자와 청자의 친소관계와 청자의 연령

친소관계=친밀

연령 \ SL	NN	HN	HH	HF
초등학생	2	75	3	1
%	1.23	46.3	1.85	0.62
중학생	0	72	7	2
%		44.44	4.32	1.23

d.f.=3　　　x^2=3.995　　　p=n.s.

친소관계=소원

연령 \ SL	NN	HN	HH	HF
초등학생	0	48	25	8
%	0	29.63	15.43	4.94
중학생	1	25	39	16
%	0.62	15.43	24.07	9.88

d.f.=3　　　x^2=13.976　　　p<0.003

위의 표에서 나타나듯 소원한 관계에 중학생/전화의 두 요인이 겹쳐질 때 청자와 제3자 모두에게 경어형을 사용하는 HH와 HF는, 청자에게 비경어형을 사용하는 HN의 두 배가 넘을 정도로 많아진다. 친밀과 다른 변수가 겹쳐지면 유의차가 보이지 않는다.

한국인과 일본인의 언어행동과 문화의 차이

이와 같이 한국인 대학생의 대우표현은 부분적으로는 상대경어의 성질을 보이지만, 절대경어의 성질을 더 강하게 나타낸다. 그러한 특징을 뒷받침하는 것은 이미 조사결과를 통해 검토했다.

(1) B선생을 청자로 A선생을 화제로 할 때, 사용하는 제3자 경어는 화제의 인물에 대한 싫고 좋음에 관계없이 경어형을 사용한다.

(2) 친구가 청자인 경우, 그 자리에 있지 않은 선생님에게 사용하는 호칭은 변수에 상관없이 「선생님」이 가장 많다.

(3) 선생님의 자녀가 청자인 경우, 선생님에 대해서는 경어형을, 자녀에 대해서는 비경어형을 사용하는 「계시니」가 변수에 상관없이 가장 많다.

    모두 상하의식에 기초한 대우표현으로 절대경어적 성질로 판단할 수 있다. 화자의 심정과 제3자 스피치 레벨의 관계의 결과와 종합해 보면 현대 한국의 젊은 세대에게 나타나는 대우행동의 특징은 다음과 같다.

(4) 화제의 인물(제3자)에 대한 대우도는 화제의 인물을 좋아할수록 높아지는데 화제의 인물에 대한 호감도와 비례하고, 청자에 대한 대우도는 청자와 친할수록 대우도는 낮아진다.

이와 같이 한국 젊은이들의 대우표현에는 절대경어와 상대경어가 함께 나타난다. 앞서 위에서 언급한대로 (1),(2),(3)은 절대경어적 성질을 나타낸다. 동시에 친구가 청자인 경우에 화자의 심정에 따라 다르게 사용하는 것과 선생님의 자녀가 청자인 경우, 네 가지 변수의 영향은 부분적인 상대경어의 성질을 보인다. 또한 (4)는 상대경어를 나타내는 대표적인 예로 들을 수 있다. 그러나 청자가 높은 대우도를 필요로 하는 인물일 경우, 변수에 영향을 받지 않고 청자 경어 및 제3자 경어에 절대경어만 사용된다.

 일본인 대학생

네 종류의 사회적 변수는 한국인 대학생과 마찬가지이다.

스피치 레벨은 조사대상자에 의한 자유회답을 청자 경어와 제3자 경어의 유무로 분류했는데 다음과 같이 다섯 종류이다. 1이 제3자에 대한 대우표현, 2가 청자에 대한 대우표현이다. 그 편성을 N(비경어표현), H(경어표현)의 기호로 나타낸다. 예를 들면 HN은 제3자에 대해서는 경어표현을, 청자에 대해서는 비경어표현을 사용함을 의미한다. 그 중에 「gozaitakudesuka」의 답이 있는데 변수별로 보면 여성과 전화, 중학생, 소원한 청자에서 각각 한 번밖에 사용되지 않았다. 이 스피치 레벨은 청자 및 제3자에 대한 경어표현을 포함하고 있다는 점에서 「irassyaimasuka」와 같지만 제3자 경어부분의 「gozaitaku」를 격식 갖춘 표현으로 간주하여 F로 표시한다.

스피치 레벨	1	2
FH	gozaitaku 댁에 계심	desuka ~입니까
HH	irassyai 계시	masuka ~ㅂ니까
HN	irassya 계시	ru ~다
NH	i 있	masuka ~ㅂ니까
NN	i 있	ru ~다

- **조사대상** 앙케이트 조사 : 남성(53명), 여성(49명)(조오치대학)

  인터뷰 : 남성(4명), 여성(4명)(조오치대학)

- **사용빈도의 산출**-조사대상자 수×8항목(회답수)

- **8항목의 산출**-세 종류의 변수항목을 곱한 수

---

26) 「irassyaru」는 「계시다」를 뜻하는 동사원형으로 서술형이면서 대략 30대 이상의 여성들이 의문형으로 사용한다.

한국인과 일본인의 언어행동과 문화의 차이

| 남성 | 방문/전화(2) × 초등학생/중학생(2) × 친밀/소원(2) | = 8 |
| 여성 | 방문/전화(2) × 초등학생/중학생(2) × 친밀/소원(2) | = 8 |

총 사용빈도는 102명 × 8=816이다.

(1) 네 가지 사회적 변수와 스피치 레벨의 관계

① 사회적 변수＝화자의 성별－남성/여성

성별 ＼ SL	NN	NH	HN	HH	HF
여성 Row %	61 14.39	19 4.48	69 16.27	274 64.62	1 0.24
남성 Row %	133 33.93	60 15.31	24 6.12	175 44.64	0 0

d.f.＝4 x^2＝91.489 $p < 0.001$

화자의 성별에 의한 영향이 큰데, 각 스피치 레벨에 있어서 성별에 따른 차이를 볼 수 있다. 남녀 모두 대우도가 가장 높은 HH를 다른 스피치 레벨보다 많이 사용한다. 여성은 그 사용률이 FH를 포함해서 여성이 사용하는 스피치 레벨 전체의 64.86%로 과반수를 넘으며 남성은 남성이 사용하는 스피치 레벨 전체의 44.64%로 절반을 넘지 않는다. 여성은 대우도가 높은 HH, HN, NH를 85.61% 사용하고 남성은 66.07% 사용한다. 비경어형의 NN은 남성이 33.93%, 여성이 14.39% 사용하고 있다.

HH와 HN의 사용이 남＜여이며 NN과 NH의 사용이 남＞여인 점에서 여성이 남성보다 대우도가 높은 언어를 즐겨 사용한다고 말할 수 있다. 일반적으로 여성에게 많이 사용되는 HN은 HH보다 청자에 대한 대우도는 낮지만 친밀감을 표현하기 위한 수단으로 여성의 사용이 눈에 띈다. HN은 일반적으로 어느 정도의 연령에 있는 여성이 연령차가 적은 여성이나 혹은 잘 알고 있는 약간 연상의 여성에게 사용하는 경향을 볼 수 있는데 본 조사의 사용도 20대 후반 대학원생에 의한 것이었다.

Ⅲ. 대학생의 대우표현법

② 사회적 변수＝채널－방문/전화

채널　SL	NN	NH	HN	HH	HF
방문	119	36	62	191	0
%	14.58	4.41	7.6	23.41	0
전화	75	43	31	258	1
%	9.19	5.27	3.8	31.62	0.12

d.f.＝4　　　χ^2＝31.931　　　p＜0.001

채널의 영향이 큰데, 각 스피치 레벨에 있어서 채널에 의한 차이를 볼 수 있다. 양 채널 둘 다 HH를 가장 많이 사용한다. 방문에 있어서는 그 다음으로 NN이 많이 사용되고 HN, NH의 순서로 사용되고 있다. 전화에 있어서는 HH가 31.62% 사용되지만 다른 스피치 레벨은 합해도 18.38%에 지나지 않는다. HH가 전화에 있어서 최고 사용률을 보이고 NN이 전화보다 방문에 많이 사용되는 것은 전화에 있어서는 대우도가 높은 표현이, 또 전화보다는 방문에 있어서 대우도가 낮은 표현이 사용되기 쉽다는 것을 나타내고 있다.

채널의 영향에 대해서 실시한 인터뷰 결과:

대상－아오야마 가쿠인대학 학생 10명(남녀 각각 5명)

전화에서는 상대방이 누구인지 모르기 때문에 대우도가 높은 표현을 많이 사용하며 방문에서는 자녀에 맞춘 표현을 사용한다.

해석·고찰

HN은 청자에 대한 경의 표현은 없지만 화제가 된 선생에 대해 경의를 표현함으로써 청자에 대해 간접적으로 경의를 표시함과 동시에 친밀감을 나타내기 위한 목적으로 사용된다고 생각한다. 어린 청자가 알아듣기 쉽도록 어린이 언어로 표현한 것으로 청자에 맞춘 표현으로 생각된다. 상대방이 보이지 않는 전화는 場을 필요로 하는 대우도가 높으며 상대방이 보이는 방문은 場을 필요로 하는 대우도가 낮다. 조사결과와 같이 전화에 대우도가 높은 대우표현이 많이 사용되는 것은 場의 성격에 의한 것이라고 생각한다. 이와 같이 채널에 따라 구별해서 사용하는 것은 場에 맞춘 대우표현이라고 말할 수 있다.

한국인과 일본인의 언어행동과 문화의 차이

③ 사회적 변수 = 청자의 연령 – 초등학생/중학생

연령＼SL	NN	NH	HN	HH	HF
초등학생	130	45	52	181	0
%	15.93	5.51	6.37	22.18	0
중학생	64	34	41	268	1
%	7.84	4.17	5.02	32.84	0.12

d.f.=4 χ^2=43.144   p<0.001

스피치 레벨에서는 청자 연령에 따른 영향이 크다. 초등학생, 중학생 HH가 가장 많이 사용되는데 그 중에서도 중학생에 대해 가장 많이 사용된다. 초등학생의 경우, NN(15.93%)이 그 다음으로 많이 사용되며 중학생(7.84%)에 비해서 거의 2배의 비율이다. 청자의 연령이 높은 경우에는 대우도가 높은 형태가 가장 많이 사용되고 청자의 연령이 낮은 경우에는 대우도가 높은 형태 대신에 대우도가 낮은 형태가 많이 사용되고 있다.

해석·고찰

이상과 같이 청자의 연령에 따른 스피치 레벨의 사용은 場에 맞춘 대우표현이라고 말할 수 있다. 청자의 연령에 따라서 화자는 場이 필요로 하는 대우도를 계산하고 그에 기준해서 대우표현을 선택, 사용한다. 초등학생에 비해서 중학생에게 대우도가 높은 스피치 레벨이 많이 사용되는 것은 중학생에 대한 심리적 거리가 보다 크기 때문이라고 생각한다.

④ 사회적 변수 = 화자와 청자의 친소관계 – 친밀/소원

친소＼SL	NN	NH	HN	HH	HF
친밀	162	29	64	152	1
%	19.85	3.55	7.84	18.63	0.12
소원	32	50	29	297	0
%	3.92	6.13	3.55	36.4	0

d.f.=4 χ^2=153.694   p<0.001

화자와 청자의 친소관계의 영향에 따라 각 스피치 레벨에 큰 차이가 보인다.

소원한 청자에게는 대우도가 높은 HH가 가장 많이 사용되며 친밀한 청자에게는 대우도가 낮은 NN이 19.85%, HH가 18.63% 사용되고 있다. 이와 같이 친소관계에 따른 스피치 레벨의 사용은 場에 맞춘 대우표현이라고 말할 수 있다.

두 가지 변수의 중복

⑤ 채널과 화자의 성별

채널＝전화

SL 화자의 성별	NN	NH	HN	HH	HF
여 성	26	9	24	152	1
남 성	49	34	7	106	0

d.f.＝4　　χ^2＝39.546　　$p < 0.001$

채널＝방문

SL 화자의 성별	NN	NH	HN	HH	HF
여 성	35	10	45	122	0
남 성	84	26	17	69	0

d.f.＝4　　χ^2＝54.095　　$p < 0.001$

두 채널을 비교하면 전화는 남녀 모두 대우도가 높은 표현을 많이 사용하고 방문의 경우, 여성은 대우도가 높은 표현을 가장 많이 사용하지만 남성은 대우도가 낮은 표현을 많이 사용한다. 그 결과 HH와 NN에 있어서의 남녀차는 방문의 경우에서 가장 크다. 이것은 場에 맞춘 대우표현의 성질이 남녀 모두에게 나타나며 특히 남성에게 비교적 강하게 나타난 결과라고 말할 수 있다.

HH의 최고 사용률－여성 ＋ 전화의 경우
NN의 최고 사용률－남성 ＋ 방문의 경우

한국인과 일본인의 언어행동과 문화의 차이

⑥ 청자의 연령과 화자의 성별

청자＝초등학생

SL 화자의 성별	NN	NH	HN	HH	HF
여 성	40	14	43	115	0
남 성	90	31	9	66	0

d.f.=4　　　x^2=60.615　　　p<0.001

청자＝중학생

SL 화자의 성별	NN	NH	HN	HH	HF
여 성	21	5	26	160	1
남 성	43	29	15	109	0

d.f.=4　　　x^2=37.213　　　p<0.001

여성은 청자의 연령에 관계없이 대우도가 높은 HH를 많이 사용하지만 남성은 중학생에게는 대우도가 높은 HH를 많이 사용하고 초등학생에게는 대우도가 낮은 NN을 많이 사용한다. 그 결과 HH와 NN에 있어서의 남녀의 차이는 초등학생에 비해서 크다.

HH의 최고 사용률－중학생 + 여성에서 볼 수 있다.
NN의 최고 사용률－초등학생 + 남성에서 볼 수 있다.

이것은 場에 맞춘 대우표현의 성질이 남녀 모두에게 나타나며 특히 남성에게 있어서 비교적 강하게 나타난 결과라고 말할 수 있다.

⑦ 화자와 청자의 친소관계와 화자의 성별

친소관계＝친밀

SL 화자의 성별	NN	NH	HN	HH	HF
여 성	57	7	50	97	1
남 성	105	22	14	55	0

d.f.=4　　　x^2=54.292　　　p<0.001

친소관계＝소원

SL 화자의 성별	NN	NH	HN	HH	HF
여 성	4	12	19	177	0
남 성	28	38	10	120	0

d.f.＝3　　　χ^2＝44.694　　　p<0.001

여성은 친소관계 어느 쪽이나 대우도가 높은 HH를 많이 사용하지만 남성은 소원한 청자에게 HH를 가장 많이 사용하고 친밀한 청자에게는 대우도가 낮은 NN을 가장 많이 사용한다.

HH의 **최고 사용률**－여성 ＋ 소원한 관계일 경우
NN의 **최고 사용률**－남성 ＋ 친밀한 관계일 경우

⑧ 청자의 연령과 채널

청자＝초등학생

SL 성별	NN	NH	HN	HH	HF
여 성	80	18	36	70	0
남 성	50	27	16	111	0

d.f.＝3　　　χ^2＝25.703　　　p<0.001

청자＝중학생

SL 채널	NN	NH	HN	HH	HF
방 문	39	18	26	121	0
전 화	25	16	15	148	1

d.f.＝4　　　χ^2＝9.654　　　p<0.001

청자가 중학생일 경우에는 방문/전화 어느 쪽에도 HH가 많이 사용되지만 청자가 초등학생일 경우, 방문에는 NN이, 전화에는 HH가 가장 많이 사용된다. 이러한 사용은 場에 맞춘 대우표현의 성질을 나타낸다.

HH의 **최고 사용률**－중학생 ＋ 전화일 경우
NN의 **최고 사용률**－초등학생 ＋ 방문일 경우

한국인과 일본인의 언어행동과 문화의 차이

⑨ 화자와 청자의 친소관계와 채널

친소관계＝친밀

채널＼SL	NN	NH	HN	HH	HF
방 문	94	14	42	54	0
전 화	68	15	22	98	1

d.f.＝4　　x^2＝24.194　　p＜0.001

친소관계＝소원

채널＼SL	NN	NH	HN	HH	HF
방 문	25	22	20	137	0
전 화	7	28	9	160	1

d.f.＝4　　x^2＝16.799　　p＜0.001

소원한 청자에게는 방문/전화 모두 HH가 많이 사용되지만 친밀한 청자에게는 방문일 때에 NN이, 전화일 때에 HH가 가장 많이 사용된다. 이러한 사용은 場에 맞춘 대우표현의 성질을 나타낸다.

HH의 최고 사용률－높은 대우도를 필요로 하는 두 개의 場이 겹치는 소원한 관계 ＋ 전화에 있어서 볼 수 있다.

NN의 최고 사용률－높은 대우도를 필요로 하지 않는 두 개의 場이 겹치는 친밀한 관계 ＋ 방문에 있어서 볼 수 있다.

⑩ 화자와 청자의 친소관계와 청자의 연령

친소관계＝친밀

화자의 연령＼SL	NN	NH	HN	HH	HF
초등학생	102	10	31	61	0
중학생	60	19	33	91	1

d.f.＝4　　x^2＝20.666　　p＜0.001

SL / 화자의 연령	NN	NH	HN	HH	HF
초등학생	28	35	21	120	0
중학생	4	15	8	177	0

$$d.f.=3 \qquad x^2=42.767 \qquad p<0.001$$

처음 만나는 초등학생/중학생 어느 쪽이나 HH가 가장 많이 사용되며 잘 알고 있는 청자의 경우 초등학생에는 NN이, 중학생에는 HH가 가장 많이 사용된다. 이러한 사용은 場에 맞춘 대우표현의 성질을 나타낸다.

HH의 **최고 사용률**−소원한 관계 + 중학생일 경우
NN의 **최고 사용률**−친밀한 관계 + 초등학생일 경우

해석·고찰

· ①~④에 대하여

청자와 제3자에 경의를 표하는 HH는 여성/전화/중학생/소원한 관계에 있어서 최고 사용률을 나타내고 청자와 제3자 어느 쪽이나 경의를 표현하지 않는 NN은 남성/방문/초등학생/친밀한 관계에 있어서 최고 사용률을 나타낸다.

(1) 여성은 HH를 많이 사용하고 남성은 NN을 많이 사용한다. 이러한 남녀차이에 대해서는 남녀간 場의 대우성에 대한 인식의 차, 경어의식의 차이 및 남성어/여성어의 차, 이상의 세 가지 사항을 생각할 수 있다.

여성은 경어를 사용함으로써 자기품위를 유지하고자 하는 생각이 남성에 비해 비교적 강하며 이러한 의식이 언어표현에 반영되었다고 생각한다. 이러한 현상은 사회구조와 관련이 있다. 남성은 약간 거친 말투의 사용도 허용되지만 여성에게는 예절 바르고 정확한 말씨를 요구하는 사회라고 할 때, 그러한 사람들의 언어의식이 언어사용에 나타난다고 생각한다. 남녀간의 이러한 경어의식의 차이는 어릴 때부터 경어교육을 받음으로써 몸에 밴 것이라고 생각된다. 경어교육에 대해 관련조사를 실시한 결과 확실한 남녀차가 나타났다. 가정에서의 경어교육은 여성인 경우, 많이 실시되고 시기도 여성 쪽이 빠르다.

이와 같이 어릴 때부터의 경어교육의 차이는 경어의식의 차이를 낳고 이러한 의식의 차이가 경어사용에 있어서 남녀간의 차이를 생성시켰다고 판단할 수 있다.

또한 부분적 사항이기는 하지만 irassyaru/imasuka에서 볼 수 있는 것 같은 여성어적 성질, 남성어적 성질이 관련되어 있다고 생각된다.

(3) 중학생에게 HH를 가장 많이 사용하고 초등학생에게 NN을 가장 많이 사용하는 것은 청자의 연령에 맞춘 대우표현이라고 생각된다. 초등학생은 어린이 언어로 말을 하는 한편, 중학생은 어른과 대등한 레벨의 언어표현이 가능하다는 인식에 의거하여 대우도가 높은 언어표현이 사용되고 있다.

(4) 소원한 청자에게 HH를 가장 많이 사용하고 친밀한 청자에게 NN을 가장 많이 사용하는 까닭은 친밀/소원한 청자에 대한 심리적 거리의 차이에 원인이 있다. 소원한 청자에게는 심리적인 거리가 있기 때문에 상대방이 어린이라도 대우도가 높은 표현을 많이 사용하고, 친밀한 청자에게는 심리적인 거리가 비교적 적기 때문에 어린이에 맞추어서 대우도가 낮은 표현을 많이 사용한다.

더욱이 심리적 거리는 방문/초등학생에 비하여 전화/중학생 청자 쪽이 비교적 크다. 이와 같이 각 변수에 따라 구별해서 사용하는 것은 場에 맞춘 대우표현의 성질이라고 생각된다.

· ⑤~⑦에 대하여

여성은 채널, 청자의 연령, 청자와의 친소관계에 관계없이 대우도가 높은 표현을 가장 많이 사용한다. 한편 남성은 전화/중학생/소원한 청자에게는 대우도가 높은 표현을 사용하고, 방문/초등학생/친밀한 청자에게는 대우도가 낮은 표현을 많이 사용한다. 즉 남성은 각 場이 필요로 하는 최소한의 경어 밖에 사용하지 않는다. 이러한 남녀차는 場에 맞춘 대우표현의 성질이 남성에게 있어서 비교적 강하게 나타난 것이라고 판단할 수 있다.

· ⑧~⑩에서 볼 수 있는 사용도 場에 맞춘 대우표현의 성질을 나타내고 있다.
위와 같이 현대 일본인 대학생은 대화의 場이 경어 사용을 필요로 할 때에만 경어를 사용하며 또한 場이 필요로 하는 최소한의 경어를 사용한다. 이와 같은 場의 성격 인식에 의거한 필요 대우도의 산출에 있어서 남녀차를 볼 수 있다. 이러한 현상은 그 배경에 있는 사회·문화적 구조와 관련해서 설명되어야 한다. 가정 내에 있어서 경어교육의 정도, 사회에 있어서 경어사용의 요구도가 남성이 여성에 비하여 비교적 낮기 때문이 아닌가 생각한다. 본 연구의 확인을 위해 실시한 가정에서의 경어교육에 관한 조사결과에 대해서는 뒤에서 논술하기로 한다.

(2) 가정에서 행하는 경어교육에 관한 조사결과

● **조사대상** : 조오치대학의 남녀 대학생

이 조사에서는 「경어」를 종래 사용하던 대로 일반적인 개념으로 사용하고, 피험자도 그와 같이 이해, 회답하고 있다. 회답자의 수는 (   )속에 표시했다.

1. 언어(특히 경어) 사용에 대한 부모의 교육/훈련에 대해(이전부터 지금까지)

	남성(52명)		여성(31명)	
	회답수	%	회답수	%
1) 엄했다	0	0	11	35.5
2) 별로 엄하지 않았다	16	64	12	38.7
3) 전혀 엄하지 않았다	36	36	8	25.8

　1) '엄했다'는 여성 쪽이 많고 2) '별로 엄하지 않았다'와 3) '전혀 엄하지 않았다'는 남성 쪽이 많다.

2. '~입니다/~합니다'를 쓰게 된 것은 언제부터인가?

	남성(24명)		여성(42명)	
	회답수	%	회답수	%
1) 유치원 입학 후	2	8.3	8	19
2) 초등학교 입학 후	16	66.7	30	71.5
3) 중학교 입학 후	6	25	4	9.5

　경어교육 시기도 여성이 비교적 빠르다.

한국인과 일본인의 언어행동과 문화의 차이

3. 크면서 '~입니다/~합니다'를 쓰도록 부모로부터 주의를 받았나?

	남성(25명)		여성(44명)	
	회답수	%	회답수	%
1) 예	4	16	18	40.9
2) 아니오	21	84	26	59.1

부모의 경어교육은 여성에게서 많이 보인다.

4. 경어에 대해 어떻게 생각하는가?(복수 대답 가능)

	남성(25명)		여성(44명)	
	회답수	%	회답수	%
1) 어렵다/까다롭다	5	20	19	43.2
2) 귀찮다/번거롭다	1	4	6	13.6
3) 없는 편이 낫다	2	8	1	2.3
4) 있는 편이 낫다	18	72	37	84.1

남녀 모두 경어가 까다롭다, 번거롭다고 하면서도 그보다 훨씬 많은 수가 있는 쪽이 낫다고 응답하고 있다. 또한 경어 난이도에 대한 반응, 경어 존속 희망 모두 여성이 민감한 반응을 보이고 있다.

5. 경어를 어디서 배웠는가?(복수 대답 가능)

	남성(15명)		여성(22명)	
	회답수	%	회답수	%
1) 가정에서	4	26.7	12	54.5
2) 학교 교육에서	8	53.3	9	40.9
3) 친구를 통해	0	0	2	9
4) 사회생활에서	9	60	14	63.6
5) 자연스럽게 몸에 배다	8	53.3	12	54.5

남성은 사회>학교=자연>가정 순으로, 여성은 사회>가정=자연>학교 순이다. 남녀 모두 '사회', '자연스럽게'를 많이 지적하고 있다. 한편, 여성은 '가정에서'를 남성보다 많이 들고 있다. 이는 설문 1.3.과 더불어 여성에 대한 가정에서의 경어교육이 남성보다 엄했던 것을 나타내고 있다.

6. 경어는 어디서 배워야한다고 생각하나?(복수 대답 가능)

	남성(15명)		여성(22명)	
	회답수	%	회답수	%
1) 가정에서	5	33.3	16	72.7
2) 학교에서	3	20	6	27.3
3) 자연스럽게	10	66.7	18	81.8

남녀 모두 '자연스럽게'가 많다. 또한 '가정'이라는 대답이 여성에게 많이 보이는데, 이는 가정내 경어교육의 필요성에 대한 자각이 여성에 비해 남성이 낮다는 것을 나타내고 있다.

7. 조부모에게 경어(예 : ~입니다/~합니다)를 사용하는가?(복수 대답 가능)

	남성(25명)		여성(44명)	
	회답수	%	회답수	%
1) 친조부모님께 사용	6	24	7	15.9
2) 외조부모님께 사용	5	20	3	6.8
3) 따로 사시는 조부모님께 사용	4	16	8	18.2
4) 같이 사시는 조부모님께 사용	0	0	0	0
5) 사용 안함	15	60	32	72.7

남녀 모두 조부모에게 경어를 사용하지 않는 사람이 과반수를 훨씬 넘는다.

8. 부모에게 경어를 사용하는 것을 보기 위해 다음 두 가지 설문조사를 실시했다.

(1) 아버지가 이번 일요일에 무엇을 하는가를 어떻게 묻는가?
(2) 부모에게 비싼 물건을 사달라고 할 때 어떻게 부탁하는가?

남녀 모두 (1),(2) 어떤 질문에도 경어를 전혀 사용하지 않는 결과가 나왔다.

위와 같은 결과는 무엇을 의미하는가?
가정에서 조부모, 부모에 대한 경어 사용 결과는 대화의 場에 맞춘 대우표현의 성질을 강하게 나타내고 있다. 가족간에는 심리적 거리가 없어서 대화의 場, 즉 가정내 경어 사용의 필요도는 낮아진다. 조부모에 대한 경어사용을 보면, 외가보다 친가가 더 많이 사용하고 함께 살고 있는 조부모나 부모에게는 전혀 쓰지 않고

한국인과 일본인의 언어행동과 문화의 차이

따로 사는 조부모에게 사용하는 까닭은 심리적 거리가 빚어낸 場의 성격 때문이라고 여겨진다. 심리적 거리는 場의 성격을 긴장시켜 경어사용의 필요도가 높아지고 심리적 거리가 없는 사이에는 경어 사용의 필요도가 낮아진다. 따라서 가정내의 경어용법은 場의 대우성의 인식에 기초한, 場에 맞춘 대우성 표현의 특성을 나타낸다.

이와 같은 대우표현의 배경에는 어릴 때부터의 가정내 경어교육의 영향과 그에 따른 경어 의식의 영향이 있다. 경어교육이 남성보다 여성 쪽에 비교적 엄했기 때문에 場에 맞춘 필요경어의 산출도 남성 쪽이 낮게 책정한 것이라고 생각한다.

3-3 한국인 대학생과 일본인 대학생의 스피치 레벨 사용법의 비교

(1) 네 가지 사회적 변수와 스피치 레벨의 관계

양국 모두 친소관계에 의한 영향이 가장 큰 점이 같다. 한국은 청자인 선생님 자녀와 화제가 되는 선생님에 대한 상하의식이 지표가 되고 청자와 제3자의 관계가 청자에 대한 대우도에 끼치는 영향도 비교적 적다.

양국 대우표현의 성질을 보다 명확하게 하기 위해 네 가지 변수에 의한 스피치 레벨 분포를 다음과 같이 비교하고자 한다.

〈양국의 청자 경어와 제3자 경어의 비율〉

	한국인 대학생				일본인 대학생			
	청자 경어		제3자 경어		청자 경어		제3자 경어	
	-H	-N	H-	N-	-H	-N	H-	N-
	31.48%	68.52%	99.07%	0.93%	64.83%	35.17%	66.55%	33.45%
여성	36.11	63.89	100	0	36.03	15.94	42.16	9.81
남성	27.78	72.22	98.33	1.67	28.8	19.24	24.39	23.65
방문	11.11	39.51	50	0.62	27.82	22.18	31.01	18.99
전화	20.37	29.01	49.07	0.31	37.01	12.99	35.54	14.46
초등학생	11.42	38.58	49.38	0.62	27.69	22.3	28.55	21.44
중학생	20.07	29.94	49.69	0.31	37.13	12.86	37.98	12.01
친밀	4.02	45.99	49.38	0.62	22.3	27.69	26.59	23.4
소원	27.47	22.53	49.69	0.31	42.53	7.47	39.95	10.05

양국 모두 청자와 제3자에 대한 경어/비경어표현을 네 가지로 분류할 수 있다. 한국인 대학생에게서 보이는 HF와 일본인 대학생에서 보이는 FH는 청자와 제3자 모두에 대한 경어표현을 나타낸다는 점에서 양국의 HH와 공통된다. 예를 들어, HN에 보이는 제3자 경어는 「H−」로 경어형이며, 청자에 대한 표현은 「−N」으로 비경어형이다.

화자의 성별에 대해서도 한국은 피험자 수에 차이가 크기 때문에 남녀 각각 사용되는 비율로 표시하고, 일본은(49 : 53)으로 차가 별로 크지 않아 남녀 전체에 대한 비율로 표시한다. 다른 변수에 대해서는 양국 모두 전체에서 차지하는 비율로 표시한다.

공통점

청자 경어의 「−H」의 사용이 여성 > 남성, 전화 > 방문, 중학생 > 초등학생, 소원 > 친밀과 같이 사용되며 「−N」은 반대의 패턴으로 사용된다.

차이점

일본인 대학생은 제3자 경어의 사용에도 청자 경어의 사용패턴이 보이지만, 한국인 대학생은 제3자 경어에서 어떤 변수에도 영향을 받지 않고 거의 「H−」만을 사용하며 화제가 되는 선생님에 대한 경어표현이 99.07%로 높은 비율을 나타내고 있다.

변수에 따라 차이가 보이는 청자 경어의 공통점에서는 양국 대학생의 대우표현에 상대경어적 성질이 보인다. 한편, 제3자 경어에서 한국인 대학생에게 나타나는 경어형의 높은 사용률에는 절대경어적 성질이, 일본인 대학생에게 나타나는 변수에 따른 사용률의 차이에는 상대경어적 성질이 나타난다.

(1) 일본인 대학생이 「B선생님」을 청자로 하여 「A선생님」에 대해 말할 때, 피험자 전원이 제3자에 대해 경어표현을 사용한 것은 청자(=선생님)의 존재가 제3자에도 경어표현을 필요로 하는 대화의 場의 성격을 만들어낸 것이다.

(2) 청자가 친구인 경우, 화제가 되는 선생님에 대한 경어형의 사용률이 9.42%

한국인과 일본인의 언어행동과 문화의 차이

이고

(3) 청자가 선생님의 자녀인 경우, 제3자에 대한 경어형의 사용률이 66.5%이다.

이상 (1),(2),(3)을 비교해 보면, 청자에 대한 화자의 심리적 거리가 제3자 경어 표현에 영향을 끼친 것이다.

이에 대해 한국인 대학생은

(1) 청자가 「B선생」이고 「A선생」에 대해 언급할 때, 「A선생」에 대한 제3자 경 어표현에 100% 경어형을 사용한다.
(2) 청자가 친구인 경우, 61.2% 경어형을 사용한다.
(3) 청자가 선생님 자녀인 경우, 99.07% 경어형을 사용한다.

이와 같이 화자와 청자의 관계가 제3자 경어표현에 끼치는 영향은 크지 않다. 또한 선생님의 자녀에 대한 청자 경어시 청자에 대한 비경어표현 「-N」의 사용률 이 68.5%나 되어 상하의식에 의한 절대경어의 성질을 나타내고 있다.

일본인 대학생이 선생님의 자녀에게 사용하는 경어표현이 많은(64.8%) 것을 다 음 조사와 비교해 보자. 모르는 어린이에게 길을 물어보는 조사 결과, 초등학생에 게는 35명 중 34명(97.14%)이 청자 경어에 비경어표현을 사용하고 있다. 이러한 결과로부터 선생님의 자녀에게 사용하는 청자 경어에 청자와 화제가 되는 인물과 의 관계가 영향을 끼치고 있다는 것을 알 수 있다.

이 또한 청자에 맞춘, 바꾸어 말하면 場의 성격에 맞춘 대우표현이라고 할 수 있다. 한국에서도 같은 조사를 실시한 결과, 한국은 모르는 아이와 선생님의 자녀 에 대한 청자 경어에 거의 차이가 보이지 않아, 여기에도 절대경어의 성질이 나타 나 있다.

이와 같이 한국은 청자에 대한 대우에 있어서는 화자와 청자의 관계만이, 화제 의 인물에 대한 대우에 있어서는 화자와 화제의 인물과의 관계만이 경어 사용의 판단 기준이 되고, 더욱이 절대적 성질을 가진 연령에 의한 상하관계가 그 지표가 된다. 한편 일본은 화자와 청자의 관계가 제3자 경어에 영향을 끼치고 청자와 화 제가 되는 인물과의 관계가 청자 경어에 영향을 끼치며 사회적 변수와의 관계에 있어서 場의 대우성에 따라 구별하여 사용한다는 것을 알 수 있다. 場의 대우성은 변수에 따라 바뀔 수 있으며 상대경어적 성질을 지닌다. 따라서 한국인 대학생의 대우표현은 절대경어의 성질을 나타내고 일본인 대학생의 대우표현은 상대경어의 성질을 나타낸다고 할 수 있다.

한국에도 친소관계에 따른 상대경어의 성질이 부분적으로 보이나 일본처럼 강하게 나타나지는 않는다.

4 대학생의 제3자 호칭법 및 스피치 레벨의 사용법에서 보이는 대우표현의 특징

● **조사대상 / 방법 / 시기**

양국 모두 앞서 검토한 다른 조사와 같으며 피험자 수는 다음과 같다.
한국-38명(남성-23명 / 여성-15명)
일본-30명(남녀 각각 15명)

〈설문 1〉 여러분의 선생님이 학회 참가로 서울(도쿄)에 안 계십니다. 이 사실을 부모님께 어떻게 전합니까?

〈설문 2〉 여러분의 부모님(아버지 또는 어머니)은 다음주 미국에 가십니다. 이 사실을 선생님께 어떻게 전합니까?

〈설문 1〉의 조사결과

A. 한국

선생님에 대한 제3자 호칭과 스피치 레벨 둘 다 다음과 같은 경어형의 사용이 많다. 피험자에 의한 자유회답은 다음과 같이 분류할 수 있다.

한국인과 일본인의 언어행동과 문화의 차이

- **호칭**

  경어형　　선생님이, 선생님께서

  비경어형　선생이

- **스피치 레벨**

  경어형　　안 계세요.

  비경어형　없어

남녀의 피험자수가 다르기 때문에 결과는 남녀 각각에서 차지하는 비율로 나타
낸다.

화자의 성별	호칭		스피치 레벨	
	경어형	비경어형	경어형	비경어형
남 성	82.6	17.4	69.6	30.4
여 성	100	0	80	20

B. 일본

- **호칭**

  자유회답은 경어형의 「先生が(senseiga=선생님이)」만 보인다.

- **스피치 레벨**

  경어형　　안 계세요.

  비경어형　없어

남녀의 피험자수가 같지만, 결과는 남녀 각각이 차지하는 비율로 나타낸다.

화자의 성별	호칭		스피치 레벨	
	경어형	비경어형	경어형	비경어형
남 성	100	0	20	80
여 성	100	0	26.7	73.3

A. 한국

남녀 전원이 부모에 대해 사용하는 제3자 호칭에는 경어형과 보통형 중의 하나를 사용하고 스피치 레벨은 전원 경어형만을 사용한다.

- 호칭

  대우도가 높은 호칭　아버님(께서)

  보통형　　　　　　　아버지/아빠(가)
- 스피치 레벨

  경어형　　가십니다

화자의 성별	호칭		스피치 레벨	
	경어형	보통형	경어형	비경어형
남 성	84.6	15.6	100	0
여 성	82.3	17.7	100	0

B. 일본

남녀 전원이 「父27)が來週アメリカへ行きます(chichiga raisyu Americae ikimasu ＝아버지가 다음주 미국에 갑니다)」

이와 같이 전원 제3자에 대한 경어형 사용을 삼가한다.

해석·고찰

한국에서는 선생님에 관해 부모님께 전할 때나, 부모님에 관해 선생님께 전할 때나, 제3자에 대한 경어형 사용이 많고, 특히 부모님을 화제로 삼을 때는 100%가 경어형을 사용한다. 제3자 경어법은, 선생님이나 부모님이나 화자에게는 손윗분이라는 상하의식에 따른 절대경어용법이다. 더욱이 부모님에 관해 100%가 경어형을 사용한 것은, 청자의 존재가 절대경어용법을 더욱 강화시킨 결과이며 평소

---

27) chichi는 남에게 가족을 낮출 때 사용하는 호칭으로 실은 아버지보다는 「애비」에 가깝다.

부모님에 대한 청자 경어와 비교해 보면 한층 더 확실히 알 수 있다. 부모님에 대한 청자 경어로 「안 계셔/없어」처럼 비경어형을 사용한 학생이 남성에 6/23명(26.1%), 여성에 4/15명(26.7%)이 있다. 또한 평소 청자호칭으로 「아버지/아빠」를 사용하던 피험자가 선생님이 청자인 경우, 부모님에 대해 「아버님(께서)」와 같이 사용하는 경우가 남성일 경우에는 84.6%이고 여성일 경우에는 82.3%였다. 이와 같이 평소 가족간에 대우도가 높은 청자 경어형을 사용하지 않으면서 외부인이 청자인 경우 제3자 경어에 100% 경어형을 사용하는 것은, 청자가 조심스러운 상대일수록 화제가 되는 인물에 대한 대우도를 높인다는 특징으로 나타난다.

친구에게 선생님을 화제로 할 때 제3자 경어에 경어형이 60%이었던 것이, 부모님이 청자인 경우에는 남(69.6%)/여(80%)처럼 제3자 경어형이 높아지는 것은 한국에서는 청자의 존재가 場에 끼치는 영향의 기준도 상하의식임을 나타낸다. 다시 말해 부모님이 청자인 경우, 가족이더라도 손윗분이라는 의식에서 그 대화의 場에 있지 않은 선생님에 대해 제3자 경어형의 레벨을 더욱 높인 것이라고 생각한다.

일본에서는 부모를 화제로 삼은 제3자 경어에 전원이 경어형을 삼가하는데, ウチソト(uchisoto=조직 안팎의식)가 판단기준임을 나타내고 있다.[28] 부모가 청자인 경우 선생님을 화제로 삼은 제3자 경어법은 ウチ(uchi=집안) 속의 「평상복 차림형」 대우표현의 특징을 나타내며, 앞서 언급된 친구가 청자인 경우와 마찬가지로 대화의 場의 판단에 따른 대우표현이다.

위에서 검토한 조사결과에 따르면, 한국의 제3자 경어에는 상하의식에 의거한 절대경어의 성질이, 일본의 제3자 대우표현에는 uchisoto 의식에 의거한 상대경어의 성질이 명백하게 나타났다. 한국의 대우표현에는 앞에서 검토한 것과 같은 결과가 나타났다.

한국의 청자 대우표현은 화자와 청자의 관계가, 제3자 대우표현은 화자와 화제의 인물과의 관계가 경어사용에서 중요한 판단기준이 되고, 특히 절대적 성질을 지닌 연령에 의한 상하관계가 그 지표가 된다.

---

28) ウチソト의식이란 일본에서는 가족 중 아무리 윗분(예:조부모/부모)을 화제로 삼을 때라도 가족 외의 사람에게는 제3자 표현을 낮추어 하며, 마찬가지로 같은 조직내의 윗분(예:사장/회장)에 관해서 회사 밖의 사람이 청자인 경우, 제3자 표현을 낮추어 말한다. ウチ(內), ソト(外)를 가리키며 이를 「ウチソト의식」이라고 한다.

Ⅲ. 대학생의 대우표현법

IV

주부의 대우표현법

이 장에서는 한국과 일본의 주부를 대상으로 하여 실시한 앙케이트 및 인터뷰 조사결과에 의거하여 주부가 사용하는 호칭 및 스피치 레벨과 그 사용에 영향을 미치는 여러 요인에 대해서 분석해 보도록 하겠다. 조사내용은 부록과 같으며 그 중에서 9.10.11.의 설문에 대하여 기술·분석을 실시한다. 12.의 설문에 대해서는 새롭게 조사한 결과에 대해서 기술하도록 하겠다.

1 주부의 청자 호칭법

1-1 한국인 주부의 청자 호칭법

화자, 청자가 모두 주부로 화자의 호칭선택에 영향을 미친다고 예상되는 네 가지 요인을 변수로 설정하여 각각의 영향 정도를 수량적으로 표시한다. 변수 및 사용된 호칭은 다음과 같다.

● 변수

(1) 청자의 서열 – 남편의 상사 부인 / 남편의 부하 부인

(2) 화자와 청자의 친소관계—친밀 / 소원

(3) 청자의 연령—연상 / 동갑 / 연하

(4) 화자의 세대—20대 / 30대 / 40대 / 50대 이상

● **호칭**

A. 사모님	E. 안 부른다 / 호칭을 피한다
B. 미세스	F. ~부인
C. ~어머니(~청자의 자녀 이름)	G. ~댁(~남편의 성+직위)
D. ~엄마(~청자의 자녀 이름)	H. 성명+씨

한국에서의 「婦人」은 일본의 「奧さん(okusan)」에 해당하며 일본의 「夫人」은 한국에서는 일반적으로 사용되지 않고 대통령 부인에 대한 「令夫人」일 때에 한해서 사용된다.

● **조사대상**　앙케이트 조사 : 76명—20대(17), 30대(16), 40대(27),

50대 이상(16)

인터뷰 : 38명—20대(5), 30대(10), 40대(15), 50대 이상(8)

● **설문내용** : 남편의 직장 관계의 상사/부하의 부인에 대한 청자 호칭법

● **사용빈도의 산출**—피험자 수×12항목(회답의 항목 수)

● **12항목의 산출**—세대를 제외한 3가지 변수의 항목 수를 곱한 것

● **회답의 항목 수**—상사의 부인/부하의 부인(2)×친밀/소원(2)×연상/동갑/연하(3)=12

● **총 사용빈도**는 76명×12=912가 된다. 그러나 피험자에 있어서 해당되는 청자가 없을 경우의 무회답 수가 31이 있기 때문에 총 사용빈도는 881이다.

한국인과 일본인의 언어행동과 문화의 차이

(1) 네 가지 사회적 변수와 호칭의 관계

① 변수 = 서열

〈표 Ⅳ-1〉

서열 \ 호칭		A	B	C	D	E	F	G	H
상사의 부인	사용빈도	238	34	83	74	17	0	4	8
	%	27.01	3.86	9.42	8.40	1.93	0.00	0.45	0.00
	cell χ^2	89.137	4.8778	4.6928	28.893	0.4282	3.0647	0.0775	0.5108
부하의 부인	사용빈도	17	63	123	194	22	6	5	1
	%	1.93	7.15	13.96	22.02	2.50	0.68	0.57	0.11
	cell χ^2	93.067	5.0929	4.8997	30.167	0.4471	3.1998	0.081	0.5333

d.f.=7 χ^2=269.169   p<0.001

χ^2의 수치로 볼 때 서열이 호칭법에 미치는 영향이 큰데 특히 「사모님」과 「엄마」
에 서열의 영향이 집중되어 있는 것을 알 수 있다. 그 밖에 서열의 영향이 현저하
게 나타나 있는 호칭은 「미세스」와 「어머니」이다. 그 외의 호칭은 절대적 사용빈
도가 적으며 서열의 차이도 작다.

상사의 부인에 대해서는 「사모님」이 가장 많이 사용되고 다음으로 청자의 「자
녀이름＋어머니」와 「자녀이름＋엄마」의 순서이다. 부하의 부인에 대해서는 「엄마」
가 22.02%, 「자녀이름＋어머니」가 13.96%, 「미세스」가 7.15%의 비율로 사용된다.
전체적으로는 청자의 「자녀이름＋어머니」(23.38%)와 「자녀이름＋엄마」(30.42%)
를 합하면 과반수를 넘는데(53.8%), 그 다음으로 「사모님」이 29.94%, 「미세스」가
11.01% 사용되고 있다. 상사의 부인에게는 「사모님」이 52%로 가장 많이 사용되
고 있으며, 부하의 부인에게는 「자녀이름＋엄마」가 45%로 가장 많은 비율을 차지
하고 있다.

한편 남편 부하의 부인에게는 「자녀이름＋엄마」(45%)＞「자녀이름＋어머니」
(28.5%)＞미세스(14.6%)의 순서로 사용되고 있다. 한국에서는 학교 친구인 경우
에는 성인이 되어도 서로 이름으로 부른다. 그러나 결혼하여 자녀가 태어나면 본
인의 이름 대신 「자녀이름＋엄마」로 불리는 게 일반적 현상이다. 부모가 결혼한
딸을 부를 때도 마찬가지이다. 직장의 동료가 서로 결혼하여 자녀가 태어나면 청
자의 본명 대신에 「자녀이름＋엄마」로 서로를 부르는 예도 볼 수 있다. 학교의 선

후배 관계에서도 학창시절부터 알고 있는 선배로부터는 이름으로, 후배로부터는 「언니」로 서로를 부르지만 사회에 나와서 알게 된 경우에는 후배는 선배에 대해서 「선배님」으로 선배는 자신을 「자녀이름＋엄마」로 표현하는 것을 관찰할 수 있다. 물론 사회적 활동을 하는 사람이나 직업을 가지고 있는 사람은 성명이나 성＋직명(직위)으로 자신을 표현한다. 예전에는 이웃의 신혼주부를 부를 때 「새댁」, 혹은 출신 지방명이나 거주지명 「~댁」이라고 불렀다. 지금은 이러한 호칭을 지방에서는 볼 수 있으나 대도시에서는 상대방에게 자녀가 있으면 「자녀이름＋엄마」로 부르는 것이 일반적 경향이라는 것이 인터뷰에 의해 확인되었다. 이와 같이 「자녀이름＋엄마」는 널리 사용되어 한국인 여성에 대한 청자 호칭 및 여성 자신을 표현하는 1인칭 중에서도 가장 높은 사용률을 차지하고 있다. 서열의 상하를 합하여 「자녀이름＋어머니/엄마」의 사용률이 53.8%인 것과 같이 과반수를 넘는 높은 사용률에 한국사회의 여성 호칭법의 특징이 잘 나타나 있다.

　「미세스」가 상사의 부인에 비해서 부하의 부인에게 비교적 많이 사용되는 것은 한국에서는 「미세스」가 윗사람에 대해서는 쓰기 어려운 호칭임을 나타내고 있다. 그런데도 상사의 부인에 대한 용례가 보이는 것은 연령과 관계가 있는데 이에 대해서는 후에 논의하기로 한다. 「미세스」는 말 그대로 영어에서 온 차용어로 기혼여성에 대해서 사용되는데 화자와 청자와의 관계와 관련하여 사용범위의 제한을 볼 수 있다. 일반적으로 윗사람에게는 사용하기 어렵고 동갑이나 연하에게 사용한다. 단 외국계 기업에서는 윗사람에게도 문제없이 사용되는 것을 관찰할 수 있고, 동시에 인터뷰로 확인되었다. 본래 「미세스」가 사용되는 영어권에서는 경의를 표하며, 윗사람에게도 사용되기 때문에 그러한 사회규범이 외국계 기업에 그대로 적용되고 있다고 해석할 수 있다. 처음부터 「미세스」는 영어사용과 어떠한 관련이 있던지 혹은 서구 문화와 접할 기회가 있는 사람 사이에서만 사용된다. 외국계의 기업에 근무하는 사람이나 외교관 부인 사이에서 많이 사용되고 있는 것을 관찰할 수 있는고, 인터뷰에 의해서 확인되었다.

② 변수 = 화자와 청자의 친소관계

〈표 IV-2〉

친소	호칭	A	B	C	D	E	F	G	H
친밀	사용빈도	125	43	91	172	17	3	3	1
	%	14.19	4.88	10.33	19.52	1.93	0.34	0.34	0.11
	cell χ^2	0.3405	1.0053	2.2264	8.1513	0.4901	0.0031	0.5844	0.4527
소원	사용빈도	130	54	115	96	22	3	6	0
	%	14.76	6.13	13.05	10.90	2.50	0.34	0.68	0.00
	cell χ^2	0.3637	1.0737	2.3779	8.7062	0.5235	0.0034	0.6242	0.4835

d.f.=7　　　χ^2=27.410　　　p<0.001

　χ^2의 수치로 볼 때 친소관계의 영향은 서열 영향의 거의 1/10에 불과한 것을 알 수 있다. 그 중에서도 친소간의 차이가 현저하게 나타나 있는 것은 「엄마」뿐이다. 「사모님」은 친소간의 차이가 거의 없으며 「미세스」는 친소간의 유의차를 볼 수 없다. 「어머니」는 친밀 : 소원=10 : 13인 것과 같이 소원한 청자에게 약간 많이 사용되고 있다. 이 결과에서 한국인 주부가 많이 사용하고 있는 「어머니」와 「엄마」 중에서 화자와 청자 사이에 심리적 거리가 있는 경우에는 「어머니」가 사용되기 쉽고, 심리적 거리가 적은 경우에는 「엄마」가 사용되기 쉬운 경향을 볼 수 있다.

③ 변수 = 연령

〈표 IV-3〉

연령	호칭	A	B	C	D	E	F	G	H
연하	사용빈도	50	40	41	141	14	2	7	1
	%	5.68	4.54	4.65	16.00	1.59	0.23	0.79	0.11
	cell χ^2	14.855	1.6847	11.500	28.837	0.0614	0.0001	5.2284	1.3123
동갑	사용빈도	74	27	81	94	12	2	2	0
	%	8.40	3.06	9.19	10.67	1.36	0.23	0.23	0.00
	cell χ^2	1.3088	0.8249	2.3709	0.3013	0.0664	0.0001	0.3239	0.3314
연상	사용빈도	131	30	84	33	13	2	0	0
	%	14.87	3.41	9.53	3.75	1.48	0.23	0.00	0.00
	cell χ^2	25.161	0.1583	3.5019	35.349	0.0001	0.0000	2.9932	0.3326

d.f.=14　　　χ^2=136.502　　　p<0.001

　χ^2의 수치로 연령의 영향은 남편의 직장 서열 영향의 약 1/2인 것을 알 수 있다.

전체 x^2 수치에서 차지하고 있는 부분 x^2 수치의 비율에서 연령의 영향이 현저하게 보이는 호칭은 「자녀이름＋엄마」, 「사모님」이고 그 다음으로 「자녀이름＋어머니」에도 연령의 영향을 볼 수 있다.

「사모님」은 연하＜동갑＜연상의 순서로 사용되어 연령의 영향이 잘 나타나 있다. 「자녀이름＋어머니」는 연하에 비해서 동갑이나 연상에 대해 각각 2배의 비율로 사용되며 「자녀이름＋엄마」는 연하에 대해서 최고 사용률을 나타내어 연령이 높아질수록 그 사용은 감소한다. 「미세스」는 연하에 대해서 약간 많이 사용되고 있으나 연령 사이에 유의차는 볼 수 없다. 이상의 결과에서 「사모님」은 서열뿐만 아니라 연령에도 영향을 끼치고 있는 것을 알 수 있다. 그런데 서열과의 관계에서는 오로지 상사의 부인에 대하여 사용되고 있는 것에 비해 연령과의 관계에서는 연령과 비례하여 단계적으로 많이 사용되고 있는 것을 보면 서열의 영향이 보다 크게 작용하고 있다고 말할 수 있다. 「자녀이름＋어머니」, 「자녀이름＋엄마」 중 어느 것에서도 연령의 영향을 볼 수 있는데 특히 「자녀이름＋엄마」의 사용에 있어서 연령의 영향이 크다. 이 결과에서 「자녀이름＋어머니」는 연하보다 동갑 이상에 대해서 사용되기 쉽고 그와 반대로 「자녀이름＋엄마」는 연상에 비해 동갑이나 연하에 대해서 사용되기 쉬운 것을 알 수 있다.

④ 변수＝화자의 세대

〈표 Ⅳ-4〉

세대	호칭	A	B	C	D	E	F	G	H
20대	사용빈도	60	31	39	64	0	0	0	1
	%	30.77	15.90	20.00	32.82	0.00	0.00	0.00	0.51
	cell x^2	0.2243	4.2302	0.9542	0.3694	8.6322	1.3280	1.9921	2.7393
30대	사용빈도	50	8	53	73	2	0	4	0
	%	26.32	4.21	27.89	38.42	1.05	0.00	2.11	0.00
	cell x^2	0.4536	7.9788	1.6544	3.9984	4.8865	1.2940	2.1843	0.2157
40대	사용빈도	84	46	79	75	23	6	3	0
	%	26.58	14.56	25.00	23.73	7.28	1.98	0.95	0.00
	cell x^2	0.6091	3.6104	0.3536	4.6434	5.805	6.8799	0.0161	0.3587
50대	사용빈도	61	12	35	56	14	0	2	0
	%	33.89	6.67	19.44	31.11	7.78	0.00	1.11	0.00
	cell x^2	1.5204	3.0844	1.1938	0.0283	4.5659	1.2259	0.0141	0.2043

d.f.＝21　　　x^2＝77.249　　　$p<0.001$

한국인과 일본인의 언어행동과 문화의 차이

x^2의 수치에서 세대간에 유의차를 볼 수 있는 호칭은 「미세스」, 「자녀이름＋엄마」와 「호칭의 회피」뿐이다. 40대에 「자녀이름＋엄마」의 사용이 다른 세대에 비하여 비교적 적은 것은 「미세스」를 많이 사용하고 있기 때문이다. 20대에 「미세스」의 사용이 많은 것은 다른 세대에 비해 「자녀이름＋어머니」의 사용이 비교적 적기 때문이다. 50대에 「자녀이름＋어머니」의 사용이 다른 세대에 비해 비교적 적은 대신 「사모님」의 사용이 다른 세대에 비해 비교적 많다. 「미세스」의 사용을 20대에서 가장 많이 볼 수 있는 것은 20대 피험자의 대부분이 외교관 자녀로 해외 경험이 많은 것에 기인한다. 또 「미세스」의 사용을 40대에서 비교적 많이 볼 수 있는 것은 피험자 중에 역시 해외 경험을 가지고 있는 사람이 비교적 많은 것에 기인하다.

해석·고찰

한국에서는 상하, 친소에 관계없이 누구에 대해서도 사용할 수 있는 청자 호칭법 및 2인칭의 범칭(汎稱)이 없고 그 대신에 상대방의 직장명(직위), 사회적 직위, 조직 속에서의 서열 등이 청자 호칭으로서 사용된다. 이처럼 역할이나 직업을 가지고 있지 않은 사람이나 사회적 활동의 기회가 적은 여성의 경우에는 적당한 호칭이 없기 때문에 고생을 한다. 특히 청자 호칭에 고심을 하게 되는데 화자 호칭의 경우에도 예외는 아니다. 상사의 부인에 대한 「사모님」의 사용률이 상사의 부인에 대한 호칭 전체의 52%라고 하는 높은 사용률을 나타내고 있는 것은 오늘날의 사회현상을 반영하고 있다고 생각된다. 인터뷰에 의하면 「사모님」이라고 하는 호칭을 사람들이 별로 좋아하지 않는 것을 알 수 있다. 그런데도 불구하고 이와 같이 높은 사용률을 나타내는 것은 그 외에 선택 가능한 호칭이 없기 때문이라고 판단할 수 있다.

「사모님」은 본래 스승의 부인을 가리키는 호칭이었는데 현대에는 스승뿐만이 아니라 윗사람의 부인에 대해서도 많이 사용된다. 때에 따라서는 아랫사람의 부인이나 자신의 부인을 가리키는 경우까지 볼 수 있어 그 남용과 오용이 지적되고 있다.

　한국인 주부에게 많이 사용되고 있는 「자녀이름＋엄마」와 「자녀이름＋어머니」 중에서 연하와 친밀한 청자에게는 「자녀이름＋엄마」가 많이 사용되며 연상의 청자와 소원한 청자에게는 「자녀이름＋어머니」가 비교적 많이 사용된다. 「자녀이름＋어머니」는 정중하고 격식 차린 호칭으로, 한편 「자녀이름＋엄마」는 친밀감 있고 격식 차리지 않은 호칭으로 사람들에게 받아들여지고 있는 것이 관찰 가능하며, 또한 인터뷰에 의해 확인되었다. 주의해야 할 사항은 친구의 어머니에게 「친구이름＋어머니」로 부르는 것은 용인되지만 서열상 윗사람, 예를 들면 남편의 상사인 사장이나 회장 부인에 대해 「자녀이름＋어머니/엄마」는 사용하기 어려운 것이 일반적임에도 불구하고 조사 결과에서는 상사의 부인에 대해 「자녀이름＋어머니/엄마」의 사용 예가 보인 점이다. 이러한 사용례는 서열과 연령이 평행하지 않는 경우에 많이 볼 수 있다. 자세한 것은 「서열＋연령」의 두 변수 중복에 의한 영향을 기술할 때 논의하기로 한다.

●네 가지 종류의 변수가 호칭에 미치는 영향 비교

각 변수의 χ^2의 수치를 비교하면 다음과 같이 된다.

	d.f.	χ^2	p
1) 청자의 서열	7	269.169	< 0.001
2) 화자와 청자의 친소관계	7	27.410	< 0.001
3) 청자의 연령	14	136.502	< 0.001
4) 화자의 세대	21	77.249	< 0.001

　네 종류의 변수 중에서 서열(남편의 상사/부하의 부인)의 χ^2의 수치가 가장 높고 그 다음이 연령, 세대, 친소관계의 순서이다. 친소관계는 서열의 약 1/10에 불과하다. 바꾸어 말하면 한국인 주부는 호칭을 선택할 때 청자의 서열에 가장 강하게 영향을 받으며 또한 청자의 연령에도 영향을 받는다. 한편 화자의 세대 및 화자와 청자의 친소관계의 영향은 그다지 현저하지 않다.

한국인과 일본인의 언어행동과 문화의 차이

(2) 두 가지 사회적 변수의 중복

① 연령과 서열

청자＝연하

〈표 IV-5-a〉

서열 \ 호칭		A	B	C	D	E	F	G	H
상사의 부인	사용빈도	46	19	25	50	8	0	4	0
	%	15.54	6.42	8.45	16.89	2.70	0.00	1.35	0.00
	cell χ^2	16.088	0.1155	0.7395	6.9332	0.0914	1.0270	0.0457	0.5135
부하의 부인	사용빈도	4	21	16	91	6	2	3	1
	%	1.35	7.09	5.41	30.74	2.03	0.68	1.01	0.34
	cell χ^2	16.982	0.1220	0.7806	7.3184	0.0965	1.0841	0.0483	0.5420

d.f.＝7　　χ^2＝52.528　　p＜0.001

청자＝동갑

〈표 IV-5-b〉

서열 \ 호칭		A	B	C	D	E	F	G
상사의 부인	사용빈도	68	10	41	22	5	0	0
	%	23.29	3.42	14.04	7.53	1.71	0.00	0.00
	cell χ^2	25.973	0.9074	0.0062	13.298	0.1667	1.0000	1.0000
부하의 부인	사용빈도	6	17	40	72	7	2	2
	%	2.05	5.82	13.70	24.66	2.40	0.68	0.68
	cell χ^2	25.973	0.9074	0.0062	13.298	0.1667	1.0000	1.0000

d.f.＝6　　χ^2＝84.702　　p＜0.001

청자＝연상

〈표 IV-5-c〉

서열 \ 호칭		A	B	C	D	E	F
상사의 부인	사용빈도	124	5	17	2	4	0
	%	42.32	1.71	5.80	0.68	1.37	0.00
	cell χ^2	46.213	7.1695	16.209	13.353	1.1165	1.0375
부하의 부인	사용빈도	7	25	67	31	9	2
	%	2.39	8.53	22.87	10.58	3.07	0.68
	cell χ^2	49.818	7.7288	17.473	14.395	1.2036	1.1185

d.f.＝5　　χ^2＝176.836　　p＜0.001

χ^2의 수치로 볼 때 연하/동갑/연상에 대한 서열의 영향이 52.5 : 84.7 : 176.8의

비율로 차이가 보인다. 그 주된 원인은 「사모님」, 「미세스」, 「자녀이름＋어머니」, 「자녀이름＋엄마」에 있어서 서열의 영향이 각 연령에 대해서 다르기 때문이다. 이상 네 종류의 호칭에서 볼 수 있는 서열＋연령의 두 변수 영향에 관하여 비교·검토한다. 상사의 부인/부하의 부인은 생략하여, 이하 상사/부하로 표시한다.

A. 사모님

청자	연상·상사	동갑·상사	연하·상사	연상·부하	동갑·부하	연하·부하
사용빈도	124	68	46	7	6	4
연령의 영향	d.f.=2	χ^2=40.79	p<0.001	d.f.=2	χ^2=0.82	p=n.s.

어떤 연령이든지 오로지 상사의 부인에 대해 사용하여 서열의 영향을 나타내고 있다. 상사의 부인에 대해서는 연하로 갈수록 사용빈도가 감소하기 때문에 연령의 영향을 볼 수 있지만 부하에 대해서는 연령 사이에 유의차가 보이지 않는다. 더욱이 서열(下)·연령(上)에서는 사용빈도가 7밖에 되지 않는 것을 보면 서열이 위인 것이 필수조건이라고 판단할 수 있다. 연상·상사에 대한 사용률이 가장 높은 것은 「사모님」을 사용할 때 연령도 서열도 동시에 위인 것이 중요함을 보여주고 있다.

B. Mrs. 성

청자	연상·상사	동갑·상사	연하·상사	연상·부하	동갑·부하	연하·부하
사용빈도	5	10	19	25	17	21
연령의 영향	d.f.=2	χ^2=8.91	p< 0.025	d.f.=2	χ^2=1.52	p=n.s.

어떤 연령에 있어서도 부하의 부인에 대하여 비교적 많이 사용되지만 서열간의 차이는 연하로 갈수록 감소하고 연하에 대해서는 거의 차이가 없어진다. 연상·상사에 대한 사용률이 최저인 것은 Mrs.가 연상의 상사에게는 사용하기 어려움을 나타내고 있다. 부하에 대한 사용은 연령에 거의 영향을 받지 않는다. 따라서 연령의 영향은 상사에 대해서만 볼 수 있다.

한국인과 일본인의 언어행동과 문화의 차이

C. 어머니

청자	연상·상사	동갑·상사	연하·상사	연상·부하	동갑·부하	연하·부하
사용빈도	17	41	25	67	40	16
연령의 영향	d.f.=2	χ²=10.78	p< 0.005	d.f.=2	χ²=31.75	p< 0.001

어머니는 동갑(연하)·상사와, 연상(동갑)·부하에서 가장 많이 사용된다. 즉 어머니는 서열과 연령이 평행하지 않을 경우에 많이 사용됨을 나타내고 있다.

D. 엄마

청자	연상·상사	동갑·상사	연하·상사	연상·부하	동갑·부하	연하·부하
사용빈도	2	22	50	31	72	91
연령의 영향	d.f.=2	χ²=47.07	p< 0.001	d.f.=2	χ²=29.06	p< 0.001

연하의 부하 부인에 대하여 가장 많이 사용되며 연상의 상사 부인에게는 거의 사용되지 않는다. 또한 어느 연령에 대해서도 부하 부인에게 비교적 많이 사용된다. 이 결과는 「자녀이름＋엄마」의 사용에 있어서 연령도 서열도 아래인 것이 중요함을 나타내고 있다. 「자녀이름＋엄마」는 서열과 연령이 −上·−上일 때는 물론 ＋上·−上일 때도 비교적 많이 사용되고 있는 것을 볼 때 다른 변수가 중복되어도 연하에 대해서 사용하기 쉬움을 나타낸다. 「자녀이름＋어머니」, 「자녀이름＋엄마」 어느 것도 서열과 연령 쌍방의 영향을 보이고 있다.

위의 결과를 다음과 같이 요약할 수 있다.

1. 서열과 연령 ＋上·＋上이 겹칠 경우 대우도가 높은 동시에 형식적인 호칭인 「사모님」 이외에는 거의 사용되지 않는다.

2. 서열과 연령이 평행하지 않을 경우에는 두 종류가 있다. 즉 서열과 연령이 ＋上·−上의 경우와 −上·＋上의 경우이다. 서열은 아래이지만 연상일 경우에는 「자녀이름＋어머니」가 비교적 많이 사용되며 서열이 위이고 연하일 경우에는 「자녀이름＋엄마」와 「사모님」이 거의 같은 비율로 사용된다(사모님≦자녀이름＋엄마). 더욱이 「자녀이름＋엄마」는 서열과 연령 −上·−上

이 겹쳐질 경우 가장 많이 사용된다.

3. 미세스는 어느 연령에 대해서도 서열이 아래일 때 비교적 많이 사용되며 서열(＋上)·연령(＋上)에서는 약간 사용될 뿐이다. 서열이 아래인 점이 중요하지만 서열이 위라도 연령이 아래라면 사용되는데, 제1지표는 서열이지만 부분적으로는 연령에 의한 영향도 인정된다.

② 세대와 서열

세대에 대한 서열의 영향이 가장 현저하게 보이는 것은 상사 부인에 대한 「사모님」인데 다른 호칭에 있어서는 별로 영향을 볼 수 없다. 그래서 표에 표시하지 않고 각 세대별로 사모님과 다른 호칭의 사용을 비율로 표시하기로 한다.

어느 세대도 상사 부인에 대해서는 대우도가 높은 「사모님」을 비교적 많이 사용하며 부하 부인에 대해서는 「자녀이름＋엄마」를 많이 사용하는 공통점을 보이고 있지만 상사부인에 대한 「사모님」과 다른 호칭 사이의 사용비율에 있어서는 차이를 볼 수 있다. 사모님의 사용빈도 對 다른 세 종류의 호칭 「미세스＋자녀이름＋어머니/엄마」의 사용빈도에서 볼 수 있는 세대차는 다음과 같다. (　)안의 수치는 각 세대에 있어서 상사부인에 대하여 사용되는 「사모님」의 사용률이다. 20대－60：40(30.77%), 30대－42：52(21.11%), 40대－81：65(25.63%), 50대 이상－55：34(30.56%)인 것과 같이 어느 세대에도 사모님의 사용이 다른 세 종류의 호칭보다 많지만 30대는 그와 반대이다.

이 점에 대하여 몇 가지 해석이 가능한데, 첫째로 젊은 세대의 강한 자아의식을 나타내고 있는 것이다. 다른 두 변수 중복시에는 영향이 거의 보이지 않아 그에 대한 기술은 생략한다.

(3) 한국인 주부의 친족간의 청자 호칭법

한국의 주부는 청자 호칭으로 「자녀이름＋엄마/어머니」와 같은 간접적 호칭을 많이 사용한다. 이와 같은 간접호칭법은 가정에서도 볼 수 있다. 혼인에 의해 맺어진 형제자매 사이에서 사용되며 화자의 자녀가 부르는 친족 명칭이다. 예를 들면

한국인과 일본인의 언어행동과 문화의 차이

손위 시누이를 「형님」으로 부르는 대신에 「고모」로 부르는 것과 같은 예이다. 혼인에 의해 맺어진 사이에서는 본래 정해진 친족 명칭이 있지만 집안의 항렬과 연령이 평행하지 않을 경우에 세대차와 개인차를 볼 수 있다. 자녀를 매개로 한 친족명칭은 젊을수록 비교적 많이 나타나지만 50대에서도 볼 수 있다. 예를 들어 같은 고등학교나 대학교의 동급생이 상위 항렬(윗동서)이 되었을 경우 정해진 친족명칭으로 부르는 사람도 있고, 「고모」나 「큰엄마」로 부르는 사람도 있어, 개인차가 크며 그 개인차는 가정교육에 기인하는 경우가 많다. 혼인에 의한 형제자매 사이에 자녀의 입장에서 사용해야하는 친족명칭이 상당히 많이 보이지만 그래도 여전히 항렬을 표현하는 친족명칭 쪽이 훨씬 많이 사용된다.

남편 형제의 부인에 대해서보다는 자신의 손위 올케에 대해서 항렬을 나타내는 친족명칭을 많이 사용하고 있는 것을 위의 표에서 잘 알 수 있다.

이 조사는 주부 50명을 대상으로 화자의 손위 올케/손아래 올케, 손위 동서/손아래 동서, 손위 시누이/손아래 시누이(각각 연상·동갑·연하)에 대하여 사용하는 청자 호칭을 조사한 것인데 피험자에 따라서는 해당하는 청자가 없는 경우도 있기 때문에 회답이 모두 갖추어지지 않았다. 특히 20대에 있어서는 이들에 해당하는 청자가 없는 경우가 많아서 회답률이 낮았기 때문에 다른 세대와의 비교는 곤란하므로 통계에서 생략했다. 분석은 회답이 전부 갖추어진 30대~60대의 26명에 대하여 실시했다. 세대별로 피험자 수는 갖추어지지 않았지만 항렬과 연령이 평행하는 경우의 데이터도 표시하기로 한다.

● **친족명칭**

A. 형님	B. 언니	C. 아가씨
D. 고모	E. 큰엄마	F. 작은엄마
G. 청자의 자녀이름+엄마	H. 동서	I. 올케

<표 Ⅳ-6 : 집 안에서 사용하는 청자 호칭법(50명)>

청자	호칭	A	B	C	D	E	F	G	H	I
윗동서	· 연상	16								
	· 동갑	39				5		1	5	
	· 연하	31				12		1	2	
아랫동서	· 연상						11	5	31	
	· 동갑						9		29	
	· 연하								11	
손위시누이	· 연상	11			4					
	· 동갑									
	· 연하									
손아래시누이	· 연상			10	29					
	· 동갑			17	20					
	· 연하			6	4					
손위올케	· 연상		13							3
	· 동갑		42							1
	· 연하		35							7
손아래올케	· 연상									
	· 동갑									
	· 연하							23		20

1. 항렬이 위일 경우에는 친족명칭이 간접호칭보다 많이 사용되어 항렬의 영향을 나타내고 있다.

청자＝연상/동갑/연하 · 항렬＋上

친족명칭	간접호칭
형님/언니	큰 엄마/고모/올케/동서
193	46

d.f.＝1　　χ²＝89.18　　p<0.001

2. 항렬이 손아래일 경우에도 친족명칭이 간접호칭보다 많이 사용되어 역시 항렬의 영향을 나타내고 있다.

청자＝연상/동갑/연하 · 항렬＋上

친족명칭	간접호칭
올케/동서/아가씨	작은 엄마/자녀이름＋엄마/고모
124	81

d.f.＝1　　χ²＝8.6　　p<0.005

한국인과 일본인의 언어행동과 문화의 차이

<표 Ⅳ-7 : 26명의 조사결과>

30대 (10명)

청자 \ 사용빈도	A	B	C	D	E	F	G	H	I
연하·손위올케		10							
연하·윗동서	7				3				
연상·아랫동서						2		8	
연상·손아래시누이			3	6					

40대 (10명)

청자 \ 사용빈도	A	B	C	D	E	F	G	H	I
연하·손위올케		9					1		
연하·윗동서	6				4				
연상·아랫동서						4	1	5	
연상·손아래시누이			2	8					

50대～60대 (6명)

청자 \ 사용빈도	A	B	C	D	E	F	G	H	I
연하·손위올케		6							
연하·윗동서	5							1	
연상·아랫동서								6	
연상·손아래시누이			2	4					

1. 연하·손위 올케와 연하·윗동서에 대해서 정해진 호칭인 「언니」와 「형님」
이 자녀를 매개로 한 간접호칭인 「자녀이름＋엄마」, 「큰엄마」보다 많이 사
용되고 있어 항렬이 중요시되고 있는 것을 나타내고 있다.

친족명칭		간접호칭
형님＋언니(43)	＞	큰엄마＋(자녀이름＋엄마) (8)

d.f.=1　　χ²=22.66　　p<0.001

2. 연상·손아래 동서에 대해서 정해진 호칭인 「동서」가 자녀를 매개로 한 간접
호칭 「작은엄마」, 「～엄마」보다 많이 사용되어 항렬이 중요시되고 있는 것
을 나타내고 있다.

친족명칭		간접호칭
동서(19)	＞	작은엄마＋(자녀이름＋엄마) (7)

d.f.　　χ²=4.66　　p<0.05

3. 연상·손아래 시누이에 대해서는 자녀를 매개로 한 「고모」가 정해진 호칭 「아가씨」보다 많이 사용되어 다른 청자의 경우와는 다른 양상을 보이고 있다.

친족명칭		간접호칭
아가씨(7)	<	고모(18)

d.f.=1 x^2=4   p<0.05

위의 <표 IV-13>에서 볼 수 있듯이 화자의 손위 올케가 연하일 경우에는 정해진 친족명칭 「언니」의 사용률을 40대에서 90%, 다른 세대에서 100% 볼 수 있다. 윗동서가 연하일 경우에는 정해진 친족명칭인 「형님」이 30대(70%), 40대(60%), 50~60대(83%)의 사용률을 보이고 있다. 그 외에 연상·손아래 동서에도 정해진 친족명칭 「동서」와 화자의 자녀를 매개로 한 「숙모」의 사용비율에 있어서 세대간의 차이가 보이지만 전체적으로는 「동서」가 많다. 또한 연상·손아래 시누이에게도 마찬가지로 정해진 친족명칭 「아가씨」와 자녀를 매개로 한 「고모」의 사용비율에서 세대차를 볼 수 있다. 그 중에서도 연상·손아래 시누이에게는 친족명칭에 비해 자녀를 통해 본 간접호칭인 「고모」를 사용하는 비율이 어느 세대에서도 높게 나타난다.

4. 50~60대는 다른 세대에 비하여 정해져 있는 친족명칭을 사용하는 직접호칭의 사용률이 높다. 그러나 절대적 사용빈도가 적고 유의차는 볼 수 없다.

d.f. = 2 x^2 = 1.86   p = n.s.

5. 정해져 있는 친족명칭 「형님」, 「언니」의 사용률에서 항렬의 영향이 강한 것을 알 수 있는데 동시에 연령의 영향도 보인다. 연하·윗동서와 연상·아랫동서에 대한 간접호칭에 연령의 영향이 나타나 있다.

6. 「고모」의 사용률을 보면 어느 세대에서도 정해진 친족명칭인 「아가씨」의 사용률보다 높아서 다른 청자와 다른 양상을 보이고 있다.

청자=연상/동갑/연하·손아래 시누이

친족명칭	간접호칭
아가씨 (33)	고모 (53)

d.f.=1 x^2=4.2   p<0.05

한국인과 일본인의 언어행동과 문화의 차이

7. 손위 시누이를 청자로 할 경우에는 친족명칭인 「형님」(17)＞간접호칭 「고모」
   (9)와 같이 친족명칭의 사용을 많이 볼 수 있는데 절대적 사용빈도가 적고
   쌍방간에 유의차는 볼 수 없다. 연상·손위 시누이를 청자로 할 경우도 「형
   님」(11)＞「고모」(4)를 사용하나 쌍방간에 유의차는 볼 수 없다.

   인터뷰 결과 그 이유는 「아가씨」에 있다. 「아가씨」는 혼인상 맺어진 자매간에
남편의 손아래 시누이에 대해서 사용되고 또한 이전에는 노비가 주인의 결혼하지
않은 딸에게 사용한 호칭으로 봉건적 상하관계를 나타낸다. 현대에는 주로 남편의
미혼 여동생에 대해서 사용되는데 화자의 자녀를 통한 간접호칭 「고모」의 높은
사용률과는 대조적으로 상당히 낮은 사용률을 나타내어 현대인들의 봉건적 상하
관계로부터 유래된 호칭에 대한 강한 저항을 나타내고 있다. 화자의 손아래 올케에
게도 간접호칭인 「자녀이름＋엄마」가 많이 사용된다(23명/43명(53%)). 이것은 특
별히 항렬이나 연령의 영향이라기보다는 「올케」보다 「자녀이름＋엄마」가 일반적
으로 많이 사용되고, 사용하기에 편하고 익숙해서라는 의식을 관찰할 수 있고 역시
인터뷰에 의해서도 확인되었다. 손위 시누이·동갑/연하 및 자신의 손아래 올케·
연상/동갑에 대한 무회답에서 볼 수 있듯이 한국에서는 부인이 남편보다 연상인
예가 90년대까지는 극히 드물고, 한국인의 연령에 대한 강한 집착을 나타낸다.
   본 연구를 위해, 실시한 주부를 대상으로 하는 조사 외의 항목에서도 역시 주부
에 의한 호칭 사용 중에서 청자의 「자녀이름＋어머니/엄마」가 가장 많이 사용되
고 있는 것이 확실해졌다. 이웃주부나 자녀학교의 학부형을 대상으로 해서 친소관
계와 연령과의 관계를 조사한 것인데 청자의 자녀이름을 알고 있는 경우는 서로
가 청자의 「자녀이름＋엄마/어머니」가 가장 많이 사용된다. 연상의 청자·소원한
청자에게는 「어머니」가 연하 혹은 친밀한 청자에게는 「엄마」가 많이 사용되어 이
름을 모르는 사람 중에서 50대 정도까지에 대해서는 「아줌마」나 「아주머니」, 60
대 이상에 대해서는 「할머니」가 사용된다. 같은 아파트에서는 「303호 아줌마」처
럼 집의 호수에 친족명칭을 붙여서 부르는 현상을 볼 수 있다. 남편의 상사/부하
부인에 대한 호칭법과 마찬가지로 「자녀이름＋엄마/어머니」가 많이 사용되고 청
자의 자녀이름을 모르든가 혹은 청자에게 자녀가 없는 경우에는 「아줌마」 등의

일반적 친족명칭이 많이 사용된다. 위와 같이 청자의 이름을 부르지 않고 대신에 「자녀이름＋엄마(어머니)」, 「아줌마」, 「아주머니」, 「할머니」 등의 친족명칭을 사용하는 것은 첫 번째로 청자의 이름을 모르기 때문이다.

그러나 더욱 중요한 점은 이름을 알려고도 하지 않고 간접적인 호칭에 어떠한 문제의식도 갖지 않는 이상 결혼한 여자는 평생 본명으로 부르고, 또 불리는 일이 없다는 것이다. 이러한 현상은 사회적 배경과 깊은 관계가 있는데 오늘날에도 여자가 출가한 시집의 호적에는 며느리의 이름이 올라가지 않고 다만 누구누구(친정의 本貫과 氏名)의 장녀라는 식으로 기재될 뿐이다. 이러한 일이 한국 가정에 있어서의 며느리의 지위를 말해 주고 있다. 현재 여성 운동가를 중심으로 본인 이름 위에 부모의 성을 나란히 붙이는 움직임이 간혹 보이나, 본인의 본명쓰기 운동은 별로 활발하지 않다. 여자는 결혼하여 자식이 태어나면 「자녀이름＋어머니」, 「자녀이름＋엄마」로 불리어져 사회적 활동이나 직업을 갖지 않는 이상 평생 본명으로 불리지 않는 것이 현재의 상황이다.

앞에서 설명한 대로 한국의 주부는 청자의 「자녀이름＋엄마, 어머니, 할머니, 이모, 아주머니, 고모」 등 자녀를 매개로 한 간접호칭으로 부르든가 또는 아주머니, 아줌마, 할머니 등 일반적 친족명칭을 사용한다, 이러한 사용법은 공적인 채널에서도 볼 수 있는데 TV프로그램에 나오는 사람이 자기소개를 할 때에도 자신의 본명이 아닌 「자녀이름＋엄마」를 당연하듯이 사용하고, 자녀가 태어남과 동시에 「자녀이름＋엄마」로 불리어지며, 또한 인터뷰 결과 본인도 그 쪽이 편하다고 하는 것은 왜일까? 인터뷰 내용은 다음과 같다.

- **「자녀이름＋엄마」에 대한 인터뷰 결과**
  대상 : 자녀가 2명(5세와 2세) 있는 34세의 전업주부로 28세까지 여성 잡지사에 근무했던 사람

직장에 근무했을 당시 서로 「성명＋씨」로 불렀던 옛 직장동료와 6년 만에 만났을 때 상대방으로부터 이전대로 「성명＋씨」로 불리자 어색함을 느꼈다. 이 사람은 결혼하기 전에는 평생 독신으로 일만을 하겠다고 생각했고 직장에서 「성명＋씨」

한국인과 일본인의 언어행동과 문화의 차이

의 사용에 익숙한 경험을 가지고 있던 사람인 만큼 한국인 주부의 「자녀이름＋엄마」의 흔한 사용과 「성명＋씨」에 대한 의식을 엿볼 수 있다.

- **「자녀이름＋엄마」에 대한 관찰 결과**
  화자 : 48세의 연구원 A / 54세의 전업주부 B
  청자 : 46세의 대학강사 C

A・B・C는 고등학교 선후배 관계이다. A와 B는 C를 직접 부르는 것을 피하고 화자 호칭은 각각 「자녀이름＋엄마」를 사용하고 있다. 예를 들면 전화를 할 때에도 「~엄마예요」라고 말하며 화자의 이름도 청자의 이름도 말하지 않는다. A, B, C는 각각 자녀들이 같은 학교를 다니는 학교 학부형 사이가 아니기 때문에 C는 A・B의 자녀 이름도 잘 모른다. 본인들끼리가 고등학교 선후배이기 때문에 서로가 본인의 이름을 불러도 아무런 문제가 없는데도 왜 자신들의 자녀이름도 모르는 C에게까지 「~엄마」를 사용하는 것일까. 서로 선후배이기는 하지만 친구사이가 아니므로 상대방의 이름을 직접 부르는 것이나 자신의 이름을 직접 말하는 것을 주저하는 것이다. 이들이 만약 동급생 사이라면 아무런 문제없이 서로의 이름을 사용한다. 상대방의 이름을 부르지 않는 것은 경의를 표시하는 것이며 자신의 이름을 말하지 않는 것은 자신을 감추고 보호하려는 의식에 기초한 대우행동으로 해석할 수 있다. 그러나 선후배 사이에서도 학창시절부터 알고 있는 경우에는 선배는 후배를 「이름」으로 부르고 후배는 선배를 「언니」라고 부른다. 또한 친소관계나 성격도 영향을 끼치는데 만약 친밀한 사이라면 선배는 후배를 「성명＋씨」로 부르는 경우가 있으나 이때에도 자신의 이름을 말하고 안하고는 친소관계가 아니라 성격에 의한 것이다.

이와 같이 한국인 주부는 직접호칭의 회피를 통하여 상대방과의 마찰이나 충돌을 막고 자신도 보호한다. 이와 같은 현상은 학창시절의 친구사이에서 언제까지라도 경칭을 부치지 않고 자유롭게 이름을 부르는 것과 대조적이다. 즉 이름은 어릴 때부터 잘 알고 있는 사이에서는 직접 부르는 일이 가능하지만 성인이 된 후 알게 된 경우나 모르는 사이에서는 이름을 직접 사용하는 것을 피하고 대신에 간접 호칭이 사용되는 것이다. 적당한 호칭이 없어서 호칭을 피하는 것을 흔히 볼 수 있는데 본 조사의 결과에서도 4.43%가 나타났다. 경어가 적극적으로는 경의를 표현하는 말이고, 소극적으로는 삼가하는 데서 시작되었다고 하는 설을 받아들인다면 한국인 주부가 청자나 화자의 이름을 직접 부르기를 꺼리는 것에 한국인의 경어의식이 나타나 있다고 생각된다.

이상과 같은 현상에 언어와 사회의 상호관계가 잘 나타나 있다. 사회적 변수의 영향은 사회가 언어에 미치는 영향이며 적당한 호칭이 없기 때문에 호칭을 피하는 것과 같은 행동이나, 호칭법의 불편함, 부적당한 호칭법이 인간관계에 미치는 영향은 언어가 사회생활에 미치는 영향이라고 말할 수 있다.

(4) 한국인 주부의 청자 호칭법에 나타나는 경어의식

앞에서 논한 것처럼 「사모님」은 원래 「스승(師)」의 부인에 대하여 사용된 호칭으로써 스승에 대해서 또한 스승으로 우러러보는 사람의 부인에게 경의를 표하기 위해 사용되었지만 현재는 「사(師)」가 붙는 교사(대학은 교수), 강사, 목사, 의사는 물론 조직의 우두머리뿐만 아니라 윗사람의 부인에 대하여, 나아가서는 직접적으로는 어떠한 상하관계도 갖고 있지 않지만 단지 상대방이 연상이라는 이유로 「사모님」이 청자 호칭, 그리고 제3자 호칭으로서 사용되게 되었다. 현재처럼 널리 사용되게 된 이유는 적절한 호칭이 달리 없고 또한 어떤 말을 오랫동안 계속 사용하면 그 가치가 격하되어29) 그 결과 언어의 인플레 현상이 생기기 때문이다. 그러나 모두가 이 호칭을 즐겨 사용하지는 않다. 이 호칭 사용에 저항을 느끼고 있는 사람이 많음을 관찰할 수 있었는데 이 사항 또한 인터뷰로 확인되었다. 따라서 30대에서 볼 수 있는 「사모님」과 다른 호칭의 비율은 그러한 저항을 비교적 강하게 나타내고 있다고 생각된다. 그러면 왜 「사모님」의 사용에 30대의 저항이 가장 강하게 나타난 것일까? 상대방이 남편의 상사부인이고 윗사람이라 하더라도 화자와

---

29) Braun(1988)에도 오래 사용되면 정중도가 내려가는 예로써 영어 「you」를 들고 있다. 과거에는 보통형의 「thou」와의 대비에 있어서 「you」에 정중형으로서의 의미가 있었지만 오늘날과 같이 「you」만을 사용하면 정중함은 없어진다고 설명하고 있다.

한국인과 일본인의 언어행동과 문화의 차이

직접 관계가 없다는 생각이 「사모님」의 사용에 저항을 느끼는 많은 사람들의 언어의식이다. 이것이야말로 세대차이며 젊은 세대일수록 그러한 자아의식이 강하다.

　다음은 「사모님」을 사용하는 사람들의 언어의식에 관한 인터뷰 결과이다. 「사모님」을 사용하는 사람 중에는 당연하다고 생각하며 사용하는 사람, 저항은 느끼지만 달리 적당한 호칭이 없기 때문에 할 수 없이 사용하는 사람, 아첨에 가깝게 사용하는 사람의 세 가지 유형으로 볼 수 있다. 사용 이유는 모두 화자와 청자 사이의 상하관계의 인식과, 윗사람에 대한 경의를 표현하기 위한 것이며 이 두 사항에서 세대차를 볼 수 있다. 「사모님」의 사용에 호의적인 사람들에게는 상하관계 의식이 강하며, 청자의 신분, 연령에 대한 배려가 보이는데, 이러한 언어의식은 종래의 유교적 사고방식과 예의범절이 몸에 밴데 기인한다고 판단할 수 있다. 즉 대화의 場에 대한 인식의 기본이 상하의식이며, 그 인식에 기초한 대우도의 평가가 비교적 높다. 이에 비해서 「사모님」을 사용하는데 저항을 느끼는 사람들은 상하의식이 비교적 약하며 대화의 場에 대한 대우도의 평가도 비교적 낮은 경향이 보인다. 상하의식에는 개인차가 있으며 젊은 세대에서도 상하의식이 강하고 대화의 場에 대한 인식을 적절히 하는 사람이 있는가 하면 윗세대 중에도 상하의식이 약하고 대화의 場에 대한 인식이 적절하지 못한 사람도 있다. 호칭법에 영향을 미치는 요인은 주로 가정교육이나 개인의 성격임을 관찰할 수 있는데 실제로는 어떠한가? 이에 대한 인터뷰 결과를 제시하기로 한다.

● 호칭법에 대한 인터뷰 결과

1) 초면인 사람에 대한 호칭은 상대방이 자신을 어떠한 호칭으로 부를 것인가를 확인할 때까지는 호칭을 피하여, 상대방의 호칭법에 맞추어 정한다. 특히 남편과 같은 직장 사람의 배우자에 대한 대우표현에는 매우 신경을 쓴다. 남편 직장에서의 상하관계와 그들의 배우자의 연령이 평행할 때에는 「사모님」을 사용하는 것이 가능하지만 평행하지 않을 경우에는 상대방의 연령과, 시간의 경과에 따라 변화하는 쌍방의 친소관계에 맞추어서 여러 가지 호칭을 모색한다. 상사의 부인이 연하일 경우에 대우도가 가장 높은 것은 「사모님」이지만 아무래도 사용하고 싶지 않을 때는 차선책으로 「여사님」을 사용하고

친밀해졌을 때 상대방의 「자녀이름＋어머니」를 사용하는 경우도 있다. 남편의 동료나 부하의 배우자에게는 「미세스」를 가장 널리 사용하고 친해지면 상대방의 「자녀이름＋엄마」를 사용한다. 이것은 42세의 전업주부(외교관 부인) 의견이지만 이 의견에 동조하는 사람이 30/40/50대에 각 1명씩 있다.

2) 상대방이 남편의 상사부인이라도 자신의 상사가 아니기 때문에 남편 직장에서의 상하관계에 기준한 호칭법에는 저항을 느낀다. 특히 사모님을 상사부인에게 빈번하게 쓰는 것은 아첨하는 것처럼 생각하는 것이 30대 사람(방송국PD)의 의견인데 이에 동조하는 사람이 1명 있다.

3) 사모님의 사용을 좋아하지는 않지만 남편이 그 직장에 근무하고 있는 이상 배우자에게도 직장의 상하관계에 기준한 대우표현을 사용하는 것이 당연하다고 생각한다는 45세와 46세의 전업주부 2명(양쪽 모두 상사원부인)의 의견인데 이 의견에 동조하는 사람도 40/50대에 6명(각각 3명)과 60대에 1명 있다.

4) 청자 호칭법을 망설일 경우 사람들이 사용하고 있는 호칭 중에서 가장 대우도가 높은 것을 사용하면 경의를 표하는 것이 되고 또 무난하다. 높은 대우표현을 사용해도 자신이 손해를 입는 것이 아니고 상대방에게 경의를 표하는 것이 되어 쌍방의 인간관계가 좋게 유지되며, 그 결과 자신의 품위를 지키게 된다. 56세의 전업주부(경제단체 회장부인)와 46세 대학강사의 의견인데 그 외에 40/50/60/70대에 각 1명씩 같은 의견을 가진 사람이 있다.

이상과 같은 네 가지 의견은 여러 세대에 걸쳐 보이며, 이를 보아도 호칭법의 차이가 반드시 세대차에서 오는 것이라고는 생각되지 않는다. 상하의식에서 볼 수 있는 차이는 크게는 사회변화에 그 원인이 있다고 생각한다. 한국사회는 긴 세월 동안 외부로부터의 침략에 시달려 정치, 경제, 사회, 문화적 혼란 속에서 다방면에 걸쳐 급속한 변화를 겪어 왔다. 특히 서구문화의 도입에 따라서 오랫동안 사회규범의 근간이었던 유교가 약화되어 종래의 상하의식이 느슨하게 되었는데 그 대신 남편에 대하여 사용하는 제3자 경어표현 등에서 볼 수 있는 것과 같이 자기 중심적 현상까지 나타나게 되었다. 그것은 윗사람에게 말을 할 때 남편에 대한 제3자 경어에 있어서 본래라면 경어표현을 삼가해야 할 곳에 대우도가 높은 경어표현을 사용하는 예인데 이러한 것을 이전에는 볼 수 없었다. 현재는 확실한 오용으로 판단되고 있으나, 장래에 그러한 예가 더욱 늘어나서 대다수가 되는 날이 올 수도 있다. 종래의 대가족 대신 핵가족제도의 도래로 말미암아 젊은 세대가 경어를 습득할 수 있는 기회가 줄어든 것이 젊은 세대의 언어사용법에 변화를 가져 왔다고 판단된다.

구체적으로 논하자면 부모가 조부모에게 혹은 집 안의 윗사람과 이야기하는 것을 보면서 자란 세대들은 가정에서의 경어교육으로 자연스럽게 경어사용을 익혔지만 핵가족이 된 현대인들은 그러한 학습의 場이 없어져버렸기 때문에 위에서 언급한 대로 오용이 많아지게 되었다. 그런데 그러한 학습의 場을 제공하는 곳은 여전히 가정이고 함께 생활하지 않더라도 빈번한 왕래와 친척, 지인 사이의 교류 등을 통해서 어린이들이 경어를 습득하게 되며 그와 함께 학교교육, 교회의 주일학교 등이 또 다른 학습의 場이 되고 있다. 따라서 핵가족이 많아진 현대에도 연령에 관계없이 경어사용이 가능한 사람은 가능하고 가능하지 않은 사람은 가능하지 않다. 따라서 가정교육의 영향이 중요하다. 30대의 상하의식이 느슨한 것과 대조적으로 한층 젊은 세대인 20대가 윗세대와 같은 사용 패턴을 보이고 있는 것이다. 바꾸어 말하자면 이론적으로 생각할 때 피험자 중에서 제일 젊은 20대의 상하의식이 가장 느슨하리라 생각되는데 반대의 결과가 나온 것은 본 조사의 대상인 20대 피험자의 경어사용에 대한 가정교육에 기인하고 있는 것이다. 20대 피험자가 올바른 경어교육을 받은 사람들인 것은 피험자 한 사람 한 사람을 대상으로 하여 실시한 인터뷰로 확인되었다.

그 밖의 두 변수의 중복에 따른 영향은 거의 볼 수 없으므로 그에 관한 기술은 생략하고, 다음엔 한국인 주부의 친족간의 청자 호칭에 관해 논하기로 한다.

1-2 일본인 주부의 청자 호칭법

화자·청자 모두가 주부로서 화자의 호칭 선택에 영향이 있다고 예상되는 네 가지 요인을 변수로 설정하여 각 변수의 영향을 수량적으로 표시한다.

- **변수** : 한국인 주부와 동일

- **호칭**

  A. 奥さん(okusan) = ~부인에 해당됨 　　B. 奥さま(okusama) = 사모님에 해당됨

  C. 청자 자녀의 이름+어머니 　　　　　　D. 성+san

  E. 이름+san

- **조사대상** 　앙케이트－주부91명－ 20대(21명), 30대(21명), 40대(18명),

  　　　　　　　　　　　　50대 이상(31명)

  　　　　　　　　인터뷰－20대(3명), 30대(3명), 40대(5명), 50대(3명)

- **설문내용** : 한국인 주부와 동일

- **사용빈도의 산출**

- **12항목의 산출** ─ 한국인 주부와 동일

- **회답의 항목 수**

　총 사용빈도는 90명×12 = 1,092가 된다. 그러나 피험자에게 해당하는 청자가 없는 경우의 무회답 수가 12이기 때문에 총 사용빈도는 1,080이다.

(1) 네 가지 사회적 변수와 호칭의 관계

① 변수 = 서열

〈표 Ⅳ-8〉

서열 \ 호칭		A	B	C	D	E
상사의 부인	사용빈도	41	248	1	222	24
	%	3.80	22.96	0.09	20.56	2.22
	cell χ^2	3.8271	16.622	0.5112	4.7872	1.6888
부하의 부인	사용빈도	71	138	0	296	39
	%	6.57	12.78	0.00	27.41	3.61
	cell χ^2	3.7708	16.378	0.5037	4.7168	1.664

d.f.=4　　　χ^2=54.469　　　$p < 0.001$

　서열의 영향을 현저하게 볼 수 있는 호칭은 「okusama」이고 그 다음의 「okusan」, 「성＋san」에서도 서열의 차이를 볼 수 있다. 상사의 부인에 대해서는 「okusama」

한국인과 일본인의 언어행동과 문화의 차이

(22.96%), 「성+san」(20.56%)이 많이 사용되고 부하의 부인에 대해서는 「성+san」(27.41%), 「okusama」(12.78%), 「okusan」(12.78%)의 순서로 사용되었다. 전체적으로는 「성+san」(47.97%), 「okusama」(35.74%), 「okusan」(10.37%)의 순서로 사용되어 「성+san」의 사용이 거의 반수를 차지하고 있다. 더욱이 「okusama+okusan」의 사용률이 46.11%를 차지하고 있어 「성+san」의 사용률에 거의 가깝다. 「성+san」과 「okusan(sama)」의 사용률은 합해서 94.08%에 이른다.

이 결과에서 일본인 주부의 청자 호칭은 「okusama(san)」과 「성+san」으로 대별될 수 있다. 「okusama」는 부하의 부인 : 상사의 부인=1 : 1.8의 비율로 사용되는데 상사에 대하여 사용되는 호칭 전체 중에서 차지하는 비율은 「okusama」: 「성+san」=46.3 : 41.4이다. 바꾸어 말하자면 「okusama」는 부하의 부인에게보다는 상사의 부인에 대해 비교적 많이 사용되는 것이 틀림없는데 오로지 상사에 대한 호칭으로써만 사용되는 것은 아니다. 더구나 「성+san」의 상사의 부인 : 부하의 부인에 대한 사용률이 20.56% : 27.40%인 것에 볼 때 「성+san」에 있어서의 서열의 영향도 결정적인 것은 아니라고 말할 수 있을 것이다. 그러나 「okusama」와 「성+san」의 상사/부하의 부인에 대한 사용률의 사이에 유의차가 보이는 것을 볼 때 쌍방의 호칭에 서열의 영향이 있음은 틀림이 없다.

	okusama	성+san
상사의 부인 : 부하의 부인	248 : 138	222 : 296
	d.f.=1 χ^2=30.78 p<0.001	d.f.=1 χ^2=10.28 p<0.01

② 변수=화자와 청자의 친소관계

〈표 Ⅳ-9〉

친소	호칭	A	B	C	D	E
친밀	사용빈도	54	178	1	254	53
	%	5.00	16.48	0.09	23.52	4.91
	cell χ^2	0.0714	1.1658	0.5000	0.0965	14.675
소원	사용빈도	58	208	0	264	10
	%	5.37	19.26	0.00	24.44	0.93
	cell χ^2	0.0714	1.1658	0.5000	0.0965	14.675

d.f.=4 χ^2=33.017   p<0.001

「이름＋san」을 제외하고는 친소의 사이에서 유의차를 볼 수 없다. 친밀/소원 중 어느 쪽에서도 「성＋san」이 거의 같은 비율로써 최고 사용률을 나타내고 있으며 다음으로 「okusama」가 사용된다. 「okusama」는 소원한 청자에 대해서 2.78% 많이 사용되고 있지만 친밀한 청자와의 사이에 유의차는 볼 수 없다. 이 결과에서 「이름＋san」을 제외한 다른 호칭에 있어서는 친소관계의 영향이 없다고 판단할 수 있다.

③ 변수＝연령

〈표 Ⅳ-10〉

연령＼호칭		A	B	C	D	E
연하	사용빈도	37	101	0	187	31
	%	3.43	9.35	0.00	17.31	2.87
	cell χ^2	0.0002	5.4102	0.3296	1.5469	5.0428
동갑	사용빈도	42	111	1	182	24
	%	3.89	10.28	0.09	16.85	2.22
	cell χ^2	0.5833	2.4257	1.3333	0.5045	0.4286
연상	사용빈도	33	174	0	149	8
	%	3.06	16.11	0.00	13.80	0.74
	cell χ^2	0.5972	14.816	0.3370	3.7495	8.2475

d.f.＝8 χ^2＝43.353 p<0.001

χ^2의 수치에서 연령의 차이가 비교적 크게 나타나는 호칭은 「okusama」와 「성＋san」이다. 어느 쪽에도 연하와 동갑 사이의 차이는 거의 없고 연하·동갑과 연상의 사이에만 차이를 볼 수 있다. 연령별로 두 변수의 사용비율을 비교해 보면 연하와 동갑에 대해서는 「okusama」와 「성＋san」의 차이가 비교적 크다. 연상에 대해서는 그 차이가 줄어들어 「okusama」의 사용률은 「성＋san」의 1.2배에 머물며 유의차는 볼 수 없다.

그러나 「okusama」와 「성＋san」의 각 연령간 사용률에 유의차가 있어 양 호칭에 연령의 영향이 보인다고 판단할 수 있다.

호칭＼연령	연하	동갑	연상	
「okusama」	101	111	174	d.f.＝2 χ^2＝67.82 p<0.001
「성＋san」	187	182	149	d.f.＝2 χ^2＝66.2 p<0.001

한국인과 일본인의 언어행동과 문화의 차이

④ 변수＝세대

〈표 Ⅳ-11〉

세대	호칭	A	B	C	D	E
20대	사용빈도	24	55	0	126	47
	%	9.52	21.83	0.00	50.00	18.65
	cell χ^2	0.1741	13.653	0.2333	0.218	70.972
30대	사용빈도	19	67	1	151	10
	%	7.66	27.02	0.40	60.89	4.03
	cell χ^2	1.7551	5.2818	2.5845	8.6367	1.3791
40대	사용빈도	8	77	0	125	2
	%	3.77	36.32	0.00	58.96	0.94
	cell χ^2	8.8962	0.0200	0.1963	5.3476	8.6901
50대	사용빈도	61	187	0	116	4
	%	16.58	50.82	0.00	31.52	1.09
	cell χ^2	13.666	23.397	0.3407	20.740	14.212

d.f.＝12 χ^2＝200.394   p＜0.001

χ^2의 수치로 보아 「okusan」, 「okusama」, 「성＋san」, 「이름＋san」의 세대차가 크고 그 영향으로 세대의 영향을 나타내는 전체의 χ^2 수치가 높아진 것을 알 수 있다.

20, 30, 40대는 「성＋san」을 가장 많이 사용하지만 50대는 「okusama」를 가장 많이 사용하며, 「okusan」도 다른 세대에 의한 사용은 적지만 50대에서는 다른 세대에 비하여 비교적 많이 사용된다. 한편 「이름＋san」은 20대를 제외하고는 다른 세대에서 별로 사용되지 않는다. 「okusama」는 젊은 세대로 갈수록 사용률이 낮아진다. 이 결과에서 볼 때 50대에서는 다른 세대에 비하여 「okusama」의 사용률이 50.82%로, 이와 같이 격식을 차리고자 할 때 사용되는 형식의 호칭을 비교적 즐겨 사용하는 것을 알 수 있다. 그에 비하여 30/40대는 「성＋san」을 50%이상의 비율로 사용하고 있으며 20대에서는 「이름＋san」의 사용이 18.65%를 차지하는 정도이고 「성＋san」의 사용률이 30/40대에 비해서 낮은 50%에 그치고 있다. 이처럼 「okusan(sama)」, 「성(이름)＋san」의 사용에 있어서 20대/30대 · 40대/50대의 세 계층으로 세대차가 현저하게 보인다.

● 네 가지 변수가 호칭에 끼치는 영향의 비교

변 수	d.f.	X^2	p
청자의 서열	4	54.469	< 0.001
화자와 청자의 친소관계	4	33.017	< 0.001
청자의 연령	8	43.353	< 0.001
화자의 세대	12	200.394	< 0.001

X^2의 수치에서 화자의 세대를 제외한 다른 변수의 영향 사이에서는 크게 차이가 없음을 알 수 있다. 서열의 영향을 비교적 크게 볼 수 있는 호칭은 「okusama」이고 다음은 「성+san」이며 친소관계의 영향이 현저하게 보이는 호칭은 「이름+san」에 불과하다. 연령의 영향은 「okusama」와 「성+san」에서 볼 수 있다. 이와 같이 다른 변수의 영향은 한두 가지의 호칭에 있어서만 볼 수 있는데 세대의 영향은 네 가지 호칭에서 볼 수 있어 다른 변수에 비하여 그 수치가 크게 나타나 있다.

(2) 두 가지 사회적 변수의 중복

① 서열과 연령

〈표 IV-12-a〉

청자=연하

서열 \ 호칭		A	B	D	E
상사의 부인	사용빈도	13	66	84	13
	%	3.65	18.54	23.60	3.65
	cell X^2	1.5311	5.1702	0.7722	0.3530
부하의 부인	사용빈도	24	35	103	18
	%	6.74	9.83	28.93	5.06
	cell X^2	1.4971	5.0553	0.7551	0.3451

d.f.=3 X^2=15.479   p<0.001

한국인과 일본인의 언어행동과 문화의 차이

〈표 Ⅳ-12-b〉

서열 \ 호칭		A	B	C	D	E
상사의 부인	사용빈도	15	73	1	79	10
	%	4.17	20.28	0.28	21.94	2.78
	cell χ^2	1.6013	5.9802	0.5169	1.3419	0.2936
부하의 부인	사용빈도	27	38	0	103	14
	%	7.50	10.56	0.00	28.61	3.89
	cell χ^2	1.5661	5.8488	0.5056	1.3124	0.2872

d.f.=4 χ^2=19.254 $p<0.001$

〈표 Ⅳ-12-c〉

서열 \ 호칭		A	B	D	E
상사의 부인	사용빈도	13	109	59	1
	%	3.57	29.95	16.21	0.27
	cell χ^2	0.7424	5.5632	3.2248	2.2500
부하의 부인	사용빈도	20	65	90	7
	%	5.49	17.86	24.73	1.92
	cell χ^2	0.7424	5.5632	3.2248	2.2500

d.f.=3 χ^2=23.561 $p<0.001$

χ^2의 수치로 보면 어느 연령에 대한 서열의 영향도 작고 더욱이 각 연령의 수치에서 차이를 별로 볼 수 없다. 앞서 Ⅳ.1-2(1)에서 각 변수의 영향에 대하여 검토한 결과, 「okusama」와 「성+san」이 다른 호칭에 비해 서열과 연령의 영향이 현저한 것은 다음과 같다.

	서열의 영향			연령의 영향		
okusama	d.f.=1	χ^2=30.78	$p<0.001$	d.f.=2	χ^2=67.82	$p<0.001$
성+san	d.f.=1	χ^2=10.28	$p<0.01$	d.f.=2	χ^2=66.2	$p<0.001$

여기에서는 「okusama」와 「성+san」에 끼치는 서열과 연령의 영향을 보다 면밀하게 검토하기 위하여 서열과 연령을 중복해서 검토하기로 한다.

청자	okusama			성＋san		
	연상·상사	동갑·상사	연하·상사	연상·상사	동갑·상사	연하·상사
사용빈도	109	73	66	59	79	84
청자	연상·부하	동갑·부하	연하·부하	연상·부하	동갑·부하	연하·부하
사용빈도	65	38	35	90	103	103
	d.f.＝2	χ^2＝0.36	p＝n.s.	d.f.＝2	χ^2＝9.81	p<0.01

　위와 같이 서열과 연령을 겹쳐서 보면 「okusama」의 사용에는 두 변수의 상호 영향을 볼 수 없지만 「성＋san」의 사용에서는 볼 수 있다. 「okusama」는 연상·상사에 대한 사용률이 최고(109)이며 연하·부하에 대한 사용률이 최저(35)인데 그 사이에서는 p<0.001로 유의차를 나타낸다. 「성＋san」에서는 「okusama」와는 반대되는 사용 패턴을 볼 수 있으며, 연상·상사에의 사용이 최저율(59)을 나타내고 연하·부하에의 사용이 최고율(103)을 나타낸다. 양 변수 사이에는 p<0.001로 유의차를 볼 수 있다. 더욱이 두 호칭에서 서열과 연령 각각의 영향을 볼 수 있는 것은 이미 확실하게 밝힌 대로이다.

　이상의 결과에서 「okusama」와 「성＋san」은 서열과 연령에 각각 영향을 받으며 그 중에서 「okusama」의 사용에는 연상·상사인 점이, 「성＋san」의 사용에는 연하·부하인 점이 높은 사용률로 이끄는 원인인 것을 판단할 수 있다. 「성＋san」의 부하 부인에 대한 사용에는 연령의 영향은 조금밖에 없고 상사에 대한 사용에도 동갑과 연하의 사이에 거의 차이가 없다. 어느 호칭에서도 차이를 현저하게 볼 수 있는 것은 연상·상사와 연하·부하 사이에서 뿐이다. 그 차이도 「okusama」는 3.1：1의 비율을 나타내지만 「성＋san」은 1：1.7에 불과하다.

　네 가지 변수의 영향을 종합하면 일본인 주부가 청자 호칭으로써 가장 많이 사용하는 「성＋san」은 화자와 청자의 친소관계에는 영향을 받지 않으며 서열과 연령의 영향도 받지 않는 점으로 보아 보편적으로(neutral하게) 사용되는 성질을 나타내고 있다고 판단할 수 있다.

　청자 호칭에 대해서는 이외에 혼인에 의한 친족간의 자매가 사용하는 호칭에 관해서 조사를 했는데 그 결과는 다음과 같다.

한국인과 일본인의 언어행동과 문화의 차이

(3) 일본인 주부의 친족간의 청자 호칭법

피험자는 60＋70대(각 3명씩 모두 6명)를 제외하고 다른 세대는 각각 10명이다. 60
＋70대의 결과는 서열＋上·연하밖에 없으므로 총계는 20~50대의 것이다.

청자 = 손위 올케·연상

호칭 화자의 세대	onesan(sama)	이름＋san(chan)
20대	8	2
30대	7	3
40대	7	3
50대	9	1

청자 = 손위 올케·동갑

호칭 화자의 세대	onesan(sama)	이름＋san(chan)
20대	0	10
30대	1	9
40대	3	7
50대	8	2

청자 = 손위 올케·연하

호칭 화자의 세대	onesan(sama)	이름＋san(chan)
20대	0	10
30대	0	10
40대	3	7
50대	6	4
60＋70대	6	0

청자 = 손위 올케·연상

호칭 화자의 세대	onesan(sama)	이름＋san(chan)
20대	7	3
30대	9	1
40대	8	2
50대	7	3

청자 = 손위 올케·동갑

호칭 화자의 세대	onesan(sama)	이름＋san(chan)
20대	1	9
30대	4	6
40대	5	5
50대	6	4

청자 = 손위 올케·연하

호칭 화자의 세대	onesan(sama)	이름＋san(chan)
20대	0	10
30대	2	8
40대	4	6
50대	6	4
60＋70대	6	0

청자 = 손위 시누이·연상

호칭 화자의 세대	onesan(sama)	이름＋san(chan)
20대	8	1
30대	9	1
40대	8	1
50대	8	2

청자 = 손위 시누이·동갑

호칭 화자의 세대	onesan(sama)	이름＋san(chan)
20대	6	4
30대	6	4
40대	7	3
50대	7	3

한국인과 일본인의 언어행동과 문화의 차이

청자 = 손위 시누이·연하

호칭 화자의 세대	onesan(sama)	이름＋san(chan)
20대	0	8
30대	1	9
40대	5	5
50대	4	6
60＋70대	6	0

청자　　　　　호칭	onesan(sama)		이름＋san	χ^2	p
서열＋上·연상	95	＞	23	42.72	＜ 0.001
서열＋上·동갑＋연하	85	＜	153	18.86	＜ 0.001
서열－上·연상＋동갑＋연하	이름＋san만				

　서열과 연령이 모두 ＋上의 청자에게는 「onesan」이 많이 사용되고 서열이 ＋上이라도 연령이 연상의 청자에게는 「이름＋san」이 많이 사용된다. 더욱이 서열이 아래인 손아래 올케 및 손아래 시누이에게는 연령과 관계없이 「이름＋san」만이 사용된다.

　또한 세대차가 다음과 같이 부분적으로 나타난다.

　유의차는 서열＋상·연상에게 사용하는 「onesan(sama)」과 「이름＋san」의 사이에서는 보이지 않지만 다음과 같이 부분적으로 보인다.

청자	호칭	세대	사용빈도			
			20대	30대	40대	50대
서열＋上·연상	onesan(sama)		23	25	23	6
	이름＋san(chan)		6	5	6	6
	d.f.=1　χ^2=0.21　p=n.s					
서열＋上·동갑	onesan(sama)		7	11	15	21
	이름＋san(chan)		23	19	15	9
	d.f.=1　χ^2=18.33　p＜0.001					
서열＋上·연하	onesan(sama)		0	3	12	16
	이름＋san(chan)		28	27	18	14
	d.f.=1　χ^2=28.35　p＜0.001					

청자	onesan의 사용률		d.f.	χ^2	p
손위 동서 · 동갑+연하	20+30대	40+50대			
	7	21	1	6.04	< 0.025
손위 시누이 · 연하	30대	40+50대			
	1	9	1	4.9	< 0.05

이상과 같이 친족간에서 서열과 연령이 평행하지 않을 경우에는 혼인상 맺어진 손위 시누이에 대해서 「onesan」 대신에 「이름＋san」을 사용하는 결과를 볼 수 있는데 세대차가 있는 60대 이상에서는 「onesan」만을 사용하는 것을 볼 수 있다.

(4) 일본인 주부의 부부간의 청자 호칭법

아내가 남편에게 사용하는 청자 경어법에 관하여 1992년 5월에 실시한 조사결과는 다음과 같다. 복수회답이 있다.

- **피험자** : 도쿄에 거주하는 주부 38명
- **설문** : 당신은 평상시 남편에게 경어를 사용합니까?

  (예 : ~desu(です = 입니다)/~masu(ます = 합니다))

질문	세대 20	30	40	50	60
사람수	3	15	10	6	4
1. 어떤 경우에나 사용한다.					3
2. 어떤 경우에도 사용하지 않는다.		5	1	2	1
3. 때와 경우에 따라 사용하거나 하지 않음	3	10	9	4	
가족뿐일 경우에는 사용하지 않지만 a. 남 앞에서는 사용			2	3	
b. 조심스런 남 앞에서는 사용	3	9	6	3	
c. 시부모 앞에서는 사용		4	6	1	
d. 싸움할 때 사용		2			
e. 그 외(구체적으로)		1[30]			
4. 결혼해서 처음에는 사용했지만 점점 사용하지 않게 되었다					
5. 결혼해서 처음에는 사용하지 않았지만 점점 사용하게 되었다		1			

한국인과 일본인의 언어행동과 문화의 차이

질문		세대	20	30	40	50	60
		사람수	3	15	10	6	4
6. 남편을 어떻게 부릅니까?	a. 이름(예 : 太郎(taro))			4	2		
	b. 이름+san			4	1		
	c. 애칭		1	3			
	d. papa(パパ)		2	7	3	2	1
	e. otosan(お父さん)		1	4	4	3	2
	f. 그 외(구체적으로)		anata(1), ano-(1), 성+san(1), 부르지 않음(1), jiisan(1), otochama(1)				

위의 ~desu/~masu의 사용률(%)은 다음과 같다. 회답번호는 설문번호와 같다.

세대	회답 1	2	3
20	0	0	100
30	0	33.3	66.6
40	0	10	90
50	0	33.3	66.6
60	75	25	0

이와 같이 남편에게 ~desu/~masu를 언제나 사용하는 것은 60대 밖에 없고, 다른 세대에서는 때와 장소에 따른 사용이 26/38명(68.4%)으로 가장 많다. 어떠한 경우에도 사용하지 않는 것은 전체 세대를 통해 9/38명(23.7%)이다.

한편 한국은 오늘날에도 가정 내에서, 자녀로부터 (조)부모에게, 아내로부터 남편에게 사용하는 경어가 존속하고 있는 것은 연령과 서열에 대한 상하의식이 계속해서 지켜내려 오고 있음을 나타내며 이 같은 상하의식은 연령에 대한 집착으로 한국인의 대우표현 전체에 널리 퍼져있다. 이처럼 서열 및 연령에 대한 강한 집착이 한국 절대경어의 바탕에 있다고 생각된다.

---

30) 부탁할 일이 있을 때 사용.

1-3 한국인 주부와 일본인 주부의 청자 호칭법의 비교

(1) 조사 결과 비교〈한국인 주부와 일본인 주부의 청자 호칭법에 대한 네 변수의 영향 비교〉

변수	한국인 주부		일본인 주부	
	χ^2	p	χ^2	p
청자의 서열	269.169	< 0.001	54.469	< 0.001
화자와 청자의 친소관계	27.410	< 0.001	33.017	< 0.001
청자의 연령	136.502	< 0.001	43.353	< 0.001
화자의 세대	77.249	< 0.001	200.394	< 0.001

이와 같이 한국인 주부는 서열과 연령에 강한 영향을 받는데 비해 일본인 주부는 별로 영향을 받지 않는 점에서 쌍방의 청자 호칭법은 크게 다르다.

호칭에 나타나는 차이점은 다음과 같다.

1. 양국 어느 쪽도 서열과 연령이 上·上일 경우는 「사모님」, 「okusama」처럼 대우도가 높고 격식 차린 형식의 호칭이 가장 많이 사용되는데 그 상세한 내용에서 다음과 같이 차이점을 볼 수 있다.

「사모님」은 연상·상사에 대해서 가장 많이 사용되는데 상사에 대한 사용에 있어서도 연령의 차이를 크게 볼 수 있다. 더욱이 부하에 대해서는 1.93%밖에 사용되지 않아 오로지 서열이 위인 청자에 대해서 사용됨을 나타내고 있다. 즉 「사모님」이 나타나는 장면은 서열과 연령이 모두 上·上이든가 아니면 上·下일 경우로 적어도 서열만이라도 上이어야 하는 것이 필요함을 말해주고 있다. 한편 「okusama」는 서열과 연령이 上·上일 경우에 가장 많이 사용되지만 다른 청자 즉 서열과 연령이 각각 上·下, 下·上, 下·下의 어느 청자에게도 사용된다. 더욱이 「okusama」는 상사와 부하에 대한 사용비율이 3.1 : 1로 어느 서열에 대해서도 연령간의 차이는 한국에 비해 크지 않다. 이와 같이 「okusama」는 서열이 下, 혹은 서열과 연령이 모두 下일 경우에도 사용되는 점에서 「사모님」과 다른 성질을 보이고 있다.

한국인과 일본인의 언어행동과 문화의 차이

사모님			okusama		
연상·상사	동갑·상사	연하·상사	연상·상사	동갑·상사	연하·상사
42.32%	23.29%	15.54%	29.95%	20.28%	18.54%
연상·부하	동갑·부하	연하·부하	연상·부하	동갑·부하	연하·부하
2.39%	2.05%	1.35%	17.86%	10.56%	9.83%

2. 서열과 연령이 모두 上·上일 경우를 제외하고는 한국에서는 청자의 자녀 이름에 어머니나 엄마를 붙여서 「~어머니, 엄마」처럼 자녀를 매개로 한 간접호칭이 가장 많이 사용된다. 그 중에서도 「~엄마」가 보다 많이 사용된다. 한편 일본은 서열과 연령이 上·上일 경우를 제외하고는 「성+san」이 가장 많이 사용된다. 즉 직접호칭이 가장 많이 사용되는 것이다. 이 점이 한국인 주부와 일본인 주부의 청자 호칭법의 두드러진 차이다.

한국에 청자를 직접 가리키는 호칭이 없는 것은 아니다. 「성이름+氏」가 바로 그것인데 화자와 청자의 사회적 관계에 상관없이 누구에게도 널리 사용되지 않는 점에서 「성+san」과 큰 차이가 있다.

그밖에 남편 성을 매개로 하는 미세스(Mrs.)도 청자를 직접 나타내는 호칭이지만 사용범위에 제한이 있고 절대적 사용률이 낮다. 그러나 이것은 원래 외래어로 양국의 호칭을 대등하게 비교하기에는 적당하지 못하다고 생각된다. 이외에는 남편을 매개로 하여 남편 성명+氏/성명+지위에 「~부인」이나 「~(님)댁」을 붙이는 호칭이 있지만 사용 예는 얼마 안 된다.

한국인 주부와 일본인 주부가 사용하는 호칭을 각각 사용률이 높은 순으로 배열하면 다음과 같다.

한국 호칭	%	일본 호칭	%
~엄마 (자녀이름+엄마)	30.42	성+san	47.97
사모님	28.94	okusama	35.74
~어머니 (자녀이름+어머니)	23.38	okusan	10.37
Mrs.~ (남편의 성)	11.01	이름+san	5.83
호칭회피	4.43	~お母さん	0.09
~(님)댁 (남편의 성이름+氏/지위+上)	1.02		
~부인 (남편의 성이름+氏/지위+上)	0.68		
성이름+氏	0.11		

위와 같이 양국의 호칭법에서 현저한 차이를 볼 수 있다. 한국인 주부는 자녀를 매개로 한 간접호칭이 최고 사용률을 보이고 청자를 직접 가리키는 「성/이름＋氏」는 겨우 0.11%밖에 사용되지 않아 최저 사용률을 보이고 있다. 한편 일본인 주부는 청자를 직접 가리키는 「성＋san」을 가장 많이 사용하고 자녀를 매개로 한 호칭은 0.09%에 불과해 가장 낮은 사용률을 나타내고 있다. 즉 양국 사이에 정확히 반대의 사용 패턴이 보인다.

(2) 청자 호칭법에 나타나는 경어의식의 비교

조사결과를 토대로 하고, 많은 피험자를 대상으로 하여 실시한 거듭된 인터뷰와 관찰을 기초로 하여 다음과 같이 고찰할 수 있다.

한국인 주부가 자녀를 매개로 한 간접호칭 「자녀이름＋엄마/어머니」를 많이 사용하는 것과 일본인 주부가 직접호칭 「성＋san」을 많이 사용하는 것에 관하여 다음과 같이 해석할 수 있다.

그 배경에는 첫째, 일본에서는 여자가 결혼을 하면 남편의 성을 따르며 사회적으로 그 성으로써 화자 호칭, 청자 호칭, 제3자 호칭 어느 것도 가능한 점. 둘째, 「성＋san」은 직접 관계를 지닌 윗사람(예: 은사나 스승)을 제외하고는 누구에게나 또한 누구에 관해서도 사용할 수 있다고 하는 두 가지 원인에 의한 것이라고 생각된다. 한국에서는 미혼의 여성은 본명으로 불리지만 결혼, 출산과 함께 본인의 본명은 차차 사용하지 않게 된다. 물론 사회활동이나 직업을 가진 사람의 경우는 예외이지만 일반 가정주부는 자녀이름31)을 알고 있을 경우에는 「자녀이름＋엄마」로 부르고, 자녀이름을 모르는 소원한 청자 및 사회적 지위가 낮은 청자에게는 「아줌마」로 부르며 나이든 사람에게는 「할머니」로 부르는 것이 조사로 확인되었다. 그 이유로 생각할 수 있는 것은 역사적으로, 결혼한 여자는 한 사람의 독립된 인격체이기보다 딸, 아내, 며느리, 어머니와 같이 늘 가족 안에서 힘있는 사람과의 관계에 있어서만 성립되는 존재로써 대를 잇는 단순한 「여자」에 불과했던 것이다. 그

---

31) 성명＝성＋이름
　　　이름＝이름

한국인과 일본인의 언어행동과 문화의 차이

래서 결혼한 여자가 본명으로 불리는 일이 없었다. 시대가 변한 현대에 있어서도 여전히 간접호칭이나 친족명칭이 청자 호칭으로 많이 사용되는 것은, (1)실제 청자의 성명을 모르거나 (2)청자의 성명을 알더라도 화자와 청자의 상하관계가 확실하지 않으면 청자를 성명으로 부르지 못하고, (3)일본과 같이 특별한 경우를 제외하고 널리 사용할 수 있는 「~san」과 같은 호칭법이 없는 점이 원인이라고 생각된다. (2)는 사람들의 의식이 언어사용에 미치는 영향을 나타내고 (3)은 언어형식이 언어사용법에 미치는 영향을 나타낸다.

한국인 주부가 사용하는 「사모님」과 일본인 주부가 사용하는 「okusama」에서 볼 수 있는 차이점에 관하여 다음과 같이 해석할 수 있다.

이와 같이 언어사용법에 차이가 생긴 것은 사람들의 의식의 차이에서 비롯된다. 무엇보다 한국인들이 연령에 대해 신경쓰고 집착하는 것이 두드러진 특징으로 나타난다. 아무리 청자의 서열이 위라 하더라도 연령이 아래이면 사모님을 사용하려고 하지 않는 행동은 연령에 대한 강한 집착을 나타내고 있다. 한국은 연하에 대하여 「사모님」을 사용하는 것에 대한 억울함과 비슷한 심정을 갖고 있지만 일본인은 연령이나 서열이 아래인 사람에게 「okusama」를 사용하는 것에 대한 심정은 보이지 않는다. 다음의 예에 그러한 언어의식의 차이가 나타나 있다고 생각할 수 있다. 일본의 前 K총리 부인이 자신보다 젊은 비서관의 부인에게 「okusama」를 사용하는 예가 있었는데 한국의 총리부인이 자신보다 젊은 비서관의 부인에게 「사모님」을 사용하는 예는 볼 수 없다. 「okusama」는 원래 지식층이 사용하는 언어로써 사용된 호칭이다. 조사결과에서 상사의 부인에 대해서 많이 사용되기는 하지만 서열이 위인 것이 필수조건은 아니다. 서열의 영향보다는 격을 갖춘 호칭이기 때문에 격식을 필요로 하는 곳에서 혹은 청자와의 사이에 거리를 두고 싶은 경우에 사용되며 또한 품위 있는 말씨를 좋아하는 사람에게 있어서 즐겨 사용된다. 그에 비해서 「사모님」은 청자의 서열이 上일 것이 그 필수 조건으로 두 호칭은 차이점을 나타낸다32).

이미 설명한 대로 한국인 주부가 혼인상 맺어진 자매에게 사용하는 청자 호칭

---

32) 어원의 차이를 보면 의식차를 이해하는데 도움이 될 것이다. okusama는 「奧樣」로 「깊숙한 곳에 있는 분」을 뜻하며, 師母님은 「師의 부인」을 뜻하여, 이러한 차이도 언어행동에 영향을 끼쳤으리라 짐작된다.

법에서도 서열과 연령이 평행하지 않을 때는 연령에 대한 집착을 볼 수 있다. 이 경우 서열≠연령일 때 정해진 호칭 「형님」이나 「언니」 대신에 자녀 입장에서 본 친족명칭 「고모」, 「큰엄마」, 「작은엄마」가 사용된다. 물론 세대차나 개인의 성격 및 가정교육에 의한 차이를 볼 수 있지만 연령에 대한 집착이 매우 강한 점이 인터뷰에서도 확연하게 나타나 있다.

한국에서는 손위 동서·연상과 손아래 동서·연하에 대해서만 정해진 친족명칭이 사용되고 서열과 연령이 평행하지 않을 경우는 간접호칭이 많이 사용되어 연령의 영향을 볼 수 있다. 한편 일본에서는 서열과 연령이 평행하는 서열上·연상의 경우에도 「이름+san」이 사용되며 더욱이 서열이 아래일 경우에는 어느 연령에도 「이름+san」밖에 나타나지 않는다. 일본에서는 서열이 아래인 사람으로부터 「이름+san」으로 불려도 거부감이나 불쾌감을 전혀 느끼지 않는 것을 인터뷰에서도 알 수 있다. 한편 한국에서는 서열과 연령이 평행하지 않을 경우 서열上이 서열下로부터 정해진 친족명칭으로 불리지 않았을 때의 불만이나, 반대로 서열下는 서열上에게 정해진 친족명칭을 사용하는데 대해 거부를 느끼고 있음이 인터뷰에서도 확실히 나타나 연령에 대한 집착을 보이고 있다. 이와 같이 결과로서는 한국과 일본의 어느 쪽도 서열과 연령에 의한 영향이 보이지만, 양국 주부의 언어의식에는 차이가 있다.

이와 같이 한국인의 연령에 대한 집착은 조선시대부터 600년간을 계속 이어져 내려온 한국사회의 도덕규범인 유교의 영향이라고 생각된다. 그 중에서도 철저하게 지켜져 온 「장유유서」의 영향이라고 생각할 수 있다. 이것이 연령의 상하의식으로 나타나서 연상에게는 윗사람으로 대우함과 동시에 서열이 위라 하더라도 연령이 아래이면 윗사람으로 대우하지 않는 풍조가 생겼다고 볼 수 있다. 그러한 영향은 역시 자신이 연상일 경우에도 나타나서 자신이 윗사람으로 대우받기를 기대하는 의식을 낳은 것이다. 이와 같은 의식이 한국사회의 권위주위를 만들어내 남성은 여성에게 어른은 아이에게, 연상은 연하에게 윗사람으로써 행동함과 동시에 남녀간, 상하간의 언어사용법을 생기게 했다고 생각된다. 한편 일본은 연령에 대한 집착이 별로 없고 연상에 대한 대우도 별로 없는가 하면 자신이 윗사람이 되어도 윗사람으로 대우받기를 기대하는 심리가 별로 안보인다. 이처럼 양 국민의 의

한국인과 일본인의 언어행동과 문화의 차이

식차이는 「사모님」과 「okusama」의 사용법 및 혼인으로 맺어진 자매간 호칭법에 확실히 나타나 있다. 교통수단을 이용할 때에도 한국에서는 젊은 사람이 연장자에게 당연하게 자리를 양보하지만 일본에서는 거의 볼 수 없다. 또한 한국의 연장자는 자리를 양보해 줄 것을 기대하고 때에 따라서는 당당하게 요구하는 경우도 볼 수 있는데 일본에서는 이와 반대로 때로는 자리 양보가 연장자에게 환영받지 못하는 예도 볼 수 있다. 이러한 예에서도 두 나라 국민의 연령의 상하에 대한 의식 차이를 볼 수 있다.

이러한 상하의식의 차이가 언어사용법에도 반영되어 가족간의 경어법에서도 양국 간에 차이가 보인다. 일본에서는 가정내의 윗사람에 대한 경어가 상당히 오래전부터 없어지기 시작하여 지금은 귀족사회나 구식가정을 제외하고는 거의 볼 수 없게 되었다. 20~70대 남녀 140명을 대상으로 한 별도의 조사결과는 다음과 같다. 60대 이상으로서 어린 시절 부모에게 경어를 사용했던 사람이 25/60, 사용하지 않았던 사람이 35/60이며, 30~40대 중에 가정에서 자녀가 경어를 쓰는 사람이 2/31, 사용하지 않는 사람이 29/31이다. 또 조오치대학 학생 조사에서 부모에게 경어를 사용하는 사람은 100명 중 한사람도 없다. 이러한 경향은 부부간의 청자 경어법에서도 나타난다.

2 주부의 제3자 대우표현법

2-1 한국인 주부의 제3자 대우표현법

- **설문내용**: 전화에서 남편의 부재 여부를 질문 받았을 경우 남편에 대해 말하는 제3자 경어에 어떠한 호칭과 스피치 레벨이 쓰여지고 있는가, 청자를 집 안과 집 밖(외부)으로 나누어 조사했다. 호칭에 관해서는 설문조사를 실시했고, 스피치 레벨에 관해서는 개개인의 피험자 한 사람 한 사람과의 인터뷰를 통해 실시했다.

1. 집 안의 사람으로는 남편의 부모를 청자로 하여 남편에 대해 어떠한 제3자 호칭
   과 스피치 레벨을 사용하는가를 조사했다.
2. 집 밖의 사람으로는 남편을 기준으로 해서 남편의 손위 사람, 동급, 손아래 사람
   으로 나누어 남편에 대해 어떠한 제3자 호칭과 스피치 레벨을 사용하는가를 조
   사했다. 구체적으로 손위 사람은 조직의 長이나 상사, 출신교의 선배일 경우, 동
   급은 조직의 동료, 출신교의 동급생이나 친구일 경우, 손아래 사람은 조직의 부
   하, 출신교의 후배일 경우를 예로 해서 질문하였다.

● **조사방법** : A. 피험자 기입식의 앙케이트 및 인터뷰
　　　　　　　　 B. 조사자 기입식의 앙케이트 및 인터뷰

● **조사대상** :

　　조사(1) : 54명[20대(16명), 30대(12명), 40대(15명), 50대(11명)]

　　조사(2)의 제3자 호칭법 : 31명[20대(5명), 30대(13명), 40대(8명), 50대(5명)]

　　조사(2)의 스피치 레벨 : 45명[20대(5명), 30대(20명), 40대(12명), 50대(8명)]

● **조사결과** :

　　사용빈도의 산출−피험자 수×2항목(회답의 항목수)

　　2항목−자녀출생　前/後 = 2

　　총 사용빈도−피험자 수(54)×2 = 108

① **청자 = 시부모 / 화제에 오른 사람 = 남편**

　● **사회적 변수 = 자녀의 출생 前/後**

　　前 : 자녀출생 전

　　後 : 자녀출생 후

　　(세대−20/30/40/50대)

　● **호칭**(설문지는 F. 「그 외」이며, F. G. H. I. 는 피험자에 의한 회답을 분류한 것)

　　A. (자녀이름) 아범

　　B. (자녀이름) 애비

　　C. (자녀이름) 아빠

　　D. 그 사람

한국인과 일본인의 언어행동과 문화의 차이

E. 그이＝그 사람에 비하여 대우도와 친밀도가 약간 높고 연인이나 부부사이에서 여성이 남성을 가리키는 제3자 호칭으로써 많이 사용된다.

F. 이름＋氏((성(명)＋氏)이하 「이름＋氏」로 표기)

G. 호칭회피

H. 남편의 성＋서방＝성인 남성을 가리키는 옛 명칭으로 오늘날에는 아내가 남편을 가리키는 제3자 호칭과 아내의 부모가 사위를 가리키는 제3자 호칭 및 청자 호칭으로 사용된다.

I. 시동생이름＋형

· 애비/아범은 며느리가 시부모님 앞에서 남편을 가리키는 경우나 시부모가 며느리(손자)에게 아들을 가리키는 경우에 사용되는 호칭

A. 제3자 호칭법

〈표 IV－13〉

자녀의 출생 \ 호칭		A	B	C	D	E	F	G	H	I
전	사용빈도	8	2	0	12	22	3	5	1	1
	Row %	14.80	3.70	0.00	22.20	40.70	5.50	9.30	1.90	1.90
후	사용빈도	20	10	20	2	1	1	0	0	0
	Row %	37.00	18.50	37.00	3.70	1.90	1.90	0.00	0.00	0.00

d.f.＝8 χ^2＝64.793   p＜0.001

변수＝세대

〈표 IV－14〉

세대 \ 호칭		A	B	C	D	E	F	G	H	I
20	사용빈도	8	3	6	2	9	4	0	0	0
	Row %	25.00	9.38	18.75	6.25	28.12	12.50	0.00	0.00	0.00
30	사용빈도	6	5	4	2	5	0	2	0	0
	Row %	25.00	20.83	16.67	8.33	20.83	0.00	8.33	0.00	0.00
40	사용빈도	6	2	7	6	6	0	3	0	0
	Row %	20.00	6.67	23.33	20.00	20.00	0.00	10.00	0.00	0.00
50	사용빈도	8	2	3	4	3	0	0	1	1
	Row %	36.36	9.09	13.64	18.18	13.64	0.00	0.00	4.55	4.55

d.f.＝24 χ^2＝31.645   p＝n.s.

자녀의 출생 전과 후를 비교하면 자녀가 태어나기 전에는 「그이」(40.7%)와 「그 사람」(22.2%)이 많고 태어난 후는 「아범」과 「아빠」가 같은 수(37%)로 가장 많으

며 다음에 「애비」(18.5%)가 사용된다. 세대별 특징은 「이름＋氏」가 20대에게만 사용되고 「그이」의 사용률도 20대에 비교적 많이 볼 수 있으나 「아빠」의 사용이 50대에 비교적 적게 보이는 것 이외에는 큰 차가 없다. 「이름＋氏」가 20대에서만 볼 수 있는 것은 20대는 결혼연수가 짧고 자녀가 없는 사람이 많기 때문이다. 지방의 차이는 있으나 이전에 고부 사이에서는 반드시라고 말해도 좋을 만큼 「애비, 아범」이 사용되었다. 시어머니가 아들을 가리킬 경우는 「애비」가 사용되고 아내가 남편을 가리키는 경우에는 「애비」나 「아범」이 사용된다. 「애비」의 대우도가 「아범」보다 약간 낮다. 현재에도 시어머니는 예외 없이 사용하고 있지만 며느리의 사용법에는 지방차가 있어 서울 지방에서는 「애비」를 전라도에서는 「아범」을 사용한다. 이 호칭을 자연스럽게 사용하게 되기까지는 결혼 생활에 익숙해질 때까지 시간이 걸리는 것처럼 어느 정도의 시간이 걸리는 것을 관찰할 수 있다.

또한 50대 이상은 비교적 높은 비율로 사용하고 있는 점이 조사결과에서 확실하게 되었다. 그 밖에 50대는 「아빠」를 3/11명이 사용하고 있지만 인터뷰에서는 한 사람도 사용하지 않았다(0/8명).

앙케이트 조사대상이 50대 전반부터이고 인터뷰 대상은 50대 후반인 점이 그러한 차이를 내게 한 원인이라고 생각된다. 「아빠」의 사용률에 있어서 50대 전반과 후반의 차이를 보면 「아빠」라고 하는 남편에 대한 호칭이 사용되기 시작한 것이 최근 3,40년 내인 것으로 판단된다. 즉 「아빠」는 해방 전후에 태어난 세대 이하에서 많이 보이는 현대 호칭법의 한가지인 것이다. 이와 같이 20대, 30~40대, 50대의 세 계층에서 세대별 특징을 살펴볼 수 있다.

이 밖에 50대의 경상도 지방 출신이 사용하는 「남편의 성＋서방」과 40대의 「저거 삼촌」 등을 볼 수 있다. 「남편의 성＋서방」은 경상도 지방 출신이 사용하는 호칭임을 인터뷰로 확인했다. 「저거 삼촌」의 경우 「저거」는 그 집안 장손[33], 즉 시어머니의 장손을 가리킨다. 서방은 「남편」을 의미하는 옛날식의 호칭인데 이전에 비해서 사용 장면이나 빈도가 낮아졌다. 이하의 몇 가지 예에서 볼 수 있듯이 성인 남성에 대한 호칭으로 그 중에서는 지금 사용되지 않고 있는 용법도 있다. 지

---

33) 그 집안의 장남의 장남을 「長孫」이라고 하며 종래 그 집의 대를 잇는 존재였다. 지금은 법률이 변하여 반드시 장손이 대를 잇는 의무는 없어졌지만 현재에도 대개 장손이 잇는 경우가 많다.

한국인과 일본인의 언어행동과 문화의 차이

방차는 있지만 남편의 미혼 남동생을 「도련님」이라고 부르는데 결혼하면 「서방님」
으로 호칭을 바꾼다. 훨씬 이전에는 집안의 노비 중에서 결혼한 사람을 「성＋서방」
이라고 부르던 시대도 있었지만 지금은 시골의 오래된 가문에서밖에 볼 수 없다.
과거에 남편의 청자 호칭을 「서방님」과 같이 서방에 님을 붙여서 불렀던 사실을
옛 시절을 묘사한 문학 작품이나 시대극 등에서 볼 수 있는데 이 용법은 현대에
들어와서 쓰이지 않게 되어 지금은 이미 사어(死語)가 되었다.

B. 제3자 경어의 스피치 레벨

앙케이트 및 인터뷰 결과 시부모를 청자로 하고 남편을 화제로 하여 사용하는
스피치 레벨의 경우는 전원이 제3자 대우표현에 있어서 비경어를 사용하고 있음
을 알았다.

이미 언급했던 것과 같이 시부모에게 사용하는 남편에 관한 호칭은 세대차를
보이고 있지만 스피치 레벨 사용에 있어서는 세대차 없이 전원 비경어를 사용하
고 있음이 확실하게 되었다. 한국에서는 집 밖의 사람을 청자로 했을 경우에 남편
에 대하여 제3자 경어표현을 사용하는 사람이 많은 것과 대조적이다. 남편보다 윗
사람인 부모에게 말할 때 남편에 대해서 비경어를 사용하는 것은 화자에게 있어
서 화제의 대상인 남편은 동급이고 청자인 시어머니가 남편보다 윗분이라고 하는
상하의식에 기초한 상대경어의 성질로 판단된다. 집 안의 청자＝上이고, 화자＝제
3자＝下인 상하관계는 흔들리지 않는 것을 보여주고 있다.

② 청자＝가족 외의 사람 / 화제의 인물＝남편

A. 제3자 호칭법

- **조사대상** : 20대(5명) / 30대(13명) / 40대(8명) / 50대(5명)

- **청자** : 上(남편보다 上位者)　　　同(남편과 同位者)

　　　下(남편보다 下位者)　　　친구(화자의 친구)

　　　上·부인(상사의 부인)

- **호칭**(자유회답을 분류한 것임)

　　　A. 남편 / 영감 / 신랑　　　　　B. 바깥 분

C. 자녀이름 + 할아버지 = 친족명칭 a

애기 / 자녀이름 + 아버지 = 친족명칭 b

애기 / 아이들 / 자녀이름 + 아빠 = 친족명칭 c

D. 이름 + 氏　　　　　　　　　E. (남편의) 직위 (지위)

F. (남편의) 직위(지위) + 님　　G. 그 사람(이)

- **사용빈도의 산출**─피험자 수 × 5(회답의 항목수)

- **5항목의 산출**─청자의 수

- **총 사용빈도**는 31명×5 = 155가 되어야 한다. 그러나 복수회답수가 5 있어서 총 사용빈도는 160이다.

청자=외부인─上/同/下/친구/上・부인

세대 ＼ 호칭	A	B	C	D	E	F	H
20	1	0	11	11	2	1	2
30	0	0	60	0	5	0	0
40	1	0	35	0	0	4	1
50	1	1	15	0	3	5	1

d.f.=18　　　χ^2=92.22　　　p<0.001

〈표 IV-15-a〉

청자=남편보다 上位者

세대 ＼ 호칭	남편	친족명칭 a	친족명칭 b	친족명칭 c	이름+씨	직위	직위+님	그이
20	0	0	0	3	2	0	0	0
30	0	0	0	13	0	0	0	0
40	0	0	1	6	0	0	0	1
50	0	1	2	0	0	2	0	0

〈표 IV-15-b〉

청자=남편과 同位者

세대 ＼ 호칭	남편	바깥분	친족명칭 a	친족명칭 b	친족명칭 c	이름+씨	직위	직위+님	그이
20	0	0	0	0	2	2	1	0	0
30	0	0	0	0	13	0	0	0	0
40	0	0	0	1	7	0	0	0	1
50	0	1	1	2	1	0	0	1	0

한국인과 일본인의 언어행동과 문화의 차이

청자=남편보다 下位者

〈표 IV-15-c〉

세대 \ 호칭	남편	친족명칭 a	친족명칭 b	친족명칭 c	이름+씨	직위	직위+님	그이
20	0	0	0	2	2	0	1	0
30	0	0	0	8	0	0	5	0
40	0	0	1	3	0	0	4	0
50	0	0	1	0	0	0	4	0

청자=화자의 친구

〈표 IV-16〉

세대 \ 호칭	남편	친족명칭 a	친족명칭 b	친족명칭 c	이름+씨	직위	직위+님	그이
20	1(남편)	0	0	2	2	0	0	1
30		0	0	13	0	0	0	0
40	1(신랑)	0	0	8	0	0	0	0
50	1(영감)	1	0	3	0	0	0	0

청자=상사의 부인

〈표 IV-17〉

세대 \ 호칭	남편	친족명칭 a	친족명칭 b	친족명칭 c	이름+씨	직위	직위+님	그이
20	0	0	0	2	1	1	0	1
30	0	0	0	13	0	0	0	0
40	0	0	0	8	0	0	0	0
50	0	1	0	2	0	1	1	1

　외부인에 대한 남편의 제3자 호칭에는 세대별로 현저한 차이가 보인다. 「이름＋氏」는 20대에서만 볼 수 있다. 「이름＋氏」는 연인 사이나 자녀가 태어나기 전의 신혼부부 사이에서 많이 사용되는 특징을 관찰할 수 있으며 4명의 피험자(20대)와의 인터뷰에서 확인되었다. 「이름＋氏」가 20대에서만 사용되는 것은 앞서 언급했듯이 20대는 결혼한 햇수가 짧고 자녀가 없는 사람이 한 명 있는 점, 「이름＋氏」를 사용한 피험자의 한 사람이 남편과 동갑인 점에 그 원인이 있다고 생각된다.

　「아빠」와 「아버지/할아버지」 등의 친족명칭을 비교해 보면 20/30/40대는 「아빠」를, 50대는 「아버지/할아버지」를 즐겨 사용하고 있음을 알 수 있다. 50대는 남편의 上位者/ 同位者/ 下位者에게는 「아빠」를 사용하지 않지만 화자의 친구 및 상사의 부인에게는 사용한다. 화자의 친구나 상사의 부인은 양쪽이 모두 화자와 동성인 여성이며 오랜 친분이 있는 관계로 화자와 청자 사이에 심리적 거리가 적다. 다른 세대와 비교할 때 50대는 각각 남편이 은행이나 대기업의 중역으로 직장근무 햇수가 길고 상사 부인과의 친분도 다른 세대에 비해 길며 남편과 상사와의 연령이나 직위의 차이가 크지 않다. 이 결과에서 40대 이하는 청자와의 상하 관계에 그다지 영향을 받지 않고「아빠」를 많이 사용했지만 50대는 청자의 성별에 따라서 격식을 갖춘 형태의「아버지」와 친근감을 나타내는「아빠」를 구별하여 사용하고 있는 것을 알 수 있다.「할아버지」가 50대에서만 보이는 것은 50대에만 손자가 있기 때문이다. 20대는「이름＋氏」를 사용하는 만큼「아빠」의 사용이 적다.

「직위」는 上位者/同位者에게 사용하고 同位者/下位者에서는「직위＋님」을 많이 사용하고 있지만 下位者에 대한「직위＋님」의 사용률은 50대가 가장 높고 (80%), 20대가 가장 낮다(20%). 앞에서 설명한 대로 50대 피험자의 남편은 직장에서 높은 지위에 있는 사람이 많고 그 결과 부인도 남편에 대한 제3자 대우법(待遇法)에 경어를 사용하고 있는 것에 익숙해 있는 점이 중요한 원인이라고 생각된다. 한편 20대에서 가장 낮은 이유는 남편이 젊은 관계로 아직 下位者가 없기 때문이다(인터뷰에서 확인).

- **● 인터뷰대상** : 24세 주부 3명(남편의 연령 : 26~28세)
- **● 남편** A－의사　　B－교회지휘자　　C－회사원

더욱이 젊은 세대에 비하여 50대가 남편에 대한 윗사람 의식이 높은 점도「직위＋님」에서 보이는 세대차에 영향을 주고 있다고 생각한다. 남편에 대한 청자 경어에 있어서도 윗세대의 대우도가 젊은 세대에 비하여 높다. 그와 같은 의식이 제3자 경어에서도 나타나 있다고 판단할 수 있다. 제3자에 대한 경어표현을 삼가해야 하는 상사부인에게「바깥분」과 같이 남편에 관한 경어표현「～분」을 붙이든가 직위에「～님」을 붙여서 사용하며, 또 대우도가 높은「그이」를 사용하는 것은 50대이며, 남편에 대한 청자 경어에서 나타나는 높은 대우도를 제3자 경어에서도 볼수 있다.「남편」을 표현하는 세 가지의 호칭은 모두 화자의 친구에게만 사용되어 낮은 사용률을 나타내고 있다. 여기에서 볼 수 있는 20대에 의한「남편」은 모친으로부터 받은 교육의 결과라는 것이 인터뷰에서 확인되었다.

한국인과 일본인의 언어행동과 문화의 차이

「신랑」은 자녀가 태어나기 전의 신혼 때에 사용되는 것이 보통이지만 이것을
사용한 40대 피험자는 친한 친구에게는 「신랑」을 사용하고 다른 친구에게는 「자
녀이름＋아빠」를 사용하고 있다. 그런데 그 밖의 많은 사람들의 사용법을 관찰해
보면 「신랑」은 젊은 세대(20대)에서 볼 수 있고 「남편」은 40대 이상에서 볼 수 있다.

- **● 관찰 및 인터뷰 결과**
- **● 관찰대상** : 동창회 모임(40대)/ 교회의 수련회(20~60대)

교회의 수련회는 년 2회 1박2일로 가족과 함께 참가하기 때문에 가까운 곳에서
사람들의 언어행동을 관찰할 수 있다. 휴식 중에는 인터뷰도 실시해서 사람들의
언어의식을 규명하고자 노력했다.

1. 결혼 초기부터 자녀가 태어날 때까지 남편의 이름을 알고 있는 사람에게는
   남편의 「이름＋氏」를 사용하고, 자녀가 태어난 후에 교우들에게는 「자녀이
   름＋아빠」를, 자신의 친구에게는 「자녀이름＋아빠」나 「(성)명＋氏」를 사용
   하며, 남편의 친구나 자녀이름을 모르는 사람에게는 「(성)명＋氏」를 사용한
   다. 또한 대화 도중이나 남편 이름을 말하지 않아도 괜찮을 경우에는 「그 사
   람」을 사용하기도 한다. 그러나 가능한 한 남편에 대한 호칭을 피해가면서
   대화를 이끌어 가는 경우가 많다.─이 의견은 각각 1살 된 자녀를 둔 26세와
   27세 주부(남편은 모두 유학생)의 의견인데 그 외에도 20대에서 이 의견에 동조
   하는 사람을 몇 사람 볼 수 있었다.
2. 남편에 대해 어떠한 호칭을 사용해야 할지 망설여져 결혼 초기에는 「신랑」
   을, 자녀가 출생한 후에 직장 사람에게는 「직위(님)」을 사용하지만, 직장 관
   계를 제외하고는 누구에게라도 「자녀이름＋아빠」를 사용한다. 「남편」의 사
   용은 아직 익숙하지 않으므로 사용하지 않는다.─3살 된 자녀를 둔 28세 주
   부(남편은 부친이 경영하는 회사의 관리)의 의견인데 그 외에도 같은 연령에
   서 3명의 동조 의견이 있었다.
3. 결혼 초기에는 「신랑」이나 「성명＋氏」를 사용했지만 자녀를 출생한 후 직장
   사람에게는 「직위(님)」을, 자신의 친구나 친족에게는 「자녀이름＋아빠」를,
   가족 외의 윗사람에게는 「아이들 아빠」를 사용했다. 40대가 된 후 자신의 친

구에게는 「자녀이름＋아빠」를 사용하지만 가족 외의 사람에게는 「남편」을 사용하게 되었다. 시부모에게도 30대까지는 「자녀이름＋아빠」를 사용했지만 40대부터는 「애비」를 사용하게 되었다. ─고등학교 두 명을 둔 44세 대학 강사(남편은 기업의 관리직)의 의견인데 그 외에 같은 연령에서 3명의 주부의 비슷한 의견이 있었다.

4. 남편이 대학교수이기 때문에 학생에게는 물론 남편의 후배나 직장동료에게도 「선생님」을 사용한다.

4의 피험자는 남편의 직업에다 연령 차이가 있기 때문에(부인보다 7살 연상) 자신의 친구에게 말할 때에도 남편에 대해서 경어체의 스피치 레벨을 사용하고 있다. 대개는 서로 잘 아는 자신의 친구나 남편의 친구에게는 남편의 「직위」에 존경보조어간 「님」을 붙이지 않고 스피치 레벨도 비경어체를 사용하기 때문에 4와 같이 대답한 피험자의 남편에 대한 대우표현은 때에 따라서 이상하게 보여 질 때도 있다. 이와 같이 남편에 대한 제3자 호칭법은 자녀의 출생을 경계로 또는 결혼 후 세월의 경과에 따른 호칭법의 익숙함에 따라 변화를 보인다. 그 위에 남편의 직업이나 남편과의 연령 차이도 호칭법에 영향을 주는 원인이 된다. 다시 말하면 이상의 제3자 대우표현법은 언어환경에서 비롯된 것이라고 말할 수 있다.

「영감」은 조사 결과에서 알 수 있듯이 옛스러운 느낌이 드는 호칭으로 관찰에서 보더라도 50대 이상만이 사용한다.

그 외에 특이할 만한 사항은 상하관계에서도 화자와 청자의 관계 및 남편과 청자와의 관계에 다음과 같은 구별이 있는 점이다.

청자	호칭	
남편의 직장 사람 남편(화자)의 친구	애비＋아빠/아버지 자녀이름＋아빠	30~40대에서 볼 수 있음
남편의 직장 부하 남편의 학교후배	직위 님 자녀이름＋아빠	30~40대에서 볼 수 있음
남편의 직장 동료 남편의 친구	직위 님 자녀이름＋할아버지	50대에서 볼 수 있음
남편의 친구 화자의 친구	그 사람 우리신랑	40대에서 볼 수 있음

한국인과 일본인의 언어행동과 문화의 차이

이와 같이 청자와의 관계에 따른 복수 회답을 볼 수 있다. 동시에 남편에 대한 제3자 호칭을 피할 수 없을 경우에 위의 호칭을 사용하고 그렇지 않을 경우에는 호칭없이 말하는 사람도 많다. 위와 같이 남편에 대해 사용하는 제3자 호칭법에 있어서 세대차 및 남편과 청자와의 상하관계에 따른 「직위」와 「직위＋님」에서 차이를 볼 수 있었다.

상사(부인)에게 사용하는	「직위」	4
부하에게 사용하는	「직위＋님」	14
d.f = 1	$x^2 = 4.5$	p < 0.05

앞에서 검토한 1)시부모에 대한 제3자 호칭법과 2)가족 외 사람에 대한 제3자 호칭법 사이에 차이가 있음을 알았다. 집 안과 외부의 쌍방에 대해서 공통적으로 사용되는 것은 「자녀이름＋아빠」, 「이름＋氏」, 「그 사람(이)」이며 그 외의 호칭은 집 안과 외부의 한쪽에 대해서만 사용된다.

B. 제3자 경어의 스피치 레벨

＋남편의 부재를 나타내는 제3자 경어의 스피치 레벨에 존경형 「－시－」가 붙음.
－남편의 부재를 나타내는 제3자 경어의 스피치 레벨에 존경형 「－시－」가 붙지 않음.

( )안의 숫자는 피험자수

청자 \ 세대	20대 (5)		30대 (20)		40대 (12)		50대 (8)	
	－	＋	－	＋	－	＋	－	＋
1. 上(남편보다 上位者)	5	0	12	8	11	3	7	2
2. 同(남편과 同位者)	4	2	14	9	9	5	4	4
3. 下(남편보다 下位者)	2	3	2	18	3	11	0	8
4. 친구(화자의 친구)	5	0	15	3	7	2	5	3
5. 上·부인(상사의 부인)	5	0	10	10	7	1	5	2

＊ 사람 수와 회답 수가 일치하지 않는 이유는 복수 회답, 회답 회피, 자영업으로 인하여 회답 항목에 적용되는 것이 없는 경우 등이다.

＋표현은 제3자 경어표현이며, －표현은 제3자 비경어표현(압존법)이다. 한국의 경어는 제3자 경어를 사용할 때 제3자와 청자와의 관계는 고려하지 않고 화자와

IV. 주부의 대우표현법

제3자와의 관계만에 의하여 결정되기 때문에 절대경어라고 한다. 즉 가족 외의 사람을 청자로 하고 가족을 화제로 삼을 때 화자와의 상하 관계만이 경어 사용의 판단기준이 된다. 한편 상대경어는 제3자 경어에 있어서 경어의 사용 구별이 화자와 제3자와의 관계뿐만 아니라 제3자와 청자와의 관계가 고려된다. 남편에 대한 +표현은 화자보다 남편이 上位者라고 판단하는 화자의 상하의식에 의한 점이 크다. 그러나 의식적으로 판단하는 상하인식에 의한 경어법일 경우와 평소 남편에 대해 사용하는 청자 경어가 그대로 제3자 경어로서 사용되는 경우가 있다. 청자가 화제의 남편보다 높은 사람일 경우 제3자에 경어표현을 사용해서는 안 된다는 것을 알면서도 능숙하게 사용할 수 없다고 말한 사람이 많이 있음을 인터뷰에서 확인하였다.

물론 남편과의 상하관계를 구별하여 상하 각각에 대한 제3자 경어를 경어표현으로 할 것인지 비경어표현으로 할 것인지를 의식적으로 구별해서 사용하는 사람도 있다. 남편보다 上位者에게는 제3자에 대한 경어표현을 삼가하고 下位者에게는 경어표현을 사용하는 등 청자 경어와 제3자 경어를 의식적으로 구별하는 사람도 많다. 그러나 한편에서는 앞에서 설명한 대로 청자가 누구든 간에 남편에 대한 제3자 경어표현에 있어서 경어를 삼가하는 것에 저항을 느끼는 사람도 30대 후반의 피험자 중에 몇 사람 있었다. 그러한 대우행동은 화자측을 청자의 아래에 두고 싶지 않은 강한 자아의식에 근거하고 있음이 인터뷰에 의해서 밝혀졌다. −경어표현은 청자를 남편보다 上位者라고 판단한 화자의 상하의식에 근거한 제3자 경어이다. 청자 여하에 관계없이 남편에 대해 +존경표현을 사용하는 것은 남편과 청자와의 상하관계는 고려하지 않고 화자와 화제의 남편과의 상하관계에 기초한 절대경어라고 판단된다. 남편의 윗사람에게는 −존경표현을 사용하고 아랫사람에는 +존경표현을 사용하는 것은 화제의 남편과 청자와의 관계를 고려한 상대경어라고 판단할 수 있다.

● 인터뷰 결과

인터뷰는 20/50대는 개개인을 대상으로, 30/40대는 몇 개의 그룹으로 실시했다. 그 중 실업고등학교의 사택에서 실시한 인터뷰와 성서공부모임에서 실시한 인터

한국인과 일본인의 언어행동과 문화의 차이

뷰는 그 대상이 전부 30대였다.

　사택의 주부(10명)는 전원이 교사의 부인이며 공부모임의 대상(5명) 중 2명은 남편의 직업이 개인사업이고 3명은 회사원이다. 교사 부인은 어떤 청자에게도 남편의 제3자 경어에 「선생님」과 경어형의 스피치 레벨을 사용하는 경우가 많으며 학교의 학생은 물론 동료 교사를 비롯하여 교장이나 교장 부인에게도 남편에 대해 경어형의 스피치 레벨을 사용한다. 남편보다 윗사람에게는 남편에 대한 제3자 경어표현을 삼가해야 하는 사실을 모르고 있는 사람이 7명이며, 알고 있어도 사용하지 않는 사람이 3명 있다. 공부모임의 주부 중 1명이 남편의 상사에게는 남편에 대한 경어형을 삼가하지만 상사 부인은 남편의 상사가 아니기 때문에 그럴 필요가 없다는 의견을 상당히 강하게 주장했던 것이 인상적이었다.

　이와 같은 의견을 가지고 있는 사람이 이외에도 상당수 있는 것을 평소 주위에서도 충분히 관찰할 수 있다. 남편의 상사나 상사의 부인에 대하여 남편에 대한 경어형의 스피치 레벨 사용률이 다른 세대에 비해 30대에서 많이 볼 수 있는 것은 교사 부인들의 제3자 경어법의 영향이다. 그 영향으로 30대는 전체적으로 어떤 청자에게도 경어형의 사용을 많이 한다. 50대에도 동료나 부하에 대해 남편에 대한 경어형 사용률이 높지만 그 원인은 실제의 언어 환경에 있다고 생각한다. 남편이 병원장, 회사의 부사장, 은행의 중역 등 사회적 지위가 높기 때문에 사람들이 남편을 청자로 했을 때 사용하는 경어에 익숙해져 부인측에서도 그러한 대우표현을 당연한 것으로 받아들인다. 그 결과 스스로도 남편에 대한 제3자 경어에 경어형을 사용하여 남에게 남편을 높게 대우해 줄 것을 무의식적으로 기대하는 것이다. 이와 같이 −경어표현과 ＋경어표현의 비율에서 세대차를 볼 수 있다.

〈앞− 사용빈도 / 뒤− 각 세대에 있어서의 사용률〉

세대	−경어표현	%	＋경어표현	%
20대	21	80.8	5	19.2
30대	53	52.5	48	47.5
40대	37	62.7	22	37.3
50대	21	52.5	19	47.5

앞에서 말한 대로 집 안에 있어서 윗사람인 시부모에 대해서는 전원 상대경어를 사용하고 있는 것이 밝혀졌다. 외부에 대해서도 같은 규칙이 적용되고 있는 것이 종래의 사용법이었다. 즉 외부의 윗사람을 청자로 해서 화자와 동급의 남편을 화제로 할 때에는 남편에 대한 제3자 존경표현을 삼가하는 것이 종래의 사회규범이었는데 조사결과와 같이 세대차와 개인차는 있지만 남편에 대해 존경표현을 사용하는 사람이 많은 것을 알 수 있다. 이와 같은 언어행동은 평소 여러 장면에서 관찰할 수 있으며, 또 연장자로부터 많이 지적되는 부분이다. 현재에는 아직 오용으로 받아들여지고 있지만 사용빈도가 상당히 높고 또 대학을 졸업한 사람에게서도 많이 볼 수 있기 때문에 미래를 예측할 수 없다. 학력과 규범적인 언어사용의 가능 여부와는 직접 관계가 없다는 것이 평상시 사람들의 언어태도를 보고 얻은 결론이며 따라서 본 연구에서 다루는 사회적 변수에서 학력은 제외했다.

조사결과를 구체적으로 설명하면 남편을 기준으로 해서 윗사람인 상사나 선배, 상사의 부인에게는 남편에 대한 제3자 경어로 −존경표현을 사용하는 것이 종래의 규범에 따른 규칙이다. 남편의 동료나 친구 혹은 화자의 친구에게도 −존경표현을 하는 것이 사회적으로 통용되는 규칙이기는 하지만 남편과 청자와의 사회적 관계(상하관계 이외의), 남편의 사회적 지위, 화자와 남편과의 연령차에 따라 상이한 사용법을 볼 수 있다. 부하나 후배에게는 +존경표현을 하는 것이 사회적으로 용인되는 규칙이나 남편과 청자와의 관계에 따라서 개인차를 볼 수 있으며 + 또는 −존경표현을 사용하고 있다. 이 결과에서 사회변화에 따른 사람들의 의식변화가 집밖 사람들에 대한 제3자 경어법에 나타나 있다고 말할 수 있다.

남편에 대한 제3자 스피치 레벨은 제3자 호칭법과 같은 대우도의 표현을 사용한다. 즉 「자녀이름+아빠」, 「(성)이름+氏」, 「직위」, 「신랑/남편」은 존경보조어간 「−시−」가 붙지 않는 스피치 레벨과 함께 사용되며 「직위+님」은 「−시−」가 붙는 스피치 레벨과 함께 사용된다. 이것은 일가의 장에 대한 화자의 경의를, 청자에게도 당연한 것처럼 기대하는 의식에 근거한 언어행동으로 한국인의 의식 속에 있는 절대경어의 의식을 나타낸다.

한국인과 일본인의 언어행동과 문화의 차이

(1) 한국인 주부의 제3자 대우표현법에서 보이는 경어의식

　제3자 경어에 대한 조사결과에서 집 안에서는 상대경어가 그대로 지켜지고 있지만 집밖(외부)에 대해서는 상대경어와 함께 세대차와 개인차에 따른 절대경어의 사용이 혼재하고 있는 점이 밝혀졌다. 그러나 부분적 변이형은 보이지만 상대경어의 사용이 아직 우세하다고 말할 수 있다.

　외부에 대한 제3자 경어에서 볼 수 있는 것과 같이 동일 인물인 남편을 청자에 따라 높이거나 낮추는 언어태도는 남편과 청자와의 상하관계의 분별에 근거한 상대경어이다. 집 안에서도 종래의 상대경어적 사용법으로부터 완전히 절대경어적 사용으로 변화한 현상이 있다. 그것은 자녀가 조부모에게 부모에 대한 이야기를 할 때 사용하는 제3자 경어로 부모와 조부모와의 상하관계는 고려하지 않고 자녀에게 있어서 부모는 윗사람이라고 하는 화자와의 상하관계만이 고려되어있다. 종래는 자녀가 부모에 대한 이야기를 부모보다 한층 위의 조부모에게 이야기할 때에 제3자에 대한 경어형으로 압존법을 사용했지만 현대에 와서는 모든 가정에서 경어형이 사용되어 완전히 절대경어화 했다.

　외부와의 관계에서 나타난 남편을 중심으로 한 상대경어가 남편과 청자와의 상하관계를 분별하는 것에 기초를 두고 있다는 사실은 이미 지적한 바 있지만 그러한 언어행동의 밑바닥에 중요한 요인이 숨어 있는 것을 그대로 지나칠 수는 없다. 그것은 남성우위 의식이다. 아내는 남편에게 대우도가 높은 언어사용법을 쓰지만 남편이 아내에게 사용하는 대우표현은 비교적 경미한 경우가 많다. 물론 시대차와 세대차가 있으며 개인차에 의한 변이형이 있는 것은 다른 스피치 커뮤니티와 같다. 그러나 아내보다 우위인 남편도 부모보다는 서열이 아래로 그 상하관계는 고정적이며 뒤집힐 수는 없다. 즉 가족 서열의 상하는 남성우위 의식보다 우선시 된다. 그러나 외부와의 관계는 완전히 고정적인 것이 아니고 유동적이다. 한편 아내의 남편에 대한 남성우위 의식은 고정적이다. 이 상황에 있어서도 사회적으로 통용되는 규범이 있어서 화자와 화제의 인물인 남편과의 남성우위 의식과 남편과 집밖 사람과의 상하관계를 적절히 분별하는 사람은 상하 판단에 따라 구별해서 사용할 수 있지만, 그것이 불가능한 사람은 이른바 사회규범을 어기는 언어행동을 하는 것이 된다. 물론 아직은 그러한 규범을 어기는 언어행동은 오용으로 간주된다. 이러한 언어행동은 크게는 핵가족화에 의한 상하구별의 훈련이 부족한 것과 타인과의 상하의식보다 남편에 대한 상하의식이 강하기 때문이라고 생각된다.

한편 남편이 화자가 되어 아내에 대해 말하는 제3자 경어에는 아내와 청자와의 관계 여하에 불문하고 경어표현은 사용하지 않는다. 이러한 언어사용법의 차이는 남성우위 의식에 근거한 것으로 생각되며 긴 세월동안 예의도덕의 기준이었던 유교의 영향이 여전히 뿌리깊게 존재하고 있음을 나타낸다고 판단할 수 있다. 이러한 대우표현은 동시에 '場'의 인식과도 관련해 있다고 생각해야 한다. 집밖의 청자에 대한 언어의식은 청자와 화제의 인물과의 상하관계 의식보다는 **누구에 대해서나 무엇에 관해서나 +존경표현만 사용하면 청자에 대한 공손한 표현이 된다는 의식에 근거하고 있다.** 집밖의 청자의 존재는 이른바 격식차린 분위기를 형성하고 이러한 분위기의 인식이 수준높은 경어표현으로 이끈다.

이미 지적한 대로 대학생의 언어태도에서도 볼 수 있으며 현대 경어의 특징을 이루고 있다. 더욱이 남성우위 의식도 깊이 생각해 보면 상하의식이며 앞에서 설명한 것과 같이 **집밖의 사람을 청자로 한 주부의 제3자 경어법에서 보이는 남편에 대한 대우표현은 이 상하의식과 청자의 영향, '場'의 인식 및 청자 경어와 같은 규칙을 가진 절대경어의 사용법 등의 복수 요인이 만들어낸 언어태도라고 생각할 수 있다.** 다시 말하면 아내가 집밖 사람에게 남편에 관한 이야기를 할 때 남편에 대해 경어형을 사용하는 것은 평상시의 청자 경어법에 남편을 上位者로 보는 인식이 합쳐지고 더욱이 청자가 남편보다 윗사람일 경우는 청자에 대한 상하의식이 남편에 대한 제3자 경어사용을 한층 강화한 것으로 해석할 수 있다. 아래의 제3자 경어법에 그러한 특징이 잘 나타나 있다. 화자 : 30세 주부 / 화제의 인물 : 남편인 경우, 청자가 자신의 친구일 경우는 남편에 대한 비경어형의 "지금 없어"를 사용하지만 청자가 남편 직장의 상사이면 "지금 안 계세요"와 같이 청자 경어뿐만 아니라 제3자에도 경어형을 사용하는 것이다. **제3자 경어형을 삼가 해야 하는 상대에 대해서 경어형을 사용하는 것은 청자의 존재에 영향을 받은 제3자 대우표현이다.**

앞에서 설명한 집안에서의 상대경어도 청자와 화제의 인물과의 상하관계에 근거한 것으로 따라서 한국 주부의 제3자 경어에서 볼 수 있는 성질은 ウチソト (uchisoto=ingroupness/outgroupness) 여하에 관계없이 상하인식을 비롯한 이상의 많

한국인과 일본인의 언어행동과 문화의 차이

은 요인이 작용한 때문이라고 결론지을 수 있다. 그 중에서도 상하의식이 특히 강하며 다른 요인에 우선한다고 판단할 수 있다.

2-2 일본인 주부의 제3자 대우표현법

한국인 주부의 제3자 경어와 대응해서 일본인 주부의 제3자 경어법에 대해 실시한 조사결과는 다음과 같다.

- **조사대상** : 조사 1)A / 2)AB : 97[20대(20명), 30대(25명), 40대(19명), 50대(33명)]
  조사 1)B   : 33[20대(8명), 30대(10명), 40대(8명), 50대(7명)]
  인터뷰대상   : 14[20대(3명), 30대(3), 40대(5), 50대(3명)]
- **설문내용** : 한국과 동일 → 남편에 대해 사용하는 제3자 호칭 및 스피치 레벨
- **조사방법** : 한국과 동일
- **조사결과**
  ① 청자 = 시부모 / 화제의 인물 = 남편
  변수 = 자녀출생前 / 後(前 = 자녀출생 전 / 後 = 자녀출생 후)
  세대 = 20 / 30 / 40 / 50대

A. 제3자 호칭법

- **호칭**

−설문(호칭에 관한 앙케이트)에는 G. 「기타」이지만 이하의 G−L은 피험자에 의한 회답을 분류한 것

A. 이름(FN)	B. 이름+san(FN+san)
C. 자녀의 パパ(papa)	D. 성
E. 애칭	F. あの人(anohito = 그 사람)
G. 主人(syujin=남편)	

H. だんな(danna = '남편'이라는 뜻이나 서민적인 뉘앙스의 표현)

I. お父さん(otosan = 아버지)   K. 彼(kare = 그)

L. 때와 경우에 따른 사용구별

ウチ(uchi)前 / ウチ後 / ソト(soto)는 각각 독립된 것으로 사용률은 %로 나타낸다. 또한 각 세대의 피험자수가 다르기 때문에 사용률은 역시 각 세대에 차지하는 비율(%)로 나타낸다.

총 사용빈도는 각각의 표 위에 표시한다.

〈표 IV-18-a, IV-18-b〉의 총 사용빈도는 피험자 수×3(집안前/後/집밖)=291이 되어야 하지만 무회답 수가 10이 있기 때문에 총 사용빈도는 281이다.

〈표 IV-18-a〉

집안팎	호칭	A	B	C	D	E	F	G	H	I	K	L
집안前	사용빈도	7	74	2	3	4	5	2	0	0	0	0
집안前	Row %	7.22	76.3	2.06	3.09	4.12	5.15	2.06	0.00	0.00	0.00	0.00
집안後	사용빈도	4	56	19	3	1	2	1	0	9	0	0
집안後	Row %	4.21	58.9	20.0	3.16	1.05	2.11	1.05	0.00	9.47	0.00	0.00
집밖	사용빈도	0	4	2	17	0	2	53	5	3	2	1
집밖	Row %	0.00	4.49	2.25	19.10	0.00	2.25	59.60	5.62	3.37	2.25	1.12

$$\text{d.f.}=20 \qquad \chi^2=240.485 \qquad p<0.001$$

〈표 IV-18-b〉

세대	호칭	A	B	C	D	E	F	G	H	I	K	L
20	사용빈도	0	33	0	6	2	1	3	5	1	2	1
20	Row %	0.00	61.10	0.00	11.10	3.70	1.85	5.56	9.26	1.85	3.70	1.85
30	사용빈도	2	40	1	4	2	3	16	0	2	0	0
30	Row %	2.86	57.1	1.43	5.71	2.86	4.29	22.90	0.00	2.86	0.00	0.00
40	사용빈도	2	25	7	2	0	3	15	0	5	0	0
40	Row %	3.39	42.4	11.9	3.39	0.00	5.08	25.4	0.00	8.47	0.00	0.00
50	사용빈도	7	36	15	11	1	2	22	0	4	0	0
50	Row %	7.14	36.70	15.30	11.20	1.02	2.04	22.50	0.00	4.08	0.00	0.00

$$\text{d.f.}=30 \qquad \chi^2=79.183 \qquad p<0.001$$

한국인과 일본인의 언어행동과 문화의 차이

〈표 IV-18-c〉

세대	호칭	A	B	C	D	E	F	G
20	사용빈도	0	18	0	0	2	0	0
	Row %	0.00	90.0	0.00	0.00	10.0	0.00	0.00
30	사용빈도	1	20	0	1	1	2	0
	Row %	4.00	80.0	0.00	4.00	4.00	8.00	0.00
40	사용빈도	1	16	1	0	0	1	0
	Row %	5.26	84.2	5.26	0.00	0.00	5.26	0.00
50	사용빈도	5	20	1	2	1	2	2
	Row %	15.2	60.6	3.03	6.06	3.03	6.06	6.06

d.f.=18　　　x^2=18.685　　　p=n.s.

표 4는 20대에는 아직 자녀가 없는 사람이 있기 때문에 회답수가 15이고 40/50대는 복수회답수가 3 있기 때문에 총 사용빈도는 95이다.

〈표 IV-18-d〉

세대	호칭	A	B	C	D	E	F	G	I
20	사용빈도	0	14	0	0	0	0	0	1
	Row %	0.00	93.30	0.00	0.00	0.00	0.00	0.00	6.67
30	사용빈도	1	19	1	1	1	1	0	1
	Row %	4.00	76.00	4.00	4.00	4.00	4.00	0.00	4.00
40	사용빈도	1	9	5	0	0	1	0	4
	Row %	5.00	45.00	25.0	0.00	0.00	5.00	0.00	20.0
50	사용빈도	2	14	13	2	0	0	1	3
	Row %	5.71	40.00	37.1	5.71	0.00	0.00	2.86	8.57

d.f.=21　　　x^2=31.438　　　p=n.s.

자녀의 출생 전에는 오로지 남편의 「이름＋san」(76.3%)을 사용하고 출생 후에는 남편의 「이름＋san」(58.9%)과 papa(20%)를 사용한다. 「이름＋san」의 사용에 있어서 세대차는 적고 사용률은 자녀의 출생 전은 20대＞40대≧30대＞50대의 순서이며 자녀의 출생 후는 20대＞30대＞40대≧50대의 순서로 나타난다. 「papa」의 사용에는 세대차가 나타나는데 본 조사의 대상이었던 20, 30대에 아직 자녀가 없기 때문이겠지만 그 사용 예를 볼 수 없었고 40, 50대에서는 비교적 많이 볼 수 있었다. 그 중에서도 50대에서 가장 많이 볼 수 있어 한국과 대조적이다. 그 밖에 사용 예는 적지만 「이름」, 「성」, 「애칭」, 「그(彼)」, 「남편(主人)」 등을 볼 수 있는데

원래 사용 예가 적기 때문에 자녀 출생에 따른 차이는 거의 없고 자녀출생 후에
아버지(お父さん)가 9.47%의 사용률을 보이고 있다.

B. 제3자 스피치 레벨의 사용법

- **조사대상** : 일본인 주부 33(20대 : 8, 30대 : 10, 40대 : 8, 50대 : 7)명
- **화자 = 귀하(피험자) / 화제의 인물 = 귀하의 남편 / 청자 = 시부모**
- **설문** : (①   )이/가 내일 미국에 출장 (③   )갑니다.

①의 결과는 같은 조사에서 실시한 청자 호칭법과 비교하여 나중에 논술하기로
한다.

③의 선택지	20대	30대	40대	50대	합계
1. 行く	8	10	8	3	29
2. 行かれる	0	0	0	1	1
3. いらっしゃる	0	0	0	3	3

1. 行く(iku = 간다)
2. 行かれる(ikareru = 가신다)
3. いらっしゃる(irassyaru = 가신다)
    −대우도 3이 2보다 조금 높음

이와 같이 20~40대는 전원이 남편에 대해 비경어형의 제3자 스피치 레벨을 사
용하고 50대는 4/7명(57%)이 남편에 대해 경어형의 제3자 스피치 레벨을 사용하
여 세대차를 볼 수 있다.

③의 답이 결혼 초기와 현재가 다른 경우에 대해 인터뷰를 실시한 결과, 50대
후반은 결혼 초기와 관계없이 남편에 대해서 경어표현을 사용하지만, 50대 전반
에서 40대 이하는 전원(29/29명)이 결혼 햇수와 관계없이 비경어표현을 사용한다.
이 조사대상 이외의 사람 중에서 결혼 후 5년 이내는 남편을 시부모 측으로 간주
하여 남편에 대해 경어형의 제3자 스피치 레벨을 사용하지만 5년 이상 경과 후에
는 화자 측으로 간주해서 비경어형의 제3자 스피치 레벨을 사용하는 사람이 1명
(45세의 도쿄 상류사회 출신으로 현재도 거주 중) 있다. 그러나 40대 이하에서는 남편에
대한 제3자 경어에 비경어형을 사용하는 사람이 대부분인 것을 알 수 있다.

한국인과 일본인의 언어행동과 문화의 차이

② 청자＝soto(가족 외 사람)

A. 제3자 호칭 − 무회답과 복수회답이 있는 관계로 〈표 IV−19〉의 총 사용빈도는 89이다.

청자＝soto(가족 외 사람)

〈표 IV−19〉

세대	호칭	A	B	C	D	E	F	G	H	I	J	K
20	사용빈도	0	1	0	6	0	1	3	5	0	2	1
	Row %	0.00	5.26	0.00	31.6	0.00	5.26	15.8	26.3	0.00	10.5	5.26
30	사용빈도	0	1	0	2	0	0	16	0	1	0	0
	Row %	0.00	5.00	0.00	10.00	0.00	0.00	80.00	0.00	5.00	0.00	0.00
40	사용빈도	0	0	1	2	0	1	15	0	1	0	0
	Row %	0.00	0.00	5.00	10.00	0.00	5.00	75.00	0.00	5.00	0.00	0.00
50	사용빈도	0	2	1	7	0	0	19	0	1	0	0
	Row %	0.00	6.67	3.33	23.3	0.00	0.00	63.3	0.00	3.33	0.00	0.00

$$d.f.=24 \qquad x^2=47.908 \qquad p<0.003$$

　주로 「主人」(59.6%)과 「남편의 성」(19.1%)을 사용한다. 「남편의 성」은 20＞50＞30＝40대의 순서로 볼 수 있다. 「主人」은 30≧40＞50＞20대의 순서로 사용되지만 30, 40, 50대 사이에서 차이가 적으며 50대와 20대의 사이에서는 그 차이가 격감한다.

　「主人」의 사용률이 젊은 세대에서 적은 것은 이 호칭이 가지고 있는 의미의 영향인 것이 인터뷰 결과 밝혀졌다. 즉 「主人」이라는 표현에 대한 부끄러움이나 저항감이다. 게다가 결혼 햇수가 적은 것도 영향을 미치고 있다고 생각한다.

　　● **인터뷰내용** : 「主人」에 저항감이 있기 때문에 대신에 남편의 「이름」을 사용한다.
　　　−30세 주부 2명의 의견이다.

B. 제3자 경어의 스피치 레벨(인터뷰 조사에 의함)

　가족 외의 사람을 청자로 하여 남편에 관한 이야기를 할 때에는 남편과 청자와의 상하관계에 관계없이 전원 제3자 대우법에 비경어표현을 사용한다. 가족 내의 부모를 청자로 했을 경우에 세대에 따라 제3자 경어표현도 볼 수 있는 점에서 외부사람에 대한 제3자 경어표현은 uchisoto의식에 근거한 상대경어를 나타내고 있다고 판단할 수 있다. 한편 부모에 대한 제3자 경어에 사용하는 경어표현은 남편을 청자의 uchi로 판단한, 집 안에 있어서의 상대경어이다.

여기서는 집 안에서의 청자 경어법과 제3자 경어법의 관계를 규명하기 위하여 새롭게 실시한 조사결과에 대하여 논하기로 한다.

③ **집 안의 청자 대우표현과 제3자 경어법의 비교 조사**

a. 화자 : 귀하(부인) / 청자 : 귀하의 남편

(①), 언제 미국에 (②).

①의 선택지	②의 선택지
1. あなた(anata＝당신)	1. 行く(の) (iku(の)＝'가다'와 같은 레벨이며, 'の'가 붙으면 여성어표현)
2. 이름(例 : 太郎) (FN)	2. 行きます(か) (ikimasu＝갑니다)
3. 이름＋san(FN＋san)	3. 行かれます(か) (ikaremasu＝가십니다)
4. パパ(papa)	4. いらっしゃいます(か) (irassyaimasu＝가십니다)
5. お父さん(otosan＝아버지)	* 2. 3. 4.어미 'か(ka＝까)' 대우도 4>3>2>1순
6. 성	
7. 애칭	
8. あの人(anohito＝그 사람)	
9. 主人(syujin＝주인)	
10. 彼(kare＝그)	
11. 기타(구체적으로)	

b. 화자 : 귀하 / 화제의 인물 : 귀하의 남편 / 청자 : 시부모

(①)이 내일 미국에 출장 (③)

①의 선택지	③의 선택지
1. あなた(anata)	1. 行く(iku)
2. 이름(例 : 太郎)	2. 行かれる(ikareru)
3. 이름＋san	3. いらっしゃる(irassyaru)
4. パパ(papa)	
5. お父さん(otosan)	
6. 성	
7. 애칭	
8. あの人(anohito)	
9. 主人(syujin)	
10. 彼(kare)	
11. 기타(구체적으로)	

한국인과 일본인의 언어행동과 문화의 차이

만약 ③의 답이 결혼초기와 현재가 다를 경우 다음의 질문에 답하여 주십시오.

　결혼초기 (　　　)을 사용, (　　　)년 정도를 경계로 해서 (　　　)로 표현이 바뀌었다.

c. 화자 : 자녀 / 화제의 인물 : 부모(귀하와 남편) / 청자 : 조부모(귀하와 남편의 부모)

　　　어머니(귀하)에 관해 : (　　　)은/는 지금 물건 사러 (　　　　　　).

　　　아버지(남편)에 관해 : (　　　)은/는 지금 회사에 (　　　　　　).

· 조사대상 : 일본인 주부 33(20대 : 8, 30대 : 10, 40대 : 8, 50대 : 7)명

· 조사결과

(1)

A. 청자 호칭　　세대	20대	30대	40대	50대	합계
パパ ＋ お父さん	4	6	8	6	24
あなた / 이름(＋san)	4	4	0	1	9
애칭					

B. 청자 스피치 레벨　　세대	20대	30대	40대	50대	합계
行く(の)	8	10	8	3	29
行きます(か)	0	0	0	0	0
行かれます(か)	0	0	0	1	1
いらっしゃる(の)	0	0	0	2	2
いらっしゃいます(か)	0	0	0	1	1

이와 같이 청자 호칭은 자녀 위치에서 부른 간접 호칭이 어느 세대에서도 많이 사용되어 73%의 사용률을 나타내고 있다. 「anata」(2/33명)를 제외한 7/33명 (21%)은 「이름」, 「이름＋san」, 「애칭」과 같은 직접호칭을 사용하고 있다. 스피치 레벨은 40대 이하는 남편에게 전원(26/26명)이 비경어형의 스피치 레벨을 사용하고 50대에서는 3/7명(43%)이 비경어형을 사용하며 4/7명(57%)이 경어형을 사용하고 있다.

(2)

A. 제3자 호칭　　세대	20대	30대	40대	50대	합계
パパ ＋ お父さん	1	1	3	2	7
이름 ＋ san	4	8	1	1	14
이름 ＋ 애칭	3	0	2	0	5
あの人 / 主人	0	1	2	4	7

B. 제3자 스피치 레벨 (세대)	20대	30대	40대	50대	합계
行くそう (ikuso＝간다고(합니다))	8	10	8	3	29
行かれる	0	0	0	1	1
いらっしゃる	0	0	0	3	3

　　제3자 호칭은 「이름＋san」이 42.4%를 차지하여 가장 많이 사용되고 있다. 스피치 레벨은 남편에 대한 비경어형의 「ikuso」가 전세대 중에서 87.9%를 차지하고 40대 이하에서는 26/26명(100%)을 나타내고 있다.

A. 청자 호칭과 제3자 호칭의 비교

　　청자 호칭과 제3자 호칭에 동일형을 사용하고 있는 사람은 11/33명(33.3%)이다. 다른 호칭을 사용하고 있는 22명의 내용은 다음과 같다.

청자 호칭	제3자 호칭	회답수
이름 + san	主人	1
あなた	이름 + san	2
お父さん	이름 + san	3
パパ	이름 + san	5
お父さん / パパ	あの人 / 主人	5
	합계	16

　　이상 청자 호칭과 제3자 호칭 사이에 대우도의 차이는 없는 것으로 판단한다. 한편 다음의 예는 경어형에서 비경어형으로 혹은 비경어형에서 경어형으로 대우도가 변하는 경우이다.

청자 호칭	제3자 호칭	회답수
お父さん	이름	4
이름 / 애칭	이름 + san	2

　　이와 같이 대우도가 변하는 6/33명(18.2%)을 제외한 27/33명(81.8%)은 청자 호칭과 제3자 호칭에 같은 대우도의 호칭을 사용하고 있다고 판단할 수 있다.

B. 청자 스피치 레벨과 제3자 스피치 레벨 비교

40대 이하에서는 전원(26/26명)이 쌍방에 비경어형을 사용하며 50대에서는 쌍방에 비경어형을 사용하는 사람이 3/7명, 쌍방에 경어형을 사용하는 사람이 2/7명, 청자 스피치 레벨에 비경어형, 제3자 스피치 레벨에 경어형을 사용하는 사람이 1/7명, 그 반대가 1/7명이다. 전 세대를 통해서 청자와 제3자에 대하여 다른 대우도의 스피치 레벨을 사용하는 사람은 2/33명밖에 없다.

이상의 결과에서 남편이 청자인 경우, 또 화제에 오를 때 사용하는 호칭과 스피치 레벨에서 청자 대우표현도 제3자 대우표현도 같은 대우도에 해당하는 것을 사용하고 있음이 밝혀졌다.

부모의 연령 : 40대 이하			부모의 연령 : 50대		
자녀(3~10세) 남-14명, 여-11명			자녀(25~40세) 남-2명, 여-4명		
제3자 호칭	남	여	제3자 호칭	남	여
お父(母)さん	11	7	お父(母)さん	1	2
パパ(ママ)	4	4	パパ(ママ)	0	2
			おふくろ(おやじ)	1	1
스피치 레벨	남	여	스피치 레벨	남	여
行ってる(よ)	14	9	行ってます	2	2
行ってるの	0	1	行かれました	0	2
行ってます	0	1(7세)			

(3) いってる(よ)　　　　=itteru(yo)　　　=갔어

　　いってるの　　　　=itteruno　　　　=갔어

　　いってます　　　　=ittemasu　　　　=갔습니다

　　いかれました　　　=ikaremashida　　=가셨습니다

　　*お父(母)さん　　　oto(ka)san　　　　=아버지(어머니)

　　パパ(ママ)　　　　papa(mama)　　　=아빠(엄마)

　　おふくろ(おやじ)　ohukuro(oyaji)　　=어머니(아버지)(남자들이 쓰는 표현)

10세 이하의 자녀는 24/25명이 청자인 조부모에게도 제3자인 부모에 대해서도

비경어형을 사용한다. 한편 25세 이상의 자녀는 2/7명이 조부모와 부모의 쌍방에 경어형을 사용하며 4/7명은 청자인 조부모에 대해서만 경어형을 사용한다. 전 세대를 통해서 청자인 조부모에게 경어형을 사용하는 사람은 7/31명(22.6%)이고 제 3자인 부모에 대해서 경어형을 사용하는 사람은 2/31명(6.5%) 밖에 없다.

이상 ①,②,③의 결과와 조오치 대학생의 부모에 대한 경어형 사용률(0)에서 집 안에서의 청자 경어형과 제3자 경어형의 사용이 40대를 경계로 하여 그 이하의 세대에서는 없어져가고 있음을 알 수 있다. 이러한 결과에 대해서 두 가지 해석이 가능하다.

첫째, 청자와 제3자와의 관계는 고려하지 않고 화자와 제3자와의 관계만 생각하여 청자 경어법과 제3자 경어법에 동일형이나 같은 수준의 것을 사용하기 때문에 절대경어로 해석하는 것이다. 둘째, 그것보다는 집 안의 가족 간에 평상시에 사용하는 언어사용법이라고 해석하는 것이다. 어떻게 해석할 것인가는 절대경어를 어떻게 정의내리느냐에 따라 다르다.

다음의 일본어사전에서는 절대경어를 다음과 같이 정의 내리고 있다.

学研国語大辞典 : 동일 인물에 대한 경어의 사용법이 인칭이나 장면의 여하에 관계없이 항상 일정할 때 그 경어의 용법을 말한다.

大辞林 : 어떤 사람에 대해서는 그 사람을 포함해서 어떤 사람으로부터도, 어떤 장면에서도 항상 일정한 경어로 표현되는 것. 神, 天皇이 자신에 관해서 경어로 사용한 나라(奈良)時代에 이 경향이 보인다.

이상 두 사전에서 언급되어 있는 「경어」는 +경어표현을 말한다. 이 정의에 의하면 일본의 가정 내 대우표현은 절대경어로 간주할 수 없다. 그러나 만약 「경어」를 ±대우표현으로 규정한다면 가정 내 대우표현을 절대경어로 간주할 수 있을 것이다. 제3자 경어법에 있어서 제3자와 청자와의 관계는 고려하지 않고 화자와 제3자와의 관계만이 고려되는 것을 근거로 한국의 경어는 종래 「절대경어」로 간주되어 온 것이다. 결과적으로 청자 경어와 제3자 경어에 동일표현을 사용하는 점을 근거로 「절대경어」로 불리어 왔다. 이때의 동일표현은 上方向의 +존경표현이다. 그 기준에서는 일본의 가정 내에서 청자 경어와 제3자 경어에 비경어형의 동일표현을 사용하고 있는 것을 「절대경어」로 간주할 수 없게 된다.

그러나 제3자 경어법에 있어서 제3자와 청자와의 관계를 고려하지 않고 청자 경어와 제3자 경어에 동일표현을 사용하는 것을 「절대경어」로 규정하여 동일표현을 +경어형이나 -경어형의 어느 경우에도 적용한다면 일본의 가정 내 대우표현은 「절대경어」로 해석할 수 있다. 동시에 두 번째의 해석인 평상시 그대로의 언어사용법도 인정할 수 있을 것이다. 사람과 사람과의 사이에서는 어떠한 형태이던 대우표현이 사용되며 친구나 가족 사이에서 볼 수 있는 평상시의 언어사용법은 종래의 경어 기준에서 볼 때 경어 제로(zero)이지만 이것은 친소관계가 가장 영향력을 발휘하는 '場'에서 사용되는 대우표현이다.

한편 soto에 향해서는 uchi측의 경어를 삼가하는 상대경어가 철저하게 사용되고 있다. 이러한 대조적인 현상에서 일본인의 대우표현은 uchisoto의 판단기준인 것이 확실하다고 생각된다.

또한 남편에 대한 청자 경어에서도 시부모에 대한 남편의 제3자 경어에서도 경어형을 사용하는 피험자가 50대에 2명 있다. 이 경우 청자 경어와 제3자 경어가 동일하기 때문에 언뜻 보아서는 절대경어처럼 보이지만 다음의 이유로 상대경어라고 판단한다. 즉 동일 인물인 남편을 soto에 대해서 말할 때에는 누구라도 비경어형을 사용하기 때문이다. **soto에 대해서 말할 때는 남편을 화자측으로 간주하여 남편에 대해 제3자 비경어형을 사용하지만 uchi 안에서는 남편을 시부모측으로 간주하여 남편에 대해 경어형을 사용하는 제3자 대우표현으로 양쪽 모두 uchisoto에 근거한 상대경어용법이다.**

2-3 한국인 주부와 일본인 주부의 제3자 대우표현법 비교

(1) 제3자 호칭법 비교

양국 주부가 남편에 대해서 사용하는 제3자 호칭을 정리하면 다음과 같다.

청자		한 국	일 본
uchi －	자녀 출생 전	1) 그사람, 그이	1') 이름 + san
	자녀 출생 후	2) 아범, 아빠, 애비	2') ⓐ 이름+san ⓑ papa
soto －	남편의 직장사람	3) ⓐ 남편의 직장 직위 ⓑ 아이들 아빠 ⓒ 호칭회피	3') ⓐ 主人 ⓑ 남편의 성
	화자(남편)의 친구	4) 자녀이름 + 아빠	4') ⓐ 主人 ⓑ 남편의 성
일반적, formal, neutral한 호칭		5) 남편	5') ⓐ 남편의 성 ⓑ 主人 ⓒ 남편
古風		6) 영감	

이상 나타난 결과는 제3자인 남편을 어떻게 표현하는가에 따라서 다음과 같이 네 종류로 분류할 수 있다. 즉 화자와의 관계, 청자와의 관계 및 자녀와의 관계에서 표현하는 경우와 남편 자신을 직접 표현한 경우이다.

표현하는 방법	한 국	일 본
화자와의 관계에 있어서	남편, 영감	主人, 夫
청자와의 관계에 있어서	남편의 직위, 아범, 애비	
자녀와의 관계에 있어서	~아빠	papa
제3자(남편) 자신	그 사람(이)	이름+san, 남편의 성

① 집안사람들에게

양국의 차이점은 한국에서는 자녀를 매개로 한 간접호칭이 사용되고 일본에서는 남편을 직접 표현하는 「이름+san」이 가장 많이 사용되는 점이다. 한국에서도 젊은 세대에서 남편을 직접 표현하는 호칭법인 「이름+氏」와 「그이」, 「그 사람」이 사용되지만 자녀가 태어나기 전까지의 일시적 호칭으로써 사용비율도 적고 자

한국인과 일본인의 언어행동과 문화의 차이

녀의 출생을 기점으로 해서 다른 호칭으로 바꾸는 것이 일반적 경향이다. 이에 비해서 일본의 「이름+san」은 어느 세대에나 많이 사용되는 것이 한국과의 큰 차이점이다. 한국의 「애비/아범」의 의미는 「자녀의 父」이지만 시부모의 입장에서 본, 손자의 부친인 아들과의 관계를 표현하고 있으므로 청자(시부모)와의 관계에서 본 자녀중심의 호칭이라고 해석하는 것이 적절하다고 생각된다.

일본에서 볼 수 있는 「papa」나 「otosan」도 자녀중심의 호칭임에는 틀림이 없다. 그러나 「papa」나 「otosan」은 자녀 자신이 사용하는 것은 가능하지만 「애비/아범」은 어디까지나 며느리가 시부모에 대해서 남편을 가리킬 때에 사용하는 호칭이기 때문에 자녀가 사용할 수 없다. 일본에서는 남녀평등의식, 가정환경 등에 따른 차이가 있으므로 젊은 세대 중에는 남편의 「이름」이나 애칭을 사용하는 사람이 있지만(5/33명), 한국에서는 볼 수 없다. 한국에서 사용하는 「애비/아범」은 시부모에게 남편에 대한 경의를 삼가하는 호칭이지만 일본에서는 이러한 호칭법은 없고 청자 호칭과 제3자 호칭에 동일형이나 대우도가 같은 표현을 사용하는 사람이 많다(27/33명).

② 가족 외 사람들에게

한국에서는 화자와 청자의 관계 및 남편과 청자의 관계에 따라서 나누어 사용하며 남편의 지위나 신분에 따라 남편에 대해 사용하는 제3자 호칭법이 다르다. 더욱이 화자의 세대에 의한 차이도 크다. 한편 일본에서는 남편의 지위나 신분과 관계없이 화자와의 관계에서 남편을 표현한 「主人」을 가장 많이 사용한다. 한국에서도 남편을 neutral하게 가리키는 「남편」이라고 하는 제3자 호칭법이 있으나 「애기/아이들/자녀이름+아빠」가 가장 많이 사용되며 50대 이상에서는 청자의 성별에 따라서 「할아버지/아버지」와 「아빠」가 사용 구분되고 있다. 본 조사 후에 최근 실시한 조사에 의하면 40대에서 개인차에 따라 「남편」의 사용을 볼 수 있지만 역시 「아빠/아버지」의 사용을 가장 많이 볼 수 있다.

일본에서 자녀 출생 후의 호칭인 자녀를 중심으로 한 「papa」와 「otosan」은 언뜻 보아서는 한국의 경우와 마찬가지로 보이지만 다음 세 가지 점에서 다르다. 첫 번째, 한국의 경우는 집안에서나, 외부 사람들에게도 사용되지만 일본의 경우는

Ⅳ. 주부의 대우표현법

오로지 uchi(가족 간)에서 사용하며 soto(가족 외 사람들)에 대해서는 겨우 5/20의 예 밖에 볼 수 없다. 둘째, 한국은 화자 호칭으로써도 「자녀이름＋(엄마)아빠」와 같이 사용되지만 일본에서는 유치원 원아의 학부형 사이나 이웃 부인 사이에서 사용하는 경우는 있으나 일반적인 것은 아니다. 보통은 학부형 사이에서도 본인의 성으로 사용하고 경우에 따라서 누구의 자녀인지를 명시해야 할 장면에 있어서만 「자녀이름＋부친(모친)」으로써 사용된다. 또한 한국의 경우 시어머니는 며느리에게 비칭(卑稱)인 에미를, 아들에게는 애비를 사용하며, 장모는 딸에게 「손자이름＋엄마」나 「어멈」[34]을 사용, 사위에게는 「손자이름＋아범」이나 「성＋서방」[35]을 사용한다. 한국에서는 일본에서 볼 수 있는 것과 같이 조부모가 손주의 입장에 서서 아들이나 며느리를 부를 때, 손주이름을 붙이지 않고 손주가 사용하는 호칭인 「엄마/ 아빠」로 부르는 일은 없다. 즉 **한국에서는 직접 호칭을 피해 자녀를 매개로 한 「자녀이름＋엄마/에미/어멈/애비/아범」을 사용하며 일본에서는 자신이 손주의 위치로 내려가서 손주 입장의 호칭인 「papa」「mama」를 사용하는 점이 다르다. 또한 「에미/애비/어멈/아범」을 손주가 사용하는 것은 불가능한 점이 일본에서의 「papa」, 「mama」의 사용법과 다르다.**

남편이 아내를 「엄마」라고 부르는 경우는 별로 없으나 아내가 남편을 「아빠」라고 부르는 사용률은 높다. 한국에서 남편의 청자 호칭을 「자녀이름＋아빠」로 사용하는 것은 50대 이하에서 밖에 볼 수 없어 사용 역사가 비교적 짧지만 일본에 있어서의 「papa」는 50~60대에서 가장 많이 사용되는데 전후 미국문화의 영향을 받은 때문이 아닐까 생각된다. 엄밀히 말하면 아빠도 「아버지」 「아버님」에 대신하는 친근한 호칭으로써 한국 고유어이지만 일본에서 사용되는 「papa」와 「mama」는 영어권에서 온 외래어이다.

위와 같이 양국 간의 가장 큰 차이이자 한국의 제3자 호칭법의 특징은 한국에서

---

34) 「애비/에미」, 「아범/어멈」은 시부모님이나 친정 부모님이 아들/며느리나, 사위/딸을 부르는 호칭이다. 일반적으로 시부모님은 대우도가 낮은 편인 「애비/에미」를 사용하고, 친정 부모님은 대우도가 조금 높은 편인 「아범/어멈」을 사용하나 지방에 따라 차이가 난다.

35) 서울지방에서는 사위에게 「손주이름＋아범」을 사용하고, 경상도에서는 「성＋서방」을 사용한다. 사위에 대한 호칭 「손주이름＋아범」이 아들에 대한 호칭 「손주이름＋애비」보다 높은 것은, "사위는 백년손"이라고 일컬어져 오듯이 사위에 대한 한국인의 의식을 나타내고 있다.

한국인과 일본인의 언어행동과 문화의 차이

는 청자와의 관계에서 남편을 가리키는 호칭법이 많이 사용되는 점이다. 예를 들면 일본에서도 비서가 교수나 의사를 외부사람에게 「~先生」으로 부르는 일은 있지만 남편을 집밖의 사람에게 사장이나 선생, 총리 등으로 표현하는 경우는 없다36). 그러나 한국에서는 청자가 남편의 직장 사람일 경우 「선생님」, 「부장님」, 「목사님」 등 항상 청자의 위치에서 남편을 표현한다. 청자가 학생인 경우는 물론 다른 교원의 경우에도 남편에 대해서 「선생님」과 같이 「님」을 붙인다.

남편과 같은 직장의 청자일 경우는 남편과의 상하관계에 있어서 「~님」을 붙이기도 하고 안 붙이기도 하지만, 젊은층의 여성 중에서 남편의 상사나 상사의 부인에게 남편에 대해서 이야기 할 때 「님」을 붙여 존경표현을 사용하는 사람이 많다. 목사부인은 상하에 관계없이 누구에게도 목사를 「목사님」이라고 부르고 목사의 부인에게도 그 부인의 연령에 관계없이 모든 신자는 「사모님」을 사용한다. 이것은 남편의 상사부인이 청자일 경우에 화자와 청자 사이의 서열과 연령에 의해 이렇게 저렇게 구별하여 사용하는 것과는 대조적이며 한국에 있어서 목사의 존재가 얼마만큼 절대적인가를 나타낸다. 위의 예에서 열거한 직위는 「님」을 붙이지 않은 형으로 전부 1인칭에도 사용된다. 이 점에 있어서도 양국 간의 호칭법은 현저하게 다르다.

이와 같이 한국과 일본에서 남편에 대해 사용하는 제3자 호칭은 집안과 집밖에서 다르며 사용법에 있어서 한국은 집 안팎 관계없이 제3자의 남편과 청자와의 상하의식이 기준이 되어 넓은 의미에서 상대경어용법으로 간주된다. 일본에서는 집안에서 대부분의 사람(27/33명)이 청자 호칭과 동일형이든지 동급의 대우도를 사용하는 것은 절대경어용법으로 간주되며 soto에 대한 대우표현은 집 안팎의식이 기준이 되어 상대경어용법으로 간주된다. 더욱이 한국에서는 자녀를 매개로 한 호칭법이 집 안팎 어느 쪽에도 많이 사용되지만 일본에서는 주로 집 안에서 사용된다.

일본사회에 있어서 「~san」은 청자 호칭과 제3자 호칭으로써 집 밖에서는 「성＋san」＞「이름＋san」과 같이 사용되며 집 안에서는 「이름＋san」으로 사용된다.

---

36) 이 경우에 예외가 있다. 예를 들어, 아내도 남편과 같은 직장에 다니고, 같은 직장 내의 사람을 청자로 하여 남편에 대한 제3자 호칭을 사용할 때는 남편의 「직책/위」를 사용하는 경우이다.

「~san」이라고 하는 호칭의 존재가 있고, 또 일본에서는 여성이 결혼하면 거의 남편의 성을 따르고, 화자 호칭으로도 제3자 호칭으로도 그 성을 사용하면 된다고 하는 사회관습은 일본인들의 호칭법에 유익한 역할을 하며, 사회활동이나 직업을 갖지 않은 전업주부의 호칭법을 원활히 하는데 큰 역할을 하고 있다고 생각된다. 일본에서도 최근 수년 동안 여성이 결혼 후에도 결혼 전 본성(本姓)쓰기 움직임이 보이지만 아직 부분적인 움직임으로 사회 전체에 퍼져있는 현상이 아니다.

(2) 제3자 스피치 레벨의 사용법 비교

남편에 대해서 사용하는 제3자 스피치 레벨은 일본은 집밖에 대해서 남편에 대한 존경표현을 삼가하고 집안에 대해서는 세대차가 보여 40대 이하에서는 남편에 대한 평소의 청자 경어와 마찬가지로 전원이 비경어표현을 사용한다. 한국은 집안에 대해서는 부모에게 남편에 대한 존경법을 삼가하는 압존법을 사용한다. 집밖에 대해서는 남편과 청자와의 상하관계에 따라서 남편에 관한 존경표현을 사용하기도 하고 삼가하기도 한다.

시부모와 외부인을 청자로 하여 남편을 화제의 인물로 할 때 주부가 사용하는 제3자 경어에서 보이는 양국간의 차이는 그 기준이 다른데 있다. 한국은 화자와 화제의 인물 및 화제의 인물과 청자와의 상하의식을 토대로 절대경어와 상대경어가 존재하고, 일본은 집 안팎을 기준으로 한 상대경어의 성질을 보이고 있다. 한국은 집안과 집밖 어느 쪽에도 화자와 화제의 인물의 상하관계 인식에 근거한 절대경어와 화제의 인물과 청자와의 상하관계 인식에 근거한 상대경어의 성질이 혼재하고 있다. 시부모를 청자로 해서 며느리가 남편을 화제로 할 때나 남편이 며느리를 화제로 할 경우, 부모에 대해서 남편도 부인도 항렬이 아래라는 인식에 근거하여 제3자에 대해 경어형의 사용을 삼가한다. 한편 조부모를 청자로 해서 손자가 부모에 대한 이야기를 할 때 자녀에게 있어서 부모는 손위라는 인식에 근거하여 제3자에 대해 경어형을 사용한다.

전자는 상대경어를 나타내고 후자는 절대경어를 나타낸다. 종래는 후자의 경우도 경어형을 삼가했지만 지금은 완전히 절대경어화 해서 이미 한국사회의 규범이

한국인과 일본인의 언어행동과 문화의 차이

되었다.

　한편 일본은 집밖에 대해서는 상대경어의 사용법을 사용하고 집안에서는 청자경어와 동일형을 사용하여(29/33명) 절대경어용법으로 볼 수도 있으나, 비경어형을 사용하여 下方向의 절대경어용법이라 할 수 있다. 동시에 남편을 청자측으로 본 집 안팎 의식에 근거한 상대경어용법이 4/33명 있다. 40대 이하에서는 남편에 대한 청자 경어에 있어서 조심스런 사람 앞이 아닌 한 비경어형 밖에 사용하지 않는다. 또 시부모를 청자로 한 남편에 대해서의 제3자 경어도 40대 이하에서는 비경어형 밖에 볼 수 없다. 또한 자녀(10세 이하)는 부모에 대하여 조부모에게 이야기 할 경우 부모에 대해서 경어형을 사용하는 예가 매우(1/25) 적다.

　한국에서도 심리적으로 가까운 조부모와 먼 조부모에 대한 언어태도에 차이가 보인다. 어느 쪽이 심리적으로 가까운지는 평소에 어느 쪽과의 접촉이 많으냐에 따르지만 부친 쪽의 조부모에 대한 태도가 모친 쪽의 조부모에 대한 태도에 비해 좀 더 공손한 것을 관찰할 수 있다. 또한 조부에 대한 언어에서 조모에 대한 언어보다 대우도가 높은 경어형을 사용한다. 이와 같이 대우도의 차이는 보이지만 양쪽 조부모에 대해서 경어를 쓰는 것은 확실하다. 한편 일본은 젊은 세대에서 부모에게 경어를 사용하는 사람이 적어져 가정에서 행하는 경어교육에 관한 조사결과에서 볼 수 있듯이 부모에 대해서 경어를 사용하는 사람은 한 명도 없고 조부모의 경우도 별거하고 있는 경우에는 다소(남성－16% / 여성－18.2%) 볼 수 있지만 동거의 경우에는 한 명도 없다. 물론 가정에 따라 차가 있고 부모에게 경어를 사용하는 가정도 있는 것을 인터뷰로 확인했다. 일본에 있어서 집안에서의 평상시 언어사용법과 집밖에 대한 격식 차린 언어사용법은 청자의 영향을 받는 표현이며 '場'에 따른 대우표현이라고 생각된다.

V

직장인 남성의 대우표현법

　이 장에서는 한국과 일본의 직장 남성들을 대상으로 실시한 앙케이트 조사 및 인터뷰 결과를 토대로, 직장 남성들이 사용하는 호칭법 및 스피치 레벨과 그 사용법에 영향을 끼치는 여러 요인과의 상관관계에 대해 논하고자 한다. 조사내용은 다음과 같다.

1 직장 남성들의 청자 호칭법

1-1 한국 직장인 남성의 청자 호칭법

　화자·청자 모두 같은 직장 남성들로 화자의 호칭 선택에 영향을 끼친다고 예상되는 네 가지 요인을 변수로 설정하여, 각 영향의 정도를 수량적으로 표시한다. 변수 및 사용되는 호칭은 다음과 같다.

● **사회적 변수**

(1) 서열−상사 / 동료 / 부하

(2) 화자와 청자의 친소관계−친밀 / 소원

(3) 연령 — 연상 / 동갑 / 연하

(4) 화자의 세대 — 20대 / 30대 / 40대

● **호칭**

A. 직위 + 님　　　　　B. 직위　　　　　C. 성명 + 氏

D. Mr. 성　　　　　E. 기타

● **조사대상**

본 연구에서 집중적으로 분석을 한 데이터는, 'LG'에서 조사한 것이다. 이밖에 조사한 직장은 대기업인 한비, 현대, 동국, 은행으로 조흥, 제일, 한국, 중소기업인 삼공, 정부기관인 대통령 비서실, KAIST, 출판사 종로서적, 신문사 조선일보, 외국계 IBM을 포함하여 10개 이상의 직장에서 조사했다.

조사결과에 대한 확인을 위해 수차례 걸쳐 인터뷰를 했으며 그 대상은 다음과 같다. LG는 각 세대(20, 30, 40대) 2명씩 합계 6명을 대상으로 하여 실시했고, 다른 직장은 한 곳에서 2명씩 실시했다. 앙케이트 대상이 된 피험자는 20대부터 40대까지 33명이다.

● **사용빈도의 산출** — 피험자 수 × 18항목(회답 수)

● **18항목의 산출** — 세대를 뺀 세 가지 변수의 항목 수를 곱한 것

● **회답의 항목 수** = 상사 / 동료 / 부하(3) × 친소(2) × 연상 / 동갑 / 연하(3) = 18

　　　총 사용빈도는 33명 × 18 = 594 이다.

(1) 네 가지의 사회적 변수와 호칭의 관계

① 변수 = 서열 — 상사 / 동료 / 부하

〈표 Ⅴ-1〉

서열	호칭	A	B	C	D	E
상사	사용빈도	193	5	0	0	0
	%	32.49	0.84	0.00	0.00	0.00
	cell x^2	181.94	15.361	86.000	4.0000	8.0000
동료	사용빈도	33	43	104	4	14
	%	5.56	7.24	17.51	0.67	2.36
	cell x^2	24.059	14.32	3.7674	0.0000	4.5000
부하	사용빈도	1	25	154	8	10
	%	0.17	4.21	25.93	1.35	1.68
	cell x^2	73.680	0.0183	53.767	4.0000	0.5000

d.f.=8　　　x^2=473.916　　　$p < 0.001$

한국인과 일본인의 언어행동과 문화의 차이

동료에 대해 사용하는 「직위＋님」은 동료면서 먼저 그 직위에 오른 사람에 대한 사용인 것이 인터뷰 결과 밝혀졌다. 같은 직위, 예를 들어 차장 직위에 있는 두 사람 사이에, 나중에 차장이 된 사람이 먼저 된 사람을 선배로 대우하여, 그에 적합한 언어행동을 하는 경우가 많다. 시간이 흘러 서로 가까운 사이가 되면 서로 「직위」만으로 부르게 되지만 개인차가 있고, 언제까지고 「직위＋님」으로 부르는 사람도 있다. 나중에 된 사람이 그 직위에 오르자마자 동료 행세를 하여 주위 사람들의 빈축을 사는 일도 있다. 「직위」 사용이 부하에 대해 적은 것은, 직위에 오른 부하가 적기 때문이다. 「성명＋氏」는 상사에겐 사용할 수 없고, 동료, 부하에게 사용한 것도 그들이 아직 직위에 오르지 않았기 때문이다.

② 변수＝화자와 청자의 친소관계－친밀 / 소원

화자와 청자의 친소 관계에 의한 유의차는 보이지 않고, 직장 남성들은 호칭 사용시 청자와의 친소 관계에 별로 영향을 안 받는 것을 알 수 있다. 서열에 대한 영향이 현저한 것과 비교하면 대조적인 현상이다.

③ 변수＝연령－연상 / 동갑 / 연하

〈표 Ⅴ－2〉

연령 \ 호칭		A	B	C	D	E
연하	사용빈도	64	28	93	10	3
	%	10.77	4.71	15.66	1.68	0.51
	cell χ^2	1.7988	0.5525	0.5698	9.0000	3.1250
동갑	사용빈도	68	30	85	2	13
	%	11.45	5.05	14.31	0.34	2.19
	cell χ^2	0.7768	1.3196	0.0116	1.0000	3.1250
연상	사용빈도	95	15	80	0	8
	%	0.00	0.00	0.00	1.95	4.22
	cell χ^2	4.9398	3.5799	0.4186	4.0000	0.0000

d.f.＝8　　χ^2＝34.217　　$p<0.001$

χ^2 수치로 보아 연령의 영향은 서열의 영향에 비해 비교적 작다고 볼 수 있다.

「직위＋님」이 서열의 관계에 있어서는 주로 상사에 대해 쓰이는데 비해, 연령과의 관계에 있어서는 어느 연령에 대해서나 별로 큰 차이 없이 사용되는 것은 「직위＋님」의 사용에 있어서 서열이 제1기준이 되는 것을 알 수 있다. 「직위＋님」이 연상에 대해서 약간 많이 보이는 것과, 「직위」가 연상에 대해 비교적 적게 사용되는 것은 앞에서 설명한 것처럼 먼저 직위에 오른 사람에 대한 배려에 의한 언어행동이라고 생각한다. 연령의 영향에 대해서는 「서열＋연령」이 겹쳐졌을 때 상세히 검토하기로 하겠다.

④ 변수＝세대차－20대 / 30대 / 40대

〈표 Ⅴ－3〉

세대	호칭	A	B	C	D	E
20대	사용빈도	54	0	101	5	2
	%	9.09	0.00	17.00	0.84	0.34
	cell χ^2	1.0104	19.909	13.339	0.9116	3.1566
30대	사용빈도	136	43	140	7	16
	%	22.90	7.24	23.57	1.18	2.69
	cell χ^2	0.2152	0.0224	0.4916	0.0012	0.3445
40대	사용빈도	37	30	17	0	6
	%	6.23	5.05	2.86	0.00	1.01
	cell χ^2	0.1975	32.43	12.484	1.8182	1.5364

d.f.＝8 χ^2＝87.868   p<0.001

「직위＋님」은 세대와의 관계에 있어서는 어느 세대에서도 사용되고, 각 세대의 사용률(20대－33.33% / 30대－39.77% / 40대－41.11%)의 차가 적은 점으로 보아, 「직위＋님」은 세대에는 영향 받지 않는다고 할 수 있다. 「성명＋氏」는 직위에 오르지 않은 사람에 대한 호칭으로, 모든 호칭 중에서 차지하는 사용률은 20대(62%), 30대(41%), 40대(18.9%)이다. 이와 같이 사용률이 20>30>40대인 것은 직위에 오른 사람의 비율 20<30<40대인 것을 나타낸다. 이 결과로 미루어 「직위＋님」, 「직위」, 「성명＋氏」에 나타나는 세대차는 언어의식에 의한 것이 아니고 언어 환경의 차에 의한 것으로 볼 수 있다.

한국인과 일본인의 언어행동과 문화의 차이

● 네 가지의 변수가 호칭에 끼치는 영향

변수	d.f.	χ^2	p
서열	8	473.916	< 0.001
친소관계	4	5.003	< 0.287
연령	8	34.217	< 0.001
화자의 세대	8	87.868	< 0.001

친소를 뺀 세 변수의 영향이 큰 것을 알 수 있다. 서열의 영향은 다른 스피치 커뮤니티에서도 크게 나타나 한국 사회의 서열 중시를 나타낸다. 두 변수가 겹쳐졌을 때 눈에 띄게 나타나는 특징은 「서열＋연령」에서뿐이다. 따라서, 겹친 변수의 설명은 「서열＋연령」의 경우만 검토·분석한다.

(2) 두 가지 사회적 변수의 중복

① 서열과 연령

청자의 연령＝연하

〈표 Ⅴ-4-a〉

서열	호칭	A	B	C	D	E
상사	사용빈도	63	3	0	0	0
	%	31.82	1.52	0.00	0.00	0.00
	cell χ^2	81.380	4.2976	31.000	3.3333	1.0000
동료	사용빈도	1	20	40	4	1
	%	0.51	10.10	20.20	2.02	0.51
	cell χ^2	19.380	12.190	2.6129	0.1333	0.0000
부하	사용빈도	0	5	53	6	2
	%	0.00	2.53	26.77	3.03	1.01
	cell χ^2	21.333	2.0119	15.613	2.1333	1.0000

d.f.＝8　　χ^2＝197.420　　p<0.001

<표 V-4-b>

청자의 연령=동갑

서열＼호칭		A	B	C	D	E
상사	사용빈도	64	2	0	0	0
	%	32.32	1.01	0.00	0.00	0.00
	cell χ^2	75.373	6.4000	28.333	0.6667	4.3333
동료	사용빈도	4	19	34	0	9
	%	2.02	9.60	17.17	0.00	4.55
	cell χ^2	15.373	8.1000	1.1333	0.6667	5.0256
부하	사용빈도	0	9	51	2	4
	%	0.00	4.55	25.76	1.01	2.02
	cell χ^2	22.667	0.1000	18.133	2.6667	0.0256

d.f.=8 χ^2=188.996   p<0.001

<표 V-4-c>

청자의 연령=연상

서열＼호칭		A	B	C	E
상사	사용빈도	66	0	0	0
	%	33.33	0.00	0.00	0.00
	cell χ^2	37.225	5.0000	26.667	2.6667
동료	사용빈도	28	4	30	4
	%	14.14	2.02	15.15	2.02
	cell χ^2	0.4246	0.2000	0.4167	0.6667
부하	사용빈도	1	11	50	4
	%	0.51	5.56	25.25	2.02
	cell χ^2	29.698	7.2000	20.417	0.6667

d.f.=6 χ^2=131.247   p<0.001

* 「Mr. 성」은 연상·상사에게는 전혀 사용하지 않는다.

χ^2 수치로 보아, 동갑과 연하에 대한 서열의 영향에는 거의 차이가 없고, 동갑·연하와 연상에 대해서는 차이가 보인다. 어느 연령에 대해서도 「직위＋님」과 「성명＋氏」에서 서열의 영향이 크게 나타난다. 상사에 대한 호칭은 거의 「직위＋님」이고, 연령의 영향은 거의 없다고 해도 과언이 아니다. 동료에 대한 호칭에서는 연령이 영향을 끼친다. 동료 중에서 동갑과 연하에 대해서는 「직위」, 「성명＋氏」가 사용되지만, 연상에 대해서는 「직위＋님」이 사용된다.

한국인과 일본인의 언어행동과 문화의 차이

한편, 부하에 대해서는 연령에 관계없이 「직위」, 「성명＋氏」가 사용된다. 종합하면, 선배와 후배에 대해서는 연령의 영향이 거의 없고, 동료에 대해서만 연령의 영향이 보인다. 즉, 직장에서는 호칭법에 있어서 어디까지나 서열이 제1기준이고, 서열과 연령이 평행하지 않을 경우 서열이 우선시 된다. 연령은 선천적 상하관계를 나타내고, 직장에서의 서열은 능력으로 얻은 후천적 상하 관계를 나타낸다. 직장 구성원간의 사회적 관계의 측정에 있어서 양자간의 상하를 나타내는 서열이 가장 중요한 환경요인이 되는 것은 직장이 위계 사회임을 나타내는 증거이다.

해석·고찰

연령에 대한 배려는 연령에 대한 사람들의 의식이 강한 것을 나타내지만 그것은 왜일까? 말할 것도 없이 한국사회를 오랫동안 지배해 온 유교의 영향을 제1 원인으로 꼽을 수 있다. 즉 「장유유서」 의식이다. 제2의 원인으로는 병역이나 유학으로 서열과 연령이 어긋난 경우다. 한국에서 특수한 경우, 주된 이유로 3대 독자나 병약한 사람을 제외한 거의 모든 남성들에게 병역의 의무가 있다. 군 입대 시기는 18세 이후 자신이 결정할 수 있다. 대부분 대학 재학중, 아니면 졸업 후 입대한다.

군 복무 기간도 2~3년이지만, 병역 종류나 어느 계급으로 복무하는가에 따라 다소 차이가 난다. 군의 상하관계는 제대 후 사회에 나와 다른 길을 가도 평생 지속되며, 학창시절 선후배관계가 평생 지속되는 것과 같다. 또한 해외 유학 후에 입사하는 경우도 있어, 한 사람 한 사람의 입사 이전의 인생경력은 동일하지 않다. 따라서 연상의 동료가 있을 경우 그 배후에는 여러 요인이 있으므로 그에 상응하는 대우를 하지 않으면 안 된다.

1-2 일본 직장인 남성의 청자 호칭법

여기에서는 일본 직장 남성들의 청자 호칭법에 대해 논하고자 한다. 조사는 대기업, 은행, 외국계 회사 등 여러 곳에서 했으나, 분석은 주로 미쓰비시 상사에 근무하는 남성의 호칭 사용법에 대해 논한다.

마지막으로 일본직장 남성들의 청자 호칭법의 전체상을 파악하기 위해 여러 기업에서 행한 조사에 대해 개관하고자 한다. 조사 내용은 한국 직장과 마찬가지다. 변수와 사용되는 호칭은 다음과 같다.

- **사회적 변수**
  - (1) 서열－상사 / 동료 / 부하
  - (2) 화자와 청자의 친소관계－친밀 / 소원
  - (3) 연령－연상 / 동갑 / 연하
  - (4) 화자의 세대－20대~50대

- **호칭**

A. 직위	C. 성(경칭 없이)
B. 성+san	D. 성+kun

앙케이트 선택지에 표시한 호칭은 14이지만, 그 중 피험자가 사용한 것은 위 네 호칭이다.

- **조사시기** : 1988~1993이나 1996년, 2004년에 추적조사로 인터뷰를 실시하여 조사결과에 대한 재확인을 실시했음.
- **조사대상** : 20대－10명 / 30대－9명 / 40대－9명 / 50대－7명의 합계 35명
- **설문지에 나타난 기호는 B / F / I / M**
- **총 사용빈도**－피험자 수 × 18항목

  18항목－세대를 제외한 세 가지 변수의 항목 수를 곱한 것
- **회답 항목**－서열(3) × 친소(2) × 연령(3) = 18

총 사용빈도는 35명×18 = 630이어야 하지만 복수 회답이 71개 있어 701이 된다.

한국인과 일본인의 언어행동과 문화의 차이

(1) 네 가지 사회적 변수와 호칭의 관계

① 변수＝서열 – 상사 / 동료 / 부하

〈표 Ⅴ–5〉

서열 \ 호칭		A	B	C	D
상사	사용빈도	107	110	6	16
	%	15.26	15.69	0.86	2.28
	cell χ^2	93.713	0.5823	25.136	29.748
동료	사용빈도	19	107	49	57
	%	2.71	15.26	6.99	8.13
	cell χ^2	12.62	0.5992	5.5223	0.0352
부하	사용빈도	1	83	51	95
	%	0.14	11.84	7.28	13.55
	cell χ^2	39.693	2.4191	7.5656	28.851

d.f.＝6 χ^2＝246.485 $p < 0.001$

χ^2 수치로 보아 직장 남성들의 청자 호칭법은 서열의 영향이 큰 것을 알 수 있다. 「직위」는 거의 상사에 대해 사용하며, 「성＋san」은 어느 서열에서나 많이 사용하며, 「성」과 「성＋kun」은 동료와 부하에 대해 많이 사용한다. 상사에 대한 호칭은 크게 나누어 「성＋san」≧「직위」이다. 서열 전체에 대한 「직위」와 「성＋san」 사용률은 각기 18.12%와 42.8%로 미쓰비시 상사에서의 「성＋san」의 사용률이 높음을 알 수 있다. 「성」과 「성＋kun」의 사용률은 각기 15.12%와 23.97%이다.

「성＋san」은 어느 호칭보다 많고 모든 서열에서 사용되어 보편성을 나타낸다. 미쓰비시는 누구에게 「성＋san」을 사용해도 좋은 분위기이지만 실제로는 부장 및 팀장 이상에게는 「직위」로 부르고 부장 이하에 대해서는 「～san」으로 부르는 사람이 많고, 「～san」을 희망하는 부장에게는 「～san」으로 부르는 사람이 많다. 동료나 후배에게는 친소보다 「성＋san」, 「성＋kun」, 「성」의 사용이 보인다. 친소는 주로 접촉 빈도, 즉 같은 그룹에서 일을 하는가 아닌가에 따른 것으로 밝혀졌다. 「성」은 주로 동료와 부하에 대해 사용하며, 마음 편한 청자에 대해 사용하는 호칭임이 나타났다. 상사에 대한 사용도 매우 적으며, 인터뷰 결과 그 이유가 밝혀졌다. 즉 일본의 기업은 종래 연공서열로 입사 연차가 호칭 선택에 가장 중요한 요인이지만, 입사 연차 후배가 선배를 뛰어넘어 상위직으로 승진한 경우, 사적인 장면에서는 선배가 상위직 후배를 「성＋kun」이나 「성」으로 부르는 경우도 있다. 또한 예는, 대학 동기생 중 한 쪽은 대학 졸업 후 곧 입사하고, 또 다른 한 쪽은 대학원 졸업 후 입사하여 회사에서 상하관계가 된 경우로, 나중에 입사한 쪽은 회사 내 선배에 대해, 회의 등 공식적 장면에서는 「직위」나 「성＋san」을 사용하고, 사적인 장면에서는 「성」만 부르는 예이다.

　다른 회사(電通)에도 서열이 역전된 예가 있는데, 上位者는 下位者에 대해 애칭이나 「성＋chan」 등을 사용한다. 「성＋chan」은 「이름(FN)＋chan」의 형태로 여성에 대해 사용하는 것이 일반적인데, 여기서 보이는 남성들의 사용은 서열이 역전되어 서로 껄끄러운 관계를 얼버무리려는 용법인 것이 인터뷰 결과 밝혀졌다. 일단 정해진 상하 관계가 뒤바뀌었을 경우의 어려운 인간관계가 호칭 사용에 반영되어 있다. 미쓰비시에서의 인터뷰에 의하면, 어제까지 동료였던 사이에 상하관계가 생긴 경우, 새로 상위 직위에 오른 사람은 다른 쪽에 대해 종래와 마찬가지 호칭을 사용한다. 한편 下位者는 새로운 上位者에 대해, 회의 등 공식적인 장면에서는 「직위」, 「성＋san」을 사용하고, 사적인 장면에서는 종래대로 「성＋kun」, 「성」을 사용한다.

　상사에 대한 「성＋kun」의 사용에 대해서는 「성」과 마찬가지 설명이 가능하다. 「성＋kun」은 동료, 부하에 대해 사용하고, 「성」과 마찬가지로 마음 편한 상대에게 사용하며 특히 부하에 대한 사용이 많아, －上向性서열성을 나타내는 것이다. 이에 대해 「성」은 동료, 부하에 대한 사용률이 거의 같아, －上向性서열성이라기보다는 심리적 거리가 없고 편한 사이에 사용되는 호칭이라고 해석할 수 있다. 이는 앞으로 검토하게 될 친소관계와의 관련에서도 증명할 수 있다.

② 변수＝화자와 청자의 친소관계 － 친밀 / 소원

<표 V-6>

친소	호칭	A	B	C	D
친밀	사용빈도	53	144	66	86
	%	7.56	20.54	9.42	12.27
	cell χ^2	1.6546	0.1922	3.3151	0.0666
소원	사용빈도	74	156	40	82
	%	10.56	22.25	5.71	11.70
	cell χ^2	1.6405	0.1906	3.2869	0.0660

d.f.＝3　　　χ^2＝10.412　　　$p < 0.015$

한국인과 일본인의 언어행동과 문화의 차이

각 호칭마다 친소의 차이는 작고, 전체적으로 친소관계가 호칭사용에 미치는 영향은 눈에 띄지 않는 것으로 판단할 수 있다. 「직위」가 소원한 청자에 대해 다소 많이 사용되는 것은, 친밀한 상사에게는 「직위」이외의 호칭을 사용하기 때문이라고 생각된다. 「성+san」이 소원한 사이에 약간 많이 사용되고, 「성」은 친밀한 사이에 약간 많이 사용된다. 이 점으로 「성」은 친밀하고 편하게 접하는 청자에 대해 사용하기 쉽고, 「성+kun」은 서열이 사용기준임을 알 수 있다. 전체적으로 친소의 차이가 별로 크지 않은 것은, 「성+san」, 「성」을 제외한 모든 호칭의 사용기준이 주로 서열임을 증명하는 것으로 판단할 수 있다.

③ 변수 = 연령 – 연상 / 동갑 / 연하

〈표 Ⅴ-7〉

연령 \ 호칭		A	B	C	D
연하	사용빈도	39	68	39	88
	%	5.56	9.70	5.56	12.55
	cell χ^2	0.2717	10.317	0.3696	18.169
동갑	사용빈도	39	96	44	55
	%	5.56	13.69	6.28	7.85
	cell χ^2	0.2717	0.1714	2.0981	0.0208
연상	사용빈도	49	136	23	25
	%	6.99	19.40	3.28	3.57
	cell χ^2	1.0914	13.204	4.2471	17.033

d.f.=6 χ^2=67.264   p<0.001

일본 직장에서는 실제로는 연령에 의한 분류가 아니고 입사 연차가 선배는 연상으로, 입사 동기는 동갑으로, 입사 후배는 연하로 대우하는 것을 인터뷰를 통해 확인할 수 있었다.

어느 입사 연차에 대해서도 「성+san」이 많이 사용되고 있다.

「직위」-입사 연차에 의한 차가 적다.

「성+san」-입사 선배>동기>후배처럼 사용하여 그 차가 크다.

「성」-입사 선배<동기<후배처럼 사용되지만 입사 연차에 의한 차는 별로 크지 않다.

「성+kun」－입사 선배<동기<후배처럼 사용되어, 입사 연차에 의한 차가 크고, －上向性서열성이 보인다. 따라서 「성+kun」은 서열과 입사 연차 어느 쪽에 있어서도 －上向性서열성 호칭으로 볼 수 있다.

④ 변수 = 세대 － 20~50대

〈표 Ⅴ-8〉

세대 \ 호칭		A	B	C	D
20대	사용빈도	34	71	52	52
	%	4.85	10.13	7.42	7.42
	cell χ^2	0.3944	3.8032	13.164	0.0730
30대	사용빈도	26	64	49	37
	%	3.71	9.13	6.99	5.28
	cell χ^2	1.0865	1.7016	18.831	0.6361
40대	사용빈도	24	87	5	56
	%	3.42	12.41	0.71	7.99
	cell χ^2	1.6457	2.4360	16.970	5.2986
50대	사용빈도	43	78	0	23
	%	6.13	11.13	0.00	3.28
	cell χ^2	10.963	4.3504	21.775	3.8393

d.f.=9 χ^2=106.967 $p<0.001$

전체적으로 세대차가 보이지만, 그 중에서도 「성」에 의한 차이가 가장 크다. 「성」은 학창시절 친구나 후배에게 사용하지만, 사회에 나온 후에도 일정기간 학창 시절과 같은 언어행동을 유지하기 때문에, 20~30대에서 많이 보인다. 인터뷰 결과, 이와 같은 언어행동은 입사 후, 5~6년이 지나면 서서히 없어져 미쓰비시에서는 그 경계가 30대임을 알 수 있다. 「직위」가 다른 세대에 비해 50대에서 비교적 많이 보이는 것은, 직위환경의 영향으로 생각된다. 즉 「직위」로 불리는 지위는 팀장이나 부장 이상의 지위이지만, 50대가 접하는 상사는 적어도 부장 이상이다.

또 하나는 세대별로 다른 언어 의식에 따른 결과로 볼 수 있다. 여기서 자유로운 직장 분위기로 알려진 「미쓰비시」와 딱딱한 분위기의 은행, 보수적인 「가네보」에서의 「직위」와 「성+san」의 사용률을 비교해 보기로 한다.

한국인과 일본인의 언어행동과 문화의 차이

직장/ 호칭	직위	성＋san
미쓰비시 상사	1	2.36
도카이 은행	1	0.6
가네보	1	1.2

　이와 같이 다른 전통적인 기업에 비해「성＋san」의 사용이 많은 환경에서도, 그와 같은 변화를 시도하는 것은 유연한 사고를 지닌 젊은 세대부터이며, 50대 이상 층에는 이전의 언어사용법을 유지하려는 사람이 많다. 상하에 관계없이「san」으로 부르려고 하면서도, 위에는 직위로, 아래에는「성＋kun」을 사용하는 것을 인터뷰 결과 알 수 있다. 즉 새로운 언어사용법에서 세대차가 보인다. 사회 대다수가 자유로운 사고방식을 지니려고 하지 않는 이상, 이전의 언어행동이 단번에 바뀌는 것을 기대하기는 어렵고, 변화는 사회 한 부분으로부터 시작하여 서서히 진행, 확대되어 가는 것 같다.

　「성＋kun」은「직위」와 마찬가지로 50대와 다른 세대간에 차이가 보인다. 동료, 부하에 대해서, 20, 30대에서는「성」과「성＋kun」이 많이 사용되지만, 40대에서는「성＋kun」이 많이 사용되고, 50대에서는「성＋san」의 사용이 많아진다. 그 이유는 20, 30대는 일을 할 때 횡적인 관계의 접촉이 빈번하기 때문에「성＋kun」을 많이 사용하지만, 50대가 되면 승진에서 오는 개인차에 의해 서열과 연령이 어긋나는 경우가 생기고, 주위와의 관계가 복잡해지기 때문에, 보편적인「성＋san」을 사용하는 것이 무난하다는 것이 인터뷰를 통해 밝혀졌다.

　위와 같은 이유로 50대는 동료에게는 거의「성＋san」을 사용하고, 부하, 후배에게는 주로「성＋san」과 약간의「성＋kun」을 사용한다. 종합하면, 가까운 횡적 관계가 비교적 적어진 50대는 부하에 대한 대우표현을 공평하게 하기 위해,「성＋kun」대신「성＋san」을 많이 사용하게 되는 것이다.

　이와 같이「성＋san」을 사용하는 것은 시대와 사회의 변화에 따라 이전의「직위」와「성＋kun」의 사용영역까지 미치고 있다. 또한 입사 연차가 빠른 동료, 부하에 대해서도 사용하기 때문에, 어느 세대에도 큰 차는 안 보이고, 또 어느 호칭보다 많이 사용한다. 특히 자유로운 분위기로 알려진 미쓰비시에서는 더욱 그 사용률이 높다. 이와 같은 변화는 젊은 세대부터 시작된다는 것이, 50대의「직위」사용률이 높은 것에서도 나타난다.

⑤ 서열과 입사 연차 및 연령의 관계

연하 : 동갑 : 연상에 대한 서열의 영향을 나타내는 x^2 수치에는, 89.6 : 82.2 : 88.6 과 같이 거의 차이가 보이지 않는다. 따라서, 여기서는 서열, 입사 연차 및 연령에 대해 하나의 변수로 따로 조사한 결과를 토대로 한 인터뷰 내용을 중심으로 논하고자 한다.

「직위」와 「성+san」의 서열과 연령에 대한 사용빈도는 다음과 같다.

호칭	서열			연령		
	상사	동료	부하	연하	동갑	연상
직위	107	19	1	39	39	49
성+san	110	107	83	68	96	136

위 표에 나타난 것처럼, 「직위」는 주로 상사에게 사용하여 서열의 영향이 큰데 비해, 「성+san」은 서열의 영향은 크지 않지만, 입사 연차에 의한 영향은 크다.

입사 동기 사이에서는 큰 차이가 아닌 이상 연령의 영향은 별로 없다. 입사 연차와 회사 내의 지위가 평행할 경우는, 上→下에는 「성+san」, 「성+kun」, 「성」이 사용되고, 上←下에는 「직위」, 「성+san」이 사용된다. 이러한 경우의 사용은 개인의 사고 방식, 양자간의 친소관계에 영향을 받는다. 문제는 입사 연차와 지위가 평행하지 않는 경우이다. 예를 들어 **입사 14년 된 상사에 대해 입사 15년 된 부하는 공식적인 장면에서는 「직위」, 「성+san」을 사용하고, 사적인 장면에서는 「성+kun」, 「성」을 사용하지만, 입사 15년 된 부하에 대해서 14년 된 상사가 사용하는 것은 「성+san」뿐으로, 「성+kun」이나 「성」을 쓸 수 없다. 종합하면, 호칭 선택에서 중요한 것은 입사 연차와 지위가 평행할 경우는 직위(=입사 연차)이며, 평행하지 않을 경우는 입사 연차가 우선시 된다. 결과적으로 입사 연차는 어느 경우에도 중요시된다고 할 수 있다.**

입사 이래 계속 함께 있는 동료, 부하에게는 「성+kun」을 사용하지만, 인사 이동으로 타부서에서 새로 온 사람에게는 일일이 입사 연차를 따져 보고 호칭하는 것이 어렵다. 또 그 중에는 연상의 경우도 있어서 더욱 「성+san」을 사용하는 쪽

한국인과 일본인의 언어행동과 문화의 차이

이 무난하다. 이와 같은 경우는 연령의 영향이 보이지만, 입사 연차가 같은 경우에는 연령은 영향을 주지 않는다. 「성+san」이 연령에 영향 받는 것은, 다음과 같은 경우이다. 한 사람은 대학 졸업 후 곧 입사하고, 또 다른 사람은 오랫동안 해외 유학 후 입사한 경우는, 누가 봐도 연령의 영향이 크기에 입사 동기로부터도 「성+san」으로 불린다. 그러나 한두 살 정도 차이에는 영향을 받지 않는다.

종합하면 회사 내의 호칭 사용에서, 연령은 입사 당시 크게 차이나는 경우를 제외하고는 영향을 주지 않지만 입사 연차의 영향은 절대적이다.

● 네 가지의 변수가 호칭에 미치는 영향

변수	d.f.	x^2	p
서열	6	246.485	< 0.001
친소관계	3	10.412	< 0.015
연령	6	67.264	< 0.001
세대	9	106.967	< 0.001

서열의 영향이 가장 크고, 세대차가 그 다음이며, 친소관계의 영향이 가장 적다. 입사 연차의 영향이 강한 중에 서열의 영향이 큰 것은, 서열과 입사 연차가 평행하는 경우가 많은 것을 나타내고 있다. 이 결과로, 「성+san」의 높은 사용률에 상관없이 미쓰비시 상사에서 연공서열이 여전히 힘을 발휘하고 있는 걸 알 수 있다. 인터뷰에 의하면, 연공서열에 의한 승진률은 대략 80% 정도라고 한다.

미쓰비시에서 직무 조직상 서열을 나타내는 것은 두 가지로, 하나는 자격, 또 하나는 직위이다.

이에 입사 연차가 더해져 회사내의 상하관계를 결정한다. 자격은 신입사원, 주임, 주사, 과장, 차장, 부장 대리, 부장, 참여(參與), 이사(取締役)이 있고, 직위는 팀장, 부장 대행, 부장, 본부장이 있다.

직위로 불리는 것은 팀장부터로, 팀장은 과장부터 될 수 있다. 부장 이하의 부장 대리, 차장, 과장, 주사, 주임이라는 호칭은 어디까지나 자격만을 나타내고, 청자 호칭 및 제3자 호칭으로서 불리는 일은 없고, 친소, 같은 부서인가 아닌가에 따라 「성+san」, 「성+kun」, 「성」이 사용된다. 그때 그때 관련되는 사항에 따라, 화제가 일에 관계된 것이면「직위」를, 사적인 일이면「성+san」을, 친밀하면「성+kun」/「성」을, 소원한 관계에서는「성+san」/「성+kun」을, 다른 부 사람에게는「직위」/「성+san」을, 같은 부 사람에게는「성+san」/「성+kun」/「성」을 사용한다. 부장, 팀장에게는「직위」를, 그 이외에는「성+san」을 사용하여, 평소에 별로 접촉이 없는 상사에 대해서는「직위」의 사용률이「성+san」보다 많다.

두 변수가 중복될 경우, 앞서 살펴본 서열과 입사 연차 및 연령의 관계를 제외하고 유의차와 큰 특징이 보이지 않아 생략하기로 한다.

다음에는 다른 기업의 조사결과를 개관함으로써 일본 직장의 언어행동을 가능한 넓게 파악하여 전체적인 특징과 흐름을 이해하고자 한다.

(2) 여러 기업의 청자 호칭법

● **조사대상** : 도카이 은행, 가네보, 덴쓰, Sony, Schwepps, IBM 등

<표 V-9>

도카이 은행-16명(20대-9명/ 30대-3명/ 40대-3명/ 50대-1명)

서열 \ 호칭	직위	성 + san	성	성 + kun
상사	66	3	0	0
동료	34	26	7	13
부하	0	31	8	16
합	100	60	15	29

d.f.=6　　x^2=114.85　　p<0.001

<표 V-10>

가네보-28명(20대-11명/ 30대-7명/ 40대-7명/ 50대-3명)

서열 \ 호칭	직위	성 + san	성	성 + kun
상사	91	10	0	0
동료	0	58	0	11
부하	0	41	0	20
합	91	109	0	31

d.f.=6　　x^2=202.73　　p<0.001

한국인과 일본인의 언어행동과 문화의 차이

도카이 은행과 가네보 양쪽 모두 여러 가지 호칭으로 구별하여 사용하고 있다. 어느 쪽에서도 연령에 의한 영향은 안 보이고, 가네보는 부분적으로만 보인다. 가네보에서 친소의 영향은 다음과 같다.

〈표 V-11〉

가네보

서열 \\ 친소 \\ 호칭		성+san	성+kun
상사	친밀	10	0
	소원	0	0
동료	친밀	0	11
	소원	0	0
d.f.=1		x^2=8.1 $p<0.005$	x^2=9.1 $p<0.005$

그 밖에 가네보에서는 상사에 대한 「직위」와, 동료와 부하에 대한 「성+san」의 사용에 친소의 차가 보이지만 유의차는 안 보인다.

〈표 V-12〉

히타치 금속-15명(20대-2명 / 30대-4명 / 40대-6명 / 50대-3명) : 서열

서열 \\ 호칭	직위	성+san	성	성+kun
상사	52	30	2	2
동료	5	64	8	13
부하	0	56	2	23

d.f.=6　　　x^2=121.16　　　$p<0.001$

〈표 V-13〉

히타치 금속-세대

세대 \\ 호칭	성
20	3(8.3%)
30	2(3%)
40	7(6.5%)
50	0

d.f.=3　　　x^2=9.19　　　$p<0.05$

각 세대당 사람수가 달라 「성」을 각 세대에서 사용되는 퍼센트로 비교한다.

〈표 V-14〉

히타치 금속-친소

친소 \ 호칭	성 + kun
친밀	29
소원	9

d.f.=1 χ^2=9.5   p<0.01

<표 V-12>와 같이 히타치 금속은 서열에 따라 구별해서 사용하는 것이 보인다. 한편 세대차는 「성」에서만 보이고(<표 V-13>), 친소의 차는 「성+kun」에서만 보인다(<표 V-14>).

〈표 V-15〉

Sony-19명(20대-6명/30대-6명/40대-7명) : 서열

서열 \ 호칭	직위	성 + san	성	성 + kun
상사	21	71	0	3
동료	5	71	16	16
부하	1	48	10	25
합	27	190	26	44

d.f.=6 χ^2=61.1   p<0.001

〈표 V-16〉

Sony-세대

세대 \ 호칭	직위	성 + san	성	성 + kun
20대	16	54	21	7
30대	7	73	5	20
40대	4	63	0	17
합	27	190	26	44

d.f.=2 χ^2=10.33
p<0.01 χ^2=2.87
p=n.s. χ^2=27.76
p<0.001 χ^2=9.96
p<0.01

〈표 V-17〉

Sony-친소

친소 \ 호칭	직위	성 + san	성	성 + kun
친밀	4	96	17	28
소원	23	93	9	16

d.f.=1 χ^2=12
p<0.001   —
— χ^2=1.88
p=n.s. χ^2=2.76
p=n.s.

한국인과 일본인의 언어행동과 문화의 차이

<표 V-15>와 같이 Sony는 서열의 영향은 전체적으로 보이고, 세대차는 「성
＋san」을 제외한 모든 호칭에서 보인다(<표 V-16>). 친소의 차이는 「성＋san」에
는 거의 보이지 않고 유의차는 「직위」에서만 보인다(<표 V-17>). Sony는 「san」
의 사용이 많고, 서열, 입사 연차에 관계없이 「san」을 사용하는 사람이 많다.

그 밖에는 동료(동기), 부하(후배)에게는 입사 연차에 의한 「san」, 「kun」, 「성」,
「직위」 등으로 구별해서 사용하는 것이 보이고, 그 중에 「성」은 30대－1명을 빼고
모두 20대의 사용이다. 전체적으로 상사에게는 san＞직위를, 동료, 부하에게는
san＞군＞성과 같은 사용유형을 보인다. 덴쓰에서는 피험자 20대－14명, 30대－5
명, 40대－6명, 50대－5명 중 연하의 상사에게 「직위」를 사용하는 사람은 30대－2
명, 40대－4명, 50대－3명으로, 20대는 전원 「san」을 사용한다. 먼저 입사한 동료,
부하에게는 어느 세대나 「san」을 사용한다.

외국계의 IBM은 상대방의 서열, 입사 연차, 친소에 관계없이 전원 「san」을 사
용한다. 또 다른 외국계의 Schwepps에서는 「직위」: 40대－2명／50대－1명이 상
사에 대해 사용하고, 「성」: 30대－1명이 부하에 대해 사용하는 이외에는 어느 서
열에 대해서도 「성＋san」만 사용한다.

이상에서 검토한 어느 직장에서도 연령에 의한 유의차는 보이지 않는다.

여기서는 미쓰비시를 포함하여 지금까지 검토한 7회사에서의 네 가지 호칭의
사용률을 표시하고자 한다. 각 직장의 피험자수가 다르기 때문에, 퍼센트는 각 직
장에서 차지하는 각 호칭의 사용률로 표시한다.

직장＼호칭	직위	성＋san	성	성＋kun
미쓰시비 상사	18.1	42.8	15.1	24.0
히타치 금속	22.1	58.4	4.7	14.8
Sony	9.4	66.2	9.0	15.3
도카이 은행	49.0	29.4	7.4	14.2
가네보	39.4	47.2	0.0	13.4
Schwepps	7.0	88.4	4.6	0.0

「성＋san」은 외국계의 Schwepps를 제외하면 Sony에서 가장 많이 사용하고

「직위」는 도카이 은행에서 가장 많이 사용한다. 상하관계가 엄격한 은행이나 가네보 같은 오래된 기업에서는 「직위」를 많이 사용하고, 도카이 은행에서는 동료에게도 「직위」를 사용하고 있다.

다음과 같이 미쓰비시와 Sony는 「성+san」의 사용에서 서열간의 차가 작은 점이 유사하다.

서열 〱 직장	「성+san」의 사용빈도		「직위」의 사용빈도	
	미쓰비시 상사	Sony	미쓰비시 상사	Sony
상사	110	71	107	21
동료	107	71	19	5
부하	83	48	1	1

미쓰비시에서는 「성+san」의 증가와 함께 상사에게는 「직위」를 많이 사용하지만, Sony에서는 어느 서열에 대해서도 「성+san」의 사용이 정착되고, 「직위」는 없어지고 있다.

이와 같은 현상은 두 직장에서의 관찰과 인터뷰에서도 나타난다. Sony는 남성 사원은 물론, 20대 여자 비서도 50대 후반의 상사(부장)에게 「부장」이라고 안 부르고 「성+san」으로 부르는 것을 관찰할 수 있었다. Sony—20대 남녀 각 1명, 30대 남성 3명, 미쓰비시—20대~50대 남성 8명(각 세대 2명)/여자 20대—2명을 대상으로 실시한 인터뷰 결과는 다음과 같다. Sony에서는 1970년대부터 「san」으로 부르는 움직임이 계속되어 지금은 거의 「san」의 사용이 정착되었다. 한편 미쓰비시도 누구에게나 「san」을 사용해도 좋은 분위기가 되어 있다. 그러나 실제는 부서장에 따라 차이가 나타남을 알 수 있다. 「san」으로 불리기를 희망하는 부장이 있는 부에서는 남녀 전원이 부장에게 「성+san」을 사용한다.

덴쓰는 연령과 서열이 평행하지 않는 경우만을 조사했기 때문에 전체적인 것을 말할 수 없지만 「san」의 사용이 많은 것은 확실하다. 외국계의 IBM의 경영방침은 미국식으로, 개인의 능력을 중요시하고 전문가를 필요로 하는 조직이다. 구성원은 일본인이지만, 일반적인 일본 기업과는 전혀 다른 양상을 띠고 있다. IBM과 Schwepps는 어디까지나 control group으로서 조사한 것이기에, 분석대상은 되

한국인과 일본인의 언어행동과 문화의 차이

지 않았지만, 다른 기업과 대조할 때 참고할 수 있다. 그 밖에 도쿄 덴료쿠(東京電力)와 도요타 쓰쇼는 히타치나 미쓰비시와 비슷한 사용법을 보이고, 다이이치 은행은 도카이 은행과 유사점이 많다. 해외와 접촉이 많은 기업, 연공서열보다 능력이 중요시되는 기업은 「san」을 많이 사용하고, 해외기업의 메커니즘으로 움직이는 외국계는 일반적인 일본의 기업과 완전히 다른 양상을 띠고 있다. 이 결과에서, 기업의 청자호칭법에 나타나는 변화는 외부와의 접촉 빈도에 영향을 받는다고 말할 수 있다.

또한, 해외와 관계되는 사업이나 늘 접촉하는 업계의 성격에 의한 영향도 크다. 대면하는 업계 사람들의 연령이 젊은 경우에는 기업 측의 언어사용법에 그 영향이 나타난다. 이와 같은 상대방에게 맞춘 대우 행동은 회사 내부뿐 아니라 회사 외부와의 접촉에서도 나타난다. 예를 들어 상담하는 자리에 부장이 동석한 경우, 상대방이 「san」을 사용하는 회사 사람이면, 이쪽 실무자는 부장에게 「san」을 사용하고, 상대방이 「직위」를 사용하는 회사 사람이면, 이쪽도 「직위」를 사용한다. 또 하나 지적하지 않으면 안 되는 것은, 직장 자체가 갖는 성격의 영향이다. 예를 들어, 구성원의 평균 연령이 25세 미만인 벤처기업 등의 젊은 회사는 연공서열이 없고 능력 위주로 움직이며, 「san」 이외는 보이지 않는다. 이와 같이 직장에서의 언어사용법은 각자가 처한 상황이나, 장면, 업무 환경의 영향을 받는다.

(3) 일본 직장 남성들의 청자 호칭법에 나타나는 특징

일본의 기업도 종래 종신고용제도와 연공서열이 가장 큰 특징이었으며, 오늘날과 같은 눈부신 경제적 번영도 이에서 비롯되었다고 볼 수 있다. 연공서열은 에도 시대에 시작하여 메이지유신 후 발달되어 제2차 대전 후 정착되었다. 제2차 대전 후 무(無)에서 시작한 일본 경제는 1950년의 한국전쟁이라는 특수경기가 기폭제가 되어 기적적인 부흥을 달성, 고도성장기에 진입한 것이다. 이 고도성장을 받쳐준 것은 연공서열과 종신고용 및 학력주의이며, 이와 같은 제도는 사람들에게 안정감과 충성심을 가져다 주고, 이와 같은 충성심은 조직을 확고하게 만들어 조직을 발전시킨 요인이 된 것이다. 그와 같은 환경에서는, 직장 상하간의 서열 의식이 강하고 아랫사람은 윗사람에 대해 「직위」로 부르는 것이 종래의 언어행동이었다. 그러나 전후 일본사회는 여러 방면에서 미국문화의 영향을 받아, 사회와 사람들의 의식에 큰 변화를 가져왔다. 더욱이 근래에는 세계적 규모의 국제화의 영향으로 기업에서도 능력주의의 필요성과 직장 내부의 평균 연령을 젊게 하고자 하는 경영자 측의 의도로 연공서열의 붕괴가 최근 몇 년간 눈에 띄게 되었다.

지금까지는 회사에서 어느 부서에서도, 어떤 일이라도 별문제 없이 대응할 수 있는 generalist로도 회사가 운영되어 갔지만, 최근에는 제3차 산업 발달에 따라 학력주의와 연공서열만으로는 경영과 일의 내용, 양쪽에 모두 대응할 수는 없게 되었다. 최근 눈부신 성장을 보이고 있는 금융과 정보, IT산업과 같은 신 분야에서는 전문가를 필요로 하기 때문에 종래의 일반직으로는 대응할 수 없게 된 것이 직장에 능력주의를 불러온 요인이라고 생각할 수 있다. 그러나 이와 같은 변화는 전체적이라고 보기보다는 아직 부분적이고, 급격하게 보다는 서서히 일어나고 있다. 이전에는 50대 이상이 되어 부장이 되는 것이 일반적이었지만, 근래에는 40대 후반에서도 보이게 되었지만, 그와 같은 예는 아직 광범위하게 보이는 것은 아니다. 이와 같은 예는 미쓰비시 상사를 포함한 전통적인 대기업의 경우로 최근 급성장한 금융, 정보, 벤처 기업 내에서는 30대의 대표이사도 드물지 않게 보이게 된 것이다.

이와 같은 변화 중에서 사람들의 언어의식과 언어행동에 변화가 보이는 것도 당연하다. 미쓰비시에 비해 오래되고 전통적인 회사로 상하의식이 아직도 강하다고 일컬어지는 은행이나 가네보에서는 「직위」의 사용이 비교적 많고, 상사에 대한 「성＋san」은 조금밖에 보이지 않는다. 미쓰비시와 같은 종합상사는 해외와 업무 관계가 많아 비교적 개방적인 분위기로 알려져 있고, 이전과 같은 연공서열이나 종신고용제도가 강한 전통적 기업에 비해 neutral한 호칭인 「성＋san」이 상하 관계없이 사용되고 있는 것을 조사 결과 알 수 있다. 그럼에도 불구하고, 미쓰비시에서는 연공서열이 아직도 건재하고 있는 것을 알 수 있다. 이 점으로 보아 일본 직장에서 청자호칭법에 나타난 변화는 아직 부분적이라고 할 수 있다.

한국인과 일본인의 언어행동과 문화의 차이

1-3 한국과 일본 직장에서 사용되는 청자 대우표현법의 비교

  직장인 남성들의 청자 호칭법에서 제시한 데이터를 간략하게 예로 들어가며 비교하고자 한다.

  한국과 일본의 청자호칭에 끼치는 네 가지 변수의 영향을 비교한다.

변수	한국		일본	
	χ^2	p	χ^2	p
서열	473.916	< 0.001	246.485	< 0.001
화자와 청자의 친소관계	5.003	< 0.287	10.412	< 0.015
연령	34.217	< 0.001	67.264	< 0.001
화자의 세대	87.868	< 0.001	106.967	< 0.001

  한국과 일본 모두 서열의 영향이 가장 크고, 그 다음 세대의 영향이 보인다. 친소의 영향은 한국은 보이지 않고, 일본은 가장 약하다. 서열의 영향은 한국 쪽이 더 강하게 나타난다. 한국에서는 동료 간에 연령의 영향이 보이고, 일본에서는 그리 큰 차가 나지 않는 이상 연령의 영향을 받지 않는다. 일본에서 연령의 차로 나타난 결과는 실은 입사 연차의 차이인 것이 밝혀졌다. 서열(직위)과 입사 연차가 평행할 때는 서열(=입사 연차)에 영향 받고, 두 개가 평행하지 않을 때는 입사 연차가 우선시 된다.

  양국 간의 서열의 영향의 차가 보인 것은 「직위」의 사용법에서 나타나는 양국 간의 차에 의한 점이 크게 작용했다고 판단할 수 있다. 한국에서는 상사에 대해 사용할 때는 「~님」을 붙여 사용하고, 동료나 부하에게는 「직위」만으로 사용한다. 「직위+님」의 상사：동료：부하에 대한 사용률은 193：33：1이고, 그 중 동료에 대한 사용률은 연상·동료에게 28, 동갑·동료에게 4, 연하·동료에게 1의 비율로 나타나, 연령의 영향을 나타낸다. 일본에서는 「직위」가 상사：동료：부하에 대해서 107：19：1의 비율로 사용되고, 상사에 대해서 많이 사용되는 점에서도 한국과 공통된다. 그러나 상사에 대해 가장 많이 사용하는 호칭은 「성+san」으로 사용률도 최상위를 나타내고 있다. 각 호칭의 사용률은 「성+san」 42.8%, 「직위」

18.12%이다. 한편 한국에서는 「직위＋님」 38.22%, 「직위」 12.29%로 총 50.51%로 과반수가 넘게 사용한다.

「성명＋氏」와 「성＋san」에서도 양국의 서열의 영향에 차이를 보인 요인이 나타난다. 「성＋san」이 어느 서열에 대해서도 많이 사용되는데 비해, 「성명＋氏」는 동료 이하에만 사용된다.

이와 같이 한국에서는 윗사람에게는 「직위」에도 존경접미사 「～님」을 붙여 사용하지 않으면 안되고, 윗사람의 성명은 청자호칭으로 사용할 수 없다. 한편, 일본에서는 「성＋san」은 상사에 대해서도, 또 전체적으로도 가장 많이 사용되어 서열 간의 사용률에도 큰 차이는 보이지 않는다.

일본에서 청자호칭으로 사용되는 「성」은 직장에서는 일시적인 호칭이며, 개인차가 있지만 20대 후반부에 없어지기 시작해, 30대까지만 사용된다. 한국에서는 학생 시절까지는 청자호칭의 「(성)명」이 사용되지만 직장에서는 사용되지 않는다. 「성＋kun」은 한국에서는 특수한 장면에서만 사용하고, 직장에서는 사용하지 않는다.

한국의 청자호칭법에 서열의 영향이 매우 강하게 나타나는 것은 호칭 자체가 상하관계를 반영하고 있는 「직위」를 가장 많이 사용(50.51%)하고 있는 점에 잘 나타나 있다. 한편, 일본에서는 상하에 관계없이 사용되는 「성＋san」의 사용이 가장 많은 점(42.8%)으로 서열의 영향이 한국처럼 강하지 않은 것을 알 수 있다. 네 가지 변수의 영향에서 나타나는 차이 중에 서열과 연령에서 보이는 차이에 양국의 청자 대우표현의 특성이 현저하게 나타나 있다.

2 직장인 남성들의 제3자 대우표현법

2-1 한국 직장 남성들의 제3자 대우표현법

● **설문내용** : 직장에서 사장(또는 회장)이 여러분의 상사, 동료, 부하직원이 있는지 물

한국인과 일본인의 언어행동과 문화의 차이

었을 때, 어떻게 대답합니까?

- **조사대상**: LG 패션 직원—33명/ 20대(9명), 30대(19명), 40대(5명)
- **사회적 변수**

  (1) 서열—상사, 동위, 부하

  (2) 화자와 화제의 인물의 친소관계—친밀 / 소원

  (3) 화자의 세대—20대 / 30대 / 40대

- **호칭**

  A. 직위+님   B. 직위   C. 성명+氏

  D. Mr. 성   E. 기타

- **사용빈도의 산출**—조사대상자수×6(회답 항목수)

- **6항목의 산출**—서열(3)×친소관계(2)

- **총 사용빈도**는 33명×6 = 198

(1) 제3자 호칭법

① 화제의 인물의 서열

〈표 V-18〉

서열＼호칭		A	B	C	D	E
상사	사용빈도	47	19	0	0	0
	%	23.74	9.60	0.00	0.00	0.00
	cell χ^2	55.207	0.0556	28.333	2.3333	0.6667
동료	사용빈도	3	23	39	1	0
	%	1.52	11.62	19.70	0.51	0.00
	cell χ^2	11.207	1.3889	4.0157	0.7619	0.6667
부하	사용빈도	0	12	46	6	2
	%	0.00	6.06	23.23	3.03	1.01
	cell χ^2	16.667	2.0000	11.016	5.7619	2.6667

d.f. = 8 χ^2 = 142.746 $p < 0.001$

상사에 대한 제3자 호칭은 주로 「직위＋님」과 「직위」를 쓰며, 비율은 2.5 : 1이다. 동료에 대한 호칭은 「성명＋氏」가 비교적 많고(19.7%), 다음으로는 「직위」가 쓰인다. 부하직원에 대한 호칭은「성명＋氏」가 제일 많고, 다음으로는「직위」,「Mr. 성」, 그 밖의 호칭이 조금 쓰인다. 상사에 대한 청자 호칭이「직위＋님」:「직위」= 193：5와 같이 주로「직위＋님」을 쓴데 대해, 제3차 호칭은「직위＋님」:「직위」= 47：19이다.「직위」를 제3자 호칭으로 쓰는 것은, 最上位者인 청자와, 제3자 사이의 상하관계를 배려한 상대경어법이라고 생각된다.

동료에 대한 제3자 호칭은「성명＋氏」와「직위」이며, 그 중에서도「성명＋氏」를 조금 더 사용한다. 자기보다 먼저 같은 직위에 오른 사람에게는 청자 호칭으로는「직위＋님」을 썼으나, 제3자 호칭으로는「직위＋님」은 거의 안 쓰인다. 이것은 청자에 대한 배려에서 나온 용법이라고 생각된다. 즉, 最上位者 앞에서 上位者를 화제에 올릴 때는, 제3자에 대해 경어를 쓰는 절대경어법을 나타내지만, 같은 직위를 지닌 사람을 화제로 할 때는, 경어를 삼가는 상대경어법을 나타낸다. 이와 같은 경어법은 가족 사이에도 보인다. 즉 손자가 조부모 앞에서 부모를 화제로 올릴 때는 부모에 대한 제3자 경어를 쓰며, 아들이나 며느리가 부모 앞에서 처나 남편을 화제로 올릴 때는 제3자 경어를 쓰지 않는 것과 같은 경우이다. 청자 호칭과 비교하면, 청자 호칭으로는 상사에 대해서 거의 전원이「직위＋님」을 쓰는데 비해, 제3자 호칭으로는「직위＋님」의 사용률이 비교적 낮아진다. 이러한 용법은 청자가 화제의 인물보다 더 높기 때문이라고 생각된다. 最上位者 앞에서 上位者를 화제에 올릴 때,「직위＋님」을 쓰는 것은 절대경어법,「직위」를 쓰는 것은 상대경어법이라고 판단할 수 있다.「직위＋님」이 더 많이 쓰이므로, 上位者에 대한 제3자 호칭은 절대경어적 성질이 강하다고 할 수 있다.

② 화자와 화제의 인물 사이의 친소관계

제3자 호칭법에서 화자와 제3자 사이의 친소관계에 의한 결과는 $p > 0.05$로 유의차가 안 보인다.

③ 세대

세대차는 보이지만, 청자 호칭법에서 보이는 언어 환경의 영향 외에는 특기할 점은 없다.

한국인과 일본인의 언어행동과 문화의 차이

(2) 제3자 스피치 레벨 사용법[37)

- **스피치 레벨 사용법**　경어형-(안)계시 …

　　　　　　　　　　　비경어형-있(없)으 …
- **조사대상**：20대 / 30대 / 40대-각 5명(합계 15명)

① 화제의 인물의 서열

　상사를 화제로 할 때 사용되는 스피치 레벨 사용법은 경어형이 많이 사용되며, 절대경어적 성질이 강하다. 상사 및, 동료와 부하 직원을 화제로 하여 사용되는 비경어형은, 상사 / 동료 / 부하직원을 청자보다 하위로 간주한 상하 판단에 기인한 상대경어 용법으로 보인다. 또한 제3자에 대해서 사용되는 스피치 레벨 사용법에, 세대차 및 화자와 화제의 인물 사이의 친소의 차는 보이지 않는다.

(3) 세 가지 변수가 제3자 호칭과 스피치 레벨 사용법에 미치는 영향의 비교

	제3자 호칭		제3자에 대한 스피치 레벨 사용법	
	x^2	p	x^2	p
서　　열	142.746	< 0.001	29.1	< 0.001
세　　대	27.412	< 0.001	0.27	= n.s.
친소관계	0.309	= n.s.	0	−

　서열이 제3자 호칭 및 스피치 레벨 사용법에 미치는 영향은 현저하게 나타나지만, 화자와 화제의 인물사이의 친소관계의 영향은 없으며, 세대의 영향은 제3자 호칭에만 보인다.

　이와 같이 한국의 경어는 전체적으로 절대경어의 성질이 강하지만, 세밀한 점에 있어서는 상대경어의 성질도 함께 가지고 있다. 가족에 관한 일을 화제로 할 때, 화자보다 손위 사람 및 친족에 관한 것이면, 화제의 인물과 청자와의 상하관계는 고려하지 않고 존경표현을 사용해도 좋게 되어 있으므로 여기에 한국어가 절대경

---

37) 申(1993)에서는 「존대사 표현」이란 용어를 사용했으나 그 이후의 모든 논문에서는 「스피치 레벨」을 사용하고 있다.

어라고 일컬어져 온 주된 요인이 있다. 이것이 그대로 바깥 사회에도 확대 통용되어, 직장 안과 직장 밖과의 관계에 있어서도 같은 용법을 볼 수 있다. **청자가 다른 회사의 사장이나 회장이더라도, 화자와 같은 직장 사람인 화제의 인물이 화자보다 약간 손위 사람일 경우라면, 그 사람을 화제로 삼을 때, 화자는 그 사람에게 청자 경어와 똑같은 제3자 경어를 사용하는 것이다. 이것은 절대경어의 성질이다.**

그러면 동일 직장 내에서의 제3자 경어법은 어떠한가? 이들 세 사람의 관계에는 가족 혹은 친족 중의 화자, 청자, 화제의 인물과의 관계와 같은 법칙이 적용된다. 예를 들면 가족 중에서 화자(손자)는 조부모(最上位者)를 청자로 하여, 자기의 부모(上位者)를 화제로 삼을 때, 존경표현을 삼가는 것이 종래의 경어 용법이었다. 이것은 상대경어의 성질이고, 이 법칙이 그대로 일반사회의 조직에서의 제3자 호칭의 사용법에도 적용되었지만 이 사용법에는 시대의 변천에 따른 사람들의 언어 행동의 변화와 세대차가 나타나게 되었다. 가족의 경우에도 변화가 생겨, 오늘날 조부모에 대해서 부모에 관한 일을 화제로 삼을 때 제3자에 대한 경어를 삼가는 압존법을 사용하는 손자는 없으며, 상당히 나이든 사람이나 그 분야를 연구하는 사람은 별도로 하고, 일반적으로 이와 같은 종래의 언어사용법을 아는 사람은 그다지 많지는 않으리라 생각된다. 즉 이와 같은 변화는 이미 사회 규범으로 정착되어 버린 것이다.

한편, 직장에도 많은 변화가 발생하여 最上位者를 청자로 하여 상위인 제3자를 화제로 삼을 때에, 압존법을 사용하는 층이 상당히 적어진 것이 현 상황이다. 과장이 사장에 대해서 부장에 관한 일을 화제로 섬을 때에, 「~부장님」과 같이 부르고, 「~안 계십니다」와 같이 경어형의 스피치 레벨 사용법을 사용하는 경우가 상당히 널리 보이게 되었다는 사실이, 다른 직장의 조사결과에서도 나타났다. 상세한 것은 서강대학교 교수 및 여러 기업체에 근무하는 남녀를 대상으로 행한 조사 결과를 참조하기 바란다.

조사결과 最上位者를 청자로 하여 上位者를 화제로 삼을 때에는, 제3자 호칭 및 스피치 레벨 사용법의 어느 쪽도 경어형이 많이 사용된다. 이러한 제3자의 대우표현은 화자가 청자를 고려하지 않고 화제의 인물과 자신과의 관계만 고려한다고 해석할 수 있다. 다시 말하면, 청자가 손위 사람이든 손아래 사람이든, 화제의

한국인과 일본인의 언어행동과 문화의 차이

인물이 화자보다 상위이기 때문에 경어표현을 사용하는 것이다. 또 한 가지 생각할 수 있는 것은, 제3자 경어표현이 청자에 대한 공손어로서 쓰인다는 해석이다. 손위 사람을 청자로 하여 말할 때, 화제의 인물과 청자와의 상하관계는 고려하지 않고, 누구에 대해서든지 무엇에 대해서든지 어째든 경어만 사용하면 공손하다는 의식이 저변에 깔려 있다. 청자가 손위 사람이면 손위 사람일수록 청자를 의식하여, 대우도가 높은 제3자 경어가 사용되고 있다는 사실이 이와 같은 해석의 뒷받침이 된다고 생각된다. 이 해석은 또한, 필자의 경험 및 관찰과, 나아가서는 많은 조사대상자를 대상으로 한 수많은 인터뷰에 의해 확인된 것이다.

(4) 대학교수 및 여러 기업체에 근무하는 직장인 남녀의 제3자 대우표현법

조사내용은, LG와 마찬가지로, 最上位者를 청자로 하고 上位者를 화제로 삼을 때에 어떠한 제3자 호칭과 스피치 레벨 사용법을 사용하는가에 관해서이다.

- **직장**—청자 : 회장 또는 사장

    —화제의 인물 : 화자보다 손위이고, 청자보다 손아래인 사람
- **대학**—청자 : 총장

    —화제의 인물 : 청자보다 손위이고, 화자보다 손아래인 다른 교수
- **설문내용** : 이번 여름, B(1)가 미국에 (2)것 같습니다. 자유회답으로 (1)에는 호칭을 (2)에는 스피치 레벨 사용법을 넣게 했다.
- **조사대상** : 기업—동국제강, 제일은행, 기타(남—47/여—21) 합계 68명

    대학—서강대학(남—39/여—15) 합계 54명

조사대상자의 회답은 다음의 세 종류로 분류된다.

회답	제3자에 관한 호칭 존경접미사 「님」의 부착 유무	제3자에 관한 스피치 레벨 사용법 존경보조어간 「−시−」의 부착유무
(A)	+ 님	+ 시
(B)	− 님	− 시
(C)	− 님	+ 시

「＋님」의 호칭과 「－시－」의 스피치 레벨 사용법의 회답은 한 사람도 없다.

회사원(총사용빈도는 피험자수 - 68과 일치)

성별	회답	A	B	C
남	사용빈도	31	11	5
남	%	66.00	23.40	10.60
남	cell χ^2	0.6800	1.5200	0.6900
여	사용빈도	21	0	0
여	%	100.00	0.00	0.00
여	cell χ^2	1.5200	3.4000	1.5400

d.f.=2　χ^2=9.55　$p<0.01$

대학교수(총사용빈도는 피험자수 - 54와 일치)

성별	회답	A	B	C
남	사용빈도	20	16	3
남	%	51.30	41.00	7.70
남	cell χ^2	2.4300	0.5000	0.3200
여	사용빈도	12	3	0
여	%	80.00	20.00	0.00
여	cell χ^2	0.7100	1.2000	0.8300

d.f.=2　χ^2=5.99　$p<0.05$

　기업에 근무하는 사람과 대학교수의 어느 쪽에 있어서도 절대경어적 용법이 과반수를 넘으며 특히 여성의 사용률이 높다. 그러나 동시에 평소의 관찰로는 그다지 많이 보이지 않는 상대경어적 용법의 사용률이 예상보다 많았다. 인터뷰를 행한 결과 50대 이상의 남자 대학교수 몇 사람과 기업에 근무하는 40대 남자 한 사람을 제외하고는 모두 절대경어 용법을 쓰며, 또 그러한 사용방법을 옳다고 생각하고 있다는 사실이 밝혀졌다. 여자는 50대의 대학교수 한 사람과 40대의 대학교수 두 사람을 제외하고는 역시 절대경어 용법을 쓰고 있고 그쪽이 옳다고 생각하고 있다. 그 중에서도 40대인 두 사람은 상대경어의 법칙을 알고는 있으나 실제의 장면에서는 주위 사람들이 모두 절대경어 용법을 쓰고 있기 때문에 상대경어는 쓰기 어렵다는 의견이었다.

　상대경어가 사용되지 않는 이유는 두 가지로 생각할 수 있다. 하나는 엄격한 서열 사회인 직장 안에서 아무리 청자가 最上位者라 할지라도 **화자보다 상위인 상사를 「님」을 붙이지 않고 직위로만 부르고 또 스피치 레벨에서 경어형을 쓰지 않는 데 대해 저항이 있기 때문이다.** 오늘날 이러한 언어사용법은 일반적이 아니므로 이론으로서는 알고 있어도 실제는 사용하기 어렵다는 것이 인터뷰에 의해 밝혀졌다. 또 하나의 이유는 말할 필요도 없이 **법칙의 존재 자체를 모른다는 사실이다.** 40대 이상은 전자의 경우가 많고 20대 미만은 후자의 경우가 많은 것 같다. 두 세대 사이의 30대는 변화하는 과정에 있다고 생각된다. 위와 같은 상황에서 上

한국인과 일본인의 언어행동과 문화의 차이

位者에 대한 제3자 호칭을 할 때에 「직위＋님」이 많이 사용된 것으로 생각된다.

또한 직장에서는 제3자 경어법에는 「절충법」이 보인다. 最上位者 앞에서 上位者를 화제로 할 때에, 호칭과 스피치 레벨 사용법의 어느 한 쪽을 비경어형으로 함으로써, 청자와 화제의 인물에 대한 배려를 나타내는 방법이다. **일반적으로, 호칭은 존경 접미사를 안 붙인 「김 부장」을 사용함으로써 청자와 화제의 인물 사이의 상하 관계에 대한 배려를 나타내고, 스피치 레벨은 존경보조어간 「−시−」를 넣은 「계십니다」를 사용함으로써 화자와 화제의 인물 사이의 상하 관계에 대한 배려를 나타내고 있다.** 이와 같은 절충법을 사용하는 세대는 40대 이상인 경우가 많다. 이 조사 결과도 40−50대의 직장인 및 대학 교수를 대상으로 하여 얻어진 것이다.

LG의 조사 결과와 종합해 보면, 한국의 직장 남성이 사용하는 제3자 대우표현에는 절대경어와 상대경어가 병존하지만 전자가 비중이 크고 그 외에 절충법이 보인다. 最上位者 앞에서 上位者를 화제로 삼을 때에는 절대경어가 많고 그 외에 상대경어가 보이지만, 동료와 부하 직원을 화제로 삼을 때에는 상대경어만 보인다. 문제는 청자가 어떻게 받아들이는가인데, 청자보다 下位者에 관한 것을 화제로 삼을 때에 「직위 ＋ 님」의 호칭법, 경어표현의 스피치 레벨 사용법이 사용되는 것을 당연한 사실로 받아들이는 사람이 많고 경우에 따라서는 예를 들면 청자 자신이 상대경어의 법칙을 모르는 경우는 경어표현을 하는 쪽이 공손하다고 느끼고, 그렇지 않은 경우는 오히려 공손하지 않다고 받아들이는 사람이 많다는 사실이 인터뷰에서 밝혀졌다. **제3자 경어를 청자에 대한 공손어로서 사용하고 있는 언어 사용자의 증가와 이들의 의식이 절대경어를 강화시키고 상대경어를 감소시키고 있다고 생각된다.**

이 사실은 LG를 비롯한 여러 기업에 근무하는 사람과 대학교수를 대상으로 실시한 제3자 경어 용법의 조사 결과에 확실히 나타나 있다. 이와 같이 여러 기업체 및 대학을 조사대상으로 한 것은 오늘날 한국 직장인들의 언어행동의 전체상을 파악하기 위해서이다. 언어가 살아서 움직이며 시대의 변천과 더불어 변화하는 것을 생각하면 위와 같은 결과는 당연한 결과이다. 그 위에 거시적으로는 시대와 사회적 배경, 미시적으로는 대화장면을 둘러싼 환경, 개인이 받은 언어 교육의 차,

언어 의식 등의 영향을 받아 그룹의 언어행동은 복합적 양상을 띄고 있다고 생각된다. 또한 직장의 성격과 분위기에 의한 직장의 차이도 보인다.

이와 같은 조사 결과를 보면 제3자 경어법에 집과 확대가족인 직장의 차이가 보인다. **집 안에서는 下位者(손자)가 最上位者(조부모)에 대해 上位者(부모)를 화제로 삼을 때 절대경어법 밖에 나타나지 않는데 비해 같은 3자 관계에 있어서 직장에서는 절대경어법이 많이 보이는 반면, 상대경어법도 관찰된다. 자연 결합 집단인 집에서는 손자가 부모에 대한 제3자 경어에 존경어를 쓰는 것은 조부모에 대한 경의의 표시도 된다. 그러나 인위적 결합 집단인 직장에서는 上位者에 대한 경의의 표시가 반드시 最上位者에 대한 경의의 표시가 된다고는 말할 수 없다.** 그 이유는 직장에서 화자─화제의 인물─청자의 3자간의 관계는 상황이나 대화의 장면이 바뀜으로 인해서, 제3자 관계도 바뀌기 때문에 고정적이 아니라 유동적인 까닭이다. 또 직장은 인위적 결합집단이고 이해관계가 얽혀 있기 때문에 구성원의 관계는 가족에 비해 복잡하고 그만큼 상하에 대한 인식이나 행동이 신중해지지 않을 수 없다. 「집」은 가족끼리의 자연 결합집단이므로 화자─화제의 인물─청자의 3자간의 관계는 고정적이다. 이와 같이 집과 직장의 성질의 차이에 그 원인이 있다. 때문에 집안의 화자 : 손자/화제의 인물 : 부모/청자 : 조부모 사이에는 절대경어화가 행해지고 직장 안에서는 성질이 다른 경어사용법이 공존하는 것이다[38].

(5) 대학교수의 청자 호칭법에 대한 경어의식

조사대상은 서강대학교 교수 30대(남─7명, 여─4명), 40대(남─11명), 50대(남─2명)의 합계 24명임. 조사결과는 다음과 같다.

---

[38] 대학과 여러 기업체 조사를 남녀 양쪽에 대해 실시한 결과, 여성의 절대경어 용법의 비율이 남성보다 높게 나타났다. 이것은 어느 정도 예상한 대로의 결과이며 직장에서 남녀가 처한 환경의 차이와 의식의 차이를 나타내고 있다고 생각된다. 남자는 사회의 상하관계와 생존 경쟁, 또 3년간의 군대생활의 영향으로 상하 관계에 극히 민감하다. 한편 여자는 남자에 비해 상하의식과 생존 경쟁의 의식이 희박하고 직장에서의 지위도 낮다. 그 결과 여성은 절대경어 용법을 많이 사용하고 있다고 해석할 수 있다. 또 상대경어의 법칙을 모른다는 점도 원인의 하나이다. 현재 한국의 직장은 수적으로나 직위로나 남성 우위이다. 현 상황에서는 직장 남녀를 대등히 비교하는 것은 불가능하므로, 이 연구에서는 직장은 남자를 중심으로 조사 분석을 했다.

한국인과 일본인의 언어행동과 문화의 차이

		30대		40대	50대
		남성	여성	남성	남성
1. 학생들로부터 불리고 싶은 호칭					
	교수님	3	0	6	0
	선생님	4	4	5	2
2. 연상의 교수로부터 불리고 싶은 호칭					
	교수	1	0	2	0
	선생	4	4	9	2
	박사	1	0	0	0
3. 동갑 교수로부터 불리고 싶은 호칭					
	교수	3	0	3	0
	선생	4	4	7	2
	박사	1	0	1	0
4. 화자가 연하의 교수에게 사용하는 호칭					
	교수	4	0	3	0
	교수님	1	0	0	0
	선생	1	3	7	1
	선생님	1	1	0	0
	박사	0	0	1	0
5. 화자가 동갑 교수에게 사용하는 호칭					
	교수	3	0	2	0
	교수님	1	0	0	0
	선생	2	4	6	1
	선생님	1	0	0	0
	박사	1	1	3	1

　조사결과는 다음과 같다. 여성과 50대의 남성은 화자와 청자에 상관없이 「선생님」을 원한다. 30대의 남성은 연상의 교수, 동갑의 교수로부터는 「선생님」을 원하지만, 다른 사람들로부터는 「교수」를 희망한다. 또한 학생과 동갑 교수의 「교수」대 「선생」의 선택의 비율은 3 : 4이다. 40대 남성은 학생으로부터(「교수」:「선생」= 6 : 5)를 제외하고 화자와 청자에 관계없이 「선생」을 선호하지만, 「선생」보다는 낮지만 「교수」를 선호하는 사람도 보인다.

　즉 「선생」을 선호하는 것은 30대 여성과 50대 남성＞40대 남성＞30대 남성이다.

　인터뷰 결과에서도 윗세대는 「선생」을 선호하고, 젊은 세대일수록 「교수」를 선호하는 것이 두드러진다. 또한 학생이 「교수」를 선호하는 정도는 교수의 어느 세대보다 높다.

〈A(61세 남성)의 의견〉 - 젊은 세대일수록 「교수」를 선호하고, 이공계 교수 상호간에는 「박사」를 많이 사용한다.

〈B(51세 남성)의 의견〉 - 「교수」라고 하는 것은 직업명이고, 본래는 「선생」쪽이 스승에 대한 존경의 뜻을 표하는 올바른 호칭법이다. 오늘날 보이는 학생들의 「교수」의 사용은 잘못된 사용이며, 그 사용법의 바탕에는 교수에 대한 일종의 아첨이 있다.

〈C(34세 남성)의 의견〉 - 대학 재학 시절부터 「교수」를 사용했기에 저항은 없고, 현재도 은사님에게 「교수님」을 사용한다.

〈D(49세 남성)의 의견〉 - 연하의 다른 교수에게 「성＋선생」을 사용했더니, 다른 사람을 통해 간접적으로 불만의 소리가 있었지만, 자신을 부르는 호칭이나 불리는 호칭 모두 「선생」 쪽이 좋다고 생각한다. 왜 연하의 교수가 「선생」이라고 불린데 불만이 있는지 이해할 수 없다.

〈E(45세와 55세의 여성 두 명)의 의견〉 - 대학 시절에 교수에게 「선생님」을 사용하였고 그 호칭에 익숙해서 그쪽이 자연스럽고 호감을 갖고 있으나, 오늘날 모든 학생들로부터 「교수님」이라고 불리는데도 익숙해져 별 저항감은 없다. 또 오늘날 사회적으로 「선생님」은 유치원부터 고교까지 사용하고 전문대학부터 4년제 대학까지 「교수님」을 사용하는 것이 일반적으로, 화자 호칭으로도 「성＋선생」이라고 하지 않고 「성＋교수」를 사용한다. 이유는 화자 호칭으로도 「성＋교수」를 사용하지 않으면, 전화의 상대방(면식이 없는)으로부터 돌아오는 대우표현이 초등학교나 고교선생에게 대한 대우도밖에 되지 않기 때문이다. 청자 호칭으로 동료 교수에게 사용하는 것은 「선생님」이다.

〈F(30세 대학원생)〉 - 대학 때부터 「교수님」을 사용하고 있으며, 이유는 「선생님」보다 대우도가 높다고 생각하기 때문이다.

이 결과는 1992년에 인터뷰했을 때와 10년이 지난 2002년 결과가 동일하다.

한국인과 일본인의 언어행동과 문화의 차이

1960년대까지는 학생들이 교수를 「선생님」이라고 부르는 것이 일반적이었으나, 1970년대부터는 「교수님」이 많이 쓰이게 되었다는 것을 확인할 수 있었다.

2-2 일본인 직장인 남성의 제3자 대우표현법

- **조사내용** 및 **사회적 변수**는 한국의 직장과 같다.
- **조사대상** : 미쓰비시 상사 직원－35명

  20대(10명), 30대(9명), 40대(9명), 50대(7명)

(1) 제3자 호칭법

- **호칭**

  A. 직위   B. 성+san   C. 성   D. 성+kun
- **총 사용빈도의 산출**－조사대상자 수×6(회답 항목수)

  총 사용빈도는 35명×6＝210이 되겠지만, 복수 회답이 20개가 나와 총 사용빈도는 230이다.

  ① **변수＝서열－상사 / 동료 / 부하**

호칭 사용률(%)	직위	성＋san	성	성＋kun
청자 호칭의 사용률	18.12	42.8	15.12	23.97
제3자 호칭의 사용률	34.79	13.48	33.05	18.70

여기서는 직장에서의 제3자 호칭법에서 볼 수 있는 법칙을 찾아내어, 제3자 호칭법의 성격을 해명하기 위해, 청자 호칭법과 비교 분석해 보기로 한다. 그러기 위해 네 가지 호칭의 청자 호칭으로서의 사용률과 제3자 호칭으로서의 사용률을 비교해보면 다음과 같다.

네 가지 호칭의 청자 호칭과 제3자 호칭으로서의 사용빈도는 다음과 같다.

청자 호칭					제3자 호칭				
서열＼호칭	직위	성＋san	성	성＋kun	서열＼호칭	직위	성＋san	성	성＋kun
상사	15	16	1	2	상사	24	5	4	0
동료	3	15	7	8	동료	8	7	13	7
부하	0	12	7	14	부하	3	2	16	12

「직위」의 사용률에 있어서 상사＞동료＞부하직원으로 나타난 것은 직원에 오른 사람의 비율이 상사＞동료＞부하직원이기 때문에 제3자 호칭도 그에 비례하고 있는 것을 뜻한다. 그 영향으로 인하여 「성」과 「성＋kun」의 사용률에 상사＜동료＜부하직원의 결과가 생긴 것이다.

A. 「직위」

「직위」는 청자 호칭에서는 상사에 대해서만 사용한데 대하여 제3자 호칭에서는 상사(24): 동료(8): 부하직원(3)과 같이 사용범위가 전체에 걸쳐 분포되어 있다.

제3자에 관해서 언급할 때 직위를 객관적이고 사무적으로, 정확하게, 즉 업무적 표현으로 사용하는 것을 표시하고 있다. 업무적 표현으로는 직위에 오른 사람에게는 제3자 호칭으로 「직위」를 사용하고 직위에 오르지 않은 사람에게는 「성」을 사용하고 있는 것이 인터뷰에 의하여 밝혀졌다.

B. 「성＋san」

부하직원에 대한 사용률이 청자 호칭 때에는 많이 사용되었으나, 제3자 호칭에서 낮아지는 것은 상대경어 의식의 결과라고 해석된다. 즉, 이것은 화제의 인물인 부하직원이 화자와 청자보다 손아래라는 판단, 그리고 화제의 인물이 화자의 조직 안(uchi 側)39)에 속한다는 판단에 따른 제3자 호칭법이라고 생각된다. 상사와 동료(5:7)에게 사용된 「성＋san」은 청자 호칭과 제3자 호칭에 동일형을 사용한 용법이다.

---

39) Ⅳ.2.2-2. 일본 주부에서 설명한 집안(uchi)과 집밖(soto)이 조직에서도 적용된다. 가족을 남에게 화제로 할 때 낮추어 말하듯이 같은 직장 내 사람을 직장 밖에 대해 화제로 할 때 낮추어 말하는 것을 집 안팎 의식이라 하는데, 여기서는 직장 안에서 또 작은 범위의 집안의 경우이다.

한국인과 일본인의 언어행동과 문화의 차이

C. 「성」

 「성」은 화제의 인물이, 청자나 화자 보다 손아래 사람이라는 판단, 그리고 화제의 인물이 화자의 조직 안에 속한다는 조직 안/밖(uchisoto) 의식에 기인하여 사용된다. 또 「성」은 「직위」와 마찬가지로 화제의 인물을 객관적·사무적으로 나타낸다. 그 결과 청자 호칭으로는 「성+san」과 「성+kun」이 상위 1,2의 사용률을 나타낸 것에 대하여 제3자 호칭에서는 「직위」와 「성」이 상위 1,2의 사용률을 나타내고 있다.

 청자 호칭으로 많이 사용된 「성+san」은 청자에 대한 경칭이며, 제3자 호칭에서는 사용률이 줄어들고, 업무적 표현으로 사용된 「직위」가 그것을 보완하고 있다. 그와 마찬가지로 「성+kun」의 3자 호칭의 사용률이 청자 호칭률보다 낮은 것은, 업무적 호칭인 「성」으로 바뀌기 때문으로 볼 수 있다.

 동일 인물이 사용하는 제3자 호칭법을 청자 호칭법과 비교·분류하면 다음과 같다. 이것은 앙케이트 결과를 토대로 한 해석이며, 또한 인터뷰를 통해서 확인된 것이다.

(1) 청자 호칭과 제3자 호칭은 제3자의 서열에 따라, 동일형을 사용한다.
(2) 「직위」와 「성」은 업무적 호칭으로 쓰이고 있다.
(3) 청자와 제3자가 거리가 먼 경우, 예를 들면 청자가 사장이고, 제3자가 과장 그리고 화자가 평사원일 경우에는 제3자 호칭으로 「성」을 사용한다.
(4) 상사 / 동료 / 부하직원 중 누구라도 제3자 호칭으로 「성」을 사용하는 것은, 업무적 용법의 경우와, 청자보다 제3자가 손아래 사람이라고 판단한 상하의식, 그리고 제3자를 화자의 조직 안으로 판단한 조직 안/밖 의식에 따른 용법으로 볼 수 있다.
(5) 부하직원에게 제3자 호칭으로 「성」을 사용하는 것은, 부하직원을 화자보다 손아래 사람으로 판단한 상하의식의 결과라고 볼 수 있겠다.

※ 인터뷰 결과

 ·인터뷰 대상 : 앙케이트 조사대상자인 20~50대 남성 10명을 대상으로 실시했고, 내용은 다음 6명의 의견으로 정리할 수 있다. 그 중에서도 30대 1명은

언어 감각이 뛰어나고 또 1980년대에 2년간 한국에 체재한 경험이 있어, 미쓰비시에서의 언어사용법의 해석과 한국과의 비교를 확인하기 위한 대상으로 적임자였다.

· 인터뷰 내용 : 호칭법 및 스피치 레벨의 사용법에 관한 것이다.

1. 27세 평사원

제3자 호칭은 청자 호칭과 동일형을 사용하고, 스피치 레벨은 모든 서열에서 「~orimasu(おります＝있습니다)」[40]를 사용하고 있으며, 피험자 본인은 「~orimasu」를 청자에 대한 공손한 표현으로 사용하고 있다.

2. 34세 주임

상사에 대한 제3자 호칭과 스피치 레벨 모두 청자 경어와 같은 존경 표현을 사용하며, 동료와 부하에게는 제3자 호칭에는 「성」을, 스피치 레벨에는 「~orimasen(おりません＝없습니다)」을 사용하고 있다. 피험자 본인은 동료와 부하에 대한 호칭법과 스피치 레벨을 업무적 표현이라고 설명하고 있다.

3. 39세 주임

어느 서열에 대해서도 「성」과 「~orimasu」를 사용하고 있다. 피험자의 의견 : 청자가 최상위일 경우 제3자에 대한 존경표현을 삼가야 한다. 즉 「압존법」을 사용하고 있다고 해석할 수 있다.

4. 49세 차장

제3자 호칭은 청자 호칭과 동일형(상사－직위/ 동료－성＋san/ 부하－성＋kun)을 사용하고 스피치 레벨은 상사에 대해서는 「hazusiteimasu(はずしています : 자리를 비우고 있습니다)」와 동료와 부하에 대해서는 「hazusiteimasu/orimasen」을 사용한다.

피험자의 의견 : 무의식적으로 사용하지만, 직장이란 사실만을 전하면 되는 곳이다. 청자 경어와 같은 사용법으로 좋지 않은가?

---

40) 「imasu(います)」가 「~입니다」와 같은 neutral한 스피치 레벨인데 비해, 「~orimasu(おります)」는 겸양이나 정중한 표현으로 사용하는 스피치 레벨이다.

한국인과 일본인의 언어행동과 문화의 차이

5. 52세 부장대리

상사와 동료에 대해서는, 「직위」/「성＋san」과 「okaerininarimashita(お歸り になりました＝돌아오(가)셨습니다)」/「oideninarimasen(おいでになりません＝ 안 오십니다)」와 같이, 청자 경어와 같은 레벨을 사용한다. 부하에 대해서도 청자 호칭은 「성＋san」을 사용하면서, 제3자 호칭에는 「성」을 사용하고, 스피치 레벨 은 「orimasen」을 사용한다. 전체적으로 청자 경어법과 같은 레벨을 사용하지만, 이유로는 화제의 인물에 대해서도 경의를 표해야 한다는 것이다. 부하에 대해서는 청자에 대한 배려로 제3자 존경 표현을 삼가하고 있다고 한다.

6. 56세 중역

52세 부장 대리와 기본적으로 유사하다. 이 피험자는 청자 호칭에 종전과 같은 사용법인 상사에게는 「직위」를, 동료에게는 「직위」와 「성＋san」을, 부하에게는 「성＋kun」을 사용하며, 제3자에게도 동일형을 사용한다. 동료에 대해서 「직위」를 사용할지 「성＋san」을 사용할지는 그때 그때 상황판단이나 기분에 따른다고 한다.

이와 같이 직장에서의 제3자 경어는 청자 경어와 동일형이나 같은 레벨을 사용 하는 사람이 많고, 특히 40대 이상의 세대에서 현저하게 나타난다.

「orimasu」를 청자에 대한 공손한 표현으로 사용하는 것은 20~30대가 다른 세 대보다 많고, 아래 제시한 부재 표현을 업무적 표현으로 사용하는 것은 30대가 비 교적 많다. 또 52세 부장대리에 따르면, 젊은 세대뿐 아니라 40대도 겸양법 사용 을 하지 못하는 사람과 「orimasuka(おりますか＝おります의 의문형)」를 청자에 대한 존경 표현으로 사용하고 있는 사람이 있다고 한다.

· 부재 표현

orimasen	sekiohazusiteorimasu	gaishutsusiteorimasu
(없습니다)	(자리에 없습니다)	(외출중입니다)

② 변수＝세대－20대/ 30대/ 40대/ 50대

<표 Ⅴ-19>

세대	호칭	A	B	C	D
20대	사용빈도	13	14	24	15
	%	5.65	6.09	10.43	6.52
	cell χ^2	4.3183	2.9289	0.2202	0.5738
30대	사용빈도	14	2	39	3
	%	6.09	0.87	16.96	1.30
	cell χ^2	1.8894	4.3291	20.528	5.6735
40대	사용빈도	28	4	7	15
	%	12.17	1.74	3.04	6.52
	cell χ^2	4.5233	1.4766	6.5896	2.3825
50대	사용빈도	25	11	6	10
	%	10.87	4.78	2.61	4.35
	cell χ^2	2.6422	2.2730	7.2778	0.0080

d.f. = 9 χ^2 = 67.634   p < 0.001

「직위」는 40/50대에서 많이 사용되며, 「성」은 20/30대에 많이 사용되는 것은, 40/50대에는 상사/동료/부하직원 중에 직위에 오른 사람이 많기 때문이며 20대, 30대에 있어서 「성」을 많이 사용하는 이유는 청자 호칭과 마찬가지로, 대학시절의 언어행동의 습관과, 회사내에서 처한 언어환경의 영향 때문으로 분석된다.

「성+san」은 20대와 50대가 비교적 많이 사용하지만, 그다지 높은 사용률은 아니다. 조사 대상자의 수를 보면, 50대에 조금 많이 나타난다. 20대가 쓴 「san」은, 그들의 자유스런 언어의식에 의한 언어행동이라 볼 수 있겠고, 50대가 쓴 「san」은, 화자와 화제의 인물과의 관계에 따라 사용법을 바꾸지 않고 누구든지 평등하게 대우한다는 의식에서 나온 언어행동이라고 해석 할 수 있다.

또, 청자 호칭의 검토에서 설명한 것처럼, 50대는 입사연수가 길어져 직위의 차가 벌어져서 일일이 입사연도를 확인하여 호칭을 선택한다는 것은 곤란하기 때문에 누구에게나 「san」을 붙이는 것이 무난하다는 의식도 50대가 쓰는 「san」의 사용률이 높게 나타난 하나의 요인으로 지적할 수 있다.

한국인과 일본인의 언어행동과 문화의 차이

③ 화자와 제3자와의 친소관계

통계결과에 화자와 제3자와의 친소관계에 의한 차가 보이지 않으므로, 제3자 호칭법에 미치는 친소관계의 영향은 없다고 본다.

(2) 제3자 스피치 레벨 사용법

친/소는 완전히 동일형을 사용하기 때문에 통계는 조사 대상자 수 (35) × 3(상사/동료/부하직원)＝105에 준하여 실시했다.

제3자의 부재를 표시하기 위해 조사 대상자가 사용한 스피치 레벨 사용법은 다음 세 가지로 분류할 수 있다.

① 표현 1

irassyaimasen	oideninarimasen	oraremasen
(안 계십니다)	(안 계십니다)	(안 계십니다)
orarenaiyodesu	sekio hazusiteoraremasu	sekio hazusaretemasu
(안 계신 것 같습니다)	(자리에 안 계십니다)	(자리에 안 계십니다)

등과 같은 제3자에 대한 존경표현

② 표현 2

huzaidesu	sekio hazusaretemasu	gaishutsuchudesu
(부재중입니다)	(자리에 안 계십니다)	(외출중입니다.)
gaishutsuchudegozaimasu	shutsochudegozaimasu	
(외출중이옵니다)	(출장중이옵니다)	

등과 같은 제3자에 대한 neutral한 표현

③ 표현 3

orimasen	sekiohazusiteorimasu	gaishutsusiteorimasu
(없습니다)	(자리에 없습니다)	(외출중입니다)

등과 같은 제3자에게 존경어를 삼가는 표현

서열 ＼ SL	표현1	%	표현2	%	표현3	%	
상사	9	8.60	10	9.50	16	15.20	
동료	0	0.00	12	11.40	23	21.90	
부하	0	0.00	12	11.40	23	21.90	
합	9	8.60	34	32.40	62	59.00	계＝105

d.f.＝4　　χ^2＝19.83　　p<0.001

「표현 3」의 사용률이 59%로 과반수를 넘으며, 「표현 2」＋「표현 3」의 사용률은 91.4%가 된다. 조사 대상자 한 사람 한 사람의 사용법을 분석해 보면 대개 세 종류로 나누어 볼 수 있겠다.

1. 상사/동료/부하직원 누구에게나 「표현 3」을 사용한다. 이 사용법에서 두 가지 가능성을 생각할 수 있겠다.

　　a. 「표현 3」을 업무적 표현, 혹은 청자에 대해 정중한 표현으로 사용한다.

　　b. 화자가 화제의 인물을 조직 안으로 간주하여 화제의 인물에 대해 존경 표현을 삼가고 있다. 한국의 압존법에 해당한다.

2. 상사에게는 「표현 1」을, 그리고 동료와 부하직원에게는 「표현 2」/「표현 3」을 사용하는 것과 같이 제3자의 서열에 따라 구별해 쓴다. 이 경우 청자 경어와 같은 서열 중심의 법칙이 작용한 것이라 할 수 있겠다.

「표현 3」은, 인터뷰 결과 정중한 표현으로써의 용법이 가장 많지만 정중한 표현임과 동시에 업무적 표현으로 사용되고 있는 경우도 있다는 것을 알 수 있다. 상세한 것은 다음 페이지에서 호칭과 관련시켜 설명하기로 한다. 또한 세대 간의 유의차는 보이지 않고 화자와 화제의 인물과의 친소 관계에 따른 차는 전혀 보이지 않는다.

한국인과 일본인의 언어행동과 문화의 차이

(3) 제3자 호칭법과 스피치 레벨

서열과의 관련에 있어서는 「표현 1」은 모두 상사에 대해서 쓰이고 「표현 2」와 「표현 3」은 어떤 서열에 대해서도 쓰이며 또 어떤 호칭과도 함께 나타난다. 다시 말하면 상사/동료/부하직원의 누구에게라도 쓰이며 「직위」, 「san」, 「kun」, 「성」 중 어느 것이든 「표현 2」, 「표현 3」과 함께 쓰인다. 「표현 1」은 「san」(中 2명)을 제외하면 전부 「직위」와 함께 사용된다(中 7명). 여기서 동일한 사람이 쓰는 청자 호칭과 제3자 호칭과의 비교 및 부재를 나타내는 스피치 레벨 사용법을 합해서 검토해 보면, 다음 세 가지 사용법으로 분류할 수 있다. 호칭을 A/B/C/D로, 스피치 레벨을 1/2/3으로 기호화하여 설명하기로 한다.

①
	서열	
	상사	동료·부하
청자호칭	A/B	B/C/D
제3자호칭	A/B	B/C/D
스피치 레벨	표현 1	표현 2/3
	표현 2/3	표현 2/3

호칭은 청자 호칭과 제3자 호칭에 동일형을 사용하면서 스피치 레벨은 어떤 서열에 대해서도 「표현 2」, 「표현 3」을 사용하는 용법이 전 세대에 걸쳐 많이 보인다. 좀 더 구체적으로 설명하면 상사에 관하여는 「직위」>「성+san」, 동료와 부하직원에 관하여서는 「성+san」, 「성+kun」, 「성」을 사용하면서 스피치 레벨은 어떤 서열에나 neutral, 혹은 비경어표현을 사용하고 있다. 호칭은 청자 호칭과 동일형을 사용하여 직접 말을 걸 때와 같은 대우도를 그대로 유지하면서 스피치 레벨 사용법은 모든 서열에 대하여 「표현 2」, 「표현 3」을 사용하는 것은 「표현 2」는 업무적 표현으로 「표현 3」은 청자에 대한 정중한 표현 겸 업무적 표현으로 사용하고 있는 것으로 판단할 수 있다.

한편 서열에 의해 「표현 1」과 「표현 2」/「표현 3」을 구별해 사용하는 것은 호칭과 스피치 레벨 사용법 어느 쪽이든 청자 표현과 제3자 표현에 같은 레벨의 대우도를 나타내는 용법이다.

②

	서열	
	상사	동료·부하
청자호칭	B	B/C/D
제3자호칭	A	B/C/D
스피치 레벨	표현 1	표현 2/3
	표현 2/3	표현 2/3

청자 호칭으로 「성+san」을 사용한 상사에 관하여 제3자 호칭으로서는 「직위」를 사용하며, 스피치 레벨은 「표현 1」을 사용하고 있다.

동료와 부하직원에게는 청자 호칭과 제3자 호칭에 동일형을 사용하며, 스피치 레벨은 「표현 2」, 「표현 3」을 사용하고 있다. 이것은 호칭과 스피치 레벨 양쪽 다 청자 표현과 제3자 표현에 같은 레벨의 대우도를 나타내는 용법이다.

③

	서열	
	상사	동료·부하
청자호칭	B	C/D
제3자호칭	A	C
스피치 레벨	표현 1	표현 2/3
	표현 2/3	표현 2/3

상사에게 청자 호칭으로 「성+san」을 사용한 사람이, 제3자 호칭으로 「직위」를 사용하며 동료와 부하직원에게 청자 호칭으로 「성+kun」과 「성」을 사용한 사람이, 제3자 호칭으로 「성」을 쓰는 용법이다. 스피치 레벨은 상사에게는 「표현 1」을, 동료와 부하직원에게는 「표현 2」와 「표현 3」을 쓰는 경우와, 모든 서열에 대해서 표현 2, 3을 쓰는 경우가 있다. 제3자 호칭으로 「직위」, 「성」을 씀으로써 화자의 화제의 인물에 대한 상하의식을 청자에게는 나타내지 않고, 화제의 인물의 직장 내의 직책을 사무적으로 표현하고 있는 것으로 판단된다. 이 용법은 20, 30대에서 많이 볼 수 있다.

②와 ③의 사용법에 있어서, 어떤 서열이라도 「표현 2」, 「표현 3」을 사용하는 것은 청자에 대한 정중한 표현, 또는 업무적 표현으로 생각된다. 상사를 화제로

한국인과 일본인의 언어행동과 문화의 차이

할 때 「표현 1」을 사용하는 데에는 세대차가 보인다.

젊은 세대 : 제3자 경어를 청자에 대해 공손한 표현으로 사용한다.
40대 이상 : 제3자 경어에 청자 경어와 마찬가지로 서열중심의 법칙을 적용하고
　　　　　 있다.

2-3 한국과 일본 직장인 남성의 제3자 대우표현법 비교

위의 사용법에서 볼 수 있는 것처럼 청자 호칭과 제3자 호칭에 동일형이 사용되는 경우가 많은 것은(26명／35명), 제3자 호칭에 있어서 상대경어의 법칙은 적용되지 않고, 대부분의 경우 청자 호칭의 법칙이 그대로 적용된 것으로 생각된다. 그러나 청자 호칭으로 「san」, 「kun」을 사용한 사람이 제3자 호칭으로 「성」을 사용한 예가 8명, 청자에게 「직위」를 사용한 사람이 제3자에게 「성」을 사용한 예가 1명 있는 것을 보면, 상대경어 법칙이 전혀 작용하고 있지 않다고는 할 수 없다. 상사에 대해서는 「표현 1」을, 동료와 부하직원에 대해서는 「표현 3」을 사용하며, 「표현 3」이 동료나 부하직원에 대해 「성」과 같이 쓰이는 것은, 「표현 3」을 제3자에 대한 압존 표현으로 간주할 수 있으며, 상대경어 용법이라 생각된다.

호칭으로 쓰이는 「직위」에는 두 가지 기능이 있다. 한 가지는 그 직위가 나타내는 직책의 표시이고, 또 하나는 상하관계의 확인이다. 상사에 대한 사용에 있어서 「직위」는 上向性 경의를 포함하며, 동료와 부하직원에 대한 「직위」는 오로지 직책을 표시하며 경의41)는 포함하지 않는다.

그러나 언어의 사용은 어디까지나 개개인의 판단과 인식에 기인하는 것이므로, 화자가 자신과 청자와의 관계, 자신과 화제의 인물과의 관계, 화제의 인물과 청자와의 관계를 어떻게 받아들이는가에 따라 달라짐으로, 하나의 정해진 법칙이 그대

---

41) 여기서 말하는 「경의」는 개인의 존경의 유무를 나타내는 것이 아니고, 지금까지 경어론에서 다루던 존경어의 기능을 나타내는 것이다.

로 적용되는 것은 아니다. 또 화자와 청자 및 화제의 인물과의 관계의 인식과 더불어, 장면과 상황에 의한 영향도 고려하지 않으면 안된다. 상사를 화제로 올릴 때 「성」과 「표현 3」을 사용한 사람은, 그 상사를 가깝게 인식하고 있으며, 같은 부에 속하기 때문에 같은 조직의 사람이라고 판단한 것으로 해석된다. 한편 상사에 대해 「직위」와 「표현 1」을 사용한 경우는, 상사를 화자 편으로 간주하지 않고, 그렇다고 해서 청자 편으로 간주한 것도 아니며, 화자로부터나 청자로부터도 거리를 두어 객관적이며 neutral하게 표현한 것으로 생각된다. 이 용법은 형식상으로는 절대경어 용법으로 볼 수 있다. 대부분의 경우, 화제의 인물에 대해 존경어를 사용하여 청자에 대한 공손함을 표현하고자 한 언어태도라고 생각된다.

같은 맥락에서 생각해 보면, 화제의 인물에 대해 「san」을 사용한 것도, 「성」을 사용하면 무례하게 들리지 않을까 하는 생각에서, 모든 말씨를 공손히 하고자 하는 태도에서 나왔다고 해석된다. 또 한 가지는, 청자를 화자와 제3자의 조직 안으로 인식한 「성+san」의 용법이며, 다음 예에서 보듯이 청자 호칭과 동일형을 사용한다.

〈사용 예〉　　화자＝C부의 멤버 (35세)
　　　　　　　청자＝다른 부의 부장이지만, C부와 평소에 접촉이 많고 그 부의 직
　　　　　　　　　　원들과도 친밀한 관계
　　　　　　　화제의 인물＝C부의 부장

이러한 경우에, 화자는 자신이 속하는 C부의 부장에 대해 제3자 호칭으로 청자 호칭과 같이 「성+san」을 사용한 예이다. 「성」과 「표현 3」은 직장 내에서의 조직 안/밖의 관계에 따른 제3자 대우표현과, 상하관계를 냉정히 인식하여 객관적 사실만을 neutral하게 전달하는 업무적 표현이 있다. 청자 호칭에 있어서 「san」/「kun」을 사용한 사람이 제3자 호칭으로 「성」만을 사용한 것은, 화제의 인물을 화자 측으로 간주한 판단이나, 또는 화자보다 손아래 사람에 대한 상대적 상하의식에서 나온 것으로 생각되나, 인터뷰에 의하면 업무적 표현인 경우가 많다. 청자 호칭과 같은 레벨의 제3자 호칭을 사용한 것은 결과적으로 절대경어 용법을 나타낸다.

이처럼 직장에서의 제3자 경어법은 다소 차이는 있지만 청자 경어법과 동일형

한국인과 일본인의 언어행동과 문화의 차이

을 취하는 용법이 많이 있다. 일본의 상대경어의 중요한 판단기준은 조직 안/밖 (uchisoto)의식이지만, 조직 안에서의 제3자 경어에는 조직 안/밖(uchisoto)의식이 반드시 적용된다고는 할 수 없다. 물론 큰 조직 내에 포함되는 작은 조직 안과 조 직 밖의 관계에서 집 안팎의식이 작용하는 경우도 있겠지만, 개개인의 인식과 받 아들이는 방식에 따라 격차가 보인다. 60대인 사장에게 50대 전반의 부장이, 50대 후반의 상무를 화제로 할 때 「직위」와 존경 표현을 함께 사용한 경우 다음과 같이 세 가지로 해석할 수 있다. **첫째**는, 절대경어로서의 해석이다. 부장과 상무, 그리 고 사장은 각각 독립된 존재이며, 부장과 상무가 한 조직(uchi)이 되고, 사장을 조 직 밖으로 취급 할 수는 없다. 상대방이 그 조직 내에서 최상위의 사장이라도 화 자인 부장은 자기보다 손위 사람인 상무에 대해서, 청자 경어와 같은 경의를 나타 내고 있다. **둘째**는, 상무에 대하여 「성」을 사용하는 것은 부장과 상무가 한 조직이 되어, 사장을 조직 밖으로 밀어내는 결과가 되기 때문에 그것을 피하기 위한 것으 로 해석된다. 즉 사장에 대한 배려에서 나온 언어태도라고 생각된다. **셋째**는, 50대 전반의 부장에게 있어서, 중역인 50대 후반의 상무와 60대 사장을 한 조직으로 간 주한 것은 분명하다. 인터뷰에서 52세의 부장대리가 답한 의견은 두 번째 해석으 로 볼 수 있겠으나, 필자가 제시한 첫 번째와 세 번째의 해석도 화자—화제의 인 물—청자, 이 세 사람 사이의 업무상의 접촉이나 직위의 차이에서 오는 심리적 거 리에 의해 충분히 있을 수 있다고 생각된다.

 종합해 보면, 미쓰비시 상사에서 실시한 제3자 호칭과 스피치 레벨은, 사물을 객관적이고 사무적으로 전하려는 업무적 표현과, 청자에 대한 배려에서 말씨를 공 손히 하고자 하는 정중한 표현으로 특징지을 수 있다. 상대경어와 제3자 경어에 동일형을 사용하는 절대경어의 성질과 집 안팎 의식과 상하의식에서 나온 상대경 어의 성질이 혼재하고 있다. 제3자 호칭과 스피치 레벨의 사용법에는, 한국의 제3 자 경어에서 볼 수 있는 절충법이 있다. 「직위」나 「성+san」과 「표현 3」의 관계에 있어서는, 제3자에게 경칭을 사용함에 따라 제3자에 대한 경의를 표시하고, 청자 에 대한 정중한 표현 또는 제3자에 대한 압존 표현을 사용함에 따라 청자에 대한 배려를 표시한다는 해석이다. 그러나 「표현 3」을 압존 표현이 아닌 청자에 대한 정중한 표현으로 쓰고 있는 사람이 많으며, 호칭과 스피치 레벨의 양쪽 모두 청자에 대한 정중한 표현으로 사용하고 있다고 판단할 수 있겠다. 이처럼 청자 경어법과 제3자 경어법에 동일형을 취하는 경우가 보이는 한편 청자 경어법과 제3자 경어법이 일치하지 않는 예가 있는 점에서, 직장 내에서의 제3자 경어법에 적용할 수 있는 획일적인 기준은 없다고 판단된다.

그러나 현실이라는 것은 모든 점에 있어서 유일한 기준으로 적용할 수 없는 것이 특징이며, 사람들의 의식조사에서 얻어진 것과 같이 여러 가지 복잡한 요소가 한데 엉켜 형성된 것이다. 위의 결과와 같이 **개개인의 의식의 차, 각자 처해진 직장 환경의 차, 대화의 상황과 내용 그리고 대화에 관련된 사람들 사이의 사회적 관계, 장면의 성격, 세대차 등이 서로 엉켜 오늘날의 직장 내에서의 제3자 대우표현법을 만들어내는 것이다. 그 중 어느 한 사용법이 한 동안 주류를 이루어 안정이 되면 그것이 그 스피치 커뮤니티에서의 규범이 되어, 여러 가지 변이형이 공존하면서 사람들의 의식과 사회의 변화에 따라 변해 가는 것이다.** 따라서, 규범에 따라 한 장면 한 장면에서 상황판단을 하여 임기응변적으로 대응해 나가는 것이 대우표현의 현상이며 그 결과 변이형이 생겨나고 사람들의 사용법이 변화해 간다. 일본 사회는 단일한 rule에 따라 행동하기보다는 필요에 따라서 다른 rule도 도입하고 있는 것 같이 생각된다. 이러한 특징이 場에 맞춘 대우표현과 상대경어를 만들어낸 것으로 생각된다.

〈한국과 일본의 제3자 호칭과 스피치 레벨 사용법에 나타나는 세 가지 사회적 변수의 영향〉

한 국	제3자 호칭		제3자 스피치 레벨	
사회적 변수	x^2	p	x^2	p
화자와 화제의 인물간의 서열	142.746	< 0.001	29.1	< 0.001
화자와 화제의 인물간의 친소관계	0.309	=n.s.		=n.s.
화자의 세대	27.412	< 0.001	0.27	=n.s.

일 본	제3자 호칭		제3자 스피치 레벨	
사회적 변수	x^2	p	x^2	p
화자와 화제의 인물간의 서열	98.379	< 0.001	19.83	< 0.001
화자와 화제의 인물간의 친소관계	0.292	=n.s.		=n.s.
화자의 세대	67.634	< 0.001	3.36	=n.s. > 0.9

한국인과 일본인의 언어행동과 문화의 차이

위와 같이 양국의 제3자 호칭과 스피치 레벨은 모두 서열의 영향을 받지만 한국의 경우가 더 강하게 나타난다. 그밖에는 세대의 영향이 제3자 호칭에 나타날 뿐으로, 다른 변수의 영향은 양국 모두 나타나지 않는다.

한국에서는 最上位者 앞에서, 화자보다는 上位者이나 청자보다는 下位者인 사람을 화제로 할 때에, 화제의 인물에 대해 존경 표현을 하는 절대경어 용법이 가장 많이 쓰인다. 또 화제에 오른 이에 대한 존경표현을 삼가는 상대경어 용법과, 존경접미사를 뺀 호칭과 존경 보조어간을 붙인 스피치 레벨 사용법을 쓰는 절충법도 약간 보인다.

일본에서는, 제3자 호칭과 스피치 레벨 양쪽 다 복잡한 양상을 보여주고 있다. 제3자 호칭 및 스피치 레벨에 청자 호칭 및 스피치 레벨과 동일형을 사용하는 절대경어 용법과, 조직 안/밖(uchisoto)의식과 상하의식에서 나온 상대경어 용법과, 제3자 호칭에는 경칭을 쓰고 스피치 레벨에는 존경표현을 삼가는 절충표현으로 보이는 용법으로 분류된다. 그러나 어느 용법도 기능적으로는 업무적 표현과 정중한 표현으로 생각된다. 이와 같은 결과로 보아, 직장 내의 제3자 경어법에서 정해진 법칙은 찾아 낼 수 없다. **또한, 제3자에 대한 존경 표현을 청자에 대한 공손한 표현으로 사용하고 있는 사람이 양국에서 많이 보이는데, 이것은 청자를 의식한 제3자 대우표현으로, 현대 경어의 특징 중의 하나이다.**

한국에서 제일 많이 쓰이는 절대경어 용법은, 청자와 화제의 인물과의 관계는 고려치 않고, 화제의 인물이 화자보다 손위라는 상하의식을 판단 기준으로 하고 있다. 또 상대경어 용법은 화제의 인물과 청자 사이의 상하의식에서 나온 것이다. 한편, 일본에서 청자 경어와 제3자 경어가 동일형인 것은, 화자의 화제의 인물에 대한 상하의식의 표현이라기보다는, 청자에 대한 공손한 표현인 경우가 많다. 상대경어의 경우도 「직위」와 「성」을 업무적 호칭으로 쓰고, 「표현 3」의 스피치 레벨을, 청자에 대한 정중한 표현과 동시에 윗사람을 청자로 하는 경우의 업무적 표현으로 쓰는 경우가 많다.

한국에서도 上位者에 대한 제3자 경어법에, 最上位者인 청자의 존재가 영향을 끼치는 것은 확실하나, 그 보다 화자의 화제의 인물에 대한 상하의식이 더 강하며, 그러한 의식이 화제의 인물에 대한 존경 표현으로 나타난다. 일본의 「직위」, 「성

＋san」＋「표현 3」의 구성에서는, 「표현 3」을 청자에 대한 정중한 표현으로 쓰는
사람이 많고, 호칭과 스피치 레벨 양쪽 다 청자에 대한 공손한 표현으로 쓰인다고
판단된다. 이와 같이 외형적인 면에서는, 한국과 일본 양쪽 모두 절대경어, 상대경
어, 절충표현이 보이지만, 사용하는 사람들의 의식에는 차이가 나타난다. 한편, 직
**장과 직장 밖과의 관계에서는, 한국은 화자와 화제의 인물 사이의 상하의식에서
나온 절대경어만 보이고, 일본에서는 조직 안/밖**(uchisoto) **의식에서 나온 상대경
어만 보인다.**

이와 같이 한국에서는 조직 안의 제3자 경어나 조직 안과 밖 사이의 제3자 경어
도, 상하의식을 판단기준으로 하고 있다. **조직 안팎 어디서나 제3자 대우표현의
중요한 판단기준이 되는 상하의식이, 한국의 절대경어적 성질을 유지시키고 강화
시키는 요인이 되고 있다.** 한편 일본에서는, 조직 안과 밖 사이의 제3자 경어에는
조직 안/밖(uchisoto) 의식이 결정적인 기준이 되지만, 조직 안 속에서는 정해진
법칙은 없다. 이와 같이 제3자 경어법의 판단기준에서, 하나의 통일된 법칙이 보
이지 않고 화자 한 사람 한 사람이 청자와 제3자에 대해 갖는 의식에 격차가 보이
는 점에, 일본의 상대경어적 성질이 나타나 있다.

한국인과 일본인의 언어행동과 문화의 차이

VI

양국어의 대우표현법의 특징 및 대우행동의 핵심

1 한국어와 일본어 청자 대우표현법 비교

양국의 대학생과 직장남성 양쪽 모두 전체적으로는 서열을 중시하고 있다는 점에서는 일치하나 구체적인 면에서는 상이한 점이 보인다. 한국은, 대학생의 언어행동에 있어서는 학년 및 입학 년도를 중시함과 동시에 연령에 대한 배려가 보이고 직장남성의 경우는 서열을 제일 중요시하면서 연령에 대한 배려도 부분적으로 보인다. 대학생의 경우, 현역들 사이에선 현재의 학년을 제일 중요시하지만 군대 갔다 온 복학생은 같은 학년 현역들로부터 선배로서 대우받으며 그 커뮤니티에 먼저 들어온 점이 중요시되고, 상급생으로 인식되고 있다. 주부는 서열의 영향이 크게 보이고 그 다음 연령의 영향이 보이며, 양쪽 모두 강한 영향을 나타내고 있다. 한국인 주부는 서열과 연령이 평행하지 않는 경우의 호칭법에서 여러 가지 간접호칭을 사용하던가, 호칭 사용을 회피함으로써 서열과 연령에 대한 강한 집착을 나타내고 있다. 이에 관해서는 후에 상세하게 기술하기로 한다. 한편 일본의 경우는 조직 속에서의 시간, 즉 조직에 들어옴과 동시에 자동적으로 주어지는 서열을 중요시하며 연령은 그다지 큰 차이가 없는 이상 영향을 미치지 않는다. 대학에서는 학년의 영향이 크게 보이지만, 한국 대학생에서 보이는 학년의 영향과 같이 절대적인 것은 아니라는 점을 호칭사용법을 보면 알 수 있다. 성별의 영향이 남성은 학년과 거의 비슷한 정도로, 여성은 학년보다 더 강하게 나타난다.

일본에서는 친소 여하에 따라 같은 학년은 물론 선후배에게도 「さん(san)」, 「ちゃん(chan)」, 「애칭」[42] 등 다양한 호칭법이 사용되어 친소의 영향을 나타내지만 연령에 대한 집착은 보이지 않는다. 이러한 현상은 상대경어적 성질을 나타내준다. 대학생, 주부, 직장남성 모두 성(이름)에 「san」, 「chan」, 「君」 등이 붙는 호칭법에다, 애칭 등의 직접호칭법을 많이 사용한다. 「성＋san」이 가장 많이, 또 폭넓게 사용되며 호칭자체가 ±上向性을 나타내는 것은 「선배」, 「(성)이름＋군」 정도로, 「선배」를 제외한 호칭은 성별에 따른 사용법의 차이가 많이 나타난다. 이와 같이 사용법의 차이로 인해 성별의 영향이 강하게 나타난 것으로 판단할 수 있다. 또 일본인 주부는 서열과 연령을 포함한 어떤 사회적 변수의 영향도 별로 크게 나타내지 않는다.

한국 회사에서는 현재의 지위가 무엇보다도 중요하지만 출신 고교의 선후배 관계를 포함한 종래의 관계, 즉 입사 이전의 상하관계에 의한 영향도 역시 강하다. 이상과 같은 **한국 사회에서 보이는 서열 및 연령 중시는 유교의 영향이 아직도 강한 것을 나타내고 있다. 이와 같은 강한 상하의식이 호칭법에도 잘 나타나, 한국 대학에서는 1970년대 이후 후배는 선배에게 친족 명칭만 쓰고 있다.** 고교, 대학시절의 선후배가 한쪽은 군복무를 마쳤고 다른 한쪽은 군에 입대하지 않고 입사한 경우, 또는 한쪽이 대학원을 마친 후에 입사, 다른 쪽이 대학졸업과 동시에 입사하여 직장에서 서열이 학창시절과 반대가 되는 경우가 있다. 이러한 경우 회사 내에서는 회사 서열에 따른 언어행동을 취하지만 술좌석이나 사적인 장소에서는 이전의 호칭법으로 되돌아간다. 이때 주도권을 잡는 것은 현재 서열이 위인 사람이며 종래 대로 후배로서의 호칭을 사용함으로써 회사 내에서의 대우표현에 대한 미안함을 보충하려고 한다. 이러한 행동은 술집이라는 사적장면과 회사라는 공적장면의 차이가 가져다 준 결과이며 장면의 영향으로 생각된다.

같은 현상이 입사연차와 현재의 직위가 반대인 경우에도 보인다. 이러한 경우 정해진 규칙이 있는 것이 아니고, 사용하는 대우표현은 화자와 청자간의 직위의 차, 친소, 대우행동에 대한 화자의 태도 및 화자의 성격이나 가치관 등에 따라 다

---

42) 이름의 일부를 생략해서 쓰거나 변화시킨 것으로 예를 들어 히비야(日比谷)san을 「비비(びび)chan」으로 부르거나 요시다 겐사쿠(吉田研作)san을 「요시켄(よしけん)」으로 부르거나 한다.

한국인과 일본인의 언어행동과 문화의 차이

르고, 또한 소속한 커뮤니티의 분위기나 성격 또 대화 장면 등도 중요한 요인이 되어 대우표현에 영향을 끼친다. 입사동기이면서 직위 차가 한 등급 정도면 서로 직위만으로 부르고, 입사 14년인 부장과 16년인 차장일 경우 직위에 서로 「님」을 붙여서 부르는 경우가 많이 보여, 전자는 연령의 영향을 나타내며 후자는 연령과 서열 양쪽의 영향을 다 나타내는 것으로 판단할 수 있다. 입사시기가 다른 두 사람이 재직 연수와 반대로 비슷한 시기에 같은 직위에 오른 경우는 연소자는 상대방을 「직위＋님」으로 부르며 연장자는 「직위＋요」[43] 등을 붙여서 부르는 것도 연령의 영향을 나타내 주고 있다. 그러나 입사 25년이 된 사장은 입사 30년인 전무를 직위만으로 부르고, 전무는 「사장＋님」으로 부르는 것은 중역 이상이 되면 직위가 우선시 되어 능력에 의해 획득한 지위가 중요시되는 것을 나타내며 한국 기업사회의 능력주의를 나타내고 있다. 이러한 경우 앞서 말한바와 같은 여러 가지 요인이 작용하여 장면에 따라 또 경우에 따라 여러 가지 변이형(variation)이 보이지만[44] 현 직위의 영향이 가장 강하게 보이며 연령에 대한 집착도 나타나고 있다.

일본의 경우 조직에의 참가순, 즉 입사연차가 중요시되고 있는데 이것은 일본의 기업사회가 연공서열에 바탕을 두고 있다는 것을 나타낸다. V.1.1-2.에서 논한 바와 같이 일본기업에서 호칭 사용에 있어서 중요시되는 것은 입사연차와 직위가 같은가 다른가에 상관없이 입사연차이다. 연공서열에 관한 상세한 설명은 申(1996)「일본 직장남성들의 청자호칭법에 보이는 특징」을 참조하기 바란다. 일본직장에서의 연공서열에 관해서는 쓰지무라(1977), 나카네(1967)에서도 지적하고 있다. "일본의 어떠한 분야의 사회집단에서는 입단이래의 햇수라고 하는 것이 그 집단 내에서의 개인의 위치·발언권·권력행사에 언제나 큰 영향을 미치고 있다"(나카네 1967 : 55).

한국에서는 능력에 의한 서열이 중시되지만 또 다른 한편에서 볼 수 있는 연령 중시는 유교의 영향이 여전히 강하다는 것을 말해준다. 한국 대학에서는 선배에게

---

43) 「～요」는 경상도 지방의 방언으로 호칭의 접미사로 쓰여진 것으로 대우도는 그리 높지 않고 「～님」보다는 낮고 이름만 부르는 것보다는 높다.

44) 인터뷰결과 저녁에 술집에서 사장이 전무에게 「성＋선배」로 부르는 경우도 있다고 한다. 그때 그때의 분위기와 화자의 기분에 좌우되며 화자에 따라 차이가 보인다.

VI. 양국어의 대우표현법의 특징 및 대우행동의 핵심

친족명칭 밖에 사용할 수 없다. 이와 같이 평생 변할 수 없는 연령에 대한 집착이 한국의 절대경어의 형성과 강화를 이끌어낸 것으로 생각된다. 세 부류의 스피치 커뮤니티 모두에서 한국은 서열의 영향이 강하며 그 다음에 연령의 영향이 보이는데 일본에서는 연령의 영향은 별로 보이지 않는다. 또 일본의 서열의 영향도 한국의 서열과는 성격이 다르며 上位者에게 사용하는 호칭도 한국처럼 호칭 자체가 서열성을 나타내는 친족명칭 등이 아니라 어느 서열에 대해서든 사용할 수 있는 「성＋san」을 제일 많이 사용한다. 나카네(1967)에서는 일본에서 어떤 집단에 가입하는 순위가 서열 설정의 지표가 되며 일본사회의 「종적」이라고 하는 것은 권력관계 보다는 의례적인 서열에 의미가 있다고 주장하고 있다. 이에 대해 한국인들의 대우표현에 강하게 작용하는 서열이나 연령은 의례적인 서열이 아니고 힘의 관계라는 점에서 두 사회는 다르다.

한국사회의 상하의식은 뿌리가 깊으며 그러한 의식은 친족명칭의 사용에 잘 반영되고 있다. 세 스피치 커뮤니티 모두에서 남녀와 상하에 상관없이 뉴트럴하게 사용할 수 있는 호칭이 없어 간접호칭을 많이 사용한다. 간접호칭 중에서 가장 많이 사용되는 것이 학생들 사이에서는 친족명칭, 주부들 사이에서는 「자녀이름 ＋엄마(어머니)」, 직장남성들 사이에서는 「직위(님)」이다. 상하분별에 입각한 친족명칭이나 「선배님」의 사용에는 친소에 영향 받을 여지가 없으며 선배나 연상의 상태에게는 「언니, 오빠, 누나, 형」을 사용하며, 학년과 연령이 일치할 경우 선배는 후배에게 다른 요인에 상관없이 「경칭 없는 이름」만을 사용한다. 이들 호칭은 모두 그 자체가 ±上向性을 나타내는 것들이다. 종적인 상하의식과 횡적인 친소의식과의 사이에 상호 영향은 보이지 않는다. 이러한 현상은 절대경어적 성질을 나타낸다. 또 「자녀이름＋엄마(어머니)」와 「직위」는 화자호칭으로도 많이 사용한다.

한국의 청자호칭법에서 많이 보이는 간접호칭법의 원인은 손위 사람에 대해 직접이름을 부르는 것을 꺼리는 의식에서 또 상대방과의 관계를 분명히 나타내고 싶어하지 않는 의식 때문에 직접 호칭을 회피하거나 또한 일본처럼 특정한 경우를 제외하고는 일반적으로 사용할 수 있는 「san」과 같은 호칭이 없기 때문이다. 손위 사람에 대해 또 구세대인 70대 이상의 남성들 사이에서는 동갑들 사이에서도 정중히 행동하기 위해 제3자의 성명을 부를 때 세 글자(혹은 두 글자나 네 글자)

한국인과 일본인의 언어행동과 문화의 차이

사이에 「字」를 집어넣었다. 예를 들면 「金자, 英자, 哲자」라고 부르는 예이며 이러한 호칭법에 손위 사람의 이름을 직접 부르는 것을 조심스러워 하는 의식이 잘 나타나 있다.

한국에서는 1960년대까지 선후배 사이에 서로 경칭과 경어형의 스피치 레벨이 사용되었다. 이것은 필자의 경험 및 또 그 당시 서울대와 고려대에 다녔던 졸업생들과의 인터뷰에 의해 확인되었다. 민주주의를 부르짖는 지금의 학생사회에서 상하관계를 나타내는 친족명칭이 확대되어 사용되며, 선배는 비경어형을 후배는 경어형을 사용하게 된 것은 시대에 역행하는 언어행동이 아닌가 생각된다. 형식으로서는 선후배간의 상하관계를 강조하게 되었으나 이전의 선후배간의 상호 경어 사용이 보여주는 심리적 거리가 없어지고 상호 「존중」과 「조심」을 대신하여 「친근감」이나 「편안함」을 원하는 의식이 강해진 것이다. 종래에는 혈연관계가 아닌 한 남녀간에 「친족명칭」이나 「경칭 없는 이름」을 사용하는 것을 피했었는데 지금은 서로 저항감 없이 친형제자매와 같이 대우행동을 할 수 있게 되었다. 남녀간에 조심하는 경향이 없어지고 편하게 행동하게 된 것이다. 이처럼 「친근감」이나 「편안함」이 강조되어도 상하간의 언어용법이 약화되지 않고 오히려 상하관계가 강조되고 있는 언어형식에 한국인의 강한 상하의식이 잘 나타나 있다.

스피치 커뮤니티의 청자 호칭법을 보면 한국인들의 상하의식과 연령에 대한 강한 집착이 보이며 청자에 대한 존중과 경의를 표시하기 위해 간접 호칭법을 사용하는 것을 알 수 있다. 또 간접 호칭법은 화자호칭법과 제3자 호칭법에도 나타나며 화자를 직접호칭으로부터 보호하는 수단으로써 또 제3자에 대한 경의의 표시로서 사용되고 있다. 간접호칭에 대해서는 호칭회피와 함께 뒤에서 논하기로 한다.

한국은 uchi[집안이나 조직 안을 가리키며, 화자 : 아내(남편)/청자 : 시부모(부모)/제3자 : 남편(아내)]에서는 종래의 상대경어가 지금도 건재하며, 또 하나의 uchi(화자 : 손자 / 청자 : 조부모 / 제3자 : 부모) 안에서는 완전히 절대경어가 사용되며, 확대된 uchi인 조직 안(화자 : 下位者 / 청자 : 最上位者 / 제3자 : 上位者)에서는 절대경어가 많이 보이고 동시에 상대경어도 부분적으로 보인다. 그러나 uchisoto(안팎)관계(화자 : 아내 / 청자 : 외부인 / 제3자 : 남편)에 있어서는 외부인과 남편과의 상하관계에 따라 절대경어와 상대경어가 보이며 청자 : 외부인 / 제3자가 부모의 경우에는 절대경어만 보인다. 마찬가지로 확대된 안팎관계(화자 : A / 청자 : 회사 밖의 사람 / 제3자 : A와 같은 회사의 上位者)에 있어서는 절대경어만 보인다. 한편 일본은 내부와 외부 관계에 있어서는 뚜렷한 상대경어가 보이는데 내부의 제3자 경어는 복잡한 양상을 띠고 있다. 청자경어와 제3자 경어에 동일형을 사용하는 예가 제일 많이 보이며 안팎의식에 기초를 둔 상대경어도 부분적으로 보인다. 이와 같은 상대경어에서 보이는 양국 간의 차는 그 기준의 차이에서 비롯된 것이다.

이와 같은 조사결과에서 한국의 제3자 경어법에 있어서의 집(uchi＝안)과 확대된 집안인 직장과의 차가 보인다. 집안에서 下位者(손자)가 最上位者(조부모)에 대해 上位者(부모)를 화제로 할 때에 절대경어법 밖에 보이지 않는데 비해 같은 3자 관계에 있어서 직장에서는 절대경어법이 많이 나타나는 한편 상대경어법도 보인다. 자연결합 집단인 집에서는 손자가 부모를 화제로 하는 제3자 경어에 존경어를 사용하는 것은 조부모에 대한 경의 표시도 된다. 그러나 인위적 결합집단인 직장에서는 上位者에 대한 경의 표시가 반드시 最上位者에 대한 경의 표시도 된다고는 볼 수 없다. 그 이유는 직장에서의 화자－화제의 인물－청자, 이들 3자간의 관계는 상황이나 대화의 場이 바뀌면 3자간의 관계도 바뀌므로 고정적이기보다는 유동적이기 때문이다. 또 직장은 인위적 결합집단이며 이해관계가 얽혀있기 때문에 구성원의 관계는 가족에 비해 복잡하며 그만큼 상하에 대한 인식이나 행동은 신중해지지 않을 수 없다. 반면에 「집(uchi)」은 가족들의 자연결합 집단이기 때문에 화자-화제의 인물-청자, 이들 3자간의 관계는 고정적이다. 이와 같이 집과 직장에 있어서의 제3자 경어법이 상이한 것은 집과 직장의 성질의 차에서 비롯된 것으로, 집 안의 화자=아이(손자) / 화제의 인물=부모 / 청자=조부모에서는 절대경어화가 이루어지고 직장 속에서는 서로 다른 언어사용법이 공존하는 것이다.

한국의 uchi 및 확대 uchi 속에서의 상대경어는 화제의 인물과 청자의 상하관계를 토대로 한 것이며 절대경어의 사용이 많은 것은 화제의 인물에 대한 화자의 상하의식의 영향으로 판단할 수 있다.

한편, 일본의 상대경어는 안팎의식이 그 판단 기준이 되고 있다. 그 현상은 이하 두 사실로 증명할 수 있다. 하나는 안과 밖의 관계에 있어서 상대경어는 유지되고 있다는 사실이다. 집안과 바깥과의 관계(화자 : 아내 / 청자 : 집밖의 사람 / 제3자 : 남편) 및 직장안과 바깥과의 관계(화자 : A / 청자 : 회사 밖의 사람 / 제3자 : A와 같은 회사의 모든 사람)에 나타나는 현상이다. 외부인을 청자로 하여 남편을 화제로 할 경우에 제3자에 대한 존경어를 삼가는 용법과 회사 밖의 사람을 청자로 하여 회사내의 사람을 화제로 할 경우에 제3자에 대한 존경어를 삼가는 용법이다. 그러나 집안이나 조직 안에서의 제3자 경어법은 정해진 규칙이 없으며, 이 점이 일본의 상대경어의 기준이 안팎의식이라고 하는 사실을 증명하는 또 하나의 요인이 되고 있다. 가족 중에서 아내가 시부모를 청자로 하여 남편을 화제로 할 경우 남편에 대한 청자 경어와 동일형을 사용하는 예, 또 확대된 uchi인 직장 안에서 조직의 최상위인 사장에게 上位者를 화제로 할 경우 「직위」나 「san」을 사용하여 존경표현의 스피치 레벨을 사용하는 예는 청자 경어와 제3자 경어에 동일형을 사용한 것이다. 이처럼 조직 안과 바깥간의 제3자 경어에서는 상대경어법이 지켜지고 있지만 조직 안의 제3자 경어법은 정해진 규칙이 없고 임기응변으로 행하며, 주부의 조사에서 보이는 것처럼 집안의 경어형의 표현은 청자 경어에서도 제3자 경어에서도 점점 소멸되어 가고 있다. 이상의 두 가지 사실로부터 일본의 대우표현의 판단기준은 안팎의식이라는 것을 알 수 있다. 이처럼 제3자 경어의 기준이 한국에서는 상하관계의 인식이며 일본은 안팎관계의 인식이라는 점에 양국 경어의 차이를 낳게 한 요인이 있다고 생각된다.

앞장에서 기술한 바와 같이 현실이라고 하는 것은 모두 하나의 기준으로 판단할 수 없는 특징을 지녔으며 의식조사를 통해 밝혀진 바와 같이 여러 가지 요소가 복잡하게 얽혀서 형성되는 것이다. 미쓰비시상사의 제3자 호칭과 스피치 레벨의 사용법에서 보이는 것과 같이 개개인의 의식의 차, 각자 처해 있는 직장환경의 차, 대화내용과 상황, 대화에 관계되는 사람들의 사회적 관계, 場의 성격, 세대차 등이 복잡하게 얽혀서 오늘날 직장 속에서의 제3자 대우표현법을 만들어내는 것이다. 그 중 어떤 사용법이 얼마동안 주류를 이루어 안정이 되면 그 스피치 커뮤니티의 규범이 되고 여러 가지 변이형이 공존하면서 사람들의 의식과 사회가 변화함에 따라 언어사용법도 변화해 가는 것이다. 따라서 **규범을 따르면서 처해진 상황에 따라 상황판단을 하여 임기응변으로 대처해 가고 있는 것이 대우표현의 現狀이며 거기서 파생되는 것이 변이형과 유동적인 형태이다.** 일본사회는 단일 원리를 관철시켜 간다기보다는 상황과 필요에 따라 다른 원리를 도입하고 있는 듯이 보인다. 이와 같은 특징이 場에 맞춘 대우표현을 만들어내고 상대경어를 이끌어 내는 것으로 판단할 수 있다. 이와 같이 상황에 따라 임기응변으로 대처하는 것에 대해서는 나카네(1978 : 82)에서도 다음과 같이 지적하고 있다. "…예를 들어 조직상, 개개인의 역할이 정해져 있다고 해도, 실제 일할 때는 임기응변으로 개인의 상하좌우에 위치하는 사람들과의 상대적인 관계에서 신축성을 가지고 조절이 되는 것이다".

상하관계는 고정적이며 절대적이고 안팎관계는 조직의 본질, 구성목적, 구성원 간의 관계 등에 따라 변화할 수 있는 것이다. 그렇기 때문에 한국은 절대경어가 유지, 강화되고 일본은 상대경어가 발달한 것이라고 생각된다.

필자의 근무처인 서강대학교에서 학생들이 제3자 경어법에 익숙지 못해 사회규범에 맞지 않는 대우표현법을 구사하는 것을 관찰할 수 있고, 또 교수들(50~60대 남녀 각 2명씩)과의 인터뷰에서도 그러한 지적이 나왔다. 관찰과 인터뷰 내용—교수를 청자로 해서 후배가 선배나 조교를 화제로 할 때 「언니, 오빠, 형, 누나」같은 친족명칭을 사용하거나, 「조교님」같이 존경접미사, 「－님」을 붙여서 사용하고 있어 화제의 인물보다 손위 사람인 교수에 대해 상하관계의 분별(押尊法)을 못하는 학생이 많다.

이처럼 한국의 젊은 세대들은 제3자 경어를 사용할 때 청자와 제3자 간의 관계에 대해 배려를 하는 것이 서툴러 보이며 겸양법과 압존법을 사용할 줄 모르는

한국인과 일본인의 언어행동과 문화의 차이

사람이 많다. 그 결과 청자 경어법이 그대로 제3자 경어법에 사용되고 있다. 청자가 손위 사람일 경우 존경보조어간인 「－시－」만 집어넣으면 청자에 대한 경어표현이 된다고 생각하는 사람이 많다. 즉 **청자를 의식한 것은 분명하나 대화에 등장하는 다른 인물과 청자와의 상하관계에 대한 배려를 한 것이 아니고 화제에 오른 등장인물이나 사실에 대하여 존경표현만 사용하면 된다는 언어태도를 취하고 있는 것이다.** 그러나 이러한 언어태도는 화제의 인물에 대해 사용하는 대우도를 더욱 높여 절대경어법을 한층 강화시키는 결과가 되었다. 이와 같은 현상은 대학생이 교수를 청자로 하여 부모에 대해 사용하는 제3자 경어법에서도, 또 남편보다 손위 사람인 외부인을 청자로 한 경우에 주부들이 사용하는 제3자 경어법에서도 잘 나타나 있다. 일본에서도 젊은 세대는 겸양법을 사용하는 것이 서툴다.

또 직장에서 상사에 대한 제3자 경어에 보이는 절대경어적 용법에도 이러한 경향이 나타나고 있다. 제3자 경어의 사용에 있어서 경칭과 경어형의 스피치 레벨을 사용하는 절대경어의 사용이 남녀 양쪽 모두 가장 많이 보이는데 특히 남성보다 여성에게 많이 나타난다. 이러한 결과는 **남성이 직장 내 상하관계에 대해 여성보다 민감하다는 것을 나타내고 있으며 엄한 서열사회인 군대와 생존경쟁이 심한 사회에서 이겨내기 위한 훈련과 마음가짐의 영향**이란 것은 이미 말한 바이다. 직장은 주로 남성을 대상으로 조사했으나 기업에 따라서는 여성이 포함된 곳도 있는데 이는 남녀차를 보기 위해서였다. 청자 경어법과 제3자 경어법에 동일형을 사용하는 또 다른 요인은 화제의 인물에 대한 배려이다. 청자가 화제의 인물보다 상위일지라도 화제의 인물이 화자에게는 상사이기 때문에 제3자에 대하여 비경어형을 사용할 수는 없다는 의식인 것이다. 이처럼 제3자에 대한 경어형의 사용이 사회전체에서 우세하기 때문에 청자인 最上位者도 그런 용법에 익숙해져있어 제3자에 대해 비경어형을 사용하는 사람이 있으면 그것을 부적당한 언어태도로 받아들이는 경향이 보이며 또 인터뷰에 의해 확인되었다.

청자에 대한 공손어로써 제3자 경어를 사용하는 현상은 일본직장에서도 보인다. 最上位者를 청자로 하여 上位者를 화제로 할 경우 사용하는 존경표현의 스피치 레벨을 청자에 대한 공손한 표현으로써 사용하는 사람이 많다. 미쓰비시상사의 제3자 경어법의 결과에서도 제3자에 대한 존경을 삼가한 「orimasu(おります)」도

VI. 양국어의 대우표현법의 특징 및 대우행동의 핵심

청자에 대한 정중한 표현으로서 사용하는 사람이 많이 보인다. 이러한 사용법은 50대나 40대에서도 보이며 제3자 경어의 공손어적 사용법이 상당히 넓은 범위에 걸쳐 사용되고 있다는 것을 말해준다. 양국대학생의 제3자 경어법에 있어서 청자의 존재가 제3자 경어에 영향을 끼치는 청자중심의 용법이 보였으며 위에서 말한 제3자 경어의 공손어적 사용법도 이와 같이 청자를 의식한 경어이며 현대경어의 특징을 나타내고 있다.

다음의 조사결과에서도 청자에 대한 영향이 보인다. 친구 집에 전화를 해서 친구의 어머니에게 친구가 있는지를 묻는 장면이다. 한국에서는 「있어요」, 「있습니까」가 사용되어 친구에게는 비경어형의 제3자 경어가, 어머니에게는 경어형의 청자 경어가 사용되어 화자와 화제의 인물과의 관계, 화자와 청자와의 관계는 각각 독립해 있어 청자와 화제의 인물과의 관계는 제3자 경어에 영향을 끼치지 않는다. 한편 일본에서는 「irassyaimasuka(いらっしゃいますか＝계십니까)」를 사용하여 제3자가 친구이더라도 그의 어머니인 청자에 대한 배려가 작용하여 제3자에게도 경어를 사용한다. 한국의 경우는 상하의식에 기초한 경어법이며 일본의 경우는 청자에 대한 배려가 작용한 청자중심의 경어법, 場의 판단에 따른 경어법이다.

양국 대학생의 청자 경어법과 제3자 경어법에는 현대경어의 특징이 잘 나타나 있다.

A) 제3자 경어의 대우도는 화제의 인물에 대한 호감도와 비례하고
B) 청자 경어의 대우도는 청자에 대한 친밀도와 반비례한다.

B의 성질은 한국에서도 일본에서도 보이는데 한국은 친밀한 관계에 있어서의 차이가 현저하며 일본은 소원한 관계에 있어서의 차이가 현저하다. A의 성질은 한국 쪽이 비교적 강하게 보인다. 일본의 호칭법은 호감도에 비례하지만 스피치 레벨은 호감도와 무관하다는 결과가 나왔다. 단 A의 경우 청자의 존재에 영향을 받는데 정도는 일본 쪽이 강하게 나타난다. 청자가 높은 대우도를 필요로 하는 상대인 경우는 A의 성질은 나타나지 않거나 나타나더라도 표현의 뉘앙스나 레토릭을 사용하여 암시적으로 나타난다.

한국인과 일본인의 언어행동과 문화의 차이

① A, B 양쪽 모두 청자에 영향 받는 것을 나타내는데 특히 일본 쪽이 청자에 맞춘 경어의 성질이 강하다.

② 교수의 자녀에 대한 청자 경어법에 B의 성질이 잘 나타나 있다.

친소관계	한 국		일 본	
	친 밀	소 원	친 밀	소 원
경 어 형	4.02%	27.47%	22.3%	42.53%
비경어형	45.99%	22.53%	27.69%	7.47%

③ 이하의 제3자 경어법에 청자의 영향에 의한 양국의 차가 나타난다.

話題의 인물	한 국		일 본	
	A교수		A교수	
청 자	B교수	친구	B교수	친구
경어형	100%	60%	100%	9.42%

④ 이하의 청자 경어법과 제3자 경어법에 청자의 영향에 의한 양국의 차가 나타난다.

話題의 人物 : 교수 / 聽者 : 교수의 자녀

	한 국	일 본
제3자 경어의 경어형	99.07%	66.5%
청자 경어의 경어형	31.5%	64.8%

한국은 청자 경어법과 제3자 경어법에 있어서 화자의, 화제의 교수와 청자의 자녀에 대한 상하의식이 중요요인이 되며 청자의 영향은 강하지 않다. **화자와 화제의 인물, 화자와 청자의 관계가 각각 독립해 있어 화제의 인물과 청자의 관계는 제3자 경어에 영향을 미치지 않는다. 한편 일본은 청자의 영향이 강하며 화제의 인물과 청자의 관계가 제3자 경어에 영향을 미친다.**

한국은 화제의 인물에 대한 싫고 좋음과 청자와의 친소관계에 있어서 제3자 경어와 청자 경어에 각각 상대경어의 성질이 나타나며 그 외의 변수와의 관계에 있어서는 청자 경어 및 제3자 경어에 절대경어의 성질이 나타난다. 그러나 청자가 높은 대우도를 필요로 하는 인물인 경우에는 변수에 영향을 받지 않고 청자 경어 및 제3자 경어에 있어서 절대경어만 나타난다. 한편 일본은 교수의 자녀가 청자인 경우는 네 가지 변수의 영향을 받아 상대경어를 사용하며 「A교수」를 화제로 할 경우는 누가 청자냐에 따라 차이가 커, 청자에 맞춘 상대경어를 나타낸다.

3 한국어와 일본어 대우표현법의 특징

양국의 세 스피치 커뮤니티의 청자 경어법과 제3자 경어법의 조사결과는 다음 과 같이 요약할 수 있다.

1) 일본의 대우표현에는 場의 판단에 따라 청자에 맞춘 경어행동의 성질이 강하게 나타난다

場의 성격을 만드는 요인에는 화자와 청자와의 상하(서열, 연령, 지위, 경력 등)관계, 성별, 친소관계, 화제의 인물의 在/不在, 화자와 화제 인물과의 여러 가지 사회적 관계, 청자와 화제인물과의 사회적 관계, 화제의 내용 등이 있으며 사회적 · 문화 적 규범이 그 배경에 있다. 이들 요인은 복합적으로 작용하여 상호영향을 나타내 는 일도 있는데 그 중에서도 특히 중요한 것은 청자의 존재이다. 화자와 청자 사 이에 심리적 거리가 있는지 없는지가 다른 사회적 변수에 우선한다. 이 결론을 증 명하는 몇 가지 예를 들어보기로 하자.

일본의 대학생은 그 장소에 있지 않은 교수를 화제로 할 때 청자가 친구일 경우 에는 화제의 교수에 대한 싫고 좋음에 따라 제3자 호칭을 구분해서 사용하며 스피 치 레벨은 싫고 좋음에 관계없이 거의 비경어형(90.58%)을 사용한다. 그러나 청 자가 다른 교수일 경우에는 화제의 인물에 대한 싫고 좋음은 제3자 경어에 영향을 미치지 않는다. 청자가 교수의 자녀일 경우는 청자에 대한 경어형이 64.8%에 이 르고 있으나 낯선 아이의 경우에는 경어형은 2.8% 밖에 안 쓴다. 이 예에서도 청 자의 영향이 현저하게 드러나 있다. 이것은 청자의 존재가 만드는 場의 성격의 차

한국인과 일본인의 언어행동과 문화의 차이

이다. 또 부모에게 부탁을 할 때조차 경어를 전혀 사용하지 않는 현상도 화자와 청자의 관계가 화제의 내용보다 우선한다는 것을 보여준다. 가족이외의 사람에게 무엇인가를 부탁할 경우에는 한층 더 공손한 경어형을 사용한다. 이처럼 場이 지닌 대우성의 판단에 있어서 청자의 존재가 어떤 요인보다도 중요하기 때문에 일본어의 경어는 청자에 맞춘 「청자 중심의 경어」의 성질을 나타낸다.

場의 영향은 일본의 세 커뮤니티 어디에서나 볼 수 있다. 교수의 자녀를 청자로 해서 교수에 대해 물을 때 대학생이 사용하는 청자 경어와 제3자 경어에 대한 네 가지 사회적 변수의 영향도 한 例가 된다. 또 평상시에는 남편에게 공손어를 사용하지 않는 아내가 시부모 앞에서는 남편에 대해 공손어를 사용하는 예에서도 볼 수 있다. 직장과 직장 밖과의 사이에 보이는 철저한 안팎의식도 청자에 맞춘 場의 판단에 입각한 경어의식이다. 또 친구의 가족에게 친구에 관해 말할 때 쓰는 제3자 경어형의 사용도 청자에 대한 배려를 나타낸다, 이러한 場의 인식과 청자에 대한 배려를 나타내는 경어의식은 場에 따라 또 청자에 따라서 변할 수 있으며 비고정적인 성질을 지닌다. 이러한 의식이 상대경어를 낳게 한 것이다.

2) 한국의 청자 대우표현과 제3자 대우표현의 척도가 되는 것은 상하의식이다

(A) 한국의 경우는 대학생과 직장에서의 제3자 대우표현에서 보이는 척도는 화자와 화제의 인물간의 상하관계의 인식이며 남편을 화제로 할 때 주부가 사용하는 집안용과 바깥용의 경어의 척도는 화제의 인물과 청자와의 상하관계의 판단에 기인한다. 더구나 절대적 성질을 지닌 연령에 의한 상하관계가 그 지표가 된다. 이 상하의식이 절대경어를 이끌어내는 것이며 일본 대학생이 사용하는 제3자 대우표현에 있어서 화제의 인물과 청자와의 관계가 서로 영향을 끼치고 사회적 변수에 따라 구별하여 사용하는 것, 일본의 주부와 대학생의 제3자 대우표현에 있어서 안팎의식이 판단기준이 되는 점 등과, 명확한 대조를 보여주고 있다.

(B) 한국인의 연령에 대한 집착은 서열과 연령이 평행하지 않는 청자에 대한 청자 경어법에 확연하게 나타나 있는데 혼인으로 맺어진 관계와 혈연관계 사이에 상이한 점이 보인다.

例1 : Ⅳ.1－1.(3)에서 서열과 연령이 평행하지 않은(시누이/올케/동서) 사이에 어
　　　린아이를 매개로 한 「큰/작은/자녀의 이름＋엄마/고모」가 사용되는 것이 밝혀
　　　졌다.
例2 : 40세의 남성A
　　　37세의 남성B＝A의 妻의 오빠

　　예2의 관계에서 원래는 A가 B에게 「형님」이라고 불러야 하는데 B가 연하이기
때문에 A는 B에게 「이름(FN)＋氏」를 사용한다. 한편 B는 원래대로라면 A를 「매
부」라고 불러야 하는데 A가 연상이고 또 A가 같은 회사에서 직위가 위이기 때문
에 A를 「성＋직위(님)」으로 부른다. 한국에서는 손위 사람에게 직접호칭 「(성)명
＋氏」를 사용할 수 없는 것이 일반적인 것을 감안 할 때, B에 대한 「이름＋氏」는
청자와의 연령의 상하관계의 인식에서 비롯된 호칭법이라고 생각된다. 한편 여동
생의 남편에게 사용하는 존경보조어간 「～님」이 붙는 호칭법도 화자와 청자 사이
에 친족간의 서열(行列)에 따른 호칭법이 아니라 쌍방의 연령의 상하에 기인한 호
칭법이다.

　　例3 : 48세의 숙부와 52세의 조카 사이에서 숙부는 조카에게 「경칭 없는 이름」을
　　　　사용하고 조카는 숙부에게 「아저씨」를 사용한다.

　　위와 같은 例3의 혈연관계에서는 친족간의 서열에 따른 호칭법을 사용하는데,
처남, 매부, 동서, 시누이, 올케 등과 같은 관계인 例1과 例2에서는 연령의 상하에
준한 호칭법을 사용한다는 사실을 알 수 있다. 그러나 10대, 20대의 젊은 세대에
서는 가정교육의 영향에 따른 개인차가 보이는데 종래의 관습을 지키는 가정에서
는 서열에 따른 호칭법을 사용하고 관습에 별로 구애받지 않는 가정에서는 서열
을 그다지 중요시하지 않는다. 이처럼 상하의식에 혼인으로 맺어진 관계인지, 혈
연관계인지가 영향을 끼치며 또 세대차와 가정교육의 차도 보여 매우 복잡한 양
상을 띠어, 한국인의 상하의식에 대한 강한 집착과 영향이 엿보인다.

한국인과 일본인의 언어행동과 문화의 차이

3) 양국에 공통으로 보이는 공손어(정중어)화 현상

오늘날 한국의 젊은 세대는 겸양법과 제3자 경어의 압존법을 사용할 줄 모르며 겸양어와 존경어, 공손어의 구별을 못하는 경우가 많다. 일본에서는 겸양어를 공손어로 생각하고 사용하는 사람이 많다. 젊은 세대의 이러한 경어용법을 초래한 원인에는 경어교육과 훈련, 실천의 기회가 없는 점 등을 들 수 있다. 그 배경으로서는 한국은 유교의 약화와 급격한 사회변화에 따른 사회질서와 위계의식의 붕괴와 또 핵가족화의 영향도 있다. 일본에 대해서는 패전에 따른 가치관의 붕괴와 민주주의에 의한 평등의식을 들 수 있는데 한국의 경우와 마찬가지로 경어훈련의 기회가 없는 것이 최대의 원인일 것이다. 안팎 구분이 확실하여 집안용의 언어는 평상시 그대로의 언어사용법인 것도 경어훈련의 기회를 줄이게 된 요인이라고 생각된다. 현대경어의 정중어화에 대해서는 와타나베(1978), 오오이시(1981)에서도 언급되어 있다.

4) 양국의 대우표현의 절대경어적 성질과 상대경어적 성질

먼저 한국의 경어법에 보이는 上方向에 대한 절대경어와 下方向에 대한 절대경어의 양극화 현상이다.

(A) 上方向방향에 대한 절대경어

· 對內(집안)—화자 : 자녀/화제의 인물 : 부모/청자 : 조부모, 이들 3자 관계에서 보이는 제3자 경어법

화자와 화제의 인물의 상하관계에 기초하여 제3자에게 경어형을 사용한다.

· 對外(집밖)—화자 : 대학생/화제의 인물 : 부모/청자 : 교수관계에 보이는 제3자 경어법

집안의 경우는 부모에 대하여 사용하는 제3자 경어는 청자의 영향을 받지 않고 청자 경어와 동일형의 경어형을 사용하기 때문에 절대경어라고 불리어져 왔는데, 집밖의 경우는 청자의 존재가 제3자에 대한 대우도를 한층 더 강화시킨 것이다.

평상시 부친에게 「아버지(아빠)」를 사용하면서 교수 앞에서 아버지 이야기를 할 때는 존경접미사 「님」을 붙이고 또 존경주격조사 「께서」도 붙여 「아버님께서」로 지칭하는 경우이다. 부모에 대한 청자 경어에 경어형의 스피치 레벨을 사용하지 않는 사람이라도 교수가 청자가 되면 부모에 관한 제3자 경어에 100% 경어형의 스피치 레벨을 사용하는 것과 같은 현상이다.

> ·**對外**－화자 : 대학생/화제의 인물 : 교수/청자 : 교수의 자녀, 이들 3자간의 관계에
> 서 보이는 제3자 경어법

화자와 화제의 인물의 상하관계에 따라 제3자에게 경어형을 사용한다.

(B) 下方向에서 보이는 절대경어
> ·**對外**－화자 : 대학생/화제의 인물 : 교수/청자 : 교수의 자녀, 이들 3자간의 관계에
> 서 보이는 청자 경어법

화자는 청자와의 연령의 상하판단에 따라서 화제의 인물과 청자와의 관계에 영향을 받지 않고 청자에게 비경어형을 사용한다. 한국에서는 누구나 어린아이에게는 「너」, 「와라」와 같이 下方向의 비경어표현을 사용하며 안팎에 관계없이 어느 누구의 자녀에게도 어른＝위/ 아이＝아래라는 의식을 갖고 있다.

이처럼 한국에서는 위에는 ＋경어표현을, 아래에는 －경어표현을 사용하는 양극화 현상이 보이며, 上方向과 下方向의 양쪽에 있어서 절대경어용법이 보이는데 상하의식이 그 판단기준이라는 것을 나타내고 있다.

한국에서는 청자가 초등학생 정도까지인 경우는 어느 누구나 비경어형을 사용하는데 청자가 고등학생인 경우에는 젊은 사람들과 여성들은 경어형을 사용하며 장년층과 남성들은 비경어형을 사용하는 것을 관찰할 수 있다. 중학생과 고등학생인 경우는 외모로 보아 저학년인가 고학년인가에 따라 화자의 청자에 대한 상하판단이 달라져 경어형과 비경어형이 같이 나타나고 동시에 경어형도 비경어형도 아닌 얼버무린형이 함께 보이는데 20~60대 남녀 10명과의 인터뷰에서도 이 사실을 확인할 수 있었다[45].

한국인과 일본인의 언어행동과 문화의 차이

한편 일본에서는 상하관계에 따른 양극화는 보이지 않으며 對內(집안)用과 對外(바깥)用의 양극화가 보인다.

(A) 상대경어

〈바깥을 향해서 나타나는 상대경어〉

· 對外―세 스피치 커뮤니티에 있어서 화자 : S/화제의 인물 : S의 가족(혹은 같은 직장사람)/청자 : 외부인, 이들 3자간의 관계에서 보이는 제3자 경어법

〈집안에서 보이는 상대경어〉

· 화자 : 주부/화제의 인물 : 남편/청자 : 시부모관계에서 보이는 제3자 경어법

남편에 대한 경어형의 사용은 남편을 시부모 쪽으로 보는 용법인데 50대 이상에서만 보이며(4/33명), 40대 이하에서는 경어형의 사용률은 제로이다.

· 화자 : 대학생/ 화제의 인물 : 교수/ 청자 : 교수의 자녀, 이들 3자간의 관계에서 보이는 제3자 경어법

화자의 남녀차 및 친소관계 / 대화채널 / 청자의 연령, 이들 세 변수의 영향에 따른 場에 맞춘 상대경어적용법이 보인다.

(B) 절대경어

· 화자 : 주부/청자 : 남편 관계에서 보이는 청자 경어법

---

45) 인터뷰 대상 : 20~60대(각 세대 남녀 각1명) 10명
인터뷰 결과 :
　＋ : 경어형 /－ : 비경어형 / △ : 얼버무리는형

세대		20		30		40		50		60	
성별		남	여	남	여	남	여	남	여	남	여
청자	초등학생	−	−	−	−	−	−	−	−	−	−
	중학생	−	−	−	−	−	−	−	−	−	−
	고교생	＋	＋	−	＋	−	±	−	−	−	−
				△	△	△	△	△	△		

60대는 어떤 청자에게도 비경어형을 사용, 청자가 초등, 중학생의 경우에는 어느 세대나 모두 비경어형을 사용, 고교생에게는 화자의 세대와 성별에 따른 차가 보이는데 청자가 고학년인가 저학년인가에 따라 경어형, 비경어형, 얼버무리는형 등으로 들쑥날쑥한 사용법을 보여준다.

'남편에게 경어형을 사용하는가'에 대해 두 번의 조사를 실시했다.

> 〈첫 번째 조사〉 —어느 경우에나 사용하는 사람은 3/38명(전원 60대) 밖에 없으며, 어느 경우에도 사용하지 않는 사람이 9/38명이며, 때와 장소에 따라 사용하는 사람이 26/38명이다. 그 중에서 타인 앞에서 사용하는 사람이 26/38명이며, 시부모 앞에서 사용하는 사람이 11/38명이다.

> 〈두 번째 조사〉 —40대 이하는 전원 비경어형을 사용하며(26/26명), 50대에서는 4/7명이 경어형을 사용한다.

어느 경우에나, 또 조심스러워 해야 할 남 앞에서도 남편에 대해서 비경어형을 사용하는 것은 집안사람들간의 친소관계가 다른 요인보다 영향력을 발휘하는「場」의 판단에서 나온 청자 경어법이다. 다시 말해 청자 경어가 화자와 청자의 관계이외의 다른 요인에 영향을 받지 않는 용법이며 비경어형의 절대경어용법이라고 할 수 있다.

> · 화자 : 주부/화제의 인물 : 남편/청자 : 시부모, 이들 3자간의 관계에서 보이는 제3자 경어법

이 때 남편에게 경어형(4/33명)을 사용하는 것은 앞에서 말한 것처럼 상대경어이다. 한편 남편에게 비경어형을 사용하는 것은(29/33명) 평상시 남편에 대한 청자 경어에서 사용하는 비경어형과 동일형으로 화자와 남편과의 관계 이외에는 영향을 받지 않는 절대경어용법이다.

> · 화자 : 아이/화제의 인물 : 부모/청자 : 조부모, 이들 3자간의 관계에서 보이는 제3자 경어법

화자 : 주부/청자 : 남편 관계에서 보이는 청자 경어법과 같이 친소판단이 제일 강한 영향을 끼치는 '場'의 판단에서 나온 비경어형의 절대경어용법이다. 평상시 청자 경어에서도 비경어형을 사용하던 부모를 화제로 한 제3자 경어법에 화자와 부모사이의 관계를 제외한 어떤 요인도 영향을 미치지 않는 절대경어용법이다.

한국인과 일본인의 언어행동과 문화의 차이

이와 같이 일본에서는 친소관계가 무엇보다 중요한 판단기준이 되는 것을 알 수 있다. 일본의 경어용법을 「안」과 「바깥」으로 나누는 의식과 집(조직)안 가족(구성원)들간에 사용하는 경어용법에서 보이는 성질의 바탕이 되는 것은, 친소관계라는 것이 위에서 기술한 결과에 나타나 있다. 한편 한국의 경우는 상하의식이 무엇보다도 중요하다. 예를 들면 대학생의 청자호칭법에 나타난 것처럼, 남녀간의 간격을 없애어, 위에서 아래에 대해 쓰는 비경어형의 사용과 반대로 아래에서 위에 대해 쓰는 경어형의 사용에도 상하의식은 선명히 나타나 있다. 이와 같이 한국의 청자 경어법은 화자와 청자의 관계 외의 요인에 영향을 받지 않고, 제3자 경어법은 화자와 화제의 인물간의 관계 외의 요인에 영향을 받지 않는다. 이 점에서 한국의 대우표현은 「절대경어적 성질」이 강하다고 결론지을 수 있다. 그러나 동시에 화제의 인물과 청자간의 상하관계의 판단에서 나온 「상대경어적 성질」도 보인다. 한편 일본은 안팎간의 대우표현에는 제3자 경어에 화제의 인물과 청자의 관계가 영향을 끼치는 「상대경어적 성질」이 현저히 나타나고, 집(조직)안의 대우표현에는 화제의 인물과 청자간의 관계에 영향을 받지 않고 화자와 화제의 인물간의 관계의 판단에서 나온 「절대경어적 성질」이 보인다.

5) 간접호칭과 호칭회피

(A) 바깥에서 보이는 간접호칭과 호칭회피

간접호칭과 호칭회피는 한국 호칭법에서 많이 보이며 한국인의 대우행동의 특징을 나타내고 있다. 청자에 대한 직접호칭을 사용하지 않고 친족명칭을 사용하는 한국의 대학사회는 「집」과 유사한 집단이며, 아직 Gemeinschaft적 집단의 성질을 지니고 있다고 생각한다. 또 일반사회 전체에 있어서도 같은 직장이나 학교 선후배가 아니더라도 「언니/오빠/형/누나/아줌마/아저씨」 등의 친족명칭이 친밀감의 표시로나, 청자의 연령이 위이기 때문에, 또 다른 호칭을 사용할 수 없는 경우 등에 사용되며 또 例 : 가정부, 미용사, 운전기사 등에 대해 각각 연령과 성별에 따라 「아줌마/언니/아저씨」가 많이 사용되고 있는 것도 Gemeinschaft적인 성질을 나타내고 있다고 볼 수 있다.

한국에서는 같은 직장이 아니더라도 청자의 이름이 아니고 될 수 있는 대로 청자의 「직책」을 청자호칭으로도 사용한다. 이처럼 한국에서 학교친구 사이나 형이나 오빠, 누나가 동생을, 선배가 후배를, 부모가 미혼자녀를 부르는 경우를 제외하고 청자에 대해서 간접호칭을 많이 사용하는 것은 청자의 이름을 함부로 부르지 않기 위한, 즉 청자에 대한 경의의 표시라고 생각한다. 친족명칭의 확대사용이나, 어른＝上/ 아이＝下라는 의식에 따라 자녀의 친구에게도 그냥 「이름」만을 부르는 것은 사회전체가 Gemeinschaft의 요소를 지니고 있다고 볼 수 있다. 1960년대까지 대학생 사회에서 남녀 선후배 사이에서 보편적으로(뉴트럴하게) 사용되었던 「성명＋氏」가 사라지고, 대신 친족명칭이 널리 사용되게 된 것은 Gemeinschaft적 사회에 더 근접하게 된 언어 변화이며 사람들의 언어의식을 반영하고 있는 언어행동이다. 이와 같은 Gemeinschaft적 사회는 개개인이 독립된 개체로서가 아니고 서로 얽혀 있는 특징이 있으며 절대경어화 되어 가는 추세가 보이는 집안(uchi)과 같은 규칙으로 움직이는 사회전체도 역시 절대경어화 되어 갈 것이 예상된다. 이와 같은 Gemeinschaft적 요소는 부분적이고 간접적이기는 하지만 사람들의 시민의식을 고양시키는데 걸림돌이자 장애가 되는 하나의 요인이 되고 있다고 생각한다.

이에 비해 일본에서는 어려서부터 직접명칭을 사용하며 유치원에서도 「언니」/「오빠」와 같은 친족명칭이 사용되는 일은 없고 자기 자녀의 친구에게도 「비경어형 이름」만을 사용하지는 않는다. 또 혈연관계뿐만 아니라 혼인으로 맺어진 친족(처남, 동서, 매형, 시누이, 올케)간에도 직접호칭을 많이 사용하며 직장에서도 「직책」에서 직접호칭으로 변해 가는 직장이 많은 것은 상하보다 친소를 중요시하며 대우표현에 있어서는 남녀상하가 거의 대등하게 살아가는 사회를 지향하고 있는 것으로 보인다. 짧은 기간에 비교적 빨리 이룬 현대화와 사회발전의 근원은 이러한 사회구조와 사람들의 의식에 있다고 본다.

한국인 주부의 청자호칭법에서 보이는 것과 같이 청자의 이름을 부르지 않고 대신 「사모님」이나 「자녀이름＋엄마/어머니」, 「아줌마/아주머니」, 「할머니」 등의 친족명칭을 사용하는 것은 첫째는 상대방의 이름을 모르기 때문이다. 그러나 더 중요한 것은 이름을 알려고도 하지 않고 간접적 호칭에 별 문제의식을 갖지 않는 한, 결혼한 여성은 평생 본인의 이름으로 불리는 경우는 없어지고 말 것이다. 이

한국인과 일본인의 언어행동과 문화의 차이

와 같은 현상은 사회적 배경과 같은 관련이 있으며 오늘도 시가(媤家)족보에 며느리 이름은 기록되지 않고 단지 누구누구(친정 본관과 부친의 성명)의 長(次, 三…)女로만 기록되는데 그치고 있다. 이것이 그 집에 있어서 며느리의 위치를 말해주고 있다. 현재 여성운동가를 중심으로 본인의 이름을 사용하자는 움직임이 보이기 시작하고 있지만 아직 널리 파급되지는 못하고 있다. 여자는 결혼해서 아이가 태어나면, 「자녀이름＋엄마/어머니/엄마」로 불려, 사회적 활동이나 직업을 갖고 있지 않는 한 학교 친구사이를 제외하고는 평생 본명으로 불리는 일은 거의 없는 것이 지금의 현황이다.

이와 같이 한국인들은 직접호칭을 회피함으로써 상대방과의 마찰이나 충돌을 피하고 자신을 지키려고 하는 것이다. 이와 같은 현상은 학교시절의 친구들과는 언제까지나 이름을 부르는 것과는 대조적이다. 즉 이름은 어렸을 때부터 잘 알고 있는 사이에서는 부르지만 커서 알게 된 경우나 모르는 사이에서는 이름을 직접 부르는 것을 피하고, 대신 간접적 호칭을 사용하는 것이다. 적당한 호칭이 없어서 호칭을 피하는 것을 흔히 볼 수 있으며, 주부의 청자호칭법의 조사결과에도 4.43%로 나타났다. 경어가 적극적으로는 칭찬하는 말, 소극적으로는 피하는 말에서부터 생겨났다는 설(쓰지무라 1971)을 받아들인다면, 앞서 말한 주부의 호칭법에 한국인의 경어의식이 나타나 있다고 생각한다. 화자가 청자와의 상하관계를 가늠해서 청자를 손위로 인식하여 대우도가 높은 「사모님」을 사용하는 것은 청자에 대한 경의의 적극적 표시이며 손윗분에게 「성명＋氏」와 같은 직접호칭을 피하는 것은 소극적 경의 표시라고 해석할 수 있다. **한국인은 호칭 회피나 간접호칭을 통해 상대방과의 마찰이나 충돌을 피하고, 의사소통 오해를 미연에 방지하는 것이다.**

한국 사회에서 보이는 「선배님」, 「선생님」 친족명칭 등의 간접호칭은 직접호칭을 피해 공손한 대우표현법으로 사용되고 있지만, 한편 호칭회피는 공손히 행동하기 위해 취하는 적극적 행동은 아니고 적당한 호칭이 없기 때문에 할 수 없이 사용하는 경우가 많다. 이러한 역할을 Wang(1984)에서는 공손한 표현의 「negative strategy」로서 들고 있다. 한국이 일본통치로부터 독립한 후 사회계급이 붕괴되고 常民은 이전에 양반에게 사용했던 호칭법을 바꾸고 싶어, 이전에 쓰던 上向性 호칭대신 호칭회피나 친족명칭을 사용했다. 또한 적당한 호칭이 없는 경우에 사회적 갈등을 막기 위해 사용되며 호칭회피는 여성 쪽이 남성보다 더 많이 사용한다.

Braun(1988)에서도 인칭대명사를 직접 사용하는 것을 피하는 방법으로, 다른 대명사의 사용, 간접호칭 및 호칭회피 등을 들어, 이러한 방법들이 더 공손하다고 서술하고 있다. 다른 유럽어의 인칭대명사의 연구를 예로 들면 3인칭 복수형이 2인칭 단수형 대신에 사용되는 것은 직접호칭을 피해 상대방과의 거리를 유지하는 목적으로 사용되고 있다고 지적하고 있다. Brown & Levinson(1978)은 「negative politeness」는 「회피」에 주목적을 두고 있으며, 직접호칭의 회피는 상대방과의 과도한 접근회피에 있다고 주장하고 있다. 이와 같이 한국에서도 유럽에서도 직접호칭의 회피나 호칭회피를 공손한 표현법으로써 사용하고 있다.

(B) 한국과 일본의 집(조직)안에서 보이는 간접호칭의 성질

일본의 아이들 중심의 호칭법에서 나타나는 현상을 도이(土井 1971, 1974)에서는 일본인 특유의 「아마에(어리광/응석/기대고 의지함)」의 현상이라고 서술하고 있지만, 그 주장은 별로 설득력이 없는 것처럼 보인다. 申(1988)에서도 지적한 것처럼 「아마에」는 그것을 나타내는 표현과 정도의 차이는 있지만 다른 문화에서도 보인다. 한국은 일본에 비해 「아마에」의 성향이 더 강하지만, 아이들 중심의 호칭법을 그것과 관련시키는 것은 무리라고 생각한다. 그것보다는, 스즈키(鈴木 1968)의 주장이 더 설득력이 있다고 생각한다. 스즈키(1968)에서는 일본에서 부모가 자신의 자식이나 며느리를 부를 때 사용하는 「파파/마마」나, 또 부부 사이에 아내가 남편을 부를 때 사용하는 「otosan」이나, 남편이 아내에게 사용하는 「mama/okasan」은 「우리 집의」 아버지라던가 엄마라고 하는 의미로 사용하고 있다고 서술하고 있다. 즉 상대를 하나의 독립체로 보지 않고 친족(집)이라고 하는 질서계층 속의 존재로 여겨, 언어를 통해 그 체계 속에서 상대방의 자리 매김을 한다는 주장이다(1968 : 366).

이와 같은 「집(家)」 중심의 사고는 일본사회, 경제, 정치, 문화인류학적 사상을 다루는 많은 문헌 속에서 반드시라고 해도 좋을 정도로 다루고 있으며(나카네 1972, 1978, 오다카 1984, 우라베 1978) 모두 설득력이 있다. 일본어 상대경어를 이끌어 가는 가장 중요한 요인의 하나인 「안팎(uchisoto)」 의식도 「집」 제도에서 시작한다고 생각할 수 있지만, 아이를 매개체로 한 호칭을 그것과 직접 연결시키기에는 무리가 있어 보인다. 다른 문화에 나타나는 친족명칭의 사용법에서도 보이는 것과 같은,

한국인과 일본인의 언어행동과 문화의 차이

직접 호칭을 피하고 간접적 호칭을 사용하는 밑바탕에는 직접호칭에 대한 경외의
식이 있다고 생각한다.

한국의 예에서 보이는 간접호칭과 호칭 회피, 영어권에서 보이는 호칭 회피
(Trudgill 1974)나 간접호칭(Brown & Levinson 1978), 또 아이를 매개체로 하여 시부
모에게 사용하는 친족명칭(Wardhaugh 1986) 등에 일관되게 나타나는 것은 이름을
직접 부르는 것에 대한 경외의식과 간접적으로 호칭함으로써 공손함을 유지하려
고 하는 의식이다. Wardhaugh(1986)에서는 시아버지에게 Mr. Smith라고 부르는
것은 너무 형식적이고, Bill과 같이 이름으로 부르는 것은 너무 당돌한 것 같고,
Dad라고 부르는 것은 부자연스럽게 여겨져 호칭법으로 당혹감을 느끼던 며느리
가 아이가 태어나자 그 고민에서 해방되는 예를 볼 수 있다. 시부모를 Grandad,
Granma라고 부르고 아이들 중심의 친족명칭은 아이가 성장한 후에도 계속되어
사용된다. 그러나 일본에서는 며느리나 아들을 하나의 독립체로 여겨「이름」이나
「이름＋san」을 사용하는 경우도 많이 보인다. 이에 대해 한국에서는 며느리가 이
름으로 불리는 경우는 드물고, 아들도 아이가 태어나기까지는 이름으로 불리지만, 아
이가 태어난 후에는 이름으로는 안 불리고 대신「～에미/ ～애비」가 사용된다46).

일본에서 아이 아버지가 된 아들이나, 며느리에게「마마, 파파」를 사용하는 것
은 아이 부모인 어른에 대해서 이름만으로 부르는 것은 부족하고, 공손하게 하려
고「～さん(san)」을 붙이는 것도 타인을 대하듯 하여 어색한 느낌이 들어, 아이가
태어나면 그와 같은 번잡함을 피해 아이 중심의 호칭으로 옮겨간 것이라고 생각
된다. 한국의 젊은 세대에서 보이는 부부간의「엄마, 아빠」도 거슬러 올라가면 직
접호칭 회피나 적당한 호칭이 보이지 않기 때문에 궁여지책으로 사용한 것이 그
시초라고 생각된다. 이전에는 부부 사이에 서로「여보, 당신」을 사용했지만, 젊은
세대는 멋쩍어서 사용하기 힘들고, 상대방의 이름을 부르는 것도 결혼 후 시부모

---

46) 어머니는 딸에게「～어멈」을 사용, 아버지는「이름」을 부른다. 시어머니는 며느리에게「～에미」
　　를 쓰지만 시아버지는 며느리를 직접 부르는 일은 거의 없다. 이 결과에서 한국에서는 (시)어머니
　　부터는 간접호칭으로 불려지고 아버지(친정)로 부터는 직접호칭이 사용되는 것을 알 수 있다. 결
　　혼한 아들도 아이가 태어나면「이름」만으로는 불려지지 않고 어머니로 부터는「애비」, 장모로부
　　터는「아범」, 아버지(장인)으로부터는「이름」또는 지방에 따라「성＋서방」으로 불려진다. 이와같
　　이 가족 등의 상하간에 쓰이는 호칭법에는 화자와 청자의 성별에 의한 차가 보인다.

님 눈치가 보여 부르기 어렵다가, 아이가 태어나면 아이들 교육을 위해서도 아이 중심의 호칭으로 바뀌는 것이라고 생각한다. 인터뷰 결과, 결혼 전에는 서로 「이름」이나 「이름+씨」로 부르던가, 혹은 남성은 「이름」으로, 여성은 「이름+씨」 같이 사용하지만, 아이가 태어나면 교육상 서로의 이름만 부르기는 좀 어려워지고, 「이름+씨」는 결혼 전과 같은 사용법으로 멋쩍어 하는 것을 알 수 있다. 본인의 부모나 시부모/장인, 장모로부터 아들이나 며느리, 딸이나 사위에게 사용하는 「~애비(아범)/~에미(어멈)」과 같은 간접호칭은, 한 집안의 가장이나 시집 간 딸에게 「이름」만을 부를 수는 없고 또 이름을 직접 부르는 것을 삼가는 의식, 즉 청자에 대한 존중이나 배려에 기초한 대우표현이다. 이와 같은 간접호칭 사용이 한국에서는 더 강하게 일본에서는 약하게 보이는 차이점이 일본에서 결혼한 아들이나 며느리에게 사용하는 「이름」, 「이름+san」의 사용에 잘 나타나있다.

따라서 일본의 가족 간에서 보이는 아이중심의 호칭법은, 위에서 서술한 직접호칭의 회피와 간접호칭법에 나타난 여러 가지 요인으로 해석하는 것이, 여러 문화를 보다 일반적이고 폭넓게 이해할 수 있다고 판단된다.

4 대우표현의 남녀차에 나타나는 양국의 비교

한국에서는 이전과 비교해 상하간의 의식에 변화가 보인다. 윗사람이 아랫사람에 대해 종래와 같이 권위의식을 노골적으로 나타내는 것이 어렵게 되었다. 현대는 누구든지 자아의식이 강하여 위로부터의 강압에 반발하는 사회풍조가 보이고, 아래에서 위에 대한 상하의식은 이전에 비해 약화되었다. 위에서 아래에 대한 반말의 사용이 어려워져 가며, 아래에서 위에 대해 사용하는 대우표현의 대우도가 낮아지는 경향이 보이는데 이러한 언어행동의 변화는 상하의식의 변화를 반영하고 있다. 그러나 대학사회에서는 자연집합집단인 가족과 같이 위에서 아래에 대해서는 비경어형, 아래에서 위에 대해서는 경어형을 사용하고 있다. 이런 현상으로

한국인과 일본인의 언어행동과 문화의 차이

부터 학교사회는 일반사회와는 달리 이른바 집(家)의 擬似集團이라고 할 수 있다.

그러나 한국사회에서는 유교의 영향이 여전히 강하며 연장자, 지위가 높은 사람, 남성이 우위를 차지하고 있다. 아내가 외부사람을 청자로 하여 남편을 화제로 할 경우에는 남편에 대해 경어형을 사용하는 절대경어가 보이는데 남편이 아내를 화제로 할 때는 경어형을 사용하지 않는다. 직장의 上位者를 청자로 하여 同位者를 화제로 할 경우에도 마찬가지로 남녀차가 보인다. 따라서 한국에서는 남녀차를 상하관계로 볼 수 있다. Trudgill(1982)은, 남녀의 사회적 역할의 차가 크면 클수록 언어의 차가 엄격하다고 하며, 언어에서 보이는 남녀차는 남녀에 대한 사회적 태도의 차와, 사회적 상징으로서 언어를 구사하고자 하는 남녀간의 의식 차에 있다고 서술하고 있는데 이것은 한국사회에 있어서도 마찬가지이다. 남녀차를 Trudgill(1983)은 「사회적 차이(social difference)」라고 해석하고, Sohn(1983)은 남녀의 역할은 사회·문화적으로 개인의 선택의 여지가 별로 없는 것을 이유로 「힘의 관계(power)」 안에 포함시키고 있다. Wardhaugh(1986)에서도 언어에서 보이는 남녀차를 그 사회에 존재하는 「힘의 관계」로 보고 (1)가정교육, (2)사회에서의 역할의 차에 있다고 지적하고, 앞으로 (1)과 (2)의 요인을 없애야만 언어사용에 나타나는 남녀차를 감소시킬 수 있다고 말하고 있다. 때문에 남녀간의 의식 차를 그대로 두고 언어차만 없애는 데는 한계가 있다고 주장하고 있다. 요컨대 언어상의 남녀차는 언어의 차이뿐만 아니라 많은 경우에 문화의 차이에서 비롯된다고 말 할 수 있다.

Trudgill(1983)은 여성이 남성보다 표준형의 언어사용을 선호한다고 말할 수 있고, Ide(1982)는 여성이 남성보다 공손한 형을 더 좋아한다고 말하고 있으나, 한국에서도 그대로 적용되는가? 앞서 말한 바와 같이 한국에서는 상하관계를 분별하는 능력에서 남성이 여성보다 우위에 있다. 그 원인은 군 복무에 따른 엄한 훈련과 사회현상의 영향에 있다고 주장한 바이다. 그러나 공손함과 관련해서 어느 쪽이 더 공손한가는 한 마디로 말 할 수는 없다. 언어행동이나 언어태도의 표현양식이 남녀가 다르고 대우행동을 나타내는 언어표현도 남녀가 다르기 때문이다. **여성은 남성보다 공손하며 남성은 정중하다고 말하는 편이 적합하다고 생각한다**[47].

---

47) 「공손」은 다소곳한 태도로 일본어의 「丁寧」에 대응하여 사용하고 「정중」은 formal하고 듬직한 태도를 가리켜 일본어의 「丁重」에 대응하여 사용한다.

Ⅵ. 양국어의 대우표현법의 특징 및 대우행동의 핵심

종래 한국에서는 부부간의 상호존중을 기본으로 하여 서로 경어형을 사용했다. (지방의 차이는 있지만 현재 80대 이상의 세대) 그 다음세대(80대 이하)는 남편은 아내에게 비경어형의 스피치 레벨을, 아내는 남편에게 경어형의 스피치 레벨을 사용했다. 청자호칭에서 서로 「여보/당신」을 사용하는 것은 예전이나 지금이나 다름이 없다. 젊은 세대(30대 이하)의 부부사이에서는 서로 비경어형의 스피치 레벨을 사용하게 되었으며 청자호칭에서도 「여보/당신」 대신에 「자기」의 사용, 남편이 아내에게 「경칭 없는 이름」만을 부르는 경향이 생겨나고 있다. 이에 비해 아내가 남편에게 경어형을 사용하는 예는 여전히 많아 보인다.

이와 같이 집안에서의 부부간의 청자 경어, 바깥에 대한 제3자 경어에 있어서 남성우위 의식이 보여, 한국사회가 여전히 남성우위인 것을 나타내고 있다. 그러나 집안에서 아내가 친정부모나 시부모를 청자로 하여 남편에 대해 이야기할 때 남편에 대한 경어를 삼가는 상대경어만이 보이는 것은 가족 간의 상하의식이 남성우위의식보다 더 중요시되는 것을 말해주며 한국인의 강한 상하의식을 나타내주고 있다.

한편 일본어의 이름에 붙는 접사 「~san」은 화자와 직접관계가 있는 손위 사람을 제외하고는 화자와 청자간의 남녀·상하에 관계없이 사용된다. 그 영향으로 바깥사회에 있어서는 한국만큼 큰 남녀차는 보이지 않는다. 그밖에 이름을 이용한 호칭에는 여성들 사이에서 또는 여성청자에 대해서 많이 사용되는 「chan」, 남학생들 사이에서 많이 사용되는 「경칭 없이 성만 부름(LN : Last Name)」이 있는데 이런 것들은 친소의식이나 동료의식에 영향을 받는 호칭이지 남성우위 의식에 영향을 받는 것은 아니다. 부부간의 청자 경어에 나타나는 남성우위는 여전히 보이지만 40대를 경계로 하여 젊은 세대에서는 남녀평등의 언어행동이 증가하고 있다48).

일본에서는 청자호칭으로서 종래에는 남편이 아내에게 「경칭 없는 이름(FN : First Name)」이 사용되었으며 아내가 남편에게는 「anata(당신)」을 사용하였다. 지

---

48) 40대 이상의 세대에서는 많은 경우 아내는 남편에게 「パパ/お父さん(papa/otosan)」을 많이 사용하고 남편은 아내에게 「이름+chan」/「애칭」 등이 보이는 한편 서로 「이름」을 사용하는 부부도 증가하고 있다. 스피치 레벨은 40대 이하의 아내는 전원 비경어형을 사용, 남편은 어느 세대나 비경어형을 사용한다. 남편이 아내에 대한 사용법도 인터뷰(30, 40, 50, 60, 70대－각 세대 1명)에 의한 것으로 아내의 남편에 대한 사용법은 IV.2.2)를 참조바람.

한국인과 일본인의 언어행동과 문화의 차이

금의 젊은 세대에 있어서는 남편이 아내에게는 「경칭 없는 이름(FN)」, 「FN+chan」, 「애칭」 등을 사용하며, 아내가 남편에게는 「otosan(아버지)」, 「papa(아빠)」와 같은 아이중심의 호칭과 「FN+san」이나 「애칭」이 많이 보이는 한편, 「경칭 없는 이름 (FN)」의 상호사용이 증가하고 있다.

양국의 부부간의 언어행동에서 보이는 남녀차를 종합해보면 종래의 남존여비 에서 남녀평등으로 변화해 가기는 하는데 여전히 남성우위 의식이 존재하고 있다 고 볼 수 있다. 그러나 한국에서도 대학생 사회에서는 남녀 동급생 사이에 상호 비경어형의 호칭과 스피치 레벨이 사용되고 있다. 이와 같이 남녀 언어행동의 변 화에서 보이는 특징은 다음과 같이 정리해 볼 수 있다. (1) 동급생 사이에서 「경칭 없는 이름」이나 비경어형의 스피치 레벨의 사용은 반드시 친소의식에 영향을 받 는 것이 아니라 동료의식을 나타내는 것이다. 선배가 후배에게 비경어형을 사용하 는 것도 마찬가지로 「친밀감」이 반드시 필요조건이 되는 것은 아니고, 동료의식이 중요하다. 친족이 아닌 선후배간이나 동급생들 사이에서 사용되는 친족명칭이나 「경칭 없는 이름」 및 비경어형의 스피치 레벨의 사용법에서 특히 두드러지는 현 상은 젊은 세대의 언어행동을 특징지어주는 편함을 찾는 의식과 언어태도이다. 또 (2)젊은 세대 남녀차가 윗세대(중년 이상)의 남녀차에 비해 비교적 작은 것과 (3)새 로운 언어사용법은 젊은 세대들에 의해 시도된다는 것을 지적할 수 있다.

5 한국어와 일본어 대우표현에 나타나는 사람들의 의식 및 사회적 배경

양국의 대우표현에서 보이는 절대경어적 성질과 상대경어적 성질의 차이는 어 디에서 비롯된 것인가? 직장의 성격에 따른 양국 간의 차이를 검토해 보자. 이하 는 관찰 및 인터뷰에 의해 얻어진 결과이다.

● 인터뷰 대상

- 한국(20명)－30~40대의 LG 남성사원 3명/ 30대(KBS근무)와 40대(장기신용근무)의
  여성 2명/ 대학교수여성 5명/ 그 외 남성10명 : 대기업중역 4명, 은행부장 2명,
  국립연구소소장 1명, 대학교수 2명, 신문사 논설위원 1명
- 일본(27명)－미쓰비시상사 남성사원 8명과 여성사원 2명/ Sony남성 3명과 여성 1
  명/ Schwepps여성 2명/ 東海銀行 남성 3명과 여성 1명/ 대학여성 사무직원
  5명/ 대학 남성교수 2명

먼저 한국직장에서 사용되는 호칭에 대해 살펴보면 위에서 말한 것처럼 직책을 가진 사람에 대해서는 모두 「직책」으로 부르며 그렇지 않은 경우에는 남성들간에서는 「성명＋氏」를 사용하고 상사가 남성에게는 「Mr.＋성」, 여성에게는 「Miss＋성」을 사용한다. 그러나 이와 같은 예는 상사가 남성인 경우의 예이며 여성 상사로부터 여성 부하에 대해서는 「Miss＋성」은 사용하지만 남성에 대한 「Mr.＋성」은 외국계 기업을 제외한 한국의 일반 직장에서는 보이지 않는다. Miss/Mr./Mrs.는 원래 영어사용권 사회에서는 경칭인데 한국에서는 손위 사람에게는 사용할 수 없으며 경칭으로 취급되지 않고 있다. 남성 상사로부터 여성 부하에게 사용하는 것은 여성의 학력에 관계없이 용인되고 있으나, 여성 상사로부터 남성 부하에게 사용하는 Mr.는 외국계 기업에서는 보이지만 주로 상대 남성이 고졸이며 전문직이 아닌 경우에 사용된다. 또 고졸 남성은 대졸 여성에 대해 「성명＋氏」를 사용하고 있지만 그 반대의 사용은 단순하지 않으며 다음과 같다.

● 인터뷰내용

例1 : 서울에 있는 장기신용은행(후에 국민은행과 합병) 본점의 여성대리(40세)

장기신용은행에서는 「주임」이라는 오로지 호칭하기 위한 호칭이 만들어져, 실제로는 주임이 아닌 평사원이나 신입사원을, 단지 청자가 대졸 남성이고 화자가 고졸 여성인 이유만으로 「주임」이라 부르고 있다. 실제 이 은행에서 「주임」이라는 직위는 존재하지 않는다. 학력에 의한 전문직(professional)과 비전문직(non-professional)

한국인과 일본인의 언어행동과 문화의 차이

사이의 차는 매우 크며 거기에 남성우위 의식이 이와 같은 언어행동을 초래했다고 말할 수 있다.

例2 : KBS방송국의 여성 P.D.(35세-K)

여성사원은 아직 지위가 없는 남성에 대해 「성명＋氏」를 사용할 수 없으며 당사자 가까이 가서 호칭없이 이야기를 하며, 남성화자는 미혼 여성에게는 「Miss＋성」이나 「성명＋氏」를 사용하지만 결혼한 여성에게는 「성＋여사님」을 사용한다. 이에 대해 K는 직장 내에서의 「여사님」은 적절하지 않으니까 「성명＋氏」라고 불러달라고 요청해 현재 「성명＋氏」로 불리고 있다. 그러나 여성에 대해서 남성이 「성명＋氏」로 불러달라고 말하는 경우는 보기 힘든 것이 지금의 언어 현실이다.

이상 어느 직장의 호칭법을 보더라도 한국사회의 남성우위 의식과 남녀간의 호칭법의 어려움이 드러나 있다.

일본에서는 이와 같이 남녀차별적인 호칭은 보이지 않고 남성에게 쓰는 「君」, 여성에게 쓰는 「chan」과 같은 남녀 구별적인 호칭이 있으나 최근의 현상으로 여성이 남성에게 「君」이라 부르는 것이 대학이나 직장에서 젊은 세대들 사이에 나타나고 있다. 양국의 대우행동의 차이는 일에 대한 프로의식(professionalism)과 관련해서 생각해야만 한다. 일본사회는 어떠한 직업에 있어서도 프로의식이 강하며 권위의식을 노골적으로 나타내는 일은 없다. 물론 민주주의와 개인주의가 발달한 서양 선진국에 비하면 일본에서도 권위의식이 존재하는 것은 확실하며 나카네(1967, 1972), 오다카(1984)에서도 지적되고 있다. 프로의식이 특히 잘 나타나 있는 것이 가업의 전승이다. 일본에서는 대대로 이어지는 가업을 소중히 지키며 더 좋은 상태로 갈고 닦아 더욱 발전시켜 자자손손 이어가고 있다. 이와 같은 프로의식은 일에 대한 자존심을 갖게 하며 타인에게 군림할 필요도 비굴할 필요도 없다. 즉 쓸데없는 권위의식은 필요치 않은 것이다.

이에 비해 현재 한국사회는 권위의식과 남녀차별의식이 여전히 강하다. 유교나라인 한국은 오랜 세월 동안 남성우위 사회가 계속되었고 또 1960년대 초부터 30여년간 지속적으로 정치적 권력을 쥐어온 군사정권이 한국사회의 권위주의와 남

성우위의식을 보다 강화시킨 한 요인이 되었다. 한국에서는 대졸자는 자동적으로
전문직으로 인정되며 고졸은 비전문직으로 취급되어 양자간의 격차가 크고 대졸
자는 고졸자에 대해 권위의식을 갖는다. 한편 진정한 프로의식은 발달하지 못하고
직장 내 일의 영역구별도 분명치 않기 때문에 남성은 용인된 사회적 힘을 이용하
여 일하는데 있어서 여성에게 불리한 입장을 강요하는 경우도 있다. 과잉된 권위
의식과 남녀차별의식이 여전히 뿌리깊은 직장 내에서는 대인관계에 있어서 불필
요한 신경의 소모를 포함한 역기능이 생긴다. 대졸남성 신입사원은 입사직후부터
연장자인 회사의 운전기사에게 「성＋기사」라 부르며 직책에 「님」을 붙이지 않는
경우를 많이 볼 수 있다. 이렇게 해서 자신은 대졸 전문직이라는 것을 과시하며
권위의식을 나타낸다. 한편 여성의 경우는 자신의 직책에 관계없이 「성＋기사님」
이라고 부른다. 이것은 언뜻 보아 여성어나 미화어로 여겨질 수도 있으나 한국사
회의 뿌리깊은 남성우위의식에 기인한 언어행동이라고 보는 것이 타당하다고 생
각된다. 운전기사도 전문직이며 대졸이 아니라는 이유만으로 남성 화자로부터 대
등하게 대우받지 못하는 경우 한국사회가 얼마나 권위를 중시하며 프로의식이 결
여되었는가를 여실히 보여주고 있다. 호칭에 관한 망설임이나 주저는 이와 같이
프로의식의 희박함과, 그에 따른 일의 영역의 구별이 명확하지 않은 것도 하나의
요인이 되고 있다49).

　한국사회에서는 인간관계에 있어서 항상 염두에 두는 것은 양자간의 상하관계
이다. 상하관계를 모르는 한 적당한 호칭을 선택할 수 없어 호칭을 피하는 화법을
사용하든가 직접 상대방의 나이를 묻든가 한다. 질문을 받은 쪽에서는 당황해하는
경우도 있지만 나이를 묻는 쪽에서는 태연한 경우가 많다. 중년 이상의 연령층에

---

49) 이 연구조사는 많은 부분이 1980년대에 이루어지고, 그 후 1990년대 중반에 재조사, 추적 조사를
　　하고, 그 후에도 최근(2003)까지 인터뷰 등을 통해 수정·보완하였다. 대학사회의 「교수/선생/박사」
　　에 대한 호칭조사는 1992년과 2002년 결과가 동일하나, 다른 결과는 재조사할 경우 변화가 보일 수
　　도 있다.
　　　직장에 따라 운전기사에게 「성+형」으로 불러 예우를 하는 경우도 볼 수 있으며, 직장 분위기, 화
　　자의 성격, 화자와 청자의 친소관계, 연령차 등에 따른 변이가 나타난다. **수년 전부터(2005년을
　　기점으로) 가정에서 고용한 운전기사에게는 처음부터 「성+과장」이라는 직책으로 불러 직장과
　　는 다른 양상을 보이고 있다. 이는 직장과 달리 채워지지 않는 직위에 대한 갈망을 명칭만으로
　　나마 충족시켜주는 것으로 해석할 수 있다.**

　　한국인과 일본인의 언어행동과 문화의 차이

서는 연령에 관한 질문은 거의 아무런 문제없이 받아들여지고 있다.

　일본사회에서는 직접적인 관계가 없는 사람에 대해서는 상하, 남녀에 상관없이 「성＋san」을 사용할 수 있다. 직접적인 관계가 없는 사람이라고 명시한 이유는 손위의 아는 사람에게는 사용하지 않는 경우가 있기 때문이다. 「san」의 영향으로 일본에서는 호칭의 선택으로 인해 야기되는 불쾌감이나 개인적인 감정의 갈등 등이 한국에 비해 적어 보인다. 직장의 직책에서 물러난 경우, 호칭은 「성＋san」으로 되돌아간다. 이것은 일본사회의 프로의식의 명확성을 반영해주고 있다. 한국은 어떤 직책이나 지위에서 물러난 다음에도 그 사람의 경력 중에서 제일 높은 지위의 직책으로 부르는 것이 일반적이다. 예를 들면 장관직을 물러난 후 그보다 더 높은 사회적 지위에 오르지 않은 前장관에 대한 청자호칭으로는 「～장관」을 사용하며, 「전직장관」이라고 사용하는 것은 신문 등에서 언급될 때뿐이다.

　근대 한국사회는 위로부터 양반, 중인, 상민, 천민의 네 계급으로 되어 있었다. 이전에는 그 위에 왕과 왕족이 있었다. 양반은 관직에 오를 수 있는 지배계급이며 중인은 특수한 기술직에 종사하는 계급, 상민은 평민으로 불려 농민과 상인 및 수공업에 종사하는 사람들이고, 천민은 주로 노비를 말한다. 양반은 아래 세 계급에 대해 下待50)를 하고 아래계급은 양반에 대해 경어를 사용했다. 계급에 의한 신분차가 없어진 것은 1945년 일본으로부터 독립한 이후의 일이다. 그렇지만 여전히 氏族이 여러 대에 걸쳐 살고 있는 지방의 전통적 마을에서는 종래의 계급에 따른 다른 레벨의 경어 사용을 관찰할 수 있다. 이와 같은 예는 전통적인 양반 마을에서 실시한 Wang(1984)의 조사에서도 나타나있다. 그러나 사용되는 경어의 레벨에 작은 차이가 있으나 이전에 양반계급이었던 사람이라도 아래계급에 대해 下待를 하지 않고 서로 경어를 사용하고 있다. 이처럼 상하의 차가 줄어든 것은 전쟁 때문에 사회가 혼란에 빠지고 또 아래 계급이 경제력을 갖게 되어 기존의 상하관계가 무너져 버렸기 때문이다. 그 배경에는 6·25 동란 후 1950년대에 실시된 토지개혁에 의한 지주와 소작인 제도의 폐지가 있다. 계급 차가 제도적으로 없어진 것은 그 무렵이다. 그 후 1960년대 제3공화국의 경제부흥 정책이 원동력이 되어 사람들

---

50) 청자에 대한 스피치 레벨 중 대우도가 가장 낮은 것으로 보통 「반말」로 불리는 것이다.

Ⅵ. 양국어의 대우표현법의 특징 및 대우행동의 핵심

의 생활이 전반적으로 나아졌다. 능력만 있으면 상류계급에 들어갈 수 있고 사회 계급이 유동적으로 되었다. Wang(1984)에서는 현대로 들어와 한국에서는 「후천적 지위(achieved status)」가 「선천적 지위(ascribed status)」보다 현저하게 높아진 것을 사회변화의 특징으로 들고 있다(Wang의 연구는 I. 참조). 이상 살펴본 역사적, 사회적 배경과 함께 기독교의 전파와, 서구적 사고방식의 유입과 평등의식이 초래한 유교의 쇠퇴와 같은 정신적 배경이 있다. 종래의 상하의식의 약화를 초래한 이러한 배경의 바탕에서 사람들의 언어의식과 언어사용법에 변화가 생긴 것은 당연한 것으로 생각된다.

사회적 계급의 유동성은 일본에서도 볼 수 있으며 나카네(1967)에서도 지적하고 있다. 한국도 일본도 어떤 직업의 부모를 가진 사람(어떤 계층의 사람)이라도 일류대학을 나와 출세하면 계층의 상승이 가능해진다. 이와 같은 가능성이 한일 양국 사회에 교육열의 과열을 초래한 것이다. 일본인의 「縱的」의식은 개인의 능력 차를 인정하지 않고 만인평등주의에 기초하고 있으며 이것이 일본사회에 계급의 유동성을 몰아왔다고 나카네(1967)는 주장하고 있다. 한편 한국은 종래부터 상승지향의식이 강하고 개인의 능력 여하에 따라 얼마든지 상류계급으로의 이동이 가능하게 되었다. 이와 같이 양국의 계급에 대해 지향하는 도달점은 똑같은 것으로 보여도 바탕에 있는 의식은 다르다고 말할 수 있다.

일본에서도 이전에는 위로는 천황과 황족을 정점으로 하여 士農工商의 네 가지 신분계급이 있었다. 무사(士)와 三民, 즉 백성(농민)과 町人(工商)의 사이에는 넘지 못할 신분의 차가 있어 三民은 무사에 대해 경어를 사용하며 무사는 三民에 대해 경어를 사용하지 않든가 사용해도 한 단계 낮은 경어를 사용했다. 상인은 신분으로는 최하급이었으나 일찍부터 상업적 기질을 발휘하여 실리를 추구했던 것은 한국과 크게 다른 점이다. 일본에서는 에도 시대의 大商店에서 현재의 대기업으로 발전한 미쓰이, 미쓰비시, 스미토모 등이 있으며 대규모 백화점인 미쓰코시, 다카시마야, 마쓰야 등도 전신은 에도 시대에 창업한 기모노 상점이다. 오늘날 일본이 이룬 부를 받쳐주고 있는 「연공서열(年功序列)」은 이미 그 시대부터 존재하고 있었던 것이다. 직장 내의 청자호칭법에 끼친 연공서열의 영향에 대해서는 직장의 조사결과에서 지적한 바이다.

한국인과 일본인의 언어행동과 문화의 차이

양국의 대우표현의 차이를 초래하고 일본어 대우표현의 판단기준이 된 안팎의
식의 근원은 어디에 있는가? 그것은 家長제도에서 유래한다고 판단되어진다. 혈
연중심의 가족의 형태가 그대로 확대된 것이 일본 기업이라고 할 수 있다(나카네
1967). 기업은 가장을 중심으로 연공서열을 그 특징으로 하여 조직전체가 고도의
폐쇄성과 집단성을 지닌 운명공동체를 형성하고 외부와 내부를 엄격히 구별한다.
이익집단임에도 불구하고 gesellschaft적 상황을 억제하고 가능한 한 gemeinschaft
적 상황에 접근시킨 것이 일본적 경영의 정책이며 公利共生的, 集團優先의 가족
제도가 안팎의식을 낳게 된 것이라고 생각된다. 이처럼 기업의 「家(ie)」의식은 동
업종간의 호칭에 잘 나타나 있다. 예를 들면 미쓰코시(백화점) 직원이 다카시마야
(백화점)를 가리킬 때 사람이 아니라 기업을 지칭하는데도 「다카시마야 상(高島屋
san)」처럼 「san」을 붙인다. 일반 상점을 지적할 경우에 사용하는 「うどん屋
(udonya)san(우동가게), 肉屋(nikuya)san(정육점), 八百屋(yaoya)san(야채가게)」 등에서도
상점을 하나의 「家」로 보는 의식이 나타나 있다. 가족 이외의 사람에 대해 가족을
겸양어로 표현하는 것과 같은 rule이, 직장 외부와 직장 내부와 같이 확대된 안팎
관계에도 적용되고 있다. 그 배경에 개인을 드러내지 않는 집단성이 있다는 것은
다음과 같은 예를 가지고도 증명할 수 있다. 의사나 변호사와 같이 자유업을 가진
사람들은 특정한 집단에 속해 있는 것이 아니고 또 대학교수는 조직에 속해 있으
면서도 기업인과 같은 운명공동체 의식이 없이 개개인이 독립한 존재이다. 이런
경우는 비서나 조수가 외부인을 청자로 하여 상사를 화제로 할 경우, 제3자 경어
사용에서 「경칭 없는 이름」이나 비경어형의 스피치 레벨은 사용할 수 없고 청자
경어와 같은 규칙을 사용한다.

안팎의식은 또 자신과 타인과의 경계에 만감하며 실리를 지향하는 일본인의 성
격에서 유래한다고 생각한다. 자기 영역에 타인을 들여놓지 않는 일본인의 행동이
나 태도는 외국인에게 소외감과 넘을 수 없는 異文化의 벽을 느끼게 한다. **나와
남 사이에 선을 긋는 것은 그야말로 안팎의식의 근간이 되며 그것이 집안과 바깥
과의 사이에 상대경어를 낳게 했고 집단성이 확대된 조직안과 외부간에 상대경어
를 초래하게 된 것이라 판단된다.**

「uchi(집안)」의 인식개념에 대해 나카네(1967 : 49)는 다음과 같이 서술하고 있다.

Ⅵ. 양국어의 대우표현법의 특징 및 대우행동의 핵심

"일본인에 의한 「uchi」의 인식 개념은 「ヨソ者(yosomono＝남)」 없이 「ウチの者 (uchinomono＝우리식구)」만으로 뭐든지 할 수 있다고 하는 극히 자기 중심적이고 자 기 완결적인 입장을 취하고 있다. …일본사회에서는 전체적으로 보아 대단히 단일 성이 높고 집단이 場에 의해 이루어지기 때문에 조직의 틀을 항상 확실히 해두지 않으면－집단 구성원이 …항상 남과는 다르다는 것을 강조하지 않으면－남과 구 별이 안되기 십상이다. 이 때문에 일본의 집단은 저도 모르는 사이에 강한 「우리」, 「남」의식을 강조해 버리고 만다고 하는 집단구성의 질이 문제가 될 것이다". 이와 같은 일본인의 집단의식에 대해 金(1994：60)에서는 한국인의 의식과 비교하면서 다음과 같이 주장하고 있다. "…한국인과 일본인의 기본적 성격, 즉 그들의 원형 이 다른 것은 자연주의적 혈연의식이 강한 한국사회와 인위주의적 집단의식이 강 한 일본의 마을 조직에 나타나 있다". 이와 같은 일본인의 안팎의식이 상대경어를 이끌어낸 것이라고 판단할 수 있다.

역사적 배경이나 사회적 상황은 사람들의 의식에 영향을 미치며 그 결과 사람 들의 언어태도에는 그런 영향이 나타난다. 한국은 오랫동안 유교를 예의도덕의 규 범으로 삼고 살아왔다. 유교는 君臣, 父子, 夫婦 등 상하간의 질서를 존중한다. 그 러나 1950년~1953년의 6·25동란과 1960년대부터 시작된 경제부흥에 따른 **급변 하는 사회 속에서 표현형식과 상하의식에 변화는 보이고 있으나 상하의식 자체의 소멸로까지 이른 것은 아니고 상하관계에 대한 집착은 예나 다름없이 지속되어 왔으며 지금도 여전히 한국인의 대인관계의 지표가 되고 있다. 이런 상황 속에서 한국인은 인정이 많고 속이 깊은 성향과 자기 주장이 강하여 타인에게 자신을 맞 추기보다는 자신을 내세우는 성질의 양면을 지닌 민족으로 살아왔다**(金 1983, 1985 참조). 이에 비해 일본은 운명공동체라는 같은 배 안에서 자기주장보다는 타인에 게 자신을 맞추려는 성질과 남에 대한 배려에다 실리추구(능률 우선)[51]와 운명공동 체의 집단성이 합하여져 오늘날과 같은 경제성장을 이루어낸 것으로 생각된다. 이와 같은 배경과 상황 속에서 자기 중심적 사고와 상하의식이 강한 사람이 많은 한국은 절대경어의 보존과 유지 또 강화를 보이고 있으며 집단과의 관계 속에서

---

51) 金(1983)에서는 실리와 능률우선을 같은 뜻으로 사용하고 있다.

한국인과 일본인의 언어행동과 문화의 차이

존재하는 일본은 상대경어의 발달을 이룬 것으로 생각된다.

이와 같이 양국의 대우행동에 나타나는 절대적 성질과 상대적 성질을 설명할 수 있는 요인을 양 사회의 도덕성, 종교성과 관련지어 서술하고자 한다. 나카네 (1967)에서는 일본인들은 사람과 사람의 관계를 무엇보다 우선시하는데 이와 같은 사회는 종교적인 것은 아니고 도덕적인 것이라고 말하고 다음과 같이 주장하고 있다. "종교가 기본적인 의미에서 절대성을 전제로 하고 있는데 반해 도덕은 상대적인 것이다"(나카네 1967 : 170). 이에 비해 한국인은 종교성이 강한 사람들이라는 것을 다음과 같은 사실로써 설명할 수 있다. 유교, 불교, 기독교를 한국과 일본 모두 받아들였으나 그 수용방법이 크게 다르다. 우선 큰 차이는 한국은 어느 종교든 그 종교가 일어난 근원지(전파국)로부터 직접 받아들이고 또 그 나라보다 더 전통을 굳게 지키고 있는 데 비해 일본은 모두 일본식으로 바꾸고 수용한 점이다. 이와 같은 종교의 수용방식에 대해 사카이야(堺屋 1991)에서는 다음과 같이 지적하고 있다. "일본인은 종교적 계율에 구애받지 않고 …모든 문화에서 형편에 맞는 부분만을 받아들이는 습관이 몸에 배었다"(1991 : 143). "외래의 불교조차도 이 나라에 들어오면 급속하게 聖典과 계율이 없어지고 「장점만 취함」의 대상이 되어 버렸다. 즉 체계적인 절대적 정의감이 이 나라에서는 자라지 못한 것이다"(1991 : 144). "불교가 流入되었을 때 복수의 종교를 동시에 믿는 습관이 확산되어 …" 이와 같은 지적은 종교에 관한 일본인의 의식을 잘 나타내고 있다고 생각된다(1991 : 160). 이 밖에 일본의 종교와 한국, 일본, 중국의 유교에 대해서는 각각 金(1985), 시바(司馬 1994)를 참조하기 바란다52).

유교의 경우 한국에서는 종주국인 중국보다 더 본래의 규율을 보존, 유지하고 있다고 볼 수 있다53). 상하의식이 강한 것은 본 연구의 조사결과에도 잘 나타나 있으며 長幼有序의 행동은 도처에서 보인다. 상하의식과 관련된 본 연구결과는

---

52) 金(1985)은 일본에서 세계적으로 통용되는 종교가 생기지 않은데 대해 논하고 있으며, 司馬(시바, 1994)는 일본에 불변성의 사상이 없는 것과 한국, 일본, 중국의 유교에 대해 비교하고 있다.

53) 한국에서는 1997년 7월초까지도 동성동본간의 결혼이 법률로 금지되어 왔지만 중국에서는 오래 전에 폐지했다. 상하의식도 한국 쪽이 더 강하고 전보다 더 강화된 부분까지 있으나 중국에서는 1920년대 공산주의를 채택한 이래 약화되었다고 한다. 한국의 유교에 대해서는 金(1983, 1985), 한일 양국의 유교에 대해서는 金(1994)을 참조하기 바람.

이미 언급하였기에 생략하고, 여기서는 한국에서는 보이고 일본에서는 보이지 않
는 다음 예를 들어보기로 한다.ㅡ조상 대대를 위해 제사를 지내는 것, 부모는 물론
형 앞에서도 흡연을 삼가는 행동, 손위 사람으로부터 물건을 받을 때는 두 손으로
받는 행동, 결혼한 형이나 누이, 언니, 지방에 따라서는 미혼의 형에게 경어를 사
용하는 등의 예로, 유교는 오늘날의 한국에서 종교라기보다는 생활의 기본이 되어
있다. 100여 년 전 한국에 들어온 기독교도 일본 기독교의 200여 년에 비하면 상
대적으로 짧지만 한국인들의 신앙심은 뜨거워 신자도 전 인구의 27.2%를 차지하
는 약 1,285만 명(2003, 통계청)에 달해 수적인 면에서도 일본(0.72%)의 약 91만 명
(2005, 크리스트교연감)에 비해 대단히 많다. 기독교 신자의 수는 오늘날도 증가하고
있으며 지금은 전 세계에 선교사를 내보내고 있다54). 한편 일본에서는 종교를 절
대적 가치관이라기보다는 생활의 방편으로 여기고 있다는 것을 다음 예에서 알
수 있다. 정월이나 아이가 태어났을 때는 神社에 참배하고 결혼식은 기독교식과
일본식 이중으로 행하고 장례식은 불교식으로 행하는 것이다. 이와 같은 **한국과
일본인의 종교관에 나타나는 차이점에서 나카네가 지적한 바와 같이 일본인에게
서는 상대적 의식이 보이고 한국인의 열성적인 신앙심에서는 절대적 의식이 보인
다고 말할 수 있다.**

　이와 같은 한일 양국인의 의식의 차가 한국인에게는 상하의식에 기초한 절대경
어적 성질이 강한 경어행동을 만들어내고, 일본인에게는 절대적 기준이 없이 그
때그때 상황에 강하게 영향 받는 상대경어적 성질이 강한 경어행동을 만들어 낸
것으로 판단된다.

---

54) 필자가 섬기는 수지·분당 지구촌교회의 예를 들면 재적 교인 20,000명으로, 2005년 현재 39개국
　에 선교사를 파송하고 있고, 그 외 협력선교사도 100여 명을 넘고 있다.

　한국인과 일본인의 언어행동과 문화의 차이

한국 호칭법의 문제점은 주로 서열과 연령이 평행하지 않는 경우에 생긴다는 사실이 조사결과에 의해 밝혀졌으며, 그런 경우에 변이형이 나타난다. 대학생의 경우도 학년과 연령이 평행하지 않는 경우, 연령의 차, 친소관계, 복학생인가 재수생 또는 편입생인가에 따라 「선배님」, 「친족명칭」, 「성명＋氏」 등의 다양한 호칭이 보인다. 이에 대해 추적조사로 실시한 인터뷰 결과를 통해 설명하고자 한다.

● **인터뷰대상** : 한양대학교(남녀학생 각2명) 23~27세/서강대학교(여학생 3명) 19~23세

例3 : 화자－20세, 3학년 현역

청자－21세, 2학년 삼수

친한 사람에게는 「경칭 없는 이름」을 사용하며 친하지 않을 경우에는 「친족명칭」을 사용하는 사람(A)이 있다. 한편 위의 예와는 반대로 친한 사람에게는 「친족명칭」을, 친하지 않은 경우에는 「경칭 없는 이름」을 사용하는 사람(B)이 있다. 즉 서열이나 연령관계가 같은 청자에 대해 정반대의 호칭법이 사용되고 있다. 이것은 충분히 예측 가능한 사용법이며 다음과 같이 설명할 수 있다. 친밀한 관계 : 심리적 거리가 없기 때문에 「이름」만을 사용할 수 있다. 소원한 관계 : 심리적 거리가 있기 때문에 상하의식의 표시로서 「친족명칭」을 사용한다. 즉 **심리적 거리**의 유무를 호칭사용의 기준으로 삼은 것이다. 또 다른 예는, 친밀한 관계 : 상대를 좋아하기 때문에 청자의 연령에 맞는 대우를 한 것이다. 소원한 관계 : 상대를 좋아하지 않기 때문에 청자의 연령에 맞는 대우를 하지 않고 쌀쌀하게 이름만으로 부르는 것이다. 이 경우는 **호감도**가 호칭사용의 기준이 된 것이다.

동일한 대상에 대해서 화자가 청자와의 거리를 어떻게 파악하고 처리할 것인가에 따라 사용하는 언어표현이 달라진다. 이처럼 호칭법에 있어서는 화자가 청자를 어떻게 평가하는가가 중요하며 또 그 평가를 어떻게 처리하는가 하는 것도 중요하다. 그 처리방법에 그 사람의 사회적 배경이 나타나며 그 중에서도 특히 가정교

육이 드러난다. 다시 말해 화자의 「사람 됨됨이」가 드러나는 것이다. 화자는 청자에 대한 평가를 토대로 場이 갖는 성격을 인식하고 그에 알맞은 대우도를 결정하며 대우도에 따른 표현양식을 선택하는 것인데 이러한 선택에 그 사람의 「됨됨이」가 드러나게 되는 것이다. 위에서 말한 예(A,B)와 같이 일견 상반되는 것처럼 보이는 언어행동의 규칙을 설명하는 데는, 場마다 화자와 청자의 사회적 관계(상하관계, 친소관계, 호감도)를 정확히 파악하는 것은 물론이고 화자의 사회적 배경을 엄밀히 검토해 보는 것이 매우 중요하다.

한국인의 연령에 대한 집착과 연령과 서열이 평행하지 않는 경우에 대한 세심한 배려나 복잡하고 다양한 호칭법은 세 스피치 커뮤니티 모두 공통으로 보이지만 그 중에서도 대학생의 경우는 군복무와 재(삼)수라는 요인까지 얽혀 특히 복잡한 양상을 띠고 있다. 다음 인터뷰 예를 들어보고자 한다.

- **●인터뷰 대상** : 서강대학교-남학생 4명, 여학생 2명
  장면 : 교직원식당에서 함께 식사하면서
  例4 : K(25세, 3학년)

대학 2학년 재학 후, 군 입대, 1996년 3월 복학, 친구(B-25세, C-25세)의 하숙집에 가면 K의 고교선배(D-26세)가 있는데, B, C, D 모두 같은 학과의 동급생이므로 서로 경칭 없이 이름만으로 부르고 비경어형의 스피치 레벨을 사용한다. 보통 K는 고교선배인 D와 단둘이 있을 때는 「형」과 경어형의 스피치 레벨을 사용하지만 친구 앞에서는 그와 같이는 할 수 없고 B와 C 앞에서는 D를 부르지도 않고 말도 안 거는 언어행동을 위한다. 동시에 B, C에게도 적극적으로 말을 걸기보다는 주로 듣기만 하려고 한다.

例5 : C(27세, 4학년)

C는 H대학 1학년 중퇴 후 서강대학교에 입학하여 2년 재학 후 군에 입대(1991)하여 1993년에 복학, 인터뷰에 동석한 G(27세, 타학과 4학년)에 대해 몇 학년인가, 몇

한국인과 일본인의 언어행동과 문화의 차이

년에 입학했나를 물은 후 「이름＋氏」를 사용함. 보통 복학생들끼리는 「성명＋氏」
를 많이 사용하는데, 왜 「이름＋氏」로 부르는가 하는 질문에 만약 오늘같이 함께
식사하는 장면이 아니고, 무언가 부탁할 경우라면 「성명＋氏」로 부른다고 대답함.
이상 두 예에는 공통적으로 場의 영향이 나타나 있다. 예4는 동석한 제3자의 존재
에 의해 화자와 제3자간의 관계가 만들어 내는 場의 성격의 영향이며, 예5는 대화
내용과 또 함께 식사한다는 물리적 장면이 합쳐져서 빚어내는 場의 성격의 영향
으로 판단할 수 있다.

이 밖에도 場의 영향은 앞에서 말한 것 같이 고교나 대학의 선배, 후배가 회사
에서 서열이 뒤집혀졌을 경우, 또 입사연차와 직위가 거꾸로 되었을 경우 등에서
도 보인다. 이와 같이 화자와 청자의 현재와 과거를 포함하여 상하관계, 대화내용,
장면, 대화에 동석한 제3자의 존재 등, 이들 모두가 場의 성격을 빚어내는 것이다.

이와 같은 경어에 있어서의 ‘場’의 고려는 石坂(이시자카 1978), 渡邊(와타나베 1978)
를 제외하고는 종래 경어연구에서는 거의 찾아 볼 수 없다. 그러나 위의 두 연구
도 실제 장면에서 사용되는 언어사용을 다룬 실험적 연구는 아니다. 앞에서 명시
한 바와 같이 특히 본 연구에서는 구체적인 언어의 場을 예를 들면서 場의 대우성
을 만들어 내는 복수의 요인의 영향에 대하여 검증했다. 그 결과 청자의 영향과
場의 영향에 있어서 양국간에 차이가 나타났다. 한국에서 교수에게 부모에 대해
이야기하는 대학생의 제3자 경어법, 남편보다 손위 사람에게 남편에 대해 말하는
주부의 제3자 경어법, 직장에서 最上位者에게 上位者에 대해 말하는 제3자 경어
법에 나타난 특징은, 청자의 존재가 제3자에 대한 대우도를 한층 높인 절대경어법
이며, 이는 청자에 맞춘 대우표현은 아니다. 이 대우표현에 무엇보다 영향을 끼치
고 있는 것은 화자의 제3자와의 상하관계의 인식이다. 한편 일본에서 교수의 자녀
에게 교수에 대해 말하는 제3자 경어법과, 교수에게 부모에 대해 말하는 제3자 경
어법, 또 친구에게 교수에 대해 말하는 제3자 어느 쪽이나 청자의 존재가 만들어
내는 場의 판단에 기초하며 청자에 맞춘 대우표현이라는 점에서 양국의 대우표현
에는 차가 나타난다. 이 결과로부터 상대경어의 특징은 청자와 ‘場’의 영향에 있다
고 말할 수 있다.

Ⅵ. 양국어의 대우표현법의 특징 및 대우행동의 핵심

　이와 같이 호칭법에 얽힌 양국사회를 관찰해 본 결과 언어와 사회가 서로 영향을 끼치고 있다는 사실을 알 수 있다. 한국사회에서 볼 수 있듯이 적당한 호칭법이 없기 때문에 오해나 갈등을 빚어내기도 하고, 커뮤니케이션을 하는데 장애가 생기기도 한다. 또 결혼한 여성이 자신의 이름을 확실히 말하지 않고 거주지역이나 「남편의 이름 또는 직책＋아내」, 혹은 「자녀의 이름＋엄마」와 같이 간접적인 표현을 하면서도 아무런 문제를 느끼지 않는 언어의식을 계속 유지하게 된다면 적당한 호칭을 찾아내거나 범칭(汎稱)을 만들어내는 일은 어려우리라 생각된다. 전자는 언어가 인간관계에 미치는 영향을 나타내며 후자는 사람들의 의식이 언어 사용법에 반영되고 있다는 것을 나타내는 것으로 판단된다.

　앞에서 말한 것처럼 한국에서는 과거의 관계가 호칭법에 영향을 끼친다. 과거에 선배나 상사였던 사람에 대해서는 언제까지나 당시의 관계에 의한 호칭법을 사용하여 대우한다. 남성사회에서는 만약 현재의 지위가 월등히 높고 또 사회적 평가가 높은 경우에는 현재의 지위를 나타내는 호칭법을 사용한다. 그러나 두 사람의 관계가 매우 친한 관계이고 대화장면이 사적인 경우라면 「형님」을 사용한다. 학교시절의 선배는 사회에 나와 몇 년 지나도 「언니」, 「형님」인 것이다. 이와 같이 과거의 관계를 언제까지나 지속시키고 있다. 여기서 지적하고 넘어가야할 점은 과거 관계의 표명을 청자에 대한 敬意를 표명하는 목적뿐 아니라 그 반대의 목적을 갖는 경우도 있다. 예를 들면 차장시절에 알게 된 사람에게 그 사람이 부장으로 승진한 뒤에도 이전의 「차장」을 사용하는 경우도 있는데 이러한 언어행동은 청자의 지금의 위치를 인정하고 싶지 않는 의식에서 나온 것이다. 이러한 언어태도는 의식이 언어사용법에 반영되고 있는 것을 나타내고 있다.

(1) 대학생의 호칭법에 대해

　한편 일본에서도 대학생의 호칭법에 있어서 학년의 차에 의한 영향이 큰 것을 알 수 있는데 그러한 차는 「san」과 다른 호칭, 예를 들면 「chan, 君, 경칭 없는 이름, 애칭」과의 차이다. 그런데 「san」은 선배에 대해서 뿐만 아니라 일반적으로 널리 사용되는 것으로 「san」을 사용하는 사람에게 「對先輩」라는 의식은 「언니, 오빠, 형, 누나」만큼 강하지는 않다고 생각된다. 한국의 경우는 사람들의 상하의식이 친족 아닌 남에게 「친족명칭」을 사용하게 했으며 이러한 호칭법이 존속하는 한 사람들의 상하의식도 지속될 것이다. 일본에서는 선후배간임에는 틀림없으나 「san」을 사용함에 따라 중립적(neutral)인 관계로 지낼 수가 있다. 사람들의 의식의 차가 다른 언어사용법을 이끌어 냄과 동시에 이와 같은 언어사용법이 존속되는 한 사람들의 의식은 유지, 강화되는 것이다. 한국대학 사회의 호칭법의 변화에서도 언어와 사회의 상호영향이 보인다. 여성이 남자선배에 대해 사용하는 「성명＋氏」로부터 「형」으로 변화한 것은 남녀평등을 목적으로 한 언어용법의 의식적 변화이며 여기서는 언어가 사회를 선도하는 역할을 담당한 것이다. 동시에 남녀간에 사용한 「형」의 발단이 1970년대부터 시작된 학생운동이며 그 시대 젊은이들의 의식을 반영하는 표현형식이라는 의미에서는 사회적 배경이 이끌어 낸 언어행동의 변화라고 볼 수 있다. 또 「형」으로부터 「오빠」로 변한 것은 사람들의 의식을 반영한 자연스런 변화이다. 이상과 같이 변화와 그에 대한 사람들의 의식에 대해서는 한양대학교 학생을 대상으로 한 추적조사에서 밝힌 바이다.

2) 주부의 호칭법에 대해

혼인으로 맺어진 형제자매(처남, 동서, 매형, 시누이, 올케 등의 관계)간의 호칭을 보더라도 한국에서는 위로부터 아래나, 아래로부터 위나 정해진 친족명칭을 사용하도록 되어 있다. 한편 일본에서는 위로부터 아래로는 「이름＋san(FN＋san)」을 사용해도 좋고, 아래로부터 위에 대해서는 「お兄(oni)/お姉(one)san(오빠/형/언니/누나)」 정도의 사용으로 되며 친족관계에 대한 세세한 규정은 없다. 거기다 서열과 연령이 평행 하는 경우에도 아래에서 위쪽에 대해 「이름＋san」을 사용할 수 있으며 위쪽에서도 상하의식이나 그에 대한 저항은 보이지 않는다. 그러나 한국에서는 서열과 연령이 평행하지 않으면 화자가 자신의 아이의 위치에 서서 간접호칭을 사

용하기도 하고 상대방의 자녀이름을 매개로 한 간접호칭을 사용하기도 하여 연령
에 대한 강한 집착을 보여준다. 이와 같이 **두 사회에서 보이는 친족간의 다른 호
칭법에 한국인의 상하관계에 대한 강한 집착과 일본인의 능률 우선(실리주의)이라
고 하는 양국인의 의식의 차가 나타나 있다.**

3) 직장에서의 호칭법에 대해

한편 일본에서는 민주화와 외국과의 접촉, 또 제3차 산업의 대두에 의한 능력주
의의 영향으로 「직책」 대신에 「san」을 붙이는 직장이 많아졌다. 동시에 누구에게
나 「성＋san」을 사용하는 움직임이 기업 안에서 보이고 있다. 「san」사용의 자연스
러운 증가는 사회변화가 가져다 준 사람들의 의식의 변화를 반영한 것이며, 「san」
을 사용하자는 운동은 의식적 언어변화에 따라 사람들의 의식 및 사회구조의 변
화를 선도하고자 하는 시도라고 할 수 있다. 이러한 움직임은 양국의 언어와 사람
들의 의식 및 사회구조와의 상호영향을 나타내는 것으로 판단할 수 있다.

또한 한국에서 종래 여성들이 많이 사용하던 어미 「～요」형이 남성들 사이에서
도 많이 사용되고 있는 현상, 일본에서 여성이 남성에 대해 「君」을 사용하는 것
등은 젊은 세대의 언어용법에서 남녀차가 줄어드는 것을 나타내고 있으며, 사람들
의 의식이 언어행동에 반영되어 있음을 나타내준다. 한편 한국에서 여성이 남성에
대해 사용하는 「형」에서 보이는 행동이나 세계적으로 언어상의 남녀차를 없애고
자 하는 운동은 언어에 의해 사회를 의식적으로 변화시켜보려는 언어행동이다.
Lakoff(1975)는 전자와 같은 의식의 반영에 따른 언어변화는 자연적으로 일어나며
후자의 의식적 운동은 오랜 시간이 걸린다고 말하고 있다. 그러나 경우에 따라서
는 급격한 변화가 일어날 수도 있다는 것을 한국에서 여자 후배가 남자 선배에게
사용하는 「성명＋氏」→「형」→「오빠」의 변화에서 알 수 있다. 한편 「～엄마」의 호
칭법은 ③의식조사 결과에서 논한 바와 같이 결혼 후 본명보다 「～엄마」쪽을 편
안하게 여기는 것과 같이 간접호칭을 선호하는 사람들의 의식이 지속되는 한, 새
로운 호칭법은 생겨나기 힘들 것이다. 이와 같은 사용법은 사람들의 의식을 반영
함과 동시에 사람들의 의식을 지속시키는 역할까지도 하는 것이다.

한국인과 일본인의 언어행동과 문화의 차이

또한 양국의 직업명에 대한 호칭법도 사람들의 의식을 반영한다. 한국에서는 사회적 평가가 비교적 높지 않은 직업명(예: 가정부, 운전기사, 경비원 등)에 대해 각각 여성 청자에게는 「아줌마」, 남성 청자에게는 「아저씨」 등의 친족명칭을 사용하여 간접적으로 표현하며55), 일본에서는 각각의 직업명에 「san」을 붙여 사용한다. 여기에 양국사회에 있어서 직업에 대한 사람들의 의식이 나타나 있다.

공손함과 관련하여 여성이 남성보다 더 공손하다는 설(P. Brown 1976, 1980, Zimin 1981, Ide 1982, Sohn 1983)은 많은 여성어 연구자들이 주장해 왔으나 한국에서도 그러한 설이 적용될 수 있을까? 한국에서는 경어행동의 근간이 되는 상하관계의 인식과 판단에 있어서 남성이 여성보다 나은 경향이 보인다. 그 배경에는 남성에게는 상하관계가 엄한 군복무에 의해 훈련의 場이 주어졌던 점과 또 경쟁사회에서 살아남기 위해서는 대인관계의 인식은 남성에게 있어서 필요불가결하다는 데 대해서는 이미 말한 대로이다. 이것은 사회구조가 언어사용법에 반영되어 있는 것을 나타내는 것으로 판단할 수 있다.

Ide(1982)에서는 여성이 남성보다 공손하다는 근거로 「o(お), go(ご)」56) 등 경어형을 많이 사용하는 것, 미화어의 사용, 거친 말을 사용하지 않음, 어미를 부드럽게 하는 것 등을 들고 있다. 뒤의 세 경향은 한국에서도 보이는데 남성의 언어행동과 비교해 볼 때 그다지 두드러지지는 않는다. 그 이유는 한국의 남성어, 여성어의 구별이 없고 남녀간의 언어표현의 차가 현저하지 않기 때문이다. 일본에서 보

---

55) 한국에서는 사회적 평가가 높은 직업을 가진 사람은 「선생님」, 「박사님」, 「부장님」, 「원장님」 등으로 부르나 이에 비해 상대적으로 높지 않은 직업을 가진 사람은 「아저씨, 아줌마, 언니」 등의 친족명칭으로 부른다. 이와 같은 현상은 일본에서 어떤 직업이나 「직책+san」으로 부르는 것과 대조적이다. 다음과 같이 양국의 일반적 호칭법을 비교해 보기로 하자.

	한국	일본
의사, 변호사, 교사 (유치원, 초등, 중고교, 학원, 가정교사	선생님	姓+san(일반적인 경우) > 先生(그 조직에 속한 구성원의 경우)
대학교수	교수님 > 선생님	先生
운전기사, 목수, 경비원	아저씨	직업명+san
간호사	선생님 / 언니	직업명+san
대학조교	조교님 / 친족명칭	姓+san
직위(사장, 전무, 부장, 대리 등)	직위+님	姓+san > 직위

56) お(o), ご(go) 모두 '御'를 뜻하는 존경접두사이다.

Ⅵ. 양국어의 대우표현법의 특징 및 대우행동의 핵심

이는 여성의 언어행동의 특징은 언어형식을 수단으로 하는 언어태도이며 화자의
품위의 유지와 교양을 나타내는 것을 목적으로 하고 있다. 이에 대해 상하관계를
토대로 한 한국의 대우표현은 화자와 청자와의 관계에 대한 화자의 인식과 분별
을 표명한 것으로 화자의 상하의식을 나타내고 있다. 이와 같이 양국의 언어행동
이 다르다는 점에 사람들의 의식의 차가 나타나 있다.

　예를 들면 회의 등에서 여성은 남성보다 발언이 적고 발언을 하더라도 남성에
비해 인정받지 못하는 사회적 분위기가 보인다. 여성의 발언 중에 남성이 끼어드
는 경우는 용인되지만 그 반대는 상당히 어렵다. 그 이유는 한국은 오랫동안 남성
우위 사회였기 때문이다.　이와 같은 사회에 있어서 여성은 나서지 않는 것이 바
람직한 행동으로 여겨지며 그러한 언어태도는 「공손」하다고 받아들여진다. 만약
여성과 남성의 언어행동의 규범에 대한 사회의 기대와 인식이 다르다면 여성의
언어행동에 대한 「공손함」의 인식도 달라질 것이다. 따라서 여성이 남성보다 공손
하다는 설이 보편적이라고 만은 말할 수 없다. 또 한국사회에서는 대우법에 있어
서 대화에 참가하는 사람들 사이의 상하관계가 더욱 더 큰 영향을 끼치기 때문에
상하관계의 인식과 판단이 「공손함」에 관련되는 다른 요인보다 우위에 있다.

　한국에서는 여성의 언어사용에서 보이는, 조심스럽고, 손위 사람을 대하여 몸을
낮추는 태도는 「공손」한 것으로 받아들여지고 남성의 듬직하고 점잖은 태도는 「정
중」한 것으로 받아들여진다. 즉 한국에서는 똑같은 「丁寧(politeness)」가 남녀에 따
라 다른 언어태도로서 받아들여지고 있다.

　한국의 대학사회에 「선생님」으로부터 「교수님」으로 바뀐 변화에도 사회와 사
람들의 인식이 반영되고 있다. 이전에는 「師」의 존재가 「하늘」이었던 시대에는 「선
생님」은 존경도가 높은 호칭이고 「교수님」은 직책이었다. 그런데 1970년대 이후
「선생님」이 사회적 기능이 약화되고 「교수님」이 증가해 왔다. 또 한편으로는 「선
생님」은 적당한 호칭이 없을 경우에 손위 사람(주로 남성에게 이지만 최근에는 여성에게
도)에게 사용하게 되어 원래의 사회적 의미는 약화된 경향이 있다. 대학교수에 대
한 호칭인 「교수」와 「선생」에 대한 조사결과를 보면 두 호칭의 사용에 있어서 세
대차와 남녀차가 보인다.

　한국인 주부의 조사결과에서 밝혀진 「사모님」의 사용법도 위의 현상과 부분적

한국인과 일본인의 언어행동과 문화의 차이

으로 유사한 점이 있다. 종래 「스승」의 배우자에게 사용했던 것이 현재는 다른 적당한 호칭이 없기 때문에 기혼여성에 대해 사용되는 경우가 많아 본래의 사회적 의미가 약화 내지 변질되었다고 할 수 있다. 이와 같은 호칭법의 변화는 사회구조와 사람들의 의식을 반영하고 있다. 「先生」과 「사모님」의 사용에서 보이는 현상은 이런 호칭들이 오랜 기간 사용된 결과 본래의 의미가 약화되고 사회적 기능이 저하했음을 나타내준다. 본래 「師」의 의미로 사용되었던 「先生」이 「교수」로 바뀐 것은 사람들이 「先生」보다 사회적 의미가 높은 호칭을 필요로 하게 되었기 때문이다. 「사모님」의 사용법에는 사회적 기능의 저하가 보이는 한편 그 사용법에 대한 심리적 저항도 강하게 보인다.

「사모님」에 대한 인터뷰를 실시한 결과 그러한 사용법에 대한 사람들의 의식이 드러나게 되었다. 이에 대해서는 IV장의 한국인 주부의 호칭법에 나타난 경어의식의 조사결과에서 밝힌 대로이다.

－남편의 직장상사의 부인이 연상인 경우는 저항감 없이 「사모님」을 사용한다. 연하인 경우에는 알게 되어 얼마간은 상대방이 어떤 레벨의 호칭을 사용하는가를 탐색하면서 청자호칭을 사용하는 것을 피하는데 싫어하는 상대방에게는 언제까지고 호칭사용을 회피한다[42세의 여성(남편＝외교관)]. 이 결과에 한국인의 연령에 대한 집착과 강한 자아의식이 나타나 있다.

「사모님」 사용에 있어서 손위 사람에 대해 특별히 적당한 호칭이 없기 때문에 사용한다는 것은 적극적인 선택이기보다는 소극적 선택이며 한편으로는 과잉포장 표현으로 사용하는 현상도 보인다. 이러한 양국의 사용법과 함께 중도적인 사용법으로 상하의 인식과 판단에 기초하여 경의를 나타내는 사용법이 보인다. 이와 같은 사용법의 구별은 화자의 평상시의 언어의식에 기초한 것으로 화자와 청자 간의 상하의 인식과 판단, 친소관계에 영향을 받는다.

마지막으로 호칭법이 인간관계에 미치는 영향에 대해 논하고자 한다. 앞에서 말한 것처럼 한국사회에서는 여전히 남녀차별 의식이 강하며 호칭법의 경우도 예외는 아니다. 고졸의 여사원이 대졸의 남자사원에게 「성명＋氏」를 사용하기 곤란하여 직무상 실제로 존재하지 않는 호칭 「주임」을 사용하는 것이나, 직장에서 「성명＋氏」를 사용할 수 없고 그렇다고 다른 적당한 호칭도 없어서 청자 가까이까지

가서 말을 거는 대우행동은 한국호칭법의 어려움을 나타내주고 있다. 화자와 청자의 성별과 상관없이 사용할 수 있는 2인칭이 존재한다면 이러한 일은 일어나지 않을 것이다. 앞서 말한 바와 같이 1960년대까지 대학생 남녀, 선후배간에 사용되었던 「성명＋氏」가 이와 같은 언어생활의 불편함에도 불구하고 사용영역이 줄어든 것은 언어사용법에 끼친 사람들의 의식의 영향을 반영하고 있다. 그러나 같은 한국인 사이에서도 일본에 있는 한국인 학교에서는 선후배간에 한국과 같은 규범이 작용하고 있으나 외국인 학교에서는 완전히 영어권 문화의 영향을 받는 대우표현이 보인다. 선후배사이에 서로 「이름」과 비경어형 스피치 레벨을 사용한다. 이 대우표현은 언어환경의 영향이며 넓게는 문화의 영향으로 생각된다. 본 연구에서 在日한국인이나 일본인귀국자녀를 조사대상에서 제외한 것도 양국에서 일반적인 사람들의 언어행동을 조사함으로써 한국과 일본의 오늘날의 대우표현법을 규명하는데 목적을 두었기 때문이다.

한국에 있어서 언어와 사람들의 의식, 언어와 사회구조와의 상호관계는 위에서 말한 대로이다. 이와 같은 **한국인의 언어행동에 있어서 일관되게 나타나는 것은 연령과 남녀차를 포함한 상하의식에 대한 강한 집착이며** 사람들의 의식이 언어사용법에 끼치는 영향을 나타내고 있다. 또 호칭법의 어려움을 한층 더 심화시키는 것은 청자의 이름을 부르는 직접호칭이 일반적으로 받아들여지지 않는 사회구조와 직접호칭을 꺼려하는 사람들의 의식이다. 이것은 사회구조와 사람들의 의식이 언어사용법에 영향을 끼치고 있는 것을 나타낸다. 양국에서 세 스피치 커뮤니티를 통해 밝혀진 바와 같이 (1) 폭넓은 범위에서 통용되는 일본의 「san」이 담당하는 사회생활에 대한 기여, (2) 인간관계를 원활히 하기 위해 사용하는 한국인의 간접호칭법, (3) 양국에서 보이는 가치관과 의식의 변화에 따른 언어사용법의 변화라고 하는 세 가지 면에 **언어가 사회와 사람들의 언어생활에 끼치는 영향과 사회변화가 언어사용법에 끼치는 영향이 나타나 있다.**

본 연구에서는 양국의 세 스피치 커뮤니티의 언어사용법과 사회적 변수와의 관계를 해명하는데 있어서 일관되게 언어와, 사회 및 사람들의 의식이 상호 영향을 끼치고 있다고 하는 입장을 취하고 있다.

한국인과 일본인의 언어행동과 문화의 차이

이 장에서는 「공손함」이란 무엇인가에 대해 논하고자 한다. 양국인들의 대우행동을 비교분석해보면 대우법에 사용되는 언어형식은 결국 한정된 존경어와 겸양어 또 공손어, 정중어, 미화어에 지나지 않는다. 오히려 이러한 언어형식을 어떻게 운용하는가 하는 책략(strategy)쪽이 중요하며 여기에다 비언어표현의 역할도 언어표현에 못지 않게 중요하며, 사회와 문화의 차이도 큰 영향을 끼친다. 그러나 제일 중요한 것은 대우표현의 기반이 되는 「敬意」, 다시 말해 「마음」인 것이다. 언어표현이 갖추어져 있어도 「마음」이 동반되지 않으면 「공손」하게 느낄 수 없으며 오히려 심리적 거리와 냉담함조차 느끼게 된다. 일부러 필요 이상의 공손한 언어표현을 사용하는 것은 「공손함」이 목적이 아니고 다른 의도가 숨겨져 있다고 생각된다. 화자는 자신과 상대방 사이의 심리적 거리에 기초하여 친밀한 태도나 예의를 갖춘 태도를 취하는데 이때 중요한 것은 이러한 태도가 상대방의 기대에 알맞은가 아닌가 하는 것이다. 친한 사이에 지나치게 정중한 태도를 취하면 청자는 당황하게 될 것이고, 거리를 두어야 할 사이에 허물없는 행동을 하면 청자는 불쾌한 생각이 들것이다. 여기에서 「공손함」이란 무엇인가에 대한 대답이 자동적으로 나오게 된다.

그것은 바로 **화자가 청자에게 행하는 대우행동에 있어서 청자가 갖는 대우도의 기대치와 화자의 실현치의 부합에 있다. 청자의 화자에 대한 기대치와 화자가 행한 언어행동의 대우도가 똑같이 높은 경우에서 일치하면 「공손」하다고 받아들여지고 기대치와 실현치, 양쪽 다 낮은 경우에 일치하면 「공손」보다는 오히려 「친근감」이나 「편안함」을 느낄 수 있을 것이다.** 실현치가 기대치에 비해 부족할 경우 무례하게 받아들여진다. 예를 들어 주부의 호칭법 사용을 보면 화자가 청자의 기대한대로 대우도가 높은 「사모님」을 사용하면 공손하게 받아들여지고 「자녀이름＋엄마」를 사용하면 공손하지 않게 받아들여진다. 그러나 양자가 친한 사이인 경우 화자가 대우도가 낮은 「～엄마」를 택하고 청자의 기대도 그 정도라면 청자가 느끼는 것은 공손보다는 친근감이다. 스피치 레벨의 사용에서도 똑같이 적용된다. 청자의 기대치가 대우도가 높은 것이고, 화자의 실현치가 그와 일치하면 공손하게 받아들여지고, 청자의 기대보다 낮으면 공손하지 않거나 무례하게 받아들여진다. 그러나 화자와 청자가 친한 사이로 청자의 기대치가 대우도가 낮은 것으로 화자의 실현치가 그와 일치하면 청자는 공손보다는 친근감을 느끼게 된다. Wardhaugh(1986)에 계급과 관련하여 유사한 상황이 소개되고 있다. 군대나 비즈니스 사회와 같은 계급사회에서의 호칭법은 어렵고, 윗계급은 아랫계급과의 차를 극대화하려고 하고, 아랫계급은 반대로 윗계급과의 차를 극소화하려고 하며 위쪽에서는 公的(formal)인 표현을 선호하고, 아래쪽에서는 친근한 표현을 선호하는 현상에 대해 언급하고 있다. 이러한 경우에도 역시 양측의 기대치와 실현치가 일치 또는 접근하면 공손하게 느껴지나, 반대의 경우에는 무례하게 여겨질 것으로 판단된다.

물론 실현치가 기대치를 웃도는 경우도 있고 그것이 청자가 예측 가능한 범위 내인 경우는 「공손」하게 받아들여지지만 예측을 훨씬 넘는 경우에는 무언가 딴마음이 있는 의도적인 행동으로 받아들여질 수도 있다. **기대치와 실현치를 만드는 요인은 양자간의 현재의 관계뿐만 아니라 과거로부터의 관계를 토대로 하여 결정된다. 만약 한쪽은 과거의 관계를 유지하기를 원하는데 다른 한쪽은 과거의 관계를 무시한 태도를 취하면 그 행동은 공손하지 않게 받아들여진다. 이것이 「義理」의 문화인 것이다. 기대치와 실현치가 일치하면 의리가 강한 행동이, 부족하면 의리가 없는 행동이 된다. 가족 간이나 친구간에는 대우도의 기대치가 제로이던지 있더라도 비교적 낮기 때문에 경어를 사용하지 않아도 통하며 언어행동도 평상시 그대로 괜찮은 것이다.**

이와 같이 화자와 청자 사이의 관계는 개인 레벨뿐만 아니라 커뮤니티 레벨에서도 적용된다. 대학, 직장, 주부 커뮤니티 사이에서도 위에서 말한 기대치와 실현치의 불일치가 생기면 윗세대는 그 원인을 세대차에 의한 것이라고 생각한다. 예를 들어 윗세대는 대우도가 높은 언어행동을 기대하는데 젊은 세대는 대우도가 낮은 행동을 택하거나 화자와 청자간의 관계나 대화내용과 장면에 부적당한 대우행동을 취하는 경우를 볼 수 있다.

국가 레벨에서는 언어습득과 관련하여 보다 민감하게 대처해 나가야할 문제라고 생각된다. **모국어가 아닌 다른 언어의 경어습득은 언어 형식의 습득만으로는**

한국인과 일본인의 언어행동과 문화의 차이

불충분하며 어떤 場에서 누구에게 어떤 형식을 사용하는가 하는 것까지 습득해야만 하며 그것을 위해서는 그 문화가 지니고 있는 규범을 꿰뚫어 볼 수 있는 능력, 적어도 그러한 이해와 노력이 필요하다. 즉 언어능력뿐만 아니라 문화능력과 이 두 가지를 종합적으로 실현시킬 수 있는 의사소통 능력(communicative competence)이 필요하다. 이때에 다른 언어의 청자가 화자의 언어사용법에 대해 가지고 있는 대우도 및 사회·문화규범의 기대치가 있고 그것과 화자의 실현치 사이의 일치, 불일치가 「공손함」을 결정한다. 이러한 경우에 모국어 화자가 자기 문화의 바로메타로 他國語 화자를 보면 양쪽의 일치는 곤란하게 된다. 중요한 것은 가능한 한 양자는 편견과 선입견을 갖지 않고 열린 마음으로 상대방을 대해야 하며 이로 인해 겸손과 겸허, 겸양에 이르는 것이다. 또 자기 주장을 삼가고 상대방에게 선택의 여지를 주는 것은 상대방에 대한 경의의 표시이며 상대방 존중을 나타낸다. 이처럼 대우행동은 「마음가짐」이 중요하며 자신을 비우고 타인을 인정하는 것에서부터 시작된다고 생각한다.

일본인의 언어행동이 비교적 공손하게 보이는 것은 자기주장을 하지 않고 상대방의 입장에서 생각하며 결정권을 상대방에게 주는데 그 원인이 있으며 책략적으로 직접표현보다는 간접표현이나 완곡표현을 비교적 선호하기 때문이라고 생각된다(Shin 1996 참조). 그러나 이와 같은 책략은 場의 성격이나 관련되는 사항의 성질에 따라 다르기 때문에 어떤 문화권의 사람들에게나 다 공손하게 받아들여진다고만은 말할 수 없다. 사무적인 場에서 논리 정연하게 말하지 않고 애매모호한 발언을 하는 것은 결코 예의바른 언어행동으로 받아들여지지는 않는다. 언어표현에 있어서도 일본사회는 형식화된 언어사용이 요구된다. 예를 들어 일본인은 작은 친절에 대해 며칠이 지난 후에도 반드시 "지난번에는 고마웠습니다"라고 인사를 한다. 그러나 일반적으로 한국인은 이와 같이 지난 일에 대해 인사를 하는 경우가 드물며, 이런 경우에도 의사소통 오해는 일어날 수 있다. 한국인은 일본인이 작은 일도 잊지 않고 인사하는데 반해 당사자인 한국인은 거의 잊고 있던 차라 "지난번 일이라는 게 뭔가?" 라고 생각하는 경우도 있을 수 있고, 일본인은 지난 일에 대해 인사 안 하는 한국인을 무례하다고 생각할 것이다. 국가 레벨에서는 미국과 일본 간의 무역문제나 한일 간에서는 천황에 의한 전쟁책임에 대한 사죄의 말 등이 자

VI. 양국어의 대우표현법의 특징 및 대우행동의 핵심

주 문제가 되곤 하는데 이것도 역시 앞에서 말한 기대치와 실현치가 일치하지 못하는 데에 문제가 있다. 자기의 척도로 상대방의 행동을 재려고 하기 때문에 생기는 문제이다. 개인 레벨에서도 마찬가지이며 평소에 스스럼없이 사귈 때는 대개의 일본인의 언어행동은 비교적 공손하게 받아들여지나 이해관계가 얽히게 되면 그렇다고만 말할 수는 없다. 화자와 청자 어느 쪽에서나 자기 쪽이 많은 이익을 취하려고 하면 기대치와 실현치의 일치는 매우 곤란하게 된다. 때문에 이해관계가 얽힌 경우에 공손하게 행동하는 것은 상당히 어려운 일이 아닐 수 없다. 그러면 이해관계에 있어서는 공손한 걸 기대할 수 없는가 하면 거기에는 역시 개인차가 있고 그 개인차는 가정교육의 영향이 크며 또 성격에도 영향을 받는다. 또 타민족 간의 경우는 각 민족들이 속해있는 문화의 영향이 크다.

대우행동은 「마음」에 달렸다는 것은 대우행동에 관련되는 여러 가지 관련 어휘를 보아도 알 수 있다. 일본어와 대응시킬 수 있는 것은 한국어만으로 표기하고 특별히 한국어에만 있는 것은 양국어로 표기한다. 착함, 상냥함, 싹싹함, 예의바름, 공손함, 조심스러워 함, 정중함, 상대방에 대한 마음 씀, 배려, 사려 깊음, 단정, 친절, 깍듯함, 의리가 굳음, 인정있음, 단정한 옷차림, 된 사람, 대인관계가 깔끔한 사람, 어른을 어려워함, 겸손, 겸허, 겸양, 극진한 대접 등을 들 수 있다. 양국어는 대체로 대응하는데 그 중에 일본어에 딱 들어맞는 표현이 없는 경우가 몇 개 있다. 「상대방에 대한 마음 씀(思いやり)」이나 「사려 깊은」과 관련해서 넓은 마음을 나타내는 표현이 있다. 생각이(속이) 깊다[思慮(心が)深い], 속(마음)이 넓다(心が廣い) 등이 있다. 「折り目正しい(orimetadashii)」에 해당하는 태도에 두 종류가 있는데 「경우가 (인사성이) 밝다」라고 해석할 수 있는데 딱 들어맞는다고는 할 수 없고, 그보다는 「깍듯하다」가 더 적절한 것 같다. 「かしこまる(kashikomaru)」 태도는 「어른을 어려워하다」라고 하며, 윗사람을 어려워하는 태도를 가리킨다. 그밖에 「양순하다, 고분고분하다(腰が低い＋恭しい＋控え目＋心やさしい＋かしこまる)」 등과 비슷한 태도를 가리키나 꼭 맞는 번역을 하기는 어렵다. 이상 관련어휘는 모두 태도나 마음가짐을 가리키며 언어표현은 공손어, 존경어, 겸양어, 정중어, 미화어뿐으로 대우행동은 언어형식뿐만 아니라 마음이 동반되어야 함을 나타내고 있다.

경어는, 사회질서 유지와 대인관계를 부드럽게 해주는 윤활유의 역할과 기능을

한국인과 일본인의 언어행동과 문화의 차이

한다. 한국에서는 청자에 대한 의식만이 앞서, 화자와 청자와의 관계, 화제의 인물과 청자와의 관계에 대한 분별이 안 되어 겸양법과 압존법은 모르고 존경법만 아는 젊은 세대가 늘어남에 따라 앞으로도 한층 절대경어화 되어 갈 것으로 예상된다. 또한 이와 같은 현상과 추세는 사회전체에서 관찰할 수 있다. 일본에서도 청자 중심의 경어화와 정중어화가 진행되어 갈 것으로 예상된다.

마지막으로 경어에 대한 제안과 희망을 말하고자 한다. 한국의 경우, 과거에는 이름에 붙여 중립적인 2인칭 접미사로 쓰여졌던 「님」과 「씨」의 사용영역이 늘어남으로써 현재 일부에서만 쓰여지는 「성명＋님」과 또한 이전보다 사용범위가 줄어든 「성명＋씨」가 더 널리 쓰여질 것을 희망한다. 동시에 자기와 남과의 관계에 대한 바른 판단과 그러한 판단에 기초한 적절한 분별이 필요하다고 생각된다.

9 한국어와 일본어 대우표현 사용에서 나타나는 異文化間 의사소통 오해

앞장에서 언급한 「공손함」에서 화자와 청자가 다른 언어나 문화권에 속한 경우, 여기서 일어나는 화자와 청자의 기대치와 실현치의 불일치는 異文化間 의사소통 오해(intercultural miscommunication)를 야기시킨다. 필자의 拙文(申 2000 : 265~288)에서 이에 대해 다루고 있으며 여기서는 중요한 몇 가지 점만 인용, 언급하기로 한다. 이 논문에서 필자는 제1기 : 흥분기, 제2기 : 실망기, 제3기 : 이해기, 제4기 : 적응기로 나누고 있다. 제1기에서는 새로운 문화에 흥분하고 아직 호스트 언어도 부족한데다 맞이한 측(host)의 기대도 작아, 오해에 직면할 여지가 그리 많지 않다. 그러나 제 2기가 되면, 호스트 문화와 사람들에 대한 기대와 현실간의 갭에서 오는 실망으로 향수병에 걸리기 쉬우며 이 시기에 의사소통 오해나 갈등이 제일 많이 일어난다. 이 시기에 일어나는 의사소통 오해나 갈등은 문화, 의식, 언어 등 모

든 면에서 나타난다. 문화면에서는 「okaeshibunka(お返し文化=답례문화)」에서 일어나는 오해나 갈등을 한 가지 예로 들 수 있다. 자세한 내용은 신(2000:268~269)을 참조하기 바라며, 여기서는 간략하게 다루기로 한다. 예를 들어 큰 선물이나 융숭한 대접을 선호하는 한국인이, 양자간의 친밀도에 비례한 만큼의 선물을 주는 일본인에 대해 느끼는 감정이 섭섭함이나 실망일 수도 있고, 반대로 기대보다 큰 선물이나 대접을 받은 일본인이 느끼는 감정은 고마움보다는 당황함이나 부담감일 수도 있다. 이와 같은 오해나 갈등은 한국인의 人情과 일본인의 「omoiyari(思いやり=사려, 남에 대한 배려)」로 설명할 수 있으며, 人情이 「'나' 중심적」이라면 「omoiyari」는 상대방 입장을 고려한 「'상대방' 중심」이라는 점에서 다르다.

대우표현 면에서도 한국인들은 생각한 것을 직설적으로 표현하는 사람들이 많은데 비해, 일본인들은 우회적인 표현을 많이 하며 「建前(tatemae)」와 「本音(honne)」가 있어서 역시 많은 의사소통 오해나 갈등을 야기시킨다. 「tatemae」는 어디까지나 대외적 명분이고, 「honne」는 속마음을 뜻하는데 어디까지가 「tatemae」고 어디서부터가 「honne」인지 헤아리기 어렵고 이로 인해 외국인들은 상당한 좌절감과 곤란한 심정에 빠지게 되는 경우가 많이 발생한다. 이와 같이 서로 자기 문화의 규범이나 관습에 따라 행동했을 때 양국인들 사이에는 많은 의사소통 오해나 갈등이 일어난다.

이 시기를 적극적인 자세로 극복하기 위해서는 무엇보다 본인의 노력이 필요하다. 넓게는 사회일원으로 일본사회에 열심히 참여하여 일본사회를 이해하고 일본문화를 배우고자 하는 자세와 좁게는 주위의 일본사람들과 커뮤니케이션을 원활히 행하고자 하는 노력도 필요하다. 정확하게 보고, 듣고, 말하려는 자세가 중요하다.

일본인들 측에서도 「객(guest)」의 일본어 구사가 잘 되고 일본생활이 익숙해졌다고 해서 금방 기대치를 높여 host language(일본어)와 일본 사회·문화의 잣대로 평가하기보다는 열린 마음으로 좀 더 시간을 가지고 지켜봐 주는 자세가 양자간의 갈등의 폭을 좁히는데 도움이 된다고 생각한다.

Ⅲ~Ⅵ장을 통해 이미 밝혔듯이 한국어의 경어 사용법의 중요한 기준은 상하관계의 판단이며 그 중에서도 특히 연령에 대한 집착이 강하다.

예를 들어 한국 대학에서는 대화가 행해지는 상황과 화자와 청자간의 친소관계

한국인과 일본인의 언어행동과 문화의 차이

에 상관없이 선배는 후배에게 비경어형을 쓰고 한편 일본에서는 상하에 관계없이 화자와 청자간의 친소관계에 의해 가까운 경우에는 비경어형을 쓸 수 있고 가깝지 않으면 경어형만 쓸 수 있다. 또한 한국인은 처음 만나는 사람에게도 아무 생각 없이 연령을 묻는 경우가 많으나, 만일 일본인에게 연령을 물으면, "どうしてそんなことを聞くんですか(doosite sonnagotoo kikundesuka=왜 그런걸 물으세요?)"라면서 그 자리에서 화를 내는 경우가 많다. 일반적으로 일본인들은 상대방의 프라이버시에 관한 질문을 잘 안 하는 경향이 있다. 예를 들어 상대방의 나이, 사는 집의 크기, 부모님의 직업 등은 일반적으로 잘 안 물으며, 우연히 만났을 때 행선지 등은 가까운 경우가 아니면 보통 잘 안 묻는다. 여기서 일본인들의 형식적이고 의례적인 인사말을 하나 소개하고자 한다.

〈길에서 우연히 만난 A와 B사이의 대화〉

A : こんにちは、どちらへ。

konnichiwa, dochirae.

안녕하세요(오후 인사), 어디에.('가세요'가 생략되어 있음)

B : こんにちは、ちょっとそこまで。

konnichiwa, chottosokomade.

안녕하세요. 저기까지 좀.

이상은 같은 동네에 살면서 서로 인사 정도 하고 지내는 사이의 아주 일반적인 인사표현으로 어디 가느냐고 물은 A도 B가 어디 가는지 알고 싶어서 물은 게 아니라 인사로 물은 것이고, B도 인사로 응답하는 것으로 서로 행선지가 궁금하거나 대답해야 할 의무감이나 대답을 안 한 데서 느끼는 A의 좌절감이나 B의 미안함은 전혀 없다. 그런데 이런 경우 한국인이 일본인에게 같은 대우표현을 사용하여 일본인의 전형적인 응답표현이 돌아올 경우, 아마 한국인은 답답함이나 좌절감에 가까운 심정을 느끼게 되는 것이 일반적인 현상일 것이다. 또한 한국인으로부터 나이나 살고 있는 아파트의 평수 등의 질문을 받는다면 일본인은 의외의 질문에 일반적으로 놀라거나 곤혹스러워할 것이다.

이와 같이 만일 한국인이 일본어를 사용할 때, 한국 문화 규범을 그대로 적용시키면 의사소통 오해나 갈등이 일어날 수 있다. 그 반대의 경우, 즉 일본인이 한국어를 사용할 때도 마찬가지로 일본 문화 규범을 그대로 적용시키면 의사소통 오해나 갈등이 일어날 수 있다.

한국에서는 능력에 의한 서열이 중시되지만 또 다른 한편에서 볼 수 있는 연령 중시는 유교의 영향이 여전히 강하다는 것을 말해준다. 이와 같이 평생 변할 수 없는 연령에 대한 집착이 한국의 절대경어의 형성과 강화를 이끌어 낸 것으로 생각된다. 세 종류의 스피치 커뮤니티 모두에서 한국은 서열의 영향이 강하며 그 다음에 연령의 영향이 보이는데 일본에서는 연령의 영향은 별로 보이지 않는다. 또 일본의 서열의 영향도 한국의 서열과는 성격이 다르며 上位者에게 사용하는 호칭도 한국처럼 호칭자체가 서열성을 나타내는 친족명칭 등이 아니라 어느 서열에 대해서든 사용할 수 있는 「성+san」을 제일 많이 사용한다. 나카네(1967)에서는 일본에서 어떤 집단에 가입하는 순위가 서열 설정의 지표가 되며 일본사회의 「종적(縱的)」 특징이라고 하는 것은 권력관계보다는 의례적인 서열에 의미가 있다고 주장하고 있다. 이에 비해 한국인들의 대우표현에 강하게 작용하는 서열이나 연령은 의례적인 서열이 아니고 힘의 관계라는 점에서 두 사회는 다르다. 이와 같은 차이가 양국 언어의 대우표현에 잘 나타나 있다. 대우표현, 그 중에서도 특히 호칭의 사용법에서 한국인들은 훨씬 더 긴장을 느끼며, 그 결과 일어나는 오해나 갈등도 일본인들의 대우표현에서보다 훨씬 많이 나타난다. 이와 같은 특징은 양국의 대학생, 주부, 직장남성 모두에게서 나타나며 구체적인 수치나 상세한 내용은 이미 밝혔기에 여기서는 한 가지 예만 들고자 한다.

다음 예는 한국 외교관 부인들을 대상으로 한 인터뷰 내용이다. 한국인들이 호칭 사용법에서 가장 긴장하고 어려움을 느끼는 것이 현재의 지위와 연령이 평행하지 않고 거꾸로 됐을 경우이다. 주부들은 그 자신의 지위인 경우도 있겠으나 현실적으로는 취업하지 않은 전업주부의 경우, 배우자들의 지위와 부인들의 연령의 上下가 얽혔을 경우에 따른 호칭 사용에 대한 인터뷰 결과를 소개하고자 한다. 인사이동이나 또는 어떤 모임을 통해 새로 알게 된 경우 상대방이 지위로 보나 연령으로 보나 확실히 남편의 上位者인 대사 부인이나 상관 부인의 경우에는 당연하

한국인과 일본인의 언어행동과 문화의 차이

게 「사모님」을 사용한다. 그러나 상대방의 남편이나 화자의 남편이 지위가 비슷하
거나 차이가 조금 나고, 부인들의 나이도 조금 차이가 나거나 남편들의 지위와 자
신들의 연령이 평행하지 않을 경우, 우선은 상대방이 먼저 호칭을 선택하는 것을
기다린다. 그러다 상대방이 「Mrs.＋남편 성」이라고 하면 자신도 그에 맞추어 같
은 호칭으로 부르거나, 또는 조금 높여서 「상대방의 성＋여사님」으로 부르다가 시
간이 지나 가까워지고 상대방의 아이 이름도 알게 되면 「아이＋어머니」로 부른다.
물론 상대방 쪽에서도 이와 비슷한 호칭법을 사용하는 것이 무난한 호칭법이다.
만약 그렇지 않을 경우 오해와 갈등의 소지가 많다고 여겨진다. 인터뷰 결과 일본
인들은 일반적으로 「~san」을 많이 사용하여 이 정도까지 호칭사용에서 나타나는
긴장이나 갈등은 보이지 않는다. 이와 같이 한국인들의 호칭사용법에서 나타나는
긴장이나 갈등이 일본인들의 호칭사용법과 비교도 안될 정도로 강하게 나타난다.
　위에서 서술한 바와 같이 강한 상하의식에 덧붙여 한국인은 자기 주장이 강하
고 직접표현을 많이 쓰는 경향이 보인다. 한편 일본인은 간접 표현을 많이 사용하
며, 항상 집단 속에서 생활하면서 자신을 남에게 맞추는 경향이 보인다. 예를 들어
한국 옛말에 "우는 애기 젖준다"가 있는데 비해, 일본에서는 "울기 전에 준다"가
있다. 즉, 한국에서는 목소리가 큰 사람이 득을 보나 일본에서는 남에 대한 「배려」
나 「살핌(좋은 의미의)」 등이 좋게 여겨지는 사회다. 이와 같은 「살핌」의 문화나 자
기주장을 하지 않고 상대방에게 맞추는 일본인의 특성에 대해서는 石井(이시이) 外
(1987)에서도 지적하고 있다.
　이미 언급했듯이 한국인들은 만나자마자 상대방의 나이를 포함한 개인적인 사
항들을 별 생각없이 묻는 경향이 있는데 비해 일본인들은 그렇지 않으니 한국인
에게서 개인적인 것에 관해 질문을 받으면 정색을 하고 반발하든가 곤란해 한다.
이러한 한국인의 대우표현은 강한 上下의식에서 비롯되는 경우가 많으나 동시에
상대방에 대한 친근감의 표시이기도 하고 상대방과 서로 알고 지내고자 하는 의
도에서 또는 친구를 만들고자 할 때도 사용되는 대우표현으로 해석할 수 있다. 이
러한 표현법은 自國文化의 rule을 상대방의 언어사용에 그대로 적용시킨 경우로
여기서 비롯되는 오해나 갈등을 異文化間 의사소통 오해라 할 수 있다.
　그리고 상대방의 제의에 대해 거절할 때도

Ⅵ. 양국어의 대우표현법의 특징 및 대우행동의 핵심

"ちょっと別の約束があるので…(좀 다른 약속이 있어서요…)"
chotto betsuno yakusokuga arunode…

또는

"ちょっと考えて見ます(좀 생각해보겠습니다)"
chotto kanggaete mimasu

라고 하면서 직접표현을 써서 거절하기보다는 상대방이 알아서 물러나게 하는 표현법을 일반적으로 많이 사용하는 경향이 있다. 또 이 외에 일본인(회사, 국가)이 거절하는데 많이 쓰는 상투적인 표현에

"檢討して見ます(검토해보겠습니다)"
kentosite mimasu

가 있는데 이와 같은 경우 생각해 보거나 검토해 볼 가능성은 아주 희박하며 어디까지나 똑 부러지게 거절하는 것을 미안하게 생각하여 대신에 사용하는 완곡한 거절표현에 속한다. 이와 같은 대우 행동을 두 가지 면에서 생각해볼 수 있다. 직접표현을 안 쓰고 점잖게 거절당한 외국인(한국인을 포함한) 측에서는 거절당한 것도 모르고 기대를 하게 되나, 결과적으로 제의에 응답하는 행동이 뒤따르지 않고 거절당한 것을 깨닫는 마지막 순간에 가서 기대했던 만큼 실망도 크게 된다. 또한 일본인들과의 대화중에도 일본인들이 도대체 된다는 건지 안 된다는 건지 똑 부러지게 확언을 하지 않고 애매한 표현을 하여 답답한 느낌을 갖게 되는 경우가 많다. 한편 일본인 측에서는 거절한 것인데 상대방 외국인이 단념을 안 하고 거듭 거듭 똑같은 부탁을 하게 되면 매우 곤란한 심정을 갖게 된다[57]. 반대로 일본인의 제의에 한국인이 똑 부러지는 직접표현으로 거절하게 되면 일본인은 마음에 상처를 받는 경우도 있다. 이와 같이 상호간에 자기 문화의 잣대를 가지고 대우표현법을 쓰고 상대방도 나와 같으리라는 기대를 했다가 답답해하거나 실망하는 것도

---

57) 일본인은 이런 행동에 대해 「しつこい＜shitsukoi＞」라고 생각하기 십상인데, 이와 같은 경우에는 「끈질기다, 진절머리난다」라는 뜻으로 해석할 수 있다.

한국인과 일본인의 언어행동과 문화의 차이

異文化間 의사소통 오해다.

Toomey(1997)에서는 문화를 다음과 같이 정의하고 있다. "Culture is defined as a system of knowledge, meanings, and symbolic actions that is shared by the majority of the people in a society"(1997:392). 이와 같이 문화를 정의할 때 일반적으로 한 사회나 집단의 경우에 적용시키고들 있으나, 필자는 좀 더 범위를 넓혀 적용시키고자 한다. 즉, **내가 성장하면서 몸에 익히고 정신적으로 지닌 의식, 가치관, 품성, 습관 등을 포함한 나의 문화가 있고, 내가 태어나 자라고 교육받은 가정의 문화도 있고, 지방마다 독특한 지방문화가 있고, 나라마다 갖고 있는 고유한 문화가 있다. 따라서 나의 문화와 남의 문화가 다르고, 오랫동안 몸에 밴 친정문화와 밖에서부터 들어가 살며 열심히 배우고 익히려고 노력해온 媤家문화가 다르며, 호남과 영남의 문화가 다르고, 한국과 일본문화가 다르다는 것을 인정하는 데서부터 異文化間 커뮤니케이션에 대한 우리의 생각과 자세와 태도는 출발해야 한다고 생각한다.**

언어의 경우 모국어 화자가 문법을 배우지 않아도 언어능력을 지니는데 반해, 외국어 학습자가 제2외국어 習得(second language acquisition)에 도달하기 위해 어려움을 겪는 것과 같이, 친정문화는 자연스레 몸에 배는데 반해 媤家문화는 세월이 흘러도 제대로 習得(acquisition)에 도달하지 못하는 사람이 있을 정도로 어려움을 겪는 경우를 볼 수 있다. 異文化間의 문화능력과 의사소통 능력의 습득은 난해하여 이해기와 적응기에도 언어면, 문화면에서의 의사소통 오해나 갈등이 발생할 수 있다.

문화에는 우열이 없고 가치관이나 의식에도 차이가 있을 뿐, 우열이 있는 것이 아니기에 나와 다르다고 해서 비판하거나 비난하기보다는, 상대방의 문화와 나의 문화가 또는 상대국의 문화와 우리 문화가 다르다는 것을 인정하고 존중해주는 것이 원활한 커뮤니케이션의 첫걸음이라고 생각한다. 또한 새로운 문화권에 들어간 사람으로서는 적극적인 자세를 가지고 새로운 환경에 적응하려는 자세가 중요하며, 새로운 사람을 받아들이는 쪽에서는 열린 마음과 태도를 가지고 상대방의 문화를 있는 그대로 받아들이며 이해하려는 자세가 중요하다고 생각된다. 다시 말하면 새 문화권에 들어간 사람은 상대방 문화를 적극적으로 배우려는 자세를 가지면 가질수록 언어와 문화의 습득이 빠르며, 받아들이는 쪽에서도 들어온 사람을 내 문화의 잣대로 평가하거나 이쪽 문화를 기대하기보다는 시간을 가지고 이해하며 상대방 「객(guest)」의 새로운 환경에 대한 적응과 습득을 기다려주는 자세가 중요하다는 점을 재삼 강조하고자 한다. 이러한 상호간의 노력이 의사소통 오해나 갈등을 미연에 방지하고 커뮤니케이션을 원활하게 하며, 우리의 삶을 풍요롭고 가치 있는 것으로 만들어준다고 생각한다.

한국인과 일본인의 언어행동과 문화의 차이

VII 결론

1 조사 결과 요약

본 연구에서는 종래 각각 절대경어와 상대경어로 일컬어져 왔던 한국과 일본의 대우표현법의 성질을 정확히 파악하고, 또 그 배경에 있는 사람들의 의식·문화·사회와의 상호관계를 해명하는데 목적을 두고 분석과 고찰을 했다. 그러한 목적을 가지고 대인관계의 중요한 요소인 호칭법 및 스피치 레벨의 사용법과 복수의 사회적 변수와의 상호영향 여하를 검토해 봄으로써 양국인의 대우행동을 사회·문화적 요인과 연관시켜 포괄적으로 다루었다.

본 연구의 대상인 세 종류의 스피치 커뮤니티인 대학생, 주부, 직장남성의 언어행동에서 양 언어의 절대경어, 상대경어의 성질이 명확히 드러났다. 대학생, 주부, 직장남성이 사용하는 청자 경어와 제3자 경어의 판단기준이 상이한 점에, 양국어의 대우표현의 차이가 잘 나타나 있다. 한국은 청자 경어와 제3자 경어의 판단기준이, 청자 경어는 화자와 청자의 상하관계, 제3자 경어는 화자와 화제의 인물, 청자와 화제의 인물과의 상하관계의 인식이다. 일본은 조직 안(=uchi)과 바깥(=soto) 사이에서는 안팎의식이 판단기준이 되는데 비해, 조직 안(집안과 직장)에서는 (1)제3자 경어와 청자 경어에 동일형을 사용, (2)제3자 경어를 청자에 대한 공손한 말로 사용하는 두 가지 사용법이 많이 보인다. 한국은 화자와 청자, 화자와 화제의

인물, 두 관계가 각각 독립해 있다. 한편 일본은 청자와 화제의 인물간의 관계에 대한 배려가 필요하며 그 중에서도 청자의 존재가 특히 중요하다. 청자의 존재는 場의 성격을 만드는 가장 중요한 요인이며 이 의식이 場에 맞춘 경어법, 즉 청자중심의 경어법을 이끌어낸다. 상하관계는 고정적이며 절대적이고, ウチソト(uchisoto)는 조직의 성질, 구성목적, 구성원의 성격, 구성원간의 관계, 場의 성질 등에 따라 변할 수 있는 것이다. 때문에 한국어는 절대경어가 보존·유지되어 왔고, 일본어는 상대경어가 발달하게 되었다고 생각한다.

이상과 같이 일본인의 경어행동은 상대경어의 성질을 나타내며 한국인의 경어는 절대경어의 성질을 나타내고 있다고 결론지을 수 있을 것이다. 다만 한국어의 대우표현은 완전한 절대경어이고 일본어의 대우표현은 완전한 상대경어라는 것이 아니고 전자에도 상대경어의 성질이, 후자에도 절대경어의 성질이 부분적으로 보이며, 또 변화해가고 있다고 말할 수 있다. 따라서 절대경어, 상대경어라는 표현보다는 절대경어적 성질이 강한 대우표현, 상대경어적 성질이 강한 대우표현이라고 하는 표현이 적절하다고 본다.

종래의 절대경어, 상대경어의 성질은 제3자 경어에 국한시켜 설명해 왔었는데 본 연구에서는 청자에 대한 대우표현, 화제의 인물(제3자)에 대한 대우표현의 양쪽을 다 검토하고 분석하여 절대경어라고 말할 때의 「경어」를 종래의 ＋上向性뿐 아니라 ±上向性으로 간주하여 검토했다. 종래의 연구를 부정하는 것이 아니고 「절대적」 성질과 「상대적」 성질을 보다 폭넓게 보편적으로 다루었다고 생각한다.

2 맺는 말과 앞으로의 연구 과제

필자는 오랜 기간 일본에서 생활하면서 연구해 왔다. 늘 일본인, 일본사회와 문화 속에 들어가 일본인과 그들의 의식, 언어행동, 언어태도, 사회와 문화를 이해하려고 노력했다. 그러나 아직도 이 모두를 이해했다고는 말할 수 없다. 언어는 전혀

한국인과 일본인의 언어행동과 문화의 차이

사용치 않고 이심전심으로 서로의 마음이 통하는 경우도 있으며 또 그쪽이 더 나은 경우도 있다. 그러나 언어가 꼭 필요할 때와 경우도 있으며 이 경우에는 커뮤니케이션을 위해 언어가 필수 불가결한 요소가 된다. 이와 같은 경우에 언어를 적절히 사용하면 필요 충분한 목적을 달성할 수 있으나 그렇지 못한 경우에는 언어는 「화를 불러올 수도 있다」. 이와 같이 적절한 언어운용은 대단히 중요하다. 적절한 언어운용이란 그 나라 언어의 문법적 능력만으로는 달성할 수 없고 그 언어가 사용되는 사회, 문화, 사람들의 언어의식, 언어태도, 언어행동을 이해하며, 언제, 어디서, 누구에게, 무엇을, 어떻게 말하는가를 적절히 행하는 것이다. 특히 한국어와 일본어의 운용에는 적절한 경어사용이 필요하다. 양국의 대우표현의 비교연구는 미시적으로는 양국인의 언어의식, 문화, 사회의 이해에 도움이 되며, 거시적으로는 양국간의 이해를 증진시키고 양국과 다른 나라 사이의 관계를 이해하는데 공헌할 것으로 기대된다.

양국 교류의 역사는 길고, 1980년대부터는 사람들의 교류도 급속히 늘어났다. 이에 따라 상대국의 언어연구도 활발해지고 있다. 그러나 양국어의 대우표현의 비교를 체계적으로 행한 연구는 없다고 해도 과언이 아니다. **본 연구는 양국의 사회 전체를 넓은 범위에 걸쳐 면밀히 조사하여 대우표현을 체계적이고 실험적으로 다룬 최초의 연구라는 점에서 의의가 크다고 생각한다.** 그리고 가능한 한 양국의 대우표현의 실제의 사용법을 파악하고 바르게 이해하기 위해 질적, 양적 분석을 택하고 거듭된 인터뷰를 함으로써 본 연구가 객관적이고 신뢰할 수 있는 연구가 되도록 노력했음을 덧붙인다.

마지막으로 앞으로의 연구과제에 대해 서술하고자 한다. 본 연구는 조사지역이 서울과 도쿄 및 그 근교로 조사대상은 양국의 중산계층이다. 나카네(1972)에서 중산계층은 어느 사회에서도 전통적 생활패턴을 갖고 있다고 말하고 있으며 본 연구는 오늘날 양국의 대도시에 살고 있는 사람들의 대우행동을 규명하고자 한 점에서 의의가 크다고 생각한다. 앞으로 다른 계층의 조사연구도 실시하게 되면 양국의 대우표현법을 보다 폭넓게 관찰할 수 있을 것이다. 또 본 연구가 양국의 언어교육 현장에서 활용될 수 있기를 희망한다.

이 연구를 통해 대우표현의 미지의 부분이나 양국의 대우표현의 연구에 다소나마 보탬이 될 수 있다면 다행으로 생각한다.

끝으로 본 연구가 궁극적으로는 인간을 이해하는 데 도움이 되고 보다 나은 커뮤니케이션을 함으로써 원활하고 윤택한 사회생활을 영위하는 데 보탬이 될 것을 기대한다.

한국인과 일본인의 언어행동과 문화의 차이

참고문헌

김용운, 『일본인과 한국인의 의식구조』, 서울 : 한길사, 1985.

김용운, 『한국인과 일본인 제4권 정착과 정복』, 서울 : 한길사, 1994.

서정수, 『존대법의 연구』, 서울 : 한신문화사, 1984.

司馬遼太郎, 『この国のかたち』, 徐石演 역(1994), 『일본, 일본인 탐구』, 서울 : 고려원, 1994.

신혜경, 「한국과 일본 직장 남성들의 대우표현 비교연구」, 『사회언어학』, 창간호 : 108-131, 1993.

______, 「한국과 일본대학생의 대우표현 비교연구」, 『사회언어학』, 제4권1호 : 83-98, 1996b.

______, 「성서에 나타난 한국어와 일본어의 대우표현 비교연구」, 『한국사회언어학』, 제5권2호 : 459- 506, 1997.

______, 「異文化間 의사소통오해 : 한국어와 일본어를 중심으로」, 『사회언어학』 제8권1호, 265-288, 2000.

______, 「한국대학생의 부탁표현에 나타나는 언어의식」, 『日本語文学』第31輯, 163-184, 2005.

이맹성, 「Variation of speech levels and interpersonal social relationship in Korean」, 『이종수박사 송수기념 논총』, 109-142, 서울 : 삼화출판사, 1975.

이정복, 「국어경어법의 말단계 변동현상」, 『사회언어학』, 제4권1호 : 51-82, 1996.

통계청 편, 『종교인구비율』, 2003.

황적륜, 「한국 대우법의 사회언어학적 기술 : 그 형식화의 가능성」, 『Language and Linguistics』, 4 : 115-124, 1976.

______, 「언어와 문화 : 영어와 한국어의 경우」, 『서울대학사대 논총』, 46 : 61-77, 1993.

安兼嬉, 「敬語の対照言語学的考察」 『講座日本語学 第9巻 敬語史』, 東京 : 明治書院, 1981.

池上嘉彦 訳, 『言語・思考・現実』, 東京 : 講談社, 1978.

池上嘉彦 訳, E. サピア・B. L. ウォーフ 他, 『文化人類学と言語学』, 東京 : 弘文堂, 1990.

池上嘉彦, 『日本語論への招待』, 講談社, 40-49, 2000.

石井敏・岡部朗一・久米昭元, 『異文化コミュニケーション : 新国際人への条件』, 東京 : 有斐閣, 1987.

石坂正藏 「敬語的人称の概念」, 『論集日本語研究 第9巻 敬語』, 東京 : 有精堂, 1978.

井出祥子, 「待遇表現と男女差の比較」, 『日英語比較講座 第5巻 文化と社会』, 東京 : 大修館書店, 1982.

井出祥子・堀素子・川崎昌子・生田少子・芳賀日登美, 『女性の敬語の言語形式と機能』, 『文部省科学研究費研究成果報告書』, 1985.

任栄哲・井出里咲子, 『箸とチョッカラク』, 大修館, 2004.

宇野義方, 『敬語をどのように考えるか』, 東京 : 南雲堂, 1985.

梅田博之, 「朝鮮語における敬語」, 『岩波講座 日本語 第4巻 敬語』, 岩波書店, 1977.

________, 「韓国の敬語」, 『月刊言語』Vol.16, No.8., 1987.

占部都美,『日本的経営を考える』, 東京：中央経済社, 1978.

大石晴美,「異文化理解における非言語の重要性」,『社会言語学への招待』, 東京：ミネルヴア書房, 1996.

大石初太郎,「敬語の研究史」,『岩波講座日本語　第4巻　敬語』, 東京：岩波書店, 1977.

__________,「待遇語の体系」,『論集日本語研究　第9巻　敬語』, 東京：有精堂, 1978.

__________,『現代敬語研究』東京：筑摩書房, 1983.

__________,『敬語』, ちくま文庫, 東京：筑摩書房, 1986.

荻野綱男,「日本語と韓国語の聞き手に対する敬語用法の比較対照」, 日本言語学会　第96回　大会, 1988.

________,「日本語と韓国語の第3者に対する敬語用法の比較対照」, 同上　第97回　大会, 1988.

________,「日本語と韓国語の敬語用法に見られる男女差」, 同上　第101回　大会, 1990.

岡山益朗,『敬語用法辞典』, 東京：東京堂出版, 1976.

生越まり子,「依頼表現の対照研究―朝鮮語の依頼表現」,『日本語学』, 14-10, 1995.

尾高那雄,『日本的経営』, 中公新書, 東京：中央公論社, 1984.

大野晋,『日本・日本語・日本人』, 新潮社, 2001.

川村陽子,「ことばによる丁寧表現」,『社会言語学への招待』, ミネルヴア書房, 1996.

川村よし子,「日本人の言語行動の特性」,『日本語学』, 5, 51-60, 1991.

木村紀子(1974),「人称の世界」,『奈良大学紀要　第3号』, 1974.

金田一春彦・池田三郎　編,『学研国語大辞典』, 東京：学習研究社, 1981.

金容雲,『韓国人と日本人』, 東京：サイマル出版会, 1983.

______,『鎖国の汎パラダイム：日韓文化の異質性』, 東京：サイマル出版会, 1984.

熊谷智子,「研究対象としての謝罪―いくつかの切り口について－」,『日本語科学』, 12-12, 4-12, 1993.

________,「依頼の仕方―国研岡崎調査のデータから」,『日本語学』, 14-10, 22-32, 1995.

________,「言語行動分析の視点－仕方を形づくる諸要素について」,『日本語学』7, 95-113, 2000.

国語学会　編,『国語学辞典』, 東京：東京堂, 1985.

国立国語研究所,『企業の中の敬語』, 東京：三省堂, 1982.

______________,『敬語と敬語意識』, 東京：三省堂, 1983.

堺屋太一,『日本とは何か』, 講談社, 1991.

坂本惠,「現代丁重語の性質－「致す」を中心にして－」,『国語学研究と資料　第7号』, 1983.

______,「丁重語の周辺－「おる」について－」, 国語学研究と資料　第8号』, 1984.

申惠璟,「「甘え」は日本語特有か－主に韓国語との比較から」, 芳賀やすし　編,『日本語感情動詞の研究』, 上智大学意味論研究会, 1988.

______,「四つの社会的変数との関係に見られる韓国の絶対敬語的性質と日本の相対敬語的性質」,『上智大学言語学会会報　5』, 1990.

한국인과 일본인의 언어행동과 문화의 차이

______,「韓国人主婦と日本人主婦の聞き手呼称法の比較研究」,『上智大学言語学会会報 8』, 1993.

______,「韓国語と日本語の待遇表現の社会言語学的比較研究：呼称とスピーチ・レベルの使用法を中心に」, 上智大学学位論文, p.437, 1996a.

______,「韓国と日本の大学生の第3者待遇表現の比較研究」,『上智大学言語学会会報 11』, 21-50, 1996c.

______,「韓国語と日本語の待遇表現の考察：場の作用と聞き手の影響」,『日本語文学』第12輯, 2000.

鈴木一彦・林巨樹編,『研究資料 日本文法 第9巻 敬語法編』, 東京：明治書院, 1984.

鈴木孝夫,「言語と社会」,『岩波講座哲学 第十一巻 言語』, 東京：岩波書店, 1968.

______,「言語における人称の概念について」,『慶応義塾大学言語文化研究所紀要』 第2号, 1971.

______,「日本人の言語意識と行動様式」,『思想』第572号, 1972.

______,「言語における人称の概念について(二)」,『慶応義塾大学言語文化研究所紀要』 第5号, 1973.

______,「自称詞としてのひと」,『慶応義塾大学言語文化研究所紀要』第8號, 1976.

______,「呼称選択行動の方法論的考察をめぐって」,『慶応義塾大学言語文化研究所紀要』第11号, 1979.

津田葵,「社会言語学」,『英語学大系 第6巻 英語学の関連分野』, 東京：大修館書店, 1989.

辻村敏樹,「敬語史の方法と問題」,『講座国語史 第5巻 敬語史』, 東京：大修館書店, 1971.

______,「日本語の敬語の構造と特色」,『岩波講座日本語 第4巻 敬語』, 東京：岩波書店, 1977.

______,「敬語と非敬語」,『論集日本語研究 第9巻 敬語』, 東京：有精堂, 1978.

______,「敬語法をめぐる争点」,『論集日本語研究 第9巻 敬語』, 東京：有精堂, 1978.

______,「敬語の分類について」,『論集日本語研究 第9巻 敬語』, 東京：有精堂, 1979.

時枝誠記,『国語学原論』, 東京：岩波書店, 1940.

中根千枝,『タテ社会の人間関係』, 講談社現代新書, 東京：講談社, 1967.

______,『適応の条件』, 講談社現代新書, 東京：講談社, 1972.

______,『タテ社会の力学』, 講談社現代新書, 東京：講談社, 1978.

西田直敏,『敬語』, 東京：東京堂出版, 1987.

日本キリスト教新聞社,『キリスト教年鑑』, 2005.

韓美郷,「韓国語の敬語の用法」,『講座日本語学 12 外国語との対照 Ⅲ』, 明治書院, 1982.

古田曉・石井敏・岡部朗一・平井一弘・久米昭元,『異文化コミュニケーションキーワード』, 東京：有斐閣, 2001.

牧野成一,『ウチとソトの言語文化学』, アルク, 1996.

真下三郎,『女性語辞典』, 東京：東京堂出版, 1967.

松下大三郎,「敬語の体系」,『論集日本語研究 第9巻 敬語』, 東京：有精堂, 1978.

松村明 編,『大辞林』, 東京：三省堂, 1989.

南不二男,「敬語の機能と敬語行動」,『岩波講座日本語 第4巻 敬語』, 東京：岩波書店, 1977.

________,『敬語』, 岩波新書, 東京：岩波書店, 1986.

三菱商事広報室編,『日本人語』, 東京：東洋経済新報社, 1983.

宮地裕,「現代の敬語」,『講座国語史 第5巻 敬語史』, 東京：大修館書店, 1971.

森岡健二他 編,『講座日本語学 第9巻 敬語史』, 東京：明治書院, 1981.

山田孝雄,「敬語法の大綱」,『論集日本語研究 第9巻 敬語』, 東京：有精堂, 1978.

渡辺実,『国語構文論』, 東京：塙書房, 1971.

______,「敬語体系」,『論集日本語研究 第9巻 敬語』, 東京：有精堂, 1978.

Austin, J. L.,『How to Do Things with Words』, Cambridge, Mass.：Harvard University Press, 1955.

Bauman, R. and Sherzer, J.(eds.),『Exploration in the Ethnography of Speaking』, Cambridge：Cambridge University Press, 1974.

Befu, H. and Norbeck, E.,「Japanese usages of terms of relationship」,『Southwestern Journal of Anthropology』, 14：66-84, 1958.

Benedict, R.,『Japanese Behavior Patterns』, Tokyo：NHK Books, 1997.

Bernstein, B.,「Social Class, language and socialization」,『Language and Social Context』, P. P. Giglioli(ed.), London：Cox & Wyman Ltd., pp.156-178, 1970.

Blom, J. and Gumerz, J.,「Social meaning in linguistic structures：codeswitching in Norway」,『Directions in Sociolinguistics』, J. J. Gumperz & D. Hymes(eds.), New York：Holt, Rinehart & Winston, pp.407-434.

Bloomfield, L.,『Language』, New York：Henry Holt, 1933.

Blount, B. G.,『Language, Culture and Society』, Cambridge：Winthrop Publishers Inc., 1974.

Blum-Kulka, S.,「Indirectness and politeness in requests：same or different?」,『Journal of Pragmatics：An Interdisciplinary of Bi-monthly of Language Studies』, 11(1)：131-146, 1987.

Braun, F.,『Terms of Address：Problems of Patterns and Usage in Various Language and Cultures』, Berlin/New York/ Amsterdam：Mouton de Gruyter, 1988.

Brown, R. A.,「Korean socialinguistic attitudes in Japanese comparative perspective」,『Journal of Asian Pacific Communication』, 1(1)：117-134, 1990.

Brown, P. and Levinson, S. C.,『Politeness：Some Universals in Language Usage』, Cambridge：Cambridge University Press, 1987.

Brown, R. and Ford, M.,「Address in American English」,『Language in Culture and

한국인과 일본인의 언어행동과 문화의 차이

Society』, D. Hymes(ed.), New York : Harper & Row, pp.234-244, 1964.

Brown, R. and Gilman, A., 「The pronouns of power and solidarity」, 『Language and Social Context』, P. P. Giglioli(ed.), London : Cox & Wyman Ltd., pp.252-282, 1960.

Cho, C. -H., 『A Study of Korean Pragmatics : Deixis and Politeness』, Unpublished Ph. D. Dissertation in Languistics, University of Hawaii, Honolulu, 1982.

Comrie, B., 「Linguistic politeness axes : Speaker-addressee, speaker-referent, speaker-bystander」, 『Pragmatics Microfiche』, 1.7 : A.3, Cambridge : University of Cambridge, 1976.

Condon, J. C. and Saito, M. (eds.), 『Intercultural Encounters with Japan : Communication Contact and Conflict』, Tokyo : Simul Press, 1974.

Dittmar, N., 『Sociolinguistics : A Critical Survey of Theory and Application』, London : Arnold, 1976.

Dredge, C. P., 「Social rules of speech in Korean」, 『Korea Journal』, 16(1) : 4-14, 1976.
____________, 「Speech Variation and Social Organization in a Korean Village」, Un-published Ph. D. disseratation, Harvard University, 1977.

Dredge, C. P., 「What is politeness in Korean speech?」, 『Korean Linguistics』, C-W. Kim (ed.), 3 : 21-32, 1983.

Ervin-Tripp, S. M., 「An analysis of the interaction of language, topic and listener」, 『Readings in the Sociology of Language』, J. A. Fishman (ed.), pp.192-211, 1968.
________________, 「Sociolinguistic rules of address」, 『Sociolinguistics』, J. B. Pride and J. Homes (eds.), London : Hazell Watson & Viney Ltd., pp.225-240, 1969.
________________, 「On sociolinguistic rules : alternation and co-occurrence」, 『Direc-tions in Sociolinguistics』, J. Gumperz and D. Hymes (eds.), New York : Holt, Rinehart and Winston, pp.213-250, 1972.

Fasold, R., 『The Sociolinguistics of Society』, Oxford : Basil Blackwell, 1984.
________, 『Sociolinguistics of Language』, Oxford : Basil Blackwell, 1990.

Ferguson, C. A., 「The Sturcture and use of politeness formulas」, 『Language in Society』, 5(2) : 137-151, 1976.

Fisher, J. L., 「Words for self and others in some Japanese families」, 『American Anthropologist』, 66(2), pt., 2 : 115-126, 1964.

Fishman, J. A. (ed.), 『Readings in the Sociology of Language』, The Hague : Mouton, 1968.
____________, 「The sociology of language」, 『Language and Social Context』, P. P. Giglioli (ed.), pp.45-58, 1969.
____________, 「The relationship between micro- and macro-sociolinguistics in the

study of who speaks what language to whom and when?」, 『Sociolinguistics』, J. B. Pride & J. Holmes (eds.), pp.15-32, 1971.

__________, 『Sociolinguistics : A Brief Introduction』, Rowley : Newbury House, 1972a.

__________, 『Advances in the Sociology of Language vol. 2 : Selected Studies and Applications』, The Hague : Mouton, 1972b.

__________, 「Domains and the relationship between micro- and macro- Sociolinguistics」, 『Directions in Sociolinguistics』, J. J. Gumperz & D. Hymes (eds.), pp.435-453, 1972c.

Fiske, S., 「Rules of address」, 『Journal of Anthropological Research』, 34 : 72-91, 1978.

Friedrich, P., 「Social context and semantic feature : The Russian pronominal usage」, 『Directions in Sociolinguistics』, J. J. Gumperz and D. Hymes (eds.), pp.270-300, 1972.

Garfinkel, H., 「Remarks on ethnomethodology」, 『Directions in Sociolinguistics』, J. J. Gumperz & D. Hymes (eds.), pp.301-324, 1972.

Giglioli, P. P. (ed.), 『Language and Social Context』, London : Cox & Wyman Ltd., 1972.

Giles, H. (ed.), 『Language, Ethnicity and Intergroup Relations』, London : Academic Press, 1977.

Goffman, E., 「The nature of deference and demeanor」, 『American Anthropoligist』, 58 : 473-502, 1956.

__________, 『Forms of Talk』, Philadelphia : University of Pennsylvania Press, 1981.

Goody, E. N. (ed.), 『Questions and Politeness : Strategies in Social Interaction』, Cambridge : Cambridge Unversity Press, 1978.

Gumperz, J. J., 「Linguistic and social interaction in two communities」, 『American Anthropologist』, 66(6), pt., 2 : 137-153, 1964.

__________, 「Types of Linguistic communities」, 『Readings in the Sociology of Language』, J. Fishman (ed.), The Hague : Mouton, pp.460-472, 1968.

__________, 『Language in Social Groups』, Stanford : Stanford University Press, 1971.

__________ (ed.), 『Language and Social Identity』, Cambridge : Cambridge University Press, 1982a.

__________, 『Discourse Strategies』, Cambridge : Cambridge University Press, 1982b.

Gumperz, J. J. and Hymes, D. (eds.), 『Directions in Sociolinguistics : The Ethnography of Communication』, New York : Holt, Rinehart and Winston, 1972.

Halliday, M. A. K., 『Language as Social Semiotic : The Social Interpretation of

한국인과 일본인의 언어행동과 문화의 차이

Language and Meaning』, London : Edward Arnold, 1978.

Harada, S. I., 「Honorifics」, 『Syntax and Semantics vol. 5: Japanese Generative Grammar 』, M. Shibatani (ed.), New York : Academic Press, pp499-561, 1975.

Hill, B. et al., 「Universals of linguistic politness : quanitative evidence from Japanese and American English」, 『Journal of Pragmatics』, 10 : 347-371, 1986.

Holmes, J., 『An Introduction to Sociolinguistics』, London / New York : Longman, 1992.

Hori, M., 「A Sociolinguistic analysis of the Japanese honorifics」, 『Journal of Pragmatics』, 10(3) : 373-386, 1986.

Hudson, R. A., 『Sociolinguistics』, Cambridge : Cambridge University Press, 1980.

Hwang, J. -R., 『Role of Sociolinguistics in Foreign Language Education with Reference to Korean & English Terms of Address and Levels of Deference』, Ph. D. disseratation, University of Texas, Austin, Soul : Kwangmunsa, 1975.

___________,「Deference versus politeness in Korean speech」, 『International Journal of the Sociology of Language』, 82 : 41-56, 1990.

Hymes, D., 「The ethnography of speaking」, 『Anthropology and Human Behavior』, Washington : Anthropological Society of Washington, pp.13-53, 1962.

_________, 「Introduction : Toward ethnographies of communication」, 『American Anthropologist』 66, (6) pt., 2 : 1-34, 1964a.

_________, 『Language in Culture and Society』, New York : Harper & Row, 1964b.

_________, 「On communicative competence」, 『Sociolinguistics』, J. B. Pride and J. Holmes (eds.), pp.269-293, 1971.

_________, 「Models of the interaction of language and social life」, 『Directions in Sociolinguistics』, J. J. Gumperz & Hymes (eds.), pp.35-71, 1972.

_________, 『Foundations in sociolinguistics : An ethnographic approach』, Philadelphia : Universtiy of Pennsylvania Press, 1974.

Ide, S., 「Japanese sociolinguistics : politeness and women's language」, 『Lingua』, 57 : 357-385, 1982.

______, 「Formal forms and discernment : two neglected aspects of universals of linguistic politeness」, 『Multilingua』, 8(2/3) : 223-248, 1989.

______, Hori, M., Kawasaki, A., Ikuta, S., and Haga, H., 「Sex difference and politeness in Japanese」, 『International Journal of the Sociology of Language』, 58 : 25-36, 1986.

Kim, Y. -Y, 「Adapting to a New Culture. In Intercultural Communication.」, L.A., Samovar & R.E. Porter(eds.), Belmont: Wadsworth Publishing Co. pp.404-417, 1997.

Kuno, S. and Kim, Y. J., 「The honorific forms of compound verbals in Korean」, 『Proceedings of the 1985 Harvard Workshop in Korean Linguistics』, Harvard University, pp.178-189, 1985.

Kurokawa, S., 「Japanese terms of addess : Some usages of the first and second person pronouns」, 『Japanese Linguistics』 1, pt., 2 : 228-236, 1972.

Labov, W., 「The study of language in its social context」, 『Sociolinguistics』, J. B. Pride and J. Holmes (eds.), pp.180-202, 1970.

__________, 『Sociolinguistic Patterns』, Philadelphia : Univesity of Pennsylvania Press, 1972.

Lakoff, R., 「Language in context」, 『Language』, 48(4) : 907-927, 1972.

__________, 『Language and Woman's Place』, New York : Harper & Row, 1975.

Lee, K. -K. and Harvey, Y. Kim., 「Teknonymy and geononymy in Korean kinship terminology」, 『Ethnology』, 12 : 31-46, 1973.

Leech, G. N., 『Principles of Pragmatics』, London : Longman, 1983.

__________, 「Grammar, pragmatics and politeness」, 『Eigo Seinen』, 131 : 54-60, 1985.

Lukoff, F., 「Ceremonial and expressice uses of the styles of address of Korean」, 『Papers in Korean Linguistics』, C. -W. Kim (ed.), Columbia, S. C. : Hornbeam press, pp.269-96, 1978.

Martin, S., 「Speech levels in Japan and Korea」, 『Language in Culture and society』, D. Hymes (ed.), pp.407-415, New York : Harper & Row, 1964.

Matsumoto, Y., 「Politeness and conversational universals-observations from Japanese」, 『Multilingua』, 8(2/3) : 207-221, 1989.

Mcgloin, N. H., 「Some politeness strategies in Japanese」, Papers in Linguistics : 『International Journal of Human Communication』, 16(1/2) : 127-145, 1983.

McIntire, M., 「Terms of Address in an Academic Setting」, 『Anthropological Linguistics』, 14(7) : 286-291, 1972.

Milroy, L., 『Language and Social Networks』, Oxford : Basil Blackwell, 1980.

Naotsuka, R. and Sakamoto, N. et al., 『Mutual Understanding of Different Cultures』, Tokyo : Taishukan, 1985.

Neustupny, J. V., 「Remarks on Japanese honorifics」, 『Linguistic Communication』, 7 : 78-117, 1972.

__________, 「The Modernization of the Japanese system of communication」, 『Language in Society』, 3 : 33-50, 1974.

Ogino, T. et al., 「Diversity of honorific usage in Tokyo : a sociolinguistic approach based on a field survey」, 『International Journal of the Sociology of Language』, 55 : 23-39, 1985.

Ogino, T., 「Quantification of politeness based on the usage patterns of honorific

한국인과 일본인의 언어행동과 문화의 차이

expressions」, 『International Journal of the Sociology of language』, 58 : 37-58, 1986.

Park, S. -H., 「On special Uses of Kinship Terms in Korean」, 『Language Teaching』, 6(2) : 1- 7, 1974.

Park-Choi, Y. S., 『Aspects in the development of communicative competence with reference to the Korean deference system」, Ph. D. dissertation in Linguistics, University of Illinois, Urbana, 1978.

Park-Kim, J. W., 『Linguistic Variation and Tehrritorial Functioning : A Study of the Korean Honorific System」, Ph. D. dissertation in Linguistics, University of Pennsylvania, 1995.

Peng, F. (ed.), 『Language in Japanese Society』, Tokyo : University of Tokyo Press, 1975.

Pride, J. B., 『The Social Meaning of Language」, London : Oxford University Press, 1971.

Pride, J. B. & Holmes, J. (eds.), 『Sociolinguistics』, London : Hazell Watson & Viney Ltd., 1972.

Sanches, M. and Blount, B. G. (eds.), 『Sociocultural Dimensions of Language Use」, New York : Academic Press, 1975.

Sankoff, D., 『Linguistic Variation : Models and Methods」, New York : Academic Press, 1978.

Saville-Troike, M., 『The Ethnography of Communication : An Introduction」, Baltimore : University Park Press, 1982.

Searle, J., 「What is a speech act?」, 『Language and Social Context」, P. P. Giglioli (ed.), pp.136-154, 1965.

Searle, J., 『Speech Acts」, London : Combridge University Press, 1969.

Shibata, T., 「The honorific prefix 'o-' in contemporary Japanese」, 『Linguistic Communications」, 7 : 29-77, 1972.

Shin, H. K., 「A survey of sociolinguistic studies in Korea」, 『International Journal of the Sociology of Language」, 82 : 7-24, 1990.

__________, 「A Comparative Study of Korean and Japanese Ways of Thinking in Their Verbal Behaviors」, In 『Korean &/or Corpus Linguistics」, pp.327-358, 2003.

Shuy, R. W. & Fasold, R. W. (eds.), 『Language Attitudes : Current Trends and Prospects」, Washington : Georgetown University Press, 1973.

Smith, D. M. & Shuy, R. W., 『Sociolinguistics in Cross-Cultural Analysis」, Washington : Georgetown University School of Language and Linguistics, 1972.

Sohn, H. -M., 「Power and solidarity in the Korean language」, 『Linguistic Expeditions」, Seoul : Hanshin Publishing Co., pp.389-410, 1983.

__________, 「Cross-cultural patterns of honorifics and sociolinguistic sensitivity to honorific cariables : Evidence from English, Japanese, and Korean (with Kyoko Hijirida)」, 『Linguistic Expeditions』, Seoul : Hanshin Publishing Co., pp.411-437, 1986.

__________, 「Linguistic Devices of Korean Politeness」, 『Papers from the Sixth International Conference on Korean Linguistics』, pp.655-669, 1988.

Thomas, J. A., 「The language of power」, 『Journal of Pragmatics』, 9 : 765-783, 1985.

Toomey, S. T., 「Managing Intercultural Conflicts Effectively」, 『In Intercultural Communication』. L.A. Samovar & R.E. Porter(eds.). Belmont: Wadsworth Publishing Co. pp.392-404, 1997.

Trudgill, P., 「Sex, covert prestige and linguistic change in the urban British English of Norwich」, 『Language in Society』, 1 : 179-195, 1972.

__________, 『The Social Differentiation of English in Norwich』, Cambridge : Cambridge University Press, 1974.

__________, 『Sociolinguistics : An introduction』, London : Hazell Watson & Viney Ltd., 1974.

__________ (ed.), 『Applied Sociolinguistics』, London : Academic Press, 1984.

Tsuda, A., 『Sales Talk in Japan and the United States』, Washington : Georgetown University Press, 1984.

Walters, J. (ed.), 「The sociolinguistics of deference and politeness : introduction」, 『International Journal of the Sociology of Language』, 27 : 7-9, 1981.

Wang, H. S., 『Honorific Speech Behavior in a Rural Korean Village : Structure and Use』, Unpublished Ph. D. Dissertation, University of California, Los Angeles, 1984.

__________, 「Toward a description of the organization of Korean speech levels」, 『International Journal of the Sociology of Language』, 82 : 25-40, 1990.

Wardhaugh, R., 『An Introduction to Sociolinguistics』, Oxford : Basil Blackwell, 1986.

Wenger, J., 「Variation and change in Japanese honorific forms」, Papers in Linguistics : 『International Journal of Human Communication』, 16(1/2) : 267-301, 1983.

Whorf, B.L., 『Language, Thought and Reality』, Cambridge Mass, 1956.

Yamanashi, M., 「On minding your p's and q's in Japanese : a case study from honorifics」, 『Papers from the Regional Meetings, Chicago Linguistic Society』, 10 : 760-771, 1974.

Zimin, S., 「Sex and politeness : factors in first- and second-language use」, 『International Journal of the Sociology of Language』, 27 : 35-58, 1981.

한국인과 일본인의 언어행동과 문화의 차이

색인

1

A

한국인과 일본인의 언어행동과 문화의 차이

한국인과 일본인의 언어행동과 문화의 차이

한국인과 일본인의 언어행동과 문화의 차이

비즈니스 사회　406
비칭(卑稱)　300

ㅅ

사(師)　402, 250
詞　30
辭　30
사고 방식　320
사교적 언어역할　26
士農工商　390
사는 집의 크기　411
사람 됨됨이　396
사람들의 의식　43, 398
사려　410
사려 깊음　408
사모님　232, 233, 235, 236, 237, 240, 242,
　　　250, 251, 266, 269, 301, 379, 403, 405
사모님의 사용법　402
사모님의 사용빈도　242
사무적인 場　407
사물　47
사실　47
사어(死語)　275
사용기준　317
사용률　52, 289, 342
사용법의 차이　129
사용분포　95, 165
사용빈도　56, 113, 143, 165
사용빈도 분포　146, 147
사용빈도의 산출　56, 191
사용실태　153
사용영역　73, 89, 319, 404
사용유형　325
사위　300
사장(또는 회장)　330, 334, 353
사장＋님　361
사장 부인　238
사적인 장면　315, 316
사적인 장소　360
사카이야(堺屋)　393

사회·문화적 요인　419
사회　366, 398, 419, 420, 421
사회계급　36, 38, 38, 379
사회계급간　37
사회구조　23, 24, 216
사회구조의 상호관계　40
사회관념　204
사회규범　89, 234, 284, 334
사회변화　36
사회변화의 특징　390
사회상황　43
사회언어학　18
사회언어학 연구　18
사회언어학적 연구　18
사회언어학적 연구방법　20
사회의 가치관　24
사회의 도덕성　393
사회의 변화　43, 319
사회의 상호관계　122
사회인　121
사회일원　410
사회적 갈등　379
사회적 거리　25, 38
사회적 계급　31, 38
사회적 계급의 유동성　390
사회적 관계　20, 26, 30, 37, 284, 370
사회적 구조　218
사회적 규범　26
사회적 기능　29, 402
사회적 기능의 저하　403
사회적 배경　51, 248, 379, 390, 395
사회적 변수　20, 23, 24, 29, 31, 37, 38, 40,
　　　43, 44, 55, 57, 58, 59, 60, 61, 70, 72, 75,
　　　84, 121, 122, 123, 126, 152, 203, 210, 211,
　　　307, 370, 404
사회적 변수의 영향　84, 250, 360
사회적 변수의 중복　61, 76, 140
사회적 변화　37
사회적 분위기　402
사회적 상징　383
사회적 상황　38, 392

한국인과 일본인의 언어행동과 문화의 차이

한국인과 일본인의 언어행동과 문화의 차이

한국인과 일본인의 언어행동과 문화의 차이

한국인과 일본인의 언어행동과 문화의 차이

한국인과 일본인의 언어행동과 문화의 차이

ㅈ

한국인과 일본인의 언어행동과 문화의 차이

한국인과 일본인의 언어행동과 문화의 차이

한국인과 일본인의 언어행동과 문화의 차이

한국인과 일본인의 언어행동과 문화의 차이

한국인과 일본인의 언어행동과 문화의 차이

후기
Postscript

　　1984년 조오치(Sophia)대학 대학원 박사과정에 들어가서 시작한 박사 논문 준비는 파일럿 테스트로 시작하여 1988년 완성했으나, 조오치대학의 사정으로 1996년 학위를 받을 때까지 길고 험난한 시간이었습니다. 그 동안 버틸 수 있었던 것은 하늘에 계신 하나님과 땅 위의 가족과 친지·가까운 분들의 기도의 덕이었습니다. 이 단행본을 내면서 머리말을 쓰다 보니 1998년에 천국으로 가신 친정어머니와 2001년에 역시 천국으로 가신 메리 나가시마 수녀님과 작년 2월 하늘나라로 간 친구 이해영 선생은 이미 고인이 되어 이 세상에서는 더 이상 만나 뵐 수도, 이 책의 출판을 기뻐해 줄 수도 없게 되었습니다. 작은 일에서부터 큰 일까지 늘 챙겨주시고 도와주시고 헌신하신 친정어머니와, 자손들을 위해 기도의 삶을 사시다 1999, 2000년에 작고하신 시부모님께 이 책을 헌정하고자 합니다.

한국인과 일본인의 언어행동과 문화의 차이

저자 · 신혜경

서강대학교 문과대학 영어영문학과

일본 上智大学大学院 外国語学研究科 言語学 専攻, 동대학원 박사 학위 취득

上智大学, 靑山学院大学 明治学院大学 강사

현재 서강대학교 문학부 부교수

[주요 논저]

「韓国の社会言語学の動向」, 『海外言語学情報』 第4号, 太田朗 · Felix Lobo 編, 大修館書店, 1987.

「A Survey of Sociolinguistics in Korea」, 『International Journal of Sociology of Language』 Special issue, J. S. Fishman(ed.), 1990.

「韓国語と日本語の待遇表現の社会言語学的比較研究 : 呼称とスピーチ · レベルの使用法を中心に」, 上智大学 博士学位論文, 1996.

「異文化間 의사소통 오해 : 한국어와 일본어를 중심으로」, 『사회언어학』 제8권1호, 2000a.

「韓国と日本語の待遇表現の考察–場の作用と聞き手の影響」, 『日本語文学』 第12輯, 2000b.

「A Comparative Study of Korean and Japanese Ways of Thinking in Their Verbal Behaviors」, In 『Korean &/or Corpus Linguistics』, 2003.

「한국 대학생의 부탁표현에 나타나는 언어의식」, 『日本語文学』 第31輯, 2005.

「韓国人と日本人の言語行動に見られる文化の影響–依頼表現の使用を中心に－」, 『日本語文学』 第32輯, 2006. 외 다수.

한국인과 일본인의 언어행동과 문화의 차이

초판 1쇄 발행 _ 2006년 3월 13일

저 자 _ 신혜경
발행인 _ 김홍국
펴낸곳 _ 도서출판 보고사
등 록 _ 제6-0429
주 소 _ 서울시 성북구 보문동7가 11번지
전 화 _ 02-922-5120/1(편집) 922-2246(영업)
전 송 _ 02-922-6990
메 일 _ kanapub3@chol.com
정 가 _ 22,000원
ISBN _ 89-8433-365-4